칼빈에게 길을 묻다

한국교회 사회운동사

전준봉 지음

기독교문서선교회

기독교문서선교회(Christian Literature Crusade: 약칭 **CLC**)는 1941년 영국 콜체스터에서 켄 아담스에 의해 시작되었으며 국제 본부는 영국의 쉐필드에 있습니다.

국제 CLC는 59개 나라에서 180개의 본부를 두고, 약 650여 명의 선교사들이 이동도서차량 40대를 이용하여 문서 보급에 힘쓰고 있으며 이메일 주문을 통해 130여 국으로 책을 공급하고 있습니다.

한국 CLC는 청교도적 복음주의 신학과 신앙서적을 출판하는 문서선교기관으로서, 한 영혼이라도 구원되길 소망하면서 주님이 오시는 그날까지 최선을 다할 것입니다.

A Social Movement of Korean Church

by
Jeon, JoonBong

Korean Edition
Copyright © 2012 by Christian Literature Crusade
Seoul, Korea

추천사

박건택 박사
총신대학교 신학대학원 교회사 교수

　한국 교회와 사회가 서구 기독교, 특히 개혁신학의 영향을 받은 지 어언 100년이 훌쩍 넘었다. 그 사이 교회의 양적 성장은 눈부시게 이루어져 세계적으로 주목의 대상이 되었다. 이제는 도처에서 질적 성장에 대한 목소리가 높아가면서 한국 교회만의 가치 있는 발전에 대한 질문을 던질 시점에 이르렀다. 이 말은 기독교의 특수성과 교회의 보편성을 훼손하지 않으면서도 그 한국적인 형태를 창조해 낼 가능성을 타진한다는 의미이다.
　물론 이미 토착화의 신학, 민중신학 등이 시도되어온 것은 사실이나 거기에는 헤브라이즘 계시의 본질에 대한 왜곡 문제가 대두된다. 따라서 하나님의 계시와 전통문명과의 융합 속에서 태어날 우리 신학의 질문은 여전히 계속된다고 하겠다. 한국 근대사는 이런 기독교적 문화 이해와 함께 진행되었다. 그리고 그것은 필연적으로 한국 교회의 사회운동과 맥을 같이 한다.

이런 맥락에서 전준봉 목사는 개혁파 신학의 태동에서 출발하여 한국 교회에 이르는 사회운동사를 저항신학의 관점에서 풀었고, 한국 교회가 우리 근대사에 갖는 위치, 현재의 상황 그리고 앞으로의 전망 등을 전통적인 개혁신학의 입장에서 깔끔하게 설명했다.

한국 교회가 사회적으로 비난받는 오늘날의 현실에서 본서가 교계와 후배 신학도들이 새로운 방향을 다짐해보는 일에 보탬이 되기를 바란다.

저자서문

"너희는 예루살렘 거리로 빨리 다니며 그 넓은 거리에서 찾아보고 알라 너희가 만일 정의를 행하며 진리를 구하는 자를 한 사람이라도 찾으면 내가 이 성읍을 용서하리라"(렘 5:1).

저자는 20여 년이 넘는 장기간에 걸친 군부독재 정권의 부정부패와 강압 통치, 또 그에 대한 민중들의 격렬한 저항, 그러한 정치적, 사회적 혼란을 경험했다. 저마다 사회적 질서가 우선이냐, 정의와 공의가 우선이냐를 놓고 사회체제의 한 구성원으로서 정치적, 사회적 소신과 논리가 충돌했던 1980년대를 캠퍼스에서 보냈다. 당시 강압적인 통치자와 민중들의 피 흘린 투쟁, 또 소극적인 민중들의 충돌을 보면서 과연 사회적 질서를 위해 부정한 정권에라도 순종해야 하는지 그리고 이에 대한 그리스도인의 바람직한 대응 방법은 무엇인지 심각하게 고민한 적이 있었다. 또 그러한 고민은 이후로도 계속 이어져 이런저런 정치적, 사회적 상황 속에서 그리스도인으로서 바른 삶의 자세는 무엇일까 하고 끊임없는 고민을 할 수밖에 없었다.

세상은 정치적 사회적 문제에 대해 지배자나 피지배자나 각자의 이권과 논리와 가치 판단의 기준대로 살 수만은 없다. 세상은 통치자들이 정한 법의 테두리 안에서만 판단과 선택이 허용될 뿐이다. 세상 통치자들의 법은 사회적 질서를 담보로 하여 그 정당성을 부여 받으므로 통치자나 법에 대한 저항은 사회 질서를 파괴하는 행위가 되어 통치자 뿐 아니라 세상 사람들의 질타를 받는 것은 당연하다. 그러나 불의한 통치자나 불의한 법 집행에 대해서라도 사회 질서를 위해 순응해야 하는가에 대해서는 각 사람마다 의견을 달리 하므로 사회적 혼란이 불가피하다. 이러한 불가피한 혼란을 막기 위해 사회적으로 납득할 만한 가치 기준이 필요하다. 특히 세상적인 통치와 하나님의 통치를 동시에 받으며 살아가는 그리스도인은 세상의 법과 하나님의 법의 충돌 지점에 놓이는 상황이 자주 발생하여 혼란에 빠진다.

이렇게 정치적 사회적 문제 가운데서 방향을 잃고 혼란을 겪는 그리스도인을 위한 바른 이정표가 필요하다. 그래서 저자는 이 책에서 정치적, 사회적 문제에 대해 세상의 법과 하나님의 법 사이에서 혼란을 겪는 우리 한국의 개혁주의 신앙인들에게 삶의 바른 이정표를 제시하기 위해 칼빈주의를 기준으로 삼아 한국 기독교의 나아갈 방향을 모색하고자 하였다.

그리하여 본서는 먼저 칼빈의 정치사상과 그 사상이 계승되어 오면서 근대 유럽에 미친 영향을 정리하고 칼빈주의자들의 공과를 평가하였다. 그리고 이를 토대로 한국 교회의 사회운동사를 조명함으로써 한국 교회의 사회운동의 긍정적인 면과 부정적인 면을 평가하였다. 지금까지 한국의 개혁주의 교회에서는 한국 교회의 사회운동을 마치 학생운동처럼 취급하는 등 부정적인 시각으로만 일관하여 애써 기피했고, 한국 교회의 사회운동은 마치 진보주의 교회의 전유물인 것처럼 여겨왔다. 게다가 한국 교회의 사회운동을 이끌어온 진보주의 교회들은 자신들의 사회운동에 대해 일고의 반성도 없이 긍정적인 시각으로만 일관하고 있는 실정이었다. 이렇게 교회의 사회운동에 대해 갈팡질팡 중심을 잡지 못하고 각자의 소견에 옳은 대로만 행함으로써 선량한 그리스도인들에게 혼란을 가중시키고 있는 현실이다.

본서는 대다수의 한국 교회들이 추종하고 있는 칼빈의 사상을 잣대로 삼아 한국 교회의 사회운동의 지향점을 찾아보고, 자성적 칼빈주의의 입장에서 한국의 칼빈주의 교회의 활동을 평가함으로써 21세기 한국 교회의 나아갈 길을 모색하였다. 여러 가지 정치적 사회적 혼란 가운데에서 한국 교회가 그리스도인다운 해결 방향을 찾아가는 데 본서가 조금이나마 도움이 되길 바란다.

　끝으로 이 글이 나오기까지 칼빈의 정치사상과 칼빈주의 역사 그리고 한국 교회 역사에서 많은 아이디어를 제공해 주시고 이 부족한 자를 사상적으로 이끌어 주신 박건택 교수님과 또한 칼빈의 정치사상과 칼빈주의 역사에서 균형 잡힌 시각과 통찰력을 지닐 수 있도록 조언을 해주신 안인섭 교수님 이하 여러 교수님에게 깊은 감사를 드린다.

전준봉 識

목차

추천사(박건택 박사, 총신대학교 신학대학원 교회사 교수)   5
저자서문   7
들어가며_칼빈에게 길을 묻다   17

1부 | 칼빈의 정치사상

1장_칼빈의 정치사상 배경   23

  1. 16세기 유럽과 제네바 및 프랑스의 정치적 상황   23
    1) 유럽의 정치적 상황   23
    2) 제네바와 프랑스의 정치, 종교 상황   26
  2. 칼빈의 사상적 배경과 정치사상의 형성   30
    1) 칼빈의 생애와 사상적 배경   30
    2) 칼빈의 정치사상의 형성과 제네바 구빈원 사역   35

2장_칼빈의 정치사상   39

  1. 『기독교 강요』에 나타난 정치사상   39
  2. 칼빈의 정치사상   43
    1) 칼빈의 이중통치론(두 왕국 사상)   43
    2) 바람직한 통치구조와 통치자의 임무   47

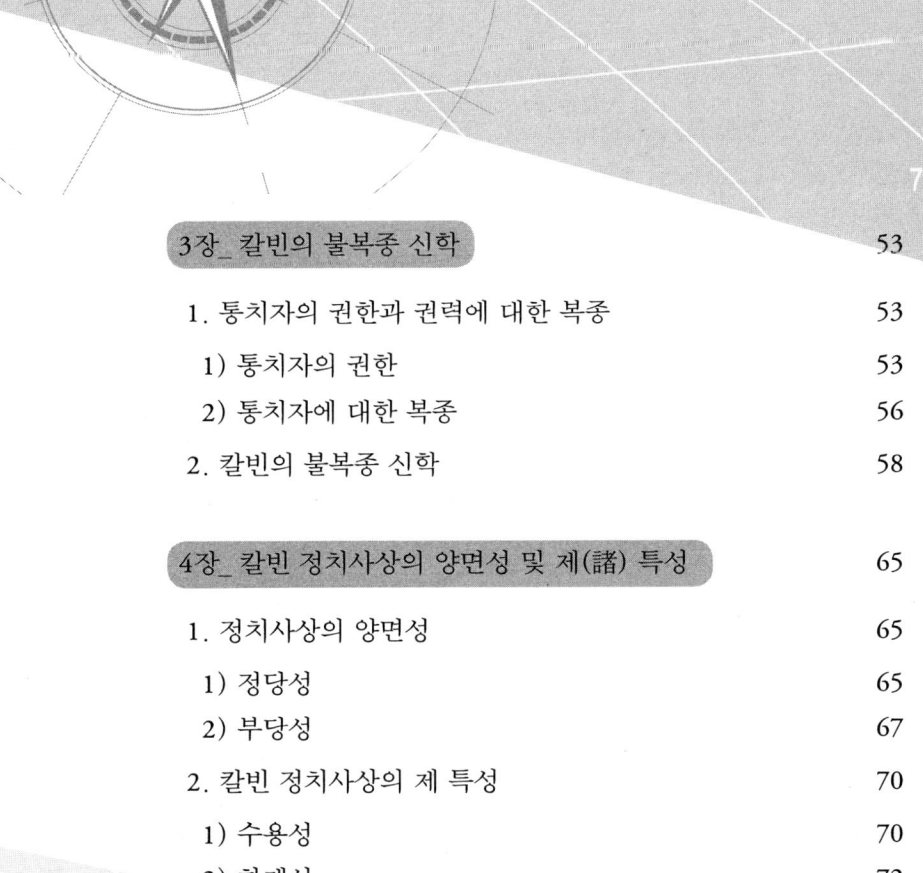

| 3장_ 칼빈의 불복종 신학 | 53 |

1. 통치자의 권한과 권력에 대한 복종 53
 1) 통치자의 권한 53
 2) 통치자에 대한 복종 56
2. 칼빈의 불복종 신학 58

| 4장_ 칼빈 정치사상의 양면성 및 제(諸) 특성 | 65 |

1. 정치사상의 양면성 65
 1) 정당성 65
 2) 부당성 67
2. 칼빈 정치사상의 제 특성 70
 1) 수용성 70
 2) 한계성 72

| 5장_ 소결론_정리 및 평가 | 77 |

2부 칼빈 정치사상의 제(諸) 영향

1장_ 프랑스의 칼빈주의와 위그노들의 정치사상 83

  1. 프랑스의 칼빈주의와 위그노 84
    1) 프랑스의 칼빈주의 84
    2) 위그노의 배경과 특징 87
  2. 위그노들의 정치사상 92
    1) 군주정을 지지한 위그노-장 보댕의 정치사상 92
    2) 저항사상을 지닌 위그노 95

2장_ 스코틀랜드와 영국의 칼빈주의 111

  1. 스코틀랜드 칼빈주의 112
    1) 스코틀랜드 칼빈주의와 존 낙스 112
    2) 존 낙스의 정치사상 115
  2. 영국의 칼빈주의와 크롬웰 125
    1) 영국의 칼빈주의와 청교도 125
    2) 크롬웰의 혁명과 정치사상 131

3장_ 네덜란드와 남아프리카 공화국의 칼빈주의 137

  1. 네덜란드의 칼빈주의와 아브라함 카이퍼 137
    1) 네덜란드의 칼빈주의 137
    2) 아브라함 카이퍼의 정치사상 141

2. 남아프리카 공화국의 칼빈주의와 인종분리 정책　　145
　1) 남아프리카 공화국의 백인 이주의 역사　　145
　2) 남아프리카 공화국의 칼빈주의 역사　　151
　3) 인종분리 정책의 역사와 시행　　153
　4) 인종분리 정책과 칼빈주의　　158

4장_ 미국의 칼빈주의　　167

1. 미국의 칼빈주의와 토착민과의 관계　　168
　1) 미국의 칼빈주의　　168
　2) 미국인의 선민사상과 토착민과의 관계　　173

2. 정교분리와 칼빈주의의 한국 전파　　178
　1) 미국의 정교분리　　178
　2) 한국의 정교분리　　184
　3) 칼빈주의 사상의 한국전파-정치사상을 중심으로　　189

5장_ 소결론_정리 및 평가　　193

3부 한국 교회의 사회운동—1970, 1980년대를 중심으로

1장_ 1960년대 한국 교회의 민주화 운동   197

  1. 1960년대 이전의 한국 교회의 사회운동   197
    1) 일제강점기 한국 교회의 사회운동   197
    2) 이승만과 한국 교회   206
    3) 3.15 부정선거와 4.19 민주항쟁   211
    4) 4.19 민주항쟁 이후의 사회운동   223

  2. 제3공화국의 등장배경과 한국 교회   229
    1) 5.16 쿠데타와 박정희의 집권배경   229
    2) 박정희 정권의 등장에 대한 한국 교회의 대응   235
    3) 6.3 민주화 운동과 한국 교회   238

2장_ 1970, 1980년대 한국 교회의 민주화 운동   249

  1. 1970년대 한국의 사회적 상황과 경제현황   250
    1) 1970년대 한국의 사회상황   250
    2) 1970년대 한국의 경제상황   256

  2. 1970년대 한국 교회의 민주화 운동   258
    1) 유신헌법 반대투쟁   258
    2) 한국 교회의 유신헌법 반대투쟁   268

  3. 1980년대의 한국 교회의 민주화 운동   295
    1) 1980년대 한국의 사회적 상황   295

2) 광주민주화 운동과 교회의 대응　　　　　　　　　298
　　3) 6월 민주항쟁과 교회　　　　　　　　　　　　　316

3장_ 1970, 1980년대 한국 교회의 노동 및 농민운동　　331

　1. 1970년대 한국 교회의 노동운동과 농민운동　　　　332
　　1) 1970년대 노동 현황과 전태일 사건　　　　　　　332
　　2) 1970년대 한국 교회의 노동운동과 농민운동　　　339
　　3) 1970년대 한국 교회의 농민운동　　　　　　　　348
　2. 1980년대 한국 교회의 노동운동과 농민운동　　　　354
　　1) 한국 경제와 노동자들의 실상　　　　　　　　　354
　　2) 1980년대 한국 교회의 노동운동과 농민운동　　　359

4장_ 1970, 1980년대 한국 교회의 통일운동　　　　　373

　1. 1970년대 한국 교회의 통일운동　　　　　　　　　374
　　1) 1970년대 남북한의 통일운동 - 정부 주도의 통일운동　374
　　2) 1970년대 한국 교회의 통일운동　　　　　　　　384
　2. 1980년대 한국 교회의 통일운동　　　　　　　　　390
　　1) 남북한의 통일론 비교　　　　　　　　　　　　　390
　　2) 1980년대 한국 교회의 통일운동　　　　　　　　394

5장_ 칼빈의 정치사상이 한국 교회의 사회운동에 미친 영향 409

1. 사회운동(사회참여)과 한국 교회의 관계 409
  1) 사회운동에 대한 한국 교회의 입장 409
  2) 사회운동에 적극적으로 동참한 단체들 422
2. 한국 교회의 사회운동에 대한 평가 431
  1) 진보주의 교회의 사회운동에 대한 평가 431
  2) 보수주의 교회의 사회운동에 대한 평가 435

6장_ 소결론_정리 및 평가 441

7장_ 결론 447

1. 자성적 칼빈주의 447
2. 개혁주의 사회운동의 모색 454

참고문헌 459

들어가며_
칼빈에게 길을 묻다

인간은 사회적 동물이다. 이 말은 인간이란 타인과의 관계 속에서만 살아갈 수 있다는 의미이며, 그래서 예로부터 인간은 크든 작든 집단을 이루며 살아왔다. 그리고 그 집단을 유지하기 위해 통치자가 생기고 집단에 속한 사람들은 통치자의 지배를 받으면서 살아갈 수밖에 없다.

사사기 21:25의 "그때에 이스라엘에 왕이 없으므로 사람이 각각 그 소견에 옳은 대로 행하였더라"에서도 한 사회에 통치자가 없었을 때 발생하는 사회적인 혼란에 대해 증거하면서 인간사회에 통치자가 필요함을 암시하고 있다. 이렇게 사회적 동물인 인간의 집단생활 속에 발생하는 혼란을 막고 질서를 유지하기 위해 필연적으로 지배와 피지배 구조가 발생하게 되는데, 이러한 구조와 지배 행위를 정치활동이라고 한다. 따라서 인간은 자신이 원하든 원치 않든 정치적인 활동과 무관할 수 없고, 정치적인 행위에서 벗어날 수 없다.

이렇게 인간은 정치와 무관할 수 없는 존재임에도 실제로는 미국식의 정교분리와 한국 교회의 정교분리의 막강한 영향 하에 정치로부터 애써 초연해지려는 모습을 보이거나, 친정부적인 입장을 보이기도 하여 사회로부터 많은 비난을 받아온 것이 사실이다.

실제로 한국 교회에는 1970, 80년대에 사회 구원을 앞세워 교회의 사회 참여를 정당시한 한국교회협의회(NCCK)를 중심한 진보주의 교회들도 있었던 반면, 보수적인 교회들을 중심으로 개인 구원을 우선시하여 교회의 성장에는 큰 일익을 담당하였으나 사회 문제에 대해서는 지나치리만큼 외면하거나 심지어 독재정권을 옹호하는 이중적인 태도를 보이기도 했다. 이러한 한국 현대 사회에서 그리스도인의 정치활동에 대한 두 가지 견해가 아직도 첨예하게 대립되는 가운데 개혁주의 신앙을 가지고 있는 한국 교회가 나아가야 할 바른 길에 대한 모색은 반드시 필요한 작업이다.

개혁주의 신학의 토대를 마련한 칼빈은 당시의 유력자들과 주고받은 수많은 편지에서나 제네바의 컨시스토리(Consistory)에서 다룬 주제들을 보더라도, 그의 종교개혁이 단지 교회 안에만 머무는 것이 아니라 제네바의 사회적, 정치적 문제들에 깊이 연관되어 있다. 당시 제네바와 고국 프랑스의 정치적인 문제들을 포괄적이면서도 깊이 있게 다루었다는 것을 알 수 있다. 이와 같이 칼빈은 경건한 그리스도인이면서도 정치적인 문제에 무관심하거나 초연하지 않았을 뿐 아니라 그리스도인의 정치활동에 대해 심각하면서도 깊이 있는 사상을 정립한 인물이다.

그러므로 칼빈의 국가관이나 또한 교회와 국가의 관계에 대한 생각은 어떠하였는지 칼빈의 정치사상을 살펴보는 것은 정치적인 혼란 가운데 구심점을 잃은 21세기 개혁주의 교회의 성도들에게 올바른 국가관이나 사회관을 제시해 주기 위해 반드시 선행되어야 할 작업이다. 그리고 칼빈의 정치사상에 비추어 한국 교회의 사회운동을 조명하는 데 앞서 칼빈주의가 유럽사회에 미친 영향을 정치사상을 중심으로 살펴보는 것은 역사적 객관성은 물론이요, 한국 교회의 미래를 위한 바른 이정표를 마련하는 좋은 방법이 될 것이다.

칼빈의 정치사상은 현대 서구의 여러 나라들이 종교개혁을 거쳐 근대국가를 형성하는 데 막대한 영향을 끼쳤을 뿐 아니라, 미국 건국이념의 사상적 배경이 됨과 동시에 미국문화의 형성에 긍정적인 공헌을 하였다. 그러나 한편으로는 칼빈주의가 왜곡되어 미국 건국 초기에 토착민인 인디언들을 학살하는 이념적 요소를 제공하기도 하였고, 급기야 20세기 남아프리카에서는 인종분리 정책(아파르트헤이트)의 신학적 토대를 제공하면서 백인들이 흑인들을 차별하는 데 정당성을 부여하는 이론적 근거가 되기도 하였다. 이렇게 칼빈주의가 유럽을 비롯하여 전 세계에 전파되면서 교회 및 사회에 긍정적인 역할 뿐 아니라, 부정적인 측면도 있었음을 간과해서는 안 될 것이다.

이렇게 16세기 이후로 세계적으로 막대한 영향을 미친 칼빈의 사상이 한국 교회에 전파되면서 칼빈의 정치사상은 한국 교회에 두 가지 부류로 나타났다.

진보진영의 칼빈주의 교회는 칼빈의 불복종 신학에 의거하여 1970, 80년대 독재정권에 극렬히 저항하면서 한국의 민주주의 발전에 상당한 기여를 하였다. 또한 이들은 가난하고 억눌린 자들의 편에 서서 시대의 아픔을 함께 하는 그리스도인의 삶을 살았다. 그리고 아직도 이 민족의 커다란 과제인 통일운동을 위하여 헌신하는 등 한국 사회의 발전을 위하여 큰 기여를 하였다. 그러나 이러한 진보진영의 사회참여는 때로는 폭력에 의존하는 부작용을 낳기도 하였다.

한편 보수진영의 칼빈주의 교회는 이원론적 정교분리의 이름으로 애써 현실의 부조리나 불의에 눈을 감거나 혹은 독재정권을 찬양하는 우를 범하기도 하였다. 그러면서도 이들 보수주의 교회들은 사회구원보다는 개인의 영혼구원에 앞장서서 많은 교회의 성장을 이루어내었다. 이들은 이 땅에 구원받은 성도들이 많으면 당연히 사회는 정직하고 평화로운 사회로 흘러갈 것이라고 생각하였다. 그러나 현재 한국의 복음화율은 거의 30% 수준에 이르렀지만 이들의 생각과는 달리 사회는 아직도 어두운 면이 여전히 존재하고 있다. 뿐만 아니라 이들 보수주의 교회들은 한국의 복음화에 커다란 기여를 하였지만, 국가나 사회의 부정부패에 대해서는 침묵하거나 심지어는 인권을 말살하는 독재정권에 적극 협력하는 부끄러운 행동을 한 것도 부인할 수 없다.

이렇게 혼란스런 정치상황 속에서 갈팡질팡하는 한국 교회가 나아갈 방향을 모색하기 위해, 한국 교회의 사회운동을 1970, 80년대를 중심으로 민주화 운동과 노동 및 농민운동, 통일운동의 순으로 살펴보면서 한국 개혁주의 신학의 토대가 된 칼빈의 정치사상에서 그 답을 찾아보고자 한다.

1부 칼빈의 정치사상

칼빈의 정치사상은 정치가 종교에 예속된 중세 그리스도교의 한계를 벗어나 유럽의 근대 국가 형성에 큰 영향을 미쳤을 뿐 아니라, 한국 교회의 사회운동에도 이념적 토대를 제공하였다. 그러므로 칼빈의 정치사상에 대한 연구는 칼빈주의를 표방하면서도 각각의 생각과 목적에 따라 서로 다른 입장을 보여 온 한국 교회의 사회운동의 다양한 모습을 재평가하고 바른 방향을 모색하기 위해 반드시 필요한 과정이라고 할 수 있다.

따라서 먼저 16세기 유럽과 제네바 및 프랑스의 정치적 상황과 칼빈의 생애, 또 그의 정치사상의 배경 그리고 『기독교 강요』를 중심으로 한 칼빈의 이중 통치론과 바람직한 통치구조로 대변되는 그의 정치사상뿐 아니라, 불의한 통치자에 대한 칼빈의 불복종 사상을 고찰한 후, 그에 대한 비판적인 시각으로 재조명해 보고자 한다.

1장_
칸빈의 정치사상 배경

칼빈의 정치사상은 그가 살았던 16세기 유럽의 정치 상황과 무관하지 않다. 당시는 정치가 종교에 예속되는 중세적 한계를 벗어나지 못한 상황이었으며, 한편으로는 국가와 종교를 엄격히 분리하는 재세례파의 준동이 있었고, 뿐만 아니라 그리고 제네바나 프랑스 역시 종교개혁의 기운이 싹트기 시작한 혼란스러운 시대였다.

1. 16세기 유럽과 제네바 및 프랑스의 정치적 상황

1) 유럽의 정치적 상황

중세 후기까지 유럽에서는 정부를 하나님의 대리자인 로마의 교황에 의해 통치되는 하나의 성스러운 기관으로 간주하여 왔고 왕들도 교황의 권위 아래 예속되어 있었다. 이와 더불어 하나님의 교회는 영원한 데 비하여 세속적인 국가는 일시적인 것으로 국가는 교회에 예속되어 있는 것으로 간주하였다.

그러나 중세 후기에서 근세로 넘어가는 과정에서 새로운 국가 의식이 대두되었다. 이는 국가의 권위는 더 이상 교회의 권위 아래 있는 것이 아니라 교회의 권위와 대등하며, 왕의 권위는 하나님으로부터 위임받았거나 아니면 왕은 하나님의 대리자라고 보는 왕권신수설이 태동하였다. 이로 인해 교회는 더 이상 신자들의 삶 속에 영적인 권위 이외의 다른 권위를 미칠 수가 없으며, 반면에 국가는 신자나 불신자를 막론하고 그들의 삶 속에 강력한 통치권을 발휘할 수 있는 계기가 시작된 것이다.

이러한 상황에서 재세례파는, 교회란 영적인 집단으로 하나님께 속한 것이고 국가는 세상적인 집단이므로, 교회는 국가에 대하여 간섭할 권한이 없고 더불어 국가도 교회에 대하여 간섭할 권한이 전혀 없다고 주장하였다. 그러면서도 한편으로는 국가의 통치에 강력히 반발하면서 왕이나 국가의 권위를 인정하지 않으며 무정부적인 상태를 꿈꾸는[1] 재세례파들도 있었다. 이들에 의하면, 신자 개개인은 세상으로부터 완전히 분리되어야 하며, 이는 사회로부터의 분리와 주변 환경에 있어서 모든 삶의 양식으로부터의 분리[2]를 포함한다는 것이다.

이러한 재세례파에 대해 칼빈은 다음과 같이 비판하고 있다.

---

[1] 16세기 재세례파는 온건파와 급진파, 영성주의자들로 나눌 수 있다. 그 중 온건파인 스위스 형제단은 국가에 대한 무저항주의와 탈정치주의를 표방하였다. 그들은 "참다운 교회란 악한 세상으로부터 고난 받는 소수"라고 믿었다. 즉 스위스 형제단은 로마정부의 탄압을 받으면서도 이에 항거하지 않고 순교했던 초대교회의 성도들의 모습을 당시 국가교회로부터 탄압을 받으면서도 저항하지 않는 자신들의 모습과 동일시하였다. 이러한 스위스 형제단의 무저항주의와 탈정치주의는 그들의 부정적인 사회관과 이분법적인 사고에 근거한다.
급진 재세례파는 호프만과 미카엘 자틀러로 대표되는데, 이들은 급진적인 천년왕국 사상을 가지고 폭력적으로 정부를 뒤엎으려고 하였다. 특히 자틀러는 「쉴라이트하임 고백서」(*The Schleitheim Confession*)에서 "교회란 의도적으로 사회와는 일정한 간격을 유지해야 하며 사회의 가치를 거부해야 한다"고 하였다. 칼빈은 독일 중남부 도시를 근거지로 한 급진 재세례파들을 스트라스부르로 가는 길목인 오를레앙에서 접촉하면서 이 재세례파의 위험성에 대하여 강력히 경고하였다.
C. Arnold Snyder, *Anabaptist History and Theology: an Introduction* (Pandora Press, 1995), 61와 Paul Peachey, "Social Background and Social Philosophy of the Swiss Anabaptist 1525-1540," *MQR* 6, (1932), 174 참조.

[2] Willem Balke, *Calvin and the Anabaptist Radicals* (Wipf and Stock Publishers, 1981), 275.

어떤 사람들은, 복음이 사람들 가운데서 왕이나 통치자들을 전혀 인정하지 않는 자유를 약속하며, 오직 그리스도만 바라본다는 이야기를 듣고, 자기들 위에 어떤 권세가 있다는 것을 알고 있는 동안은 자기들의 자유로 말미암아 그 어떤 유익도 얻을 수 없다고 생각하기도 한다. 그러므로 그들은 온 세상이 법정이나 법이나 통치자나 혹은 자유를 제한한다고 생각하는 그 어떠한 것도 없는 전혀 새로운 형태로 개조되지 않는 한 아무것도 안전하지 않을 것이다. 그러나 육신과 영혼, 덧없는 현세의 삶과 영원한 내세의 삶을 구분할 줄 아는 사람들이라면 누구든지 그리스도의 영적인 나라와 세속적인 통치 질서가 다르다는 것을 쉽사리 알게 될 것이다.[3]

즉 칼빈은, 세상 통치자를 부정하고 영적인 자유만을 추구하여 교회와 국가를 철저히 분리하려는 재세례파의 국가론에 대해서도 반대하였는데, 그렇다고 해서 칼빈이 국가가 교회에 예속되어 있다는 중세 로마 교회의 국가관에 찬성한 것도 아니었다. 다시 말해, 칼빈은 교회와 국가의 각각의 권세는 인정하지만 교회와 국가를 이원론적으로 구분하지 않고 교회나 국가 모두 하나님의 영역주권 안에 포함되어 있다면서 16세기의 혼란한 국가관에 대해 분명한 입장을 보였다.

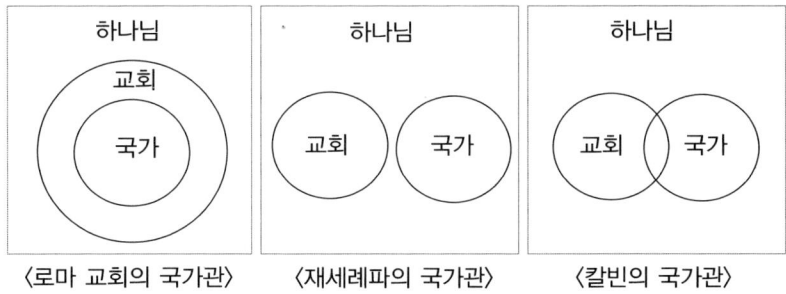

그림 1. 로마 교회와 재세례파, 칼빈의 국가관 비교

---

3 John Calvin, *Institutes of Christian Religion*, 1559년 판, Editor: John T. McNeill, (Philadelphia: The Westminster Press, 1975), IV. 20. 1.

위 그림에서 나타난 대로 로마 교회의 국가관은 교회가 국가를 통제하고 간섭할 수 있는 지배구조로 표현된 반면, 재세례파는 교회와 국가를 완전히 분리하여 교회로 하여금 국가에 절대 간섭할 수 없도록 하였는데, 심지어 그리스도인의 공직 참여도 금지하였다. 이에 비하여 칼빈은 교회의 영역과 국가의 영역을 구분하기는 하지만 서로 일치하는 면도 있어 협력 가능한 상태로 보았다. 이러한 칼빈의 정치사상은 여러 가지 면에 있어서 어거스틴의 정치사상을 계승하였다.

어거스틴에 의하면, "국가의 권력은 모든 권위의 근원이 되는 하나님께로부터 비롯되기 때문에, 그 국가의 권위에 저항하는 사람은 곧 하나님의 규례를 거스르는 것"[4]이 된다. 어거스틴은 "세금 문제에 있어서도 조세를 받기에 마땅한 사람에게 조세를 바치며, 공조를 받아야 하는 자들에게 공조를 지불해야 하고, 또한 두려워할 자를 두려워해야 하며, 존경해야 할 자를 존경해야 한다"[5]고 주장하였다. 그리고 불의한 권력에 대한 복종 문제에 있어서도 먼저 하나님의 말씀에 복종해야 한다고 가르치고 있다. 즉 어거스틴은 모든 권위의 근원을 하나님으로 보고, 하나님으로부터 위임된 권위에 도전하는 것을 경계하였는데, 이런 어거스틴의 정치사상의 전반을 칼빈이 수용한 것이다.

2) 제네바와 프랑스의 정치, 종교 상황

(1) 제네바의 정치, 종교 상황

칼빈의 1536-1564년까지의 사역 가운데 1538-1541년의 3년간의

---

[4] Augustine, Ep. 93, 6, 20; EP. 100, 1.1, 안인섭, "로마서 13:1-7 해석에 나타난 어거스틴과 칼빈의 교회와 국가사상,"「신학지남」 통권 280호 (2004년 가을호), 172에서 재인용.

[5] Augustine, *On Christian Doctrine*, 4, 20, 40, 안인섭, "로마서 13:1-7 해석에 나타난 어거스틴과 칼빈의 교회와 국가사상," 172에서 재인용.

스트라스부르에서의 사역을 제외하면 제네바의 교회에서 사역하였다. 1520-1530년대의 제네바는 몇 가지 면에서 혁명적 변화를 겪고 있었다. 가톨릭을 후원하는 이탈리아의 사보이 공국으로부터 제네바는 정치적 독립을 쟁취하였다. 또한 신앙적으로는 가톨릭 교회로부터 자유를 획득했다.[6]

이렇게 제네바는 수세기 동안 감독이 도시의 정치적 업무를 지배하였고, 사보이 가문(가톨릭 가문)의 도움으로 제네바의 백작들을 거느릴 수 있었다. 그러나 종종 이 백작들은 1387년 감독 아드헤말 파브리(Adhemar Fabri)에게 도시의 중산층들에게 자주권을 주는 참사원 자리를 허락하도록 강요했다. 그리하여 이들은 총회(council general)를 결성하여 도시의 업무를 맡아 처리할 4명의 행정관(syndics)을 매년 선출하였다. 16세기에 이르러서는 25명으로 구성된 소위원회, 60인 의회, 200인 의회라는 3개의 의회가 있었다.

이렇게 나누어진 권위는 감독이 사보이 가문에 속해 있지 않은 동안만 세력 균형을 유지할 수 있었다. 하지만 1444년 바젤 종교회의에서 선출된 교황인 사보이의 아마데우스 8세(Amadeus Ⅷ)가 감독이 되어 사보이 가문에게 제네바의 모든 통치권을 부여하였다.[7]

그러자 지배층과 시민층 사이에 갈등이 생기기 시작했고, 급기야 사보이의 아마데우스 8세는 프리부르(Fribourg)와 베른(Bern)의 이웃 스위스 주들의 도움을 요청하여 1526년 연맹을 결성하였다. 1527년 감독 피에르 드 라 봄(Pierre de la Baume)은 제네바를 떠났고 다시는 그 역할을 찾지 못했다. 하원의 권한도 폐지되었고, 그의 모든 책임은 시민들에게 넘겨졌다.

1528년 이러한 새로운 상황에서 제네바는 주도권을 놓고 갈등을 빚

---

[6] 안인섭 "칼빈의 국가론," 『칼빈신학 개요』, 한국칼빈학회 (서울: 두란노 아카데미, 2009), 187.
[7] William R. Estep, *Renaissance and Reformation*. 라은성 역, 『르네상스와 종교개혁』 (서울: 도서출판 그리심, 2002), 467- 468.

고 있었다. 당시 프리부르는 여전히 가톨릭 국가로 남아 있었으나 베른은 종교개혁을 수용하여 자연적으로 제네바의 개혁운동을 적극적으로 지원하였다. 1532년 6월까지 제네바에서는 종교적 상황이나 변화를 갈망하는 뚜렷한 기미가 보이지 않았다. 그런데 이때에 교황 클레멘트(Clement) 7세가 도시 내에서의 면죄부 판매를 시작하였고, 제네바 시에 폭동이 발생하였다. 이런 와중에서 기욤 드 파렐(Guillaume de Farel, 1489-1565)을 비롯한 일련의 복음주의자들이 제네바에 들어와 조용한 개혁을 추진하였고, 이것이 발각되어 파렐은 감독 브리소네에게 면직을 당하기도 하였다. 이러한 파렐의 제네바 개혁은 1528년 베른의 논쟁에 참여하여 베른이 정치적 지배를 이룩했던 모든 지역에 종교개혁을 심는 데 결정적인 역할을 하였다.

한편 제네바에서 추방당한 파렐은 친구이며 협력자인 앙투안 프로망(Antoine Froment, 1508-1581)의 도움을 얻었고, 프로망은 프랑스어 교사라는 밀명으로 제네바에 들어가 수많은 학생들을 모아 프랑스어 신약성경을 가르치게 되었다. 이에 프로망의 지도를 받은 학생들은 종교개혁의 결정적인 후원자가 되었고, 1533년 3월 30일 의회의 이름으로 칙령을 발표하여 복음주의자들에게 관용을 베풀고, 동시에 로마 가톨릭 의식들에 대한 공격을 금했다. 설교자들은 성경에 나타난 것만 설교하도록 했다.[8]

이런 조치에 힘을 얻은 복음주의자들은 4월 10일 정원에서 성찬예식을 베풀자 이 일로 격분한 사제들이 복음주의자들을 공격하였다. 이런 과정에서 복음주의자들을 공격하던 피에르 웰리(Pierre Werley)가 전사하자 그의 고향인 프리부르는 이 전투에 참가한 복음주의자들의 처벌을 제네바에 요청하였다. 이에 또다시 복음주의자들은 베른에 도움을 청원하였고, 제네바는 프로테스탄트 주 베른과

---

[8] William R. Estep, *Renaissance and Reformation*. 라은성 역, 『르네상스와 종교개혁』, 469, 470.

가톨릭 주 프리부르 간의 주도권 다툼의 장이 되었다. 이런 와중에 제네바는 1534년 주교좌를 폐지하였고, 개신교와 구교 지도자들 사이에 논쟁 끝에 마침내 1536년 5월 21일 제네바 수도원에서 소집된 시민 총회는 미사 중지와 함께 교황파의 우상을 금지하고 신교를 받아들이기로 가결하였다.

그 해 7월 칼빈은 프랑스 종교개혁을 하다가 스트라스부르로 피신하는 도중에 제네바에 머물게 되었다. 파렐은 제네바 시민투표의 변화의 진정한 의미를 시민들에게 설명해 줄 수 있는 이상적인 인물로 칼빈을 생각했고, 제네바 정부는 칼빈을 그와 같은 임무를 띤 대중 강론자로 임명하는 데 동의하였다.[9]

(2) 프랑스의 정치, 종교적 상황

제네바가 많은 진통 끝에 칼빈을 중심으로 한 종교개혁을 수용한 반면에 프랑스의 종교개혁은 험난한 여정이었다. 1536년은 프랑스 종교개혁이 새로 시작되는 해였다. 종교개혁 초기 프랑스를 통치하였던 인물은 발로아(Valois) 왕가의 프랑소와 1세였다. 그는 자신의 통치 영역 내에서는 종교적 통일을 이루기 위하여 프로테스탄트들을 용납하지 않았지만, 반면에 그의 적수였던 독일의 카알 5세를 견제하기 위해서 독일 내의 프로테스탄트들을 지원하는 이중적인 정책을 취하였다. 그러나 카알 5세를 약화시키기 위해 독일의 프로테스탄트들과 밀접한 관계를 갖기 위해서는 자기 영토 내의 프로테스탄트들에게도 상당한 자유를 허락하지 않으면 안 되었다. 그러나 이런 변동에도 불구하고 프랑스의 프로테스탄트들은 학자층과 귀족층에서 많은 추종자들을 얻게 되었다.[10] 변덕스런 정책에 따라 희생

---

[9] Robert M. Kingdon, "The Calvinist Reformation in Geneva," *The Cambridge History of Christianity vol. 6. Reform and Expansion 1500-1600*, ed R. Pochia Hsia, (Cambridge University Press, 2007), 91.

[10] 유스토 L. 곤잘레스, *The Reformation*, 서영일 역, 『종교개혁사』 (서울: 은성, 1989),

된 자들 가운데 두란(Durance)의 왈도파를 들 수 있다. 고대적 전통에 따라 그들은 자신들의 마을에서 예배의 자유를 누린 자들이다. 그들은 거의 절멸되었다. 추산컨대 4,000여 명의 남녀가 살육 당했고 700명이 감금되었을 것이다. 1547년 3월에 이르러 프랑소와 1세는 죽었지만, 기스 가문의 가톨릭 단체들은 프로테스탄트 억압정책을 그대로 이어받았다.[11]

그러나 프랑스 인근 나바르 왕국의 왕 앙리에게 시집갔던 프랑소와 1세의 누이 앙굴렘의 마가렛(Margaret of Angouleme)은 개혁운동을 지원하였다. 그녀는 프랑스에 거주할 당시부터 인문주의자들을 보호하였고 프랑스로부터 건너온 프로테스탄트들을 보호하였다. 그럼에도 불구하고 프랑스에는 개혁파 교회가 한군데도 세워지지 않았다. 이는 그만큼 프랑스에서 개혁파 교회에 대한 가톨릭의 박해가 심했기 때문이다.

이런 가운데서도 칼빈은 프랑스의 종교개혁을 위하여 수많은 목회자들을 파송하려고 하였고, 이로 인하여 제네바도 프랑스의 종교개혁에 지대한 관심을 기울였다. 따라서 프랑스에서 개혁파 교회가 세워진 것은 1555년이었으며, 1559년 프랑소와 1세의 뒤를 이은 앙리 2세가 죽은 해에 최초의 개혁파 총회의 교회가 세워졌다.

2. 칼빈의 사상적 배경과 정치사상의 형성

1) 칼빈의 생애와 사상적 배경

존 칼빈(Jean Cauvin, 1509-1564)은 1509년 7월 10일 프랑스 느와용

167,168.
11 William R. Estep, 『르네상스와 종교개혁』, 496-497.

(Noyon de France)에서 아버지 제라르 코뱅(Gerard Cauvin〔Calvin〕)과 경건한 어머니인 잔느 드 프랑(Jeanne le Franc)사이에서 4명의 형제 중 둘째로 태어났다. 그의 아버지인 제라르 코뱅은 1481년에 시(市)의 등기 관리인이 되었고 그 후에는 주교관의 사무관, 회계사, 주교관의 비서직 그리고 마지막에는 대성당 참사회의 소송대리인의 직책까지 역임하였고, 1498년에는 시민권을 얻을 수 있게 되었다.[12] 이렇듯 그의 아버지인 제라르 코뱅은 느와용의 유력한 인사로서 교회의 서기와 회계의 직분을 오랫 동안 맡아온 사람이었다. 베자의 기술에 의하면 그는 "판단력이 예리하고 지혜에서 특출하였으므로, 그 지방의 고급 귀족들(교직자들도 포함됨)에게 두터운 존경과 신임을 받았다"고 한다.[13]

칼빈은 12살에 느와용 성당에 속한 라 제지느(La Gesine)제단에서 성직록을 받고 1523년 14살 되던 해 파리로 가서 마르슈대학에 갔다. 그곳에서 그는 현대교육 창시자의 한 사람인 마튀랭 코르디에(Marthurin Cordier, 1479-1564)에게서 문법과 수사학을 배웠다. 그를 통해 칼빈은 라틴어로 생각하는 법과 쓰는 법을 배웠다. 코르디에는 "자신의 임무를 매우 성실하게 수행하는 소박하고 꾸밈없는 훌륭한 인격자"[14]였다. 칼빈이 코르디에의 라틴어 강좌를 들은 것은 짧은 기간이었지만 이후 그와 깊은 유대관계를 지속했다.

칼빈은 이후 마르슈대학에서 몽테규 꼴레쥬(the College de Montaigu)로 옮겼다. 칼빈은 그곳에서 안토니오 코로넬(Antonio Coronel)이라는 스페인 학자로부터 깊은 철학적 소양을 얻게 되었다. 그리고 또한 저명한 유명론자이면서 신학자인 요한 메어(John Mair)로부터 깊

---

[12] 프랑수아 방델, 『칼빈-그의 신학사상의 근원과 발전』, 김재성 역 (서울: 크리스찬 다이제스트, 1999), 17.

[13] 전경연, 『칼빈의 생애와 신학사상』 (서울: 대한기독교서회, 1992), 11.

[14] 전경연, 『칼빈의 생애와 신학사상』, 11. 여기서의 꼴레쥬는 오늘날의 중등교육기관으로 생각할 수 있다.

은 신학적 소양을 쌓게 되었다. 칼빈은 그의 강의에서 루터파 이론을 접하게 되었을 것이다. 요한 메이어는 칼빈에게 피터 롬바르드의 문장에 대한 지식과 그에 대해서 자신이 직접 작성한 오캄주의적 해석에 관해 가르쳐 주었다. 그래서 방델은 칼빈이 교부들, 특히 성 어거스틴을 심도 있게 대하게 된 것은 몽테규에서의 일이라고 말하고 있다.[15]

이렇게 온갖 새로운 사상에 개방된 환경 속에서 칼빈은 종교개혁가로서의 소양을 쌓고 있었다. 아버지의 원대로 칼빈은 오를레앙에서 법률공부에 전념하면서 멜키오르 볼마르(Melchior Wolmar, 1497-1561)로부터 개혁주의적인 소양을 쌓게 된다.

그러면 칼빈이 회심을 하게 된 시점은 언제인가? 사실 루터의 회심은 그 시점이나 동기가 분명한데 비하여 칼빈의 회심은 장시간에 걸친 무의식적인 준비의 결과로 분명하지 않다. 자신을 드러내지 않으려는 과묵한 성격 때문에 칼빈은 자신의 회심에 대해 2번에 걸쳐 간단하게 언급했을 뿐 그 외에는 침묵을 지키고 있다. 따라서 칼빈의 회심의 시점은 명확하지는 않지만 아마도 1532년 후반부터 1534년 사이 오를레앙이나 파리에서 일어났을 것으로 보인다.[16]

---

[15] 프랑수아 방델, 『칼빈-그의 신학사상의 근원과 발전』, 20. 방델은 칼빈의 청년기에 있어서 가장 중요한 시절은 몽테규대학 시절로서 그곳에서 칼빈은 당시 종교개혁에 이미 가담하였던 사촌 올리베땅(Olivetan)과 교제하였으며, 특히 푸르시 드 캉브레(Fourcy de Cambrai)와 같은 진보적인 인물과 교제를 하였다고 말한다. 이런 환경 속에서 칼빈은 르페브르 데타플(Jacqucs Lefèvre d'Etaples, 1536년 사망)과 루터 및 멜랑히톤의 저작들을 공부했을 것이고 그리고 최소한 그들에 관하여 자주 들었을 것이다.

[16] Philip Schaff, *History of the Christian Church vol. VIII*, 스위스 종교개혁, 269. 이상규, 『교회 개혁사』 (서울: 성광문화사, 1997), 138. 이상규 교수는 1533년 10월에 칼빈의 회심 사건이 일어났다고 말한다. 그러나 그는 또 다른 곳에서는 1529년에서 1533년 사이에 회심 사건이 일어났다는 견해에 동의한다.
한편 방델은 칼빈의 회심의 시점에 관해 두 가지 구체적인 증거를 제시한다. 첫째는 1533년 8월 23일 칼빈이 느와용의 참사회 총회에 참석하였는데, 그 회기 중에 역병을 막기 위한 행렬성가의 조직이 결정되었다. 칼빈은 이때 로마 교회의 관례를 외형적으로 지키는 일을 계속해오던 개혁자들의 태도를 비난하였다. 한편 그로부터 일 년이 채 못 되어 1534년 5월에 다시 느와용으로 갔는데 그 목적은 그가 교회의 성직록을 포기하기 위하여 간

칼빈에게 있어서 회심은 로마 교회의 물질적인 혜택을 포기하는 것을 의미하였으며 또한 그가 이전에 추구하였던 학문과의 단절을 의미했으며, 최소한 이제까지 그의 생애의 목표로 삼았던 인문주의와의 단절을 의미했다.

1532년 생애 첫 작품인 세네카의 『관용론』 주석서를 발간한 칼빈은 대학 총장인 니콜라스 콥의 요청으로 1533년 11월 1일에 있을 취임 연설문을 작성하였다. 그 내용은 종교개혁을 촉구하고 옛 체제의 폐해에 대하여 공격하는 것이었다. 소르본느대학은 이것을 가톨릭을 겨냥한 것으로 간주했다. 즉시 피의자를 체포하기 위해 조처가 취해졌다. 미리 경고를 받은 콥은 바젤에 있는 아버지의 집으로 피신했고 칼빈은 창문을 통해 도망쳤다.[17] 결국 1533년경에 칼빈은 개혁운동에 깊이 관여하고 있었다. 복음을 위한 망명자인 칼빈은 오를레앙으로 향했다. 그는 그곳 대성당 참사회 회원인 루이 드 띠예(Louis de Tillet)의 집에 피신해 있으면서 『기독교 강요』의 개요를 작성하기 시작하여 1536년 3월 『기독교 강요』 초판을 출간하였다.

칼빈은 프랑스를 떠나 동생 앙투안(Antoine)과 누이 마리를 만나 스트라스부르로 가려고 하였지만, 파렐을 만나면서 상황이 반전되

것이다. 그는 자기가 성직록의 혜택을 누리는 것과 로마 교회의 단절과는 서로 양립할 수 없는 일이라고 간주한 때문이었다. 프랑수아 방델, 『칼빈-그의 신학사상의 근원과 발전』, 45, 46.

[17] 디모디 토우 저, 『존 칼빈의 생애와 업적』, 임성호 역(서울: 도서출판 하나, 1998), 30. 니콜라스 콥(Nicholas Cop)이 1533년 루브르 대학 신임총장 취임식에 콥은 관례적으로 행해지던 마튀랭(Mathurins)교회 설교에서 "심령이 가난한 자는 복이 있나니"라는 제목으로 설교하였다. 설교 내용 중에 개혁자들이 품고 있는 복음의 기능과 이신칭의 교리가 나타나 있다. 콥은 파리대학의 소르본느 신학부와 국회가 참지 못할 정도로 대담하게 이를 외쳤다. 결국 콥은 국회에 가던 도중 소환될 것이라는 말을 듣고 아버지의 고향인 바젤로 피신하였다. 한편 모랭(Morin)이라는 법 집행관이 콥과 깊은 관계에 있던 칼빈을 구속하기 위하여, 당시 포르테대학(Collage de Fortet)에 있던 칼빈의 방을 수색했고, 오를레앙을 비롯하여 여러 곳에 있던 친구들이 칼빈에게 보낸 편지를 압수하였다. 위기를 느낀 칼빈은 신속히 세인톤지(Saintonge)로 도피하였다가 띠예의 집에 하숙하였다. www.calvinacademy.net. 칼빈의 생애에서 발췌.

어 제네바에서 파렐과 함께 종교개혁 작업에 착수하였다. 1536년 10월 초부터 그는 처음으로 다른 교회들의 문제에도 관여하도록 요청을 받았다. 그는 로잔의 신학 논쟁에 참석함으로써 그 당시에 베른 시에 합병된 보드 지방에서 교회 조직을 위한 기반을 마련해 주었다.

   1538년의 선거에서 선출된 제네바 200인회 당국자들은 자신들의 불안정한 세력을 강화하기 위해 베른 시의 도움을 얻고자 하였다. 그들은 베른 시의 환심을 사기 위하여 먼저 목사들에게 문의하지도 않은 채 자진하여 베른식의 복장을 입도록 채택하였다. 그리고 그들은 칼빈과 그의 동료들에게 부활절에 설교하는 것을 금지시켰다. 칼빈과 파렐 그리고 다른 성직자들은 지위를 박탈당하고 삼일 내에 그 도시를 떠나라는 명령을 받았다.

   제네바를 떠난 칼빈은 스트라스부르에서 마틴 부처(Martin Bucer, 1491 11. 11-1551. 2. 27), 카피토(Wolfgang Köpfel, 1478-1541)와 3년 동안 동역하였다. 이 시기에 칼빈은 이델레트 드 뷔르(Idelette de Bure)와 결혼하였다. 그러나 칼빈이 스트라스부르에서 개혁을 진행하고 있는 동안 제네바는 혼란에 휩싸였고, 칼빈은 부처의 만류에도 불구하고 1541년 다시 제네바로 돌아갔다.

   칼빈이 제네바로 돌아와서 한 첫 번째 일 중의 하나가 제네바 개혁 교회 규약인 교회 법령집을 쓰는 일이었다. 1542년 부관의 칙령, 1543년에 직책들과 관리들의 법령이 완성되었고, 1545년에는 결혼에 관한 법령이 초안되었다. 당시 제네바의 세속정부 바탕에는 12세 이상의 도시 남성 거주민들로 구성된 시민총회가 있었는데, 1년에 한 번 모임을 가졌다. 시민총회의 상위에는 정부의 주요 실행위원들인 임기가 1년인 4명의 집정관(Syndics)이 있었다. 시정부를 경영하는 중간의회는 소위원회에서 판결된 소원들을 청문하는 200인 의회와 외교문제를 다루는 60인 의회 그리고 4명의 집정관을 포함하여

25명으로 구성된 소위원회가 있었다.[18]

소위원회는 실질적인 시정부 집행부이며 200인 의회와 60인 의회는 둘 다 유산자들과 시민권자들로 구성되었고 소위원회의 요청에 따라 회집되었다. 시민권자는 제네바 출신이어야 하고 그 도시 출신이 아니면 유산자들이 될 수 있었다. 청원에 의하여 재산의 규모를 가진 자가 돈을 지불함으로써 유산자 지위를 얻을 수 있지만 법률고문이나 성직자들과 같은 공동체를 위하여 봉사하도록 위촉된 사람들은 돈이 없이도 유산자가 될 수 있었다.[19]

칼빈이 제네바에서 사역하는 동안 심혈을 기울인 노력은 바로 종교회의 권한 회복이었다. 사실 제네바는 칼빈이 종교개혁을 완성해 나가는 하나의 모델이었으며 또한 그의 신정체제 구축을 위한 모델이기도 하였다. 그러면서도 행정당국과 칼빈이 이루고자 한 종교회의와는 은연 중 갈등이 있었다. 이런 관계 속에서 칼빈은 교회와 국가 관계에 대하여 고민하였을 것이며, 또한 당시 핍박받는 프랑스의 프로테스탄트들을 염려하면서 진정 국가의 권위와 통치자들이 해야 할 덕목들에 대하여서도 고민한 흔적이 그의 정치사상에 구체화되어 있다.

2) 칼빈의 정치사상의 형성과 제네바 구빈원 사역

(1) 칼빈의 정치사상의 형성

칼빈의 정치사상은 어려서부터 배운 인문주의적 토양과 유럽의 질서 가운데서 형성되었다고 할 수 있다. 즉 칼빈이 파리에서 공부하는 동안 만난 플라톤 학자들이나 아리스토텔레스 학자들의 정치사상이 칼빈의 정치사상에 배어들었다. 이런 기초 위에 칼빈은 오를

---

[18] Robert M. Kingdon, "The Calvinist Reformation in Geneva," 94.
[19] Robert M. Kingdon, "The Calvinist Reformation in Geneva," 94.

레앙대학과 부르주대학(Universite de Bourges)에서 법률 훈련을 받았다. 자연적으로 법률과정의 초점은 로마법과 키케로, 세네카, 울피안 그리고 다른 법학자들의 이에 대한 주석이었다. 여기서 칼빈은 정부의 조직과 운영을 상세히 배웠을 뿐만 아니라 안정된 정부의 기본 요구가 무엇인가[20]에 대해서도 배웠을 것이다.

이러한 학문적인 토양과 그리고 당시 교회가 국가까지 관장하려는 로마 가톨릭의 질서 그리고 이에 반대하여 교회와 국가를 완전히 분리하여 국가를 세속적인 집단으로 치부하는 재세례파의 준동 속에서, 칼빈은 교회와 국가의 영역은 그 기능과 역할에 따라 구분되지만 서로 협력하여야 한다고 생각하였다.

이러한 칼빈의 사상은 어거스틴과 루터의 정치사상을 접하면서 더욱 구체화되고 현실화 되었다. 어거스틴은 이 세상을 하나님의 도성(Civitas Dei)과 악마의 도성(Civitas Diaboli)의 갈등관계를 보여주는 묵시문학적 성격을 띠고 있으며, 루터는 이 어거스틴의 묵시적인 종말론적 사상을 받아들여 두 왕국 사상을 형성하였다. 루터는 1523년 『세속 권세에 관하여』에서 세상을 구원하는 그리스도의 왕국(영적 정부)과 세상을 통치 보존하는 세상 왕국(세속정부)으로 구분하고 있다.

그러므로 칼빈의 정치사상은 당시 유럽의 질서에 대한 반성과 어거스틴과 마틴 루터의 정치사상을 발전시킨 두 가지 요소가 포함되어 있다고 할 수 있다.

(2) 칼빈의 제네바 구빈원 사역

칼빈의 정치사상에서 가장 중요한 것은 제네바 구빈원 사역이라고 할 수 있다. 칼빈의 제네바 사역은 주로 섬기는 사역으로 평가할 수 있다. 이는 칼빈이 말씀을 증거 할뿐만 아니라 가난하고 병든 자

---

[20] 신복윤, "칼빈의 국가관," 「신학지남」 1973년 여름호, 9, 10.

를 섬기는 사역에서 잘 드러난다. 그리고 이 중심에 구빈원(General Hospital)이 있다.

이 구빈원의 유례에 대해서는 로버트 킹돈(Robert M. Kingdon)과 엘시 앤 맥키(Elsie Anne Mckee) 사이에 논쟁이 있었다. 킹돈은 제네바의 구빈원은 칼빈에 의해 설립된 것이 아니라고 주장한다. 물론 이 구빈원 사역은 주로 칼빈에 의해 이루어졌지만, 1535년에 제네바 시가 세운 것을 후일 칼빈은 집사들로 하여금 이 사역을 감당하도록 하였다는 것이다 왜냐하면 1535년에 칼빈은 제네바에 없었기 때문이다.

반면에 맥키는 이 구빈원이야말로 칼빈이 제네바에 도착하여 설립한 것으로 주로 그 사역을 담당한 사람은 집사라고 평가하였다.[21] 그러나 여기서 중요한 사실은 칼빈이 이 구빈원 사역을 제네바에서 가장 핵심적인 사역으로 여기고 감당하고 있었다는 것이다.

구빈원은 오늘날의 병원을 의미하는 용어 이상의 의미를 지니고 있다. 구빈원은 여러 종류의 사람들에게 도움을 주는 다목적 기관이다. 여기서는 대부분이 고아이고 수십 명의 아이들(전쟁으로 인한)과 자기 자신을 돌볼 수 없는 너무 늙고 아프거나 심한 장애를 가진 소수의 노인들에게 집을 제공하였다. 그리고 국가 전체에 가난한 가정에게 빵을 나누어 주었고, 숙박료를 지불할 수 없거나 나그네에게 매일 저녁 쉼터와 음식을 제공하였다.[22]

칼빈이 이 사역을 국가에만 의존하지 않고 자신의 목회 사역 가운데서 찾아서 일했다는 사실은 그의 사상의 핵심이 바로 가난하고 헐벗고, 나그네 된 사람을 돌보는 데 있었다는 것을 암시한다.

그래서 칼빈은 1541년 "제네바 교회의 법령"에서 구빈원을 "하나님께 헌신된 집"(the house dedicated to God)이라고 불렀으며 모든 구빈원의 사역자는 그 집을 관리한다는 사실에 입각해서 특별한 치료사

---

[21] Robert M. Kingdon, "Social Welfare in Calvin's Generva," 3; 이은선, "목회자로서의 칼빈," 『칼빈과 한국 교회』 (서울: 생명의 말씀사, 2010), 152 참조.
[22] Robert M. Kingdon, "The Calvinist Reformation in Geneva," 94.

역을 감당하여야 한다고 규정하고 있다.[23]

주지하다시피 1540년 당시 제네바는 각 국의 난민들이 몰려들던 곳이었다. 이 중에는 전쟁으로 인한 고아와 과부도 있었으며 가난하고 헐벗은 사람들도 있었고, 병자와 나그네 된 자들도 있었다. 이러한 부류의 사람들을 칼빈은 외면하지 않고 그리고 이들을 돌보는 것을 제네바 시 당국에 의존하지 않고 교회에서 감당하려고 하였던 것이다. 이는 교회의 사명이 가난하고 억눌리고 소외된 계층들을 돌보는데 있다는 점을 칼빈이 잘 인식하고 있었기 때문이다.

바로 칼빈의 이러한 정신이 그의 정치사상을 형성하는 데 주요한 요소로 작용하고 있다는 것이다. 그리고 바로 칼빈의 이 정신은 한국 교회의 사회운동에 있어서 큰 영향을 미쳤다고 할 수 있다.

---

[23] 안은찬, 『칼빈의 목회신학』 (서울: CLC, 2007), 84.

2장_
칼빈의 정치사상

칼빈의 정치사상은 국가가 종교에 예속된 중세의 세계관과 이원론적인 재세례파의 세계관에 반대하여 나온 것으로서 어거스틴의 국가관과 같은 연속선상에 있다고 할 수 있다. 이렇게 그의 정치사상은 16세기 루터의 종교개혁이 시작된 이래 종래의 가톨릭 질서로부터 벗어나려는 유럽의 정치상황과도 밀접한 관련 속에서 형성되었다.

본 장에서는 우선 칼빈의 『기독교 강요』를 중심으로 1536년 초판과 1539년 최종판의 차이점을 통해 사상의 발전 양상을 살펴본 후, 두 왕국론으로 대표되는 칼빈의 이중 통치론과 통치자의 임무를 통해 그의 정치사상을 살펴보고자 한다.

1. 『기독교 강요』에 나타난 정치사상

칼빈의 『기독교 강요』 최종판은 초판을 보완하여 그의 정치사상을 구체화하고 있다. 1559년 최종판에는 국가론이 4권 20장에 나와 있는데, 여기에는 32개의 작은 글들이 그 내용이 좀 더 구체화되어 있으며 제목들이 삽입되어 나타난다. 초판에는 통치자의 정치적 임무에 대해 강조하고 있는 반면, 최종판에는 통치자의 종교적 임무에 대해 더욱 강조하고 있다.

이렇게 칼빈이 『기독교 강요』 초판에서 통치자의 임무를 주로 강조하다가 후기인 최종판에서 통치자의 종교적 임무에 대하여 강조점을 두고 있다. 『기독교 강요』 초판은 당시 프랑스 왕 프랑소와 1세에게 바치는 글이므로 칼빈은 프랑소와 1세로 하여금 급진 재세례파의 뮌스터 시 사건과 뮌처의 농민봉기 등 급진 종교개혁과 칼빈의 종교개혁을 혼동하여 칼빈의 종교개혁을 탄압하지 못하도록 하려는 의도에서 저술되었다. 초기의 칼빈은 정부의 권위를 인정하지 않고 있는 급진 종교개혁과는 달리 정부의 권위를 인정하는 데 강조점을 두고 있다. 그러나 후기에 들어설수록 제네바 시당국과의 갈등 속에서 제네바 시가 교회의 독립성을 상당 부분 훼손하는 것을 목격하고 칼빈은 교회의 독립성을 획득하기 위하여 통치자의 종교적 임무에 대하여 강조하고 있는 것이다.

이렇듯 『기독교 강요』의 1536년 초판과 1559년 최종판에는 거의 차이점을 느낄 수 없을 정도로 비슷하지만, 다만 초판에 없는 내용들이 최종판에 삽입되어 있는 경우가 종종 있다. 우선 4권 20장 5절. "세속의 통치를 부인하는 자들에 대한 반박"이 초판에는 나타나지 않지만 최종판에는 나타나 있다.

> 무정부 상태를 받아들이려고 하는 자들은 이의를 제기하기를, 비록 고대에는 왕들과 사사들이 무지한 일반 백성들을 다스렸으나 그러한 노예적 통치방식은 오늘날 그리스도께서 그의 복음과 더불어 제시하신 완전성과는 전적으로 양립될 수 없다는 것이다. 이러한 이의제기는 그들의 무지뿐만 아니라 최악의 교만을 드러내고 있는데, 그들은 완전성을 주장하지만 그것의 백분의 일도 그들에게서 찾아볼 수가 없다. 그러나 그들이 어떤 종류의 인간이든지 간에 그들을 반박하는 것은 쉽다. 다윗이 모든 군왕들과 관원들에게 하나님의 아들에게 입 맞추라고 강권하는데(시 2:12), 이는 모든 권위를 내버리고 개인생활로 돌아가라고 명한 것이 아니라 그들에게 주어진 권세를 그리스도께 복종시켜서 오직

그분만이 모든 사람 위해 우뚝 서서 군림하시도록 하라고 명한 것이다. 마찬가지로, 이사야 선지사도 왕들이 교회의 양부가 되고 왕비들은 유모가 될 것이라고 약속하는데(사 49:3), 그렇다고 해서 그들에게서 영예를 빼앗지 않고 오히려 고상한 칭호를 부여함으로써 그들을 하나님의 경건한 예배자들을 옹호하는 자들로 삼았다. 왜냐하면 그 예언은 그리스도께서 오시는 것을 바라보고 있기 때문이다.[1]

이와 같이 칼빈은 재세례파의 국가론을 마귀적인 발상이고 무정부적인 상태로 만드는 것이라고 비판하면서 20장 6절 "통치자는 하나님의 대리인임"에서는 오히려 "의로운 소명을 받고 거짓으로 처신하는 자들은 그보다 훨씬 더 극심한 저주를 받을 것이라는 사실을 언제나 명심해야 할 것이다"라는 통치자에 대한 경고를 추가하고 있다. 이는 칼빈이 초판에 비하여 최종판에서는 통치자의 덕목이나 임무에 대하여 더 구체화되고 있는 대목이다.

그리고 국가의 기능에서도 칼빈은 질서 유지와 외부의 침입자들로부터 국민의 재산과 평안을 보호해야 할 의무를 지닌다고 한다. 즉, 국가는 인간의 사회 속에서 평화와 질서를 유지해 주는 역할을 가진다는 것이다. 그러나 칼빈은 후기에 갈수록 국가에 보다 종교적이고 영적인 역할을 부여하고 있다. 국가는 사회의 평화를 유지할 뿐 아니라, "건전한 교리와 예배를 존중하고 보호"해야 한다는 내용이 초판에는 없었으나 1559년판에서는 발견된다.[2]

칼빈은 1536년판과 1559년 최종판에서 다양한 통치형태를 거론하고 있다. 칼빈은 초판에서 왕정이 폭정으로 전락하기 쉽고 이에 못지않게 소수의 통치가 몇 사람의 당파정치로 다는 점을 말하면서

---

[1] Joannis Calvini, 『라틴어원본 번역판 기독교 강요』, 고영민 역 (서울: 기독교문사, 2008), IV, 20, 5.
[2] 안인섭, "칼빈의 사상으로 조명하는 교회와 국가," 「목회와 신학」 2008년 3월호 (서울: 두란노, 2008), 166.

도, 한편으로 대중의 통치가 폭동으로 전락하기가 가장 쉬운 법이라고 말하고 있다.³ 그리고 각 나라들이 하나님의 섭리로 말미암아 각각 다른 형태의 통치에 의해 관리되도록 안배되었음을 알 수 있다고 말한다. 그러므로 "하나님이 왕국에서는 왕을, 자유도시에서는 원로원 의원이나 도시 관리를 세우는 일을 합당히 여기신다면, 우리가 사는 곳에서 어떤 사람이 세움을 받는다면 그들에게 순종과 복종을 나타내는 것은 우리의 의무이다."⁴라고 말하고 있다.

하지만 칼빈은 『기독교 강요』 최종판에서는 이러한 내용을 언급하고 있지 않다. 대신에 "왕정과 다수 정치의 폐해를 말한 후에 철학자들이 논의하는 세 가지 형태의 통치를 살펴보면, 귀족통치(aristocracy), 혹은 귀족통치와 민주정치가 혼합된 체계가 다른 것들보다 훨씬 뛰어난 체계라 할 수 있을 것이다"라는 내용을 첨가하여 바람직한 통치형태에 대하여 구체적으로 말하고 있다.

> 철학자들이 논하고 있는 세 가지 정부형태에 대해 생각한다면, 나는 귀족정치와 그리고 귀족정치와 민주정치가 결합된 제도가 다른 정부형태보다 훨씬 더 낫다는 것을 부인하지 않겠다. 그 이유는 그 정치 제도 자체가 뛰어난 것이어서가 아니라 왕정정치에서는 왕들이 자신의 뜻하는 바가 의롭고 올바른 것에서 벗어나지 않도록 스스로를 잘 조절하는 경우가 거의 없으며, 또한 뛰어난 예민함과 지혜를 가지고 어느 정도의 권력으로 만족할 것인지를 아는 왕들도 찾아볼 수 없기 때문이다.⁵

이상적인 정치형태를 제시하며 통치자들의 덕목을 제시하는 것은

---

3 John Calvin, *Institutes of Christian Religion*, 1536년 판, Translated and Annotated by Ford Lewis Battles, (The H. Henry Meeter Center for Calvin Studies, Eerdmans Publishing Company, 1975), C. 42.
John Calvin, 『라틴어원본 번역판 기독교 강요』 1559년 최종판, IV, 20, 8.
4 John Calvin, *Institutes of Christian Religion*, 1536년 초판, C. 42.
5 Joannis Calvini, 『라틴어원본 번역판 기독교 강요』 1559년 판, IV, 20, 8.

『기독교 강요』 초판에는 없는 내용으로서 칼빈이 제네바에서의 사역을 통하여 제네바의 의회민주정치를 이상적인 모델로 바라보고 있다는 증거이며, 더불어 제네바 200인회와 컨시스토리(Consistory)와의 관계 속에서 영감을 얻은 것이라 할 수 있다.

다음으로 칼빈은 1559년 최종판에서 통치자들의 직책을 설명하면서 "경건이 최고의 관심사가 되지 않으면 통치가 복되게 확립될 수 없으며, 하나님의 권한을 무시하고 오로지 사람들만을 상정하는 법은 이치에 맞는 경우가 없다"[6]고 말한다. 이어서 그는 성경에 나타난 거룩한 왕들이 하나님의 예배를 회복시켰으며, 또한 종교의 문제를 잘 처리하여 순결하고 흠 없이 번성하도록 노력하였기 때문이라고 하며, 반면에 무정부의 위험성을 고발하고 있다. 그런데 이러한 내용은 1536년판에는 없는 내용으로 칼빈은 초판에서 국가의 임무(통치자의 직무)를 질서 유지와 공공의 안녕에 초점을 맞추고 있다면, 최종판에서는 종교적인 관점, 즉 경건과 예배의 증진에 초점을 맞추고 있는 것으로 보아야 한다.

2. 칼빈의 정치사상

1) 칼빈의 이중통치론(두 왕국 사상)

칼빈의 『기독교 강요』 4권의 제목은 "*Means of Grace: Holy Catholic Church*"(은혜의 수단: 거룩한 교회)이며, 주제는 "The External Means Aims by Which God invites Us into the Society of Christ and Holds Us Therein"(하나님이 우리를 그리스도의 사회로 초대하시고 이 영역 안에 머물게 하시는 외적인 수단)이다. 칼빈은 국가 통치를 하나의 축복

---

[6] Joannis Calvini, 『라틴어원본 번역판 기독교 강요』, IV, 20, 9..

으로 생각했기 때문에 4권에서 그 주제를 다루고 있다.[7] 칼빈이 여기서 국가를 외적 구원의 수단(Externa media salutis)의 하나로 보는 것은 국가를 영적인 정부인 교회와 동등한 입장으로 보는 성례전적 의미이다. 이것은 국가의 기능에 적극성을 부여하는 것이다.

그래서 맥키는, 1536년 칼빈은 다스리는 자들과 교회의 권징 사이에 어떤 연결도 없지만, 행정관리를 교회의 유익을 위한 하나님의 종으로 이해해야 한다고 분명히 말한다고 하였다. 그러면서도 칼빈은 1543년 교회의 장로가 교회에서 영속적인 직분을 갖는다고 말하면서 행정관리가 기독교인이 되었을 때 왜 행정관리에게 교회의 권징을 배당하지 않았는지를 설명한다. 시민위정자의 권징의 기능이 중요하지만 수단과 목표를 가지고 힘을 사용할 수 없다는 것이다. 정부는 외부적 처벌과 순종의 목표를 가지고 힘을 사용할 수 있을 뿐이며, 교회의 힘은 단지 하나님의 말씀을 가져서 죄인의 회개를 목표할 뿐이라는 것이다.[8]

이러한 맥락에서 칼빈은 『기독교 강요』에서 이 세상을 영적인 정부와 세속적인 정부라는(spiritual and civil government) 이중통치구조로 보고 있다. 이와 관련하여 안인섭 교수는 칼빈이 인간을 영혼과 육체의 두 부분으로 이루어졌다고 인식한 것을 근거로 칼빈의 이중통치구조는 "영혼과 육체의 유비"[9]라는 이론으로 설명하고 있다. 즉 서로 명확하게 구분되며 서로 독립적인 개체인 인간의 영혼과 육체를 칼빈이 각각 '내적인 세계'와 '외적인 세계'로 확장하여 영혼을 영적인 정부에, 육체를 국가에 비유한다. 인간은 이중 정부의 지배 하에 있으며 그리스도의 영적인 왕국과 국가의 권력은 완전히 구별되지만 정반대되지는 않는다고 말하는 것은 마치 영혼과 육체의 관

---

[7] Otto Weber, 『칼빈의 교회관』, 김영재 역 (서울: 풍만출판사, 1985), 166.
[8] Elsie Anne Mckee, *Elders And The Plural Ministry* (Librairie Droz S.A, Geneve, 1988), 119.
[9] 안인섭, "칼빈의 사상으로 조명하는 교회와 국가," 169.

계와 유사하다는 것이다.

이와 같이 안인섭 교수가 칼빈의 이중정부론을 영혼과 육체의 관계에 비유한 것은 영적인 통치 영역인 교회와 세상적인 통치영역인 국가와의 관계가 재세례파가 주장하는 교회론처럼 완전히 분리되는 것이 아니다. 인간의 영혼과 육체가 서로 구분되지만 불가분의 관계, 즉 서로 협력 관계에 있음을 함축하고 있다고 볼 수 있다.

> 그러므로 우리 중 그 누구도 이 돌에 넘어지지 않도록 하기 위해 무엇보다도 먼저 사람에게는 이중적인 통치가 있다는 것을 참작해야만 한다. 즉 첫째는, 영적인 통치로서 이 통치에 의해 양심은 경건과 하나님을 경외하는 일에 대해 가르침을 받게 된다. 둘째는, 정치적인 통치로서 이 통치에 의해 사람들 가운데서 반드시 유지되어야만 하는 인간과 시민의 의무에 대해 가르침을 받게 된다. 이런 것들은 대개 '영적'인 관할권과 '세속적'인 관할권이라고 불리고 있는데, 부적절한 용어들은 아닌 것 같다. 첫 번째 종류의 통치는 영혼의 삶에 속한 것을 의미하며, 두 번째 종류의 통치는 현세의 삶과 연관된 것들, 즉 음식이나 옷뿐 아니라 다른 사람들과 거룩하고 존귀하고 절제 있게 살도록 하기 위해 법들을 제정하는 것과 연관되어 있다. 전자는 내적인 마음에 있지만, 후자는 단지 외적인 행동을 규정하고 있다.[10]

이렇게 칼빈은 이 두 가지 통치는 별개의 것으로 서로 상반되지만, 서로 협력하고 보완하여야 한다고 하였다. 즉 국가통치가 부패했다고 하여 그리스도인은 국가와 종교를 별개의 것으로 여기거나 그리스도인과는 아무 관계도 없다는 식으로 생각해서도 안 된다고 하였다.

당시 한쪽에서는 재세례파가 날뛰고 있고, 다른 한편에서는 절대왕권이 등장하였기 때문에, 칼빈은 영적 통치와 국가의 통치는 구별

---

[10] Joannis Calvini, 『라틴어원본 번역판 기독교 강요』, III. 19. 15.

되어야 하나, 분리되어서는 안 되고 상호 연결되어야 할 필요성을 강조하였다.[11] 비록 그리스도인들은 이중국적자의 사람들로서 땅에 속한 사람이 아니라 하늘에 속한 사람이지만, 이 세상에 살아가는 동안에는 땅에 속한 사람으로 살아야 하는 사람이다.

칼빈은 이러한 관계를 다음과 같이 묘사하고 있다.

> 사실 영적인 통치는 이미 땅에 있는 우리 안에서 하늘나라를 확실하게 시작하고 있으며, 또한 이 죽을 수밖에 없는 덧없는 삶 속에서 영원하고 썩지 않는 축복을 확실하게 예시해 준다. 그러나 국가의 통치는 우리가 사람들 사이에 사는 동안 그 나름대로 정해진 목표가 있다. 그것은 곧 하나님께 외형적으로 예배드리는 것을 존중하고 보호하며, 경건에 대한 건전한 도리와 교회의 입장을 변호하고, 우리의 생활을 인간사회에 적응시키며, 우리의 사회적 행동을 시민의 의에 맞추어 형성하며, 우리를 서로 화목케 하고, 또한 전반적인 평화와 안정을 증진시키는 것이다.[12]

이렇듯 칼빈은 교회와 국가의 관계를 영적인 통치구조와 국가의 통치구조를 명백히 구분하고 있지만 예배의 증진과 이 땅에서 우리를 화목케 하려는 의도에서 서로 긴밀한 관계라고 말한다. 이런 의미에서 칼빈의 주요 관심사는 국가문제보다는 오히려 교회의 자유를 확립하는 일, 또는 보호하는 일이다.[13]

이 두개의 정부라는 이론은 사상적으로는 세네카에게까지 거슬러 올라가며 가까이는 어거스틴의 『하나님의 도성』(City of God), 루터의 『두 왕국론』(Zwei-Reiche-Lehre)에서 유래된 것이라 할 수 있다. 세네카는 인간은 두 개의 공화국(two common wealths)에 속한다고 보았는데,

---

[11] 이은선, "국가관," 『칼빈신학해설』, 한국칼빈학회 엮음 (서울: 대한기독교서회, 2000), 377.
[12] Joannis Calvini, 『라틴어원본 번역판 기독교 강요』, IV, 20, 2.
[13] 신복윤, "칼빈의 국가관," 11.

하나의 공화국은 시민국가이고 그리고 이 큰 사회를 결속하는 유대는 법적, 정치적인 유대가 아니라 도덕적 혹은 종교적 유대라고 한다. 한편 그리스도교는 처음부터 세상 나라와 하나님 나라라는 이분법적 사고구조를 가지고 있었으며, 이것은 교황 펠라기우스 1세에 와서 "두 개의 칼"(the two swords)이라는 이론으로 변화되었다. 이렇게 하여 정신적 권위와 세속적 권위가 구분되고 이것 때문에 중세기 내내 교권과 속권 사이의 대립이 생기게 된 것이다.[14]

사실 중세교회의 정신적 권위와 세속적 권위와의 구분은 어거스틴의 두 왕국 사상으로부터 차용된 것이지만 교회와 국가를 구분하고 이 권위가 하나님의 통치 아래서 대등한 지위를 갖는다는 어거스틴의 사상을 곡해하였으며, 오히려 속권을 정신적 권위 밑에 두려고 하였다.

2) 바람직한 통치구조와 통치자의 임무

(1) 바람직한 통치구조

칼빈은 바람직한 통치구조의 형태를 고대 철학자의 논의를 따라 군주정, 귀족정, 민주정으로 나누고 있다. 그 이유로 왕정은 폭정으로 전락하기 쉽고, 이에 못지않게 소수의 통치가 몇 사람의 당파정치로 전락하기도 쉽다. 그러나 무엇보다도 대중의 정치가 폭동으로 전락하기가 가장 쉽기 때문이라고 하였다. 그런데 이 세 가지 형태 중에서 칼빈은 귀족통치(aristocracy) 혹은 귀족통치와 민주정치가 혼합된 체제가 다른 것들보다 훨씬 뛰어난 체계라 할 수 있다고 하였다.[15]

여기서 혼합정부 이론을 처음부터 표방한 사람은 플라톤이었다. 후에 몽테스키외에 의해 주장된 바 있는 권력분립 이론의 원조는 플

---

[14] 이양호, 『칼빈 생애와 사상』 (서울: 한국 신학 연구소, 2001), 240.
[15] Joannis Calvini, 『라틴어원본 번역판 기독교 강요』, IV, 20, 8.

라톤인데, 플라톤은 그의 『법률론』(Laws)에서 군주정의 지혜 원리와 민주정의 자유 원리를 결합한 정부형태를 제시하고 있다. 한편 아리스토텔레스는 귀족정과 민주정이 혼합된 형태를 최선의 정부형태로 보았으며, 이런 혼합정부의 원리는 다시 키케로를 통해 로마학자들에 소개되었다.[16]

칼빈은 군주정에서 왕이 자기 뜻을 정의에 따라 조절하는 일이 매우 드물기 때문에, 많은 사람들이 정치하는 것이 더 안전하고 바람직하다는 이유로 귀족정과 민주정이 혼합된 혼합정부가 최선의 정부라고 생각하였다.

사실 『기독교 강요』 초판에는 바람직한 정부형태가 나와 있지 않지만 1543년판 이후에는 귀족정 혹은 귀족정과 민주정치의 혼합형을 선호하였다. 그럼에도 불구하고 칼빈은 "각 나라들마다 갖가지 형태로 통치가 이루어지도록 하나님이 지혜로우신 섭리로 배정해 놓으셨다…만일 주께서 나라에 왕을 세우고, 자유도시들에 원로들이나 시정관원을 세우는 일을 좋게 여기셨다면, 우리가 살고 있는 곳에 주께서 누구를 세우시던 우리들 스스로 그들에게 복종하는 것이 우리의 의무일 것이다"[17]고 말하였다. 이러한 사실로 미루어 볼 때 칼빈은 군주정 폐지를 결코 주장하지 않았으며 각자의 지역적 상황에 맞는 통치 형태를 세워야 한다는 것을 인정하고 있다.

그러나 민주주의가 발전하지 않은 16세기의 상황에서 칼빈은 당시 제네바 시를 모델로 한 민주정치를 선호하였다. 16세기 당시 제네바는 4명의 행정관을 중심으로 200인 의회가 있었는데, 200인 의회의 결정으로 시정부가 운영 되었다. 칼빈이 1559년판 『기독교 강요』에서 "더 많은 사람들이 정부를 관장하는 것이 더 완전하고 더 좋은 것"이라는 말은 제네바 시의 지도체제를 염두에 두고 한 말이다.

---

[16] 이양호, 『칼빈 생애와 사상』, 242, 243.
[17] Joannis Calvini, 『라틴어원본 번역판 기독교 강요』, IV, 20, 8.

칼빈은 더 나아가 통치자들은 선출되어야 할 것을 말하고 있다. 데이비드 홀은 칼빈이 미가 5:5을 주해하면서 히브리어 단어 '목자'(shepherd)를 동의어 '통치자'로 해석하면서 통치자들은 선출되어야 함을 제안하고 있다고 말한다.

> 사람들이 만장일치로 그들 자신의 목자를 선출할 때, 특별히 여기서 사람들의 최상의 조건을 이룬다. 왜냐하면 어떤 사람이 강제로 최고의 권력을 찬탈할 때 그것은 포악무도한 행위가 되기 때문이다. 그리고 사람들이 세습에 의해 왕들이 되었을 때 자유와 맞지 않아 보인다. 그럼 우리는 '우리 스스로 군왕들을 일으킬 것이다'고 그 예언자가 말한다. 즉 주님은 그분의 교회에 휴식시간도 주실 뿐만 아니라 (교회가) 어떤 고정되고 질서 있는 정부를 모든 사람의 만장일치로 세우게도 하실 것이다.[18]

이는 보통선거에 의한 직접선출을 의미하는데, 오늘날의 상황에서 이러한 칼빈의 사상은 거의 대의 민주주의에 가까운 정치형태를 선호했으며, 그 선출방법도 국민들에 의한 직접선거를 선호했다고 할 수 있다.

(2) 통치자의 임무

하나님은 온 우주의 창조자이시며 세속정부를 만드신 분이시다. 따라서 모든 권력은 그에게서 나온다. 이 사실은 권력을 받은 자들에게 위로가 되면서도 경고가 되기도 한다. 만일에 통치자가 하나님의 말씀을 어기고 악행을 저지른다면 이는 하나님의 심판을 자초하는

---

[18] John Calvin, *Calvin's Commentary on Micah*, Calvin's Commentaries 4 (Grand Rapids: Baker, 1979), 309,310. David W. Hall, "세속정부와 국가에 대한 칼빈의 견해," 데이비드 W. 홀, 피터 A. 릴백 편집, 『칼빈의 기독교 강요 신학』, 나용화 역 (서울: P&R, 2009), 542에서 재인용.

일이 된다. 그래서 칼빈은 『기독교 강요』에서 이렇게 말한다.

> 자기들이 하나님의 공의를 시행하는 사역자로 임명받았다는 사실을 아는 자들에게는 의로움과 지혜와 온유와 자기 절제와 결백이 요구되지 않겠는가? 자기들의 재판석이 살아 계신 하나님의 보좌라는 말을 듣는 사람들이 어떻게 불의한 것을 뻔뻔스럽게 인정할 수 있겠는가?…만일 그들이 하나님의 대리자들임을 기억한다면, 사람들을 향해 하나님의 섭리와 보호와 선하심과 긍휼과 공의를 모든 관심과 진지함을 가지고 부지런히 살펴야만 할 것이다. "여호와의 일을 태만히 하는 자는 저주를 받을 것이요"(렘 48:10)라고 했으므로 의로운 소명을 받고도 거짓되게 행동하는 자들은 더욱 큰 저주를 받게 된다는 사실을 언제나 명심해야 한다.[19]

통치자들은 하나님으로부터 그 권력을 위임받았기 때문에 어느 누구도 권력을 업신여겨서는 안 되지만 반면에 그 책임을 다하지 못할 때는 더 큰 심판을 면할 수 없다. 따라서 통치자들은 세상의 질서 유지를 위해 그리고 시민의 안녕과 행복을 위해 최선을 다해야 한다. 그리고 함부로 자신의 권력을 휘둘러서도 안 되며 불의와 야합하여 약한 자들을 괴롭혀서도 안 된다.

로마서 13:1의 주석에서도 칼빈은 통치자들의 권력이 인류의 안녕을 위해 하나님이 제정하신 것임을 말하고 있다. 비록 독재정치와 불공평한 권위는 임명받은 정부는 아니지만 그래도 하나님이 적법한 질서 유지를 위해 고의적으로 정해 놓으신 수단이라고 말한다.

> 우리는 통치자들의 권력이 하나님으로부터 온 것이라는 대목을 역병, 기근, 전쟁, 기타 죄악에 대한 처벌이 당신에게서 왔다는 식으로 이해할 것이 아니라 당신께서 이 세상의 공정하고 합법적인 통치를 위해서

---

[19] Joannis Calvini, 『라틴어원본 번역판 기독교 강요』, IV, 20, 6.

그들을 임명하셨기 때문인 것으로 이해할 필요가 있다. 물론 독재 정치와 불공평한 권위는 임명받은 정부가 아니지만 그래도 통치권은 인류의 안녕을 위해서 하나님이 정하신 것이다. 그러므로 전쟁을 방지하고 다른 악에 대책을 추구하는 것이 합법적인 만큼 사도는 우리에게 자발적으로 위정자들의 권리와 권위를 인류에게 유용한 것으로 대하고 존경할 것을 명령하고 있다. 하나님이 인간들의 죄악에 대해서 부과하는 처벌을 하나님의 명령으로 부를 수는 없다 하더라도 그것은 어디까지나 당신께서 적법한 질서 유지를 위해서 고의적으로 정해 놓으신 수단이다.[20]

이렇듯 통치자들의 의무는 공공의 복지 증진, 정의 실천, 그리고 공공의 안녕과 평화를 제공해야 하며, 물론 악에 대한 대책은 물론 전쟁 방지와 적법한 질서 유지를 해야 한다.

다음으로 칼빈은 통치자의 가장 중요한 직무를 경건에 두고 있다. 칼빈은 그의 『기독교 강요』 최종판에서 통치자의 직무를 경건에 두고 있다. 그래서 그는 "경건이 최고의 관심사가 되지 않으면 통치가 복되게 확립할 수 없으며, 하나님의 권한을 무시하고 오로지 사람들만을 상정하는 법이 이치에 맞는 경우가 없다"[21]고 말하고 있다.

---

[20] John Calvin, 『로마서 성경주석』 (서울: 성서원, 1998), 405.
[21] Joannis Calvini, 『라틴어원본 번역판 기독교 강요』, IV, 20, 9.

3장_
칼빈의 불복종 신학

칼빈의 이중 통치론은 교회와 국가를 영적인 통치권과 세속적인 통치권으로 구분하고 있지만, 이는 완전한 분리가 아닌 기능과 역할에 따른 구분으로써 협력을 전제로 하고 있다. 다음으로 칼빈은 바람직한 통치구조에서 귀족정과 민주정을 합한 정치체제를 선호하고 있으며, 통치자의 가장 중요한 직무는 경건이며 백성의 평안과 안전을 지킬 의무가 있다.

본 장에서는 칼빈의 정치사상의 핵심인 불복종에 대하여 고찰하려고 한다. 이를 위해 우선 통치자의 권한에는 어떠한 것이 있는지 그리고 왜 시민들은 통치자에 대하여 복종하여야 하는지 알아보아야 할 것이다. 다음으로 칼빈은 불의한 통치자에게도 무조건적인 복종을 말하고 있는지, 그 한계와 불의한 통치자에 대하여 불복종 할 수 있는 경우에 대하여 살펴보려고 한다.

1. 통치자의 권한과 권력에 대한 복종

1) 통치자의 권한

칼빈은 통치자의 권한을 질서 유지를 위한 법을 집행하는 권한과, 국가의 안녕과 악인에 대하여 선인을 보호하기 위한 무력 사용과 전쟁수행의 권한 그리고 세금징수의 권한으로 나누고 있다. 통치자들은 공공의 복지를 증진시키며 정의를 실천하고 공공의 안녕과 평화를 제공해야 하며 악에 대한 대책도 세워야 하는데, 그러기 위해서는 적법한 질서 유지를 해야 한다. 이것은 위정자의 마땅히 해야 할 임무이자 하나님으로부터 부여받은 권한이다.

지배자들의 유용성이란 주께서 이 수단을 통해서 선인들의 평화를 제공하고 악인들의 외고집을 제지하려고 의도하셨다는 점이다. 이 두 방법을 통해서 인류의 안전이 확보되고 있다. 악인들의 횡포가 저지되지 않고 무고한 자들이 그들의 고집으로부터 보호되지 않는다면 전반적인 파멸이 오고야 말 것이다. 그러므로 이것이 인류를 파멸로부터 보호하는 유일한 대책이라면 우리는 마땅히 이것을 조심스럽게 보존해야 할 것이요, 우리가 인류의 공공연한 적이라는 핀잔을 듣는 일이 없어야겠다.[1]

그의 로마서 주석 13:3에서 밝혔듯이 통치자의 권한은 법 집행을 통해 국가의 질서 유지와 인류의 안전을 확보하는 데 있다. 따라서 합법적인 지도자들에게 정의를 행사할 수 있는 권위가 주어지지 않는다면 인간사회는 유지될 수 없다.

칼빈은 모세의 율법을 도덕법과 의식법, 시민법, 이 세 가지로 구분하고 있다. 여기서 도덕법은 하나님의 뜻에 따라 삶을 영위하고자 하는 모든 나라와 모든 시대의 사람들에게 베풀어진 것이고, 의식법은 유대인들의 후견인과도 같은 것이며, 시민법은 국가적 통치를 위하여 그들에게 주신 것으로, 그들로 하여금 흠 없고 평화롭게 함께 살도록 하시기 위하여 공평과 정의를 담은 특정한 규정들을 제시하는 것이라 하였다.[2]

이렇듯 통치자들은 자신의 나라에서 국가의 안녕을 위하여 자신

---

[1] John Calvin, 『로마서 성경주석』, 13:3 주석.
[2] Joannis Calvini, 『라틴어원본 번역판 기독교 강요』, IV, 20, 15.

이 부여받은 법을 시행하는 권한을 지닐 수 있다. 다음으로 통치자들은 백성의 안녕을 위하여 무력 사용과 전쟁수행의 권한을 가지고 있다.

> 그러나 왕과 백성들은 그러한 공적인 보복을 수행하기 위해 종종 무기를 들어야 한다. 우리는 이것에 근거하여 수행되는 전쟁들을 합법적인 것이라 판단할 수 있다. 자기들이 지배하는 지역의 평온을 유지하고, 활동적인 자들의 선동적인 소란을 억제시키고, 강압적으로 억압받는 자들을 돕고, 악행을 처벌하는 권한이 그들에게 부여되었다면, 각 개인의 안녕과 모든 사람의 공통적인 평온을 어지럽히는 자들과, 선동적으로 소란을 일으키며 난폭하게 압제하고 사악하게 행동하는 자들의 횡포를 억제하는 것보다 더욱더 그 권력을 적합하게 사용할 수 있는가? 만일 그들이 법을 지키고 옹호하는 자들이어야만 한다면, 그들은 역시 잘못을 저지름으로써 법의 규율을 못쓰게 만들어 버리는 자들의 모든 노력을 꺾어버리는 일도 마땅히 해야 한다.[3]

이와 같이 칼빈이 말하는 전쟁수행은 국가를 보호하고 또 백성의 안녕을 지키기 위해서 통치자들의 권한이자 임무라고 할 수 있다. 그러나 통치자가 감정에 휘둘려 전쟁을 수행하거나 사사로운 감정에서 전쟁을 수행해서는 안 된다.

마지막으로 통치자는 국가의 재정을 튼튼히 하기 위하여 공물과 세금을 징수하여야 한다. 이러한 기금은 통치자의 사적인 수입이 아니라 국민의 소유이다. 이 기금은 사실 국민의 피이므로 신성한 수탁물로써 그들을 위해 사용해야지 강탈하거나 사치스럽게 사용해서는 안 된다.[4] 이를 칼빈은 다음과 같이 말한다.

---

[3] Joannis Calvini, 『라틴어원본 번역판 기독교 강요』, IV, 20, 11.
[4] John T. McNeill, "Calvin and Civil Government," in Readings in *Calvin's Theology*, ed Donald K. McKim, Eugene, (OR: Wipf & Stock Publishers, 1998), 348.

공물과 세금은 군주들의 적법한 수입원으로서 이것을 그들은 주로 그들의 직무를 수행하는데 필요한 공적 비용을 충당하기 위해 사용할 수 있다…군주들 편에서도 자기들의 수입이 개인적인 재산이 아니라 전체 국민의 재산이기 때문에(바울도 그것을 증거하고 있다. 롬 13:6) 그것을 낭비하거나 강탈하게 되면 명백한 불의가 된다는 사실을 기억해야만 한다고 말하고 있다. 또한 이 재산은 거의 백성들의 피와 같은 것이므로 그것을 아끼지 않는 것은 가장 잔혹한 비인간적인 행위가 될 것이라고 말하고 있다. 더욱이 군주들은 그들이 부과하는 세금과 조세와 그 밖의 각종 공물들은 공적으로 필요한 것을 충당하는 것에 지나지 않으며, 일반 백성에게 이유 없이 과세하는 것은 폭군적인 강탈 행위이다.[5]

결국 통치자들은 나라를 운영하고 국민의 평화와 복지활동을 위하여 적법한 수단과 방법으로 세금을 거둬들일 수 있으나, 이를 과도히 거두어들일 명분이 결코 위정자에게 없다는 것을 칼빈은 명시하고 있다. 그리고 위정자들은 이 세금을 사사로이 자신의 사치를 위해서 사용해서는 안 되며, 오직 국가의 유지와 국민의 안녕을 위하여 사용해야 한다.

2) 통치자에 대한 복종

통치자들은 하나님으로부터 그 권한을 위임받았기 때문에 백성들은 통치자에게 공경하고 복종해야 한다고 칼빈은 말한다. 그런데 여기서 공경이라는 말은 백성들이 통치자들을 하나님의 대리자로서 존경하며 두려워해야 한다는 것을 의미한다. 그리고 통치자는 그가 가진 두려운 요소 때문이 아니라 그의 직위(office)의 원천이신 하나님에 대한 사랑에서 나오는 복종을 받아야 한다.

---

[5] Joannis Calvini, 『라틴어원본 번역판 기독교 강요』, IV, 20, 13.

국민들은 그들의 통치자들을 진심으로 존경하는 마음으로 그들을 향한 복종을 입증해야만 한다…바울은 말하기를 "각 사람은 위에 있는 권세들에게 복종하라…권세를 거스르는 자는 하나님의 명을 거스름이니"(롬 13:1-2)라고 하였다. 그는 디도에게 쓰기를 "너는 그들로 하여금 통치자들과 권세 잡은 자들에게 복종하며 순종하며 모든 선한 일 행하기를 준비하게 하며"(딛 3:1). 또한 베드로도 말하기를, "인간의 모든 제도를 주를 위하여 순종하되 혹은 위에 있는 왕이나 혹은 그가 악행 하는 자를 징벌하고 선행하는 자를 포상하기 위하여 보낸 총독에게 하듯 하라"(벧전 2:13-14)라고 말하고 있다.
그런데 그들이 단지 복종하는 체하는 것이 아니라 성실과 진심으로 복종한다는 것을 입증하기 위하여 바울은 그들을 지배하고 있는 자들의 안전과 번영을 위하여 하나님께 간구하라고 덧붙이고 있다.[6]

물론 칼빈이 이렇게 말한 배경에는 세상의 질서 유지와 국가의 평안함을 유지하는 데 있다. 즉 하나님은 당신의 백성들의 평안과 행복을 위하여 이렇게 말씀하고 계신다. 그러나 반면에 악한 군주들이 있으며 그들이 자신의 권력을 남용하여 하나님의 백성들을 해롭게 하는 경우도 존재할 수 있다. 이러한 경우 통치자들의 권력은 하나님께로부터 위임받지 않았거나 한계가 존재할 수 있다. 그런 경우에도 칼빈은 권력에 순종할 것을 가르치고 있다.

누가 만일 이에 반대하여 우리는 방백들이 하나님의 형상을 취하여 그들의 힘이 미치는 한도 내에서 하나님의 거룩한 제도를 악용하고 비열하고 야수처럼 폭력을 쓴다면 거기에는 순복할 필요가 없다고 말할 수 있으나, 이에 대하여 나는 하나님께서 세우신 질서는 우리가 지극히 높이 인정해야만 하므로, 악랄한 폭군이 권세를 잡고 있을 때에도 우리는 그 권세를 존중해야 한다고 답변하겠다…이제 마지막으로 어떤 류의

---

[6] Joannis Calvini, 『라틴어원본 번역판 기독교 강요』, IV, 20, 23.

제도이든 그것이 아무리 변질되고 부패하였다 할지라도 그것이 무정부 상태보다는 더 낫고 유익하다는 것을 부연해 둔다.[7]

이와 같이 칼빈이 악한 통치자에게 복종을 요구하는 경우, 하나님이 그들의 통치 권력을 인정해서가 아니라 백성의 안녕과 질서를 위해서, 무질서한 무정부 상태보다는 폭군의 통치가 백성들에게 있어서는 그나마 유익하기 때문이다.

한걸음 나아가 칼빈은 악한 군주까지도 인간의 죄를 벌하시기 위하여 세워진 하나님의 채찍으로 보았다. 그러므로 우리는 혹시 악한 권세자의 지배를 받는 일이 있다 하더라도 그들에게 반항할 것이 아니라 오히려 우리 스스로의 책임으로 생각해야 한다. 왜냐하면 그들이 하나님의 진노를 수행하고 있기 때문이다.[8]

결국 칼빈은 비록 악한 정권이라 할지라도 그 모든 것이 하나님의 주권을 실현하는 것이라 보았다. 한 나라가 하나님의 말씀대로 행하지 않고 불순종하면 하나님은 악한 정권을 세워서라도 그 백성을 징계한다. 그러므로 우리들은 통치자들이 하나님의 뜻대로 행하지 않으려 할 때 그 통치자를 위해 기도해야 한다. 그럼에도 불구하고 지금까지 많은 독재자들이 로마서 13:2, "그러므로 권세를 거스르는 자는 하나님의 명을 거스름이니 거스르는 자들은 심판을 자취하리라"라는 말씀을 근거로 그리스도인들에게 무조건적인 복종을 요구하였던 것이다.

2. 칼빈의 불복종 신학

칼빈의 『기독교 강요』는 당시 프랑스 왕 프랑소아 1세에게 바치는

---

[7] John Calvin, 『베드로전서 성경주석』 (서울: 성서원, 1998), 401.
[8] 신복윤, "칼빈의 국가관," 20.

글이기 때문에 노골적으로 저항을 말하지는 않고 있다. 그러나 그의 설교나 사석에서 지인들에게 말한 경우를 보면, 저항을 말하고 있다고 할 수 있다. 그래서 일본의 저명한 칼빈신학지인 오데나 노부라가는 칼빈신학을 가리켜 저항신학이라고 명명한다.

그러나 저항신학은 칼빈보다는 그의 후대인 위그노들이나 낙스에게서 발견된다고 할 수 있다. 이런 의미에서 칼빈의 불의한 통치자에 대한 저항은 저항신학이라기보다는 불복종 신학이라고 하는 것이 그 의미가 정확하다고 할 수 있다.

그리스도인들은 "통치자에게 마땅히 복종해야 하지만, 그렇다고 해서 하나님을 향한 순종에서 벗어나는 일을 해서는 절대로 안된다"고 하면서 "만일 통치자들이 하나님을 거스르는 일을 명령하면, 그 명령은 듣지 말아야 한다"고 하였다.[9] 이는 통치자의 명령보다 그리스도에 대한 복종이 우선되어야 한다는 것으로 통치자의 통치행위가 하나님의 말씀보다 우선시되지 않음을 명백히 하고 있는 것으로 그의 저항사상을 밝히고 있다고 할 수 있다.

그러므로 칼빈은 『기독교 강요』 3권 19장 15절 "이중적인 통치" 부분에서 '양심을 따라' 관원들에게 굴복하라는 바울의 명령(롬 13:1,5)을 상기시키면서 그리스도인이 신앙양심의 가책을 받으면서까지 관원들에게 복종할 필요는 없다고 말한다. 따라서 만일 성도들이 하나님에 대한 신앙의 자유를 침해당하는 상황에서 정권에 대한 일방적인 복종은 성립되지 않는다고 할 수 있다.

그런데 여기서 분명히 알아야 할 것은 칼빈의 불복종 신학이 점진적으로 분명해지고 발전하고 있다는 사실이다. 그는 스트라스부르에서 출간된 『로마서 주석』 초판(1540년)에서는 권위에 대한 저항을 인정하지 않고 있다. 그리고 국가의 정치적 질서에 도전하는 자들에 한해 통치자들이 검을 사용하는 것을 허용하고 있으며 종교적인 혹

---

[9] Joannis Calvini, 『라틴어원본 번역판 기독교 강요』, IV, 20, 32.

은 교리적인 이슈에 대하여 국가가 검을 사용하도록 허용하고 있지는 않고 있다.[10] 이는 당시 재세례파의 준동으로 인하여 국가가 혼란한 지경에 이르는 것을 원치 않기 때문이라고 할 수 있다.

그러나 『로마서 주석』 2판(1551)에서 칼빈은 불의한 권력의 사용은 하나님에 의해서 부여된 것이 아니라고 보았다. 이는 1540년판에서는 발견되지 않는 개념으로, 1551년 무렵 칼빈은 불의한 국가 지배자들의 신적권위를 부정함으로 불의한 통치자에게 저항할 수 있는 신학적 가능성을 열어두었다.[11] 이러한 사상이 3판(1556)에서는 통치자들에 대한 복종에 종교적 의미를 한층 부여하고 있는데, 이는 바로 『기독교 강요』 최종판(1559)에서도 나타나고 있다. 그러다가 종교적인 부분에 있어서 칼빈의 강한 불복종 신학은 1560년 『사도행전 17:7 주석』과 1561년 『다니엘서 주석』에 한층 더 강화되어 나온다.

물론 칼빈은 통치자에 대한 공경과 순종을 말하고 있지만 이것이 하나님의 법과 어긋날 때에는 우선적으로 하나님께 순종하여야 한다고 말한다. 즉 우리는 먼저 하나님께 순종하여야 하며, 만일 국가의 권력이 하나님께 반역하는 것이라면 성도들은 여기에 따를 필요를 느끼지 못한다. 이는 히브리 산파의 반역에 대한 그의 주석에서 더욱 분명해진다.[12] 그는 바로의 살인 명령에 대한 어떤 순종도 "말도 안되게 어리석고" 혐오스러울 정도로 몰염치하며 "하나님을 무시하고 속절없는 이 땅의 왕들을 만족시키려는" 시도는 사악하다고 보았다. 그 문맥에서 분명하게 칼빈은 "마치 하늘에 대해 스스로를 높인 세상의 권세가 무너져야 하듯이" 하나님은 그분의 관리들을 왕

---

[10] 안인섭, "로마서 13:1-7 해석에 나타난 어거스틴과 칼빈의 교회와 국가사상," 177-179.
[11] 안인섭, "로마서 13:1-7 해석에 나타난 어거스틴과 칼빈의 교회와 국가사상," 182-183.
[12] 스밀리(James Smylie)는 제네바의 마리아 유수자들(Marian exiles - 영국 메리 1세 통치 기간 동안 유럽 대륙으로 도망간 영국 칼빈주의 개신교도들을 말한다)이 꽤 자유롭게 저항을 권했다는 것을 아주 분명하게 본 제임스 6세는 출애굽기 1장에 대한 제네바 성경의 해석을 인정하지 않았다고 한다. James H Smylie, "America's Political Covenants, the Bible, and Calvinists," *Journal of Presbyterian History* 75.3(Fall 1997), 156, 163.

들에게 위임하지는 않으셨다고 썼다.[13]

이와 같이 하나님의 권위에 불순종하는 세상의 권세는 어떠한 경우에서라도 힙법화 될 수 없다. 국가가 사회의 평화와 안녕을 유지하는 것과 하나님의 형상인 인간의 존엄성을 보호하고자 하는 본래의 목적에서 벗어나는 경우 그리스도인은 정부에 복종할 의무는 없다.

즉 국가가 하나님이 세우신 목적에 어긋나게 행동하는 경우 그리고 하나님의 명령에 불순종하는 경우에 한하여 그리스도인은 하나님의 명령에 우선적으로 순종해야 하며 국가에 대하여 저항을 할 수 있다.

다음으로 정부와 국민의 관계는 일방적인 관계가 아니라 쌍무적인 책임의 관계에 있다. 즉 정부는 피지배자인 국민에게 봉사하고 국민을 잘 다스려야 할 의무가 있고 국민은 지배자의 권위를 인정하고 복종해야 할 의무가 있다는 것이다. 그런데 만일 이러한 쌍무적인 관계가 어느 한쪽의 일방적인 의지에 의해 파괴되어졌을 때에 자연적으로 쌍방 간의 관계는 지속될 수 없다. 따라서 통치자들이 성경에 있는 법으로 통치하지 않고 자의적인 힘으로 국민을 통치한다고 한다면 이런 비성경적인 정부는 비합법적이며 반대할 수 있다.

> 만일 지금 왕들의 사악함을 억제하기 위해 임명된 관리들(예를 들면 고대 스파르타의 왕들에 대한 감독관들, 로마 집정관에 대한 호민관들, 아테네의 원로원에 대한 지방 장관들 그리고 지금 각 나라의 최고 회의에서 세 개의 권력이 그 역할을 담당하는 것처럼)이 있다면, 나는 그들이 그들의 의무를 따라 왕들의 맹렬한 방종을 금하는 것을 금하지 않으며, 따라서 만일 그들이 비천한 일반 백성들을 난폭하게 억압하고 공격하는 왕에게 눈짓을

---

13 John Calvin, *Calvin's Commentary on Exodus, Calvin's Commentaries 2*, (Grand Rapids: Baker, 1979), 33, David W. Hall, "세속정부와 국가에 대한 칼빈의 견해," 535에서 재인용.

보낸다면, 나는 그들이 이러한 위선이 극악스러운 배신행위라고 선포할 것이다. 왜냐하면 그들은 하나님의 명령에 의해 백성의 보호자들로 임명되었다는 것을 알면서도 스스로 백성의 자유를 부정직하게 배반하고 있기 때문이다.[14]

이런 경우에 있어서도 칼빈은 백성들의 직접적인 저항보다는 관리들이 백성의 안위와 행복을 위해서 저항하는 것을 용인하고 있다.

관리들에 대한 칼빈의 저항이론은 다른 곳에서도 드러난다. "백성의 관리들과 대표들이 구성되어 공영체(commonwealth)를 돌볼 책임이 주어졌다면—폭군에 대한 모종의 제재조치가 허용될 수 있다. 그들은 군주가 자기 직무의 범위를 넘지 못하게 할 권한이 있으며 심지어 그가 어떤 불법한 일을 감행할 때 그를 억제할 권한도 있다.[15]

이는 당시에 이미 존재하고 있는 유사 대의기구들이 자신의 임무를 재대로 수행하고 있지 못한 상태에서 그들의 역할을 제대로 수행할 것을 촉구하는 말이었지만, 실제적으로는 왕에 대한 "경쟁적 기관"이며 "당시 사람들이 존경하던 유일한 자격 요건"인 하나님의 임명으로 무장된 기구라는 인식이 형성되기 시작했다. 이 에포(ephors) 본문이 칼빈의 복종이론에 "균형을 잡아주는 요소"로 작용했던 것이다. 그것은 사사로운 시민들에게만 적용되지 관원들에게는 적용되지 않는다는 생각이 유포되기 시작했다.[16]

조국 프랑스와 스코틀랜드의 개신교도들이 박해를 당하는 상황에

---

[14] Joannis Calvini, 『라틴어원본 번역판 기독교 강요』, IV, 20, 31.

[15] Opera Omnia, ed. Baum et al., vol 29, 557, 636-7, 238-9, quoted in Wolin, Vision, 188, 양낙흥, 『개혁주의 사회윤리와 한국 교회』(개혁주의 신행협회, 1999), 37에서 재인용.

[16] R.M. Kingdon, "The Political Resistance of the Calvinists in France and the Low Countries," Church History 27 (1958), 227, 양낙흥, 『개혁주의 사회윤리와 한국 교회』, 37에서 재인용.

서 베자나 낙스에 의해 영향을 받은 칼빈의 이러한 견해는 프랑스의 위그노 학자인 오망(Francis Hotman)과 필립 모르네이(Philip Mornay)에 의해 혁명적인 사상으로 발전되었으며, 근세 민주주의 형성 이론에 밑거름이 되었다고 할 수 있다.

이처럼 칼빈은 군주의 권한이 하나님의 권세를 넘어서려고 시도하거나 하나님의 영광을 저해하는 거대한 통치의 힘으로 작용할 때 통치자의 권세는 더 이상 하나님의 세우신 권세로 인정받지 못한다는 생각을 가지고 있었다.

그러면 이러한 것은 단지 종교적인 영역에서만 존재하는 것이지 다른 영역에서는 존재하지 않는다는 것인가? 후기 칼빈주의자들의 이러한 의문은 그렇지 않다는 방향으로 나아간다. 왜냐하면 칼빈은 항상 하나님의 주권은 인간 삶의 모든 영역에 미친다고 주장했기 때문이다. 실제로 '종교' 문제 이외의 것에서 통치자들의 뜻은 자주 하나님의 뜻과 상충되었다. 이런 경우 하나님의 뜻에 대립되는 인간의 권세는 불복종해야 했다.[17]

칼빈은 중간관리들의 저항은 인정하면서 백성의 안위와 질서 유지를 위해 소극적인 저항을 인정하고 있다. 그리고 신자들에게 기도를 통하여 하나님이 통치자들의 마음을 바꾸도록 촉구했다(4.20.29). 왜냐하면 하늘의 하나님이 이를 들으시고 그들을 위한 보수자를 허락하실 수도 있기 때문이다.

이렇게 칼빈은 소극적인 저항사상을 지니고 있지만 그의 말년에 앙브아즈 사건(Conspiracy of Amboise)을 계기로 라 르노디(La Renaudie)와의 인터뷰에서 적극적인 저항, 즉 조건부 무력저항을 허용하였다는 증거가 나온다.

만일 왕의 근족들이 공공의 유익을 위해 자기 권리의 유지를 요구하고,

---

[17] 양낙홍, 『개혁주의 사회윤리와 한국 교회』, 40, 41.

의회가 그들의 투쟁에 합세해 준다면 그때는 선량한 백성이 무장하여 그들을 돕는 것이 합법적일 수 있다.[18]

이는 1560년 사도행전 주석의 재판에서도 통치자들이 하나님의 권세에 충동한다면 그 통치자는 본래의 위치, 즉 일반 백성의 신분으로 돌아가야 한다고 하였으며, 1561년 다니엘 6:22 주석에서도 저항을 분명히 말하고 있다.

하나님을 경외하는 것은 왕이 그들의 권위를 가지는 것에 앞선다. 만일 누구든지 하나님을 섬기기를 거부함으로써 지상의 군주를 섬기기 시작한다면 그는 앞뒤가 뒤바뀐 채 행동하게 될 것이다. 이는 자연의 질서에 대한 완전한 왜곡이기 때문이다. 지상의 군주들이 하나님께 대항하여 일어날 때 그들은 자기 권세를 팽개치는 셈이 되며, 인류의 일원으로 간주될 가치도 없는 사람이 된다. 그렇게 되면 우리는 그들에게 순종하기 보다는 그들의 머리에 가래침을 뱉어야 한다(단 6:22 주석).

이렇게 강한 어조로 불복종 내지는 저항을 말하고 있음에도 칼빈은 적극적인 저항보다는 소극적인 저항을 옹호하며 무력보다는 평화적인 저항을 지지하고 있다는 것은 분명하다.

---

[18] "Letter to the Admiral de Coligny," April 16, 1561, Bonnet, 4, 176-7, 양낙홍, 『개혁주의 사회윤리와 한국 교회』, 43에서 재인용.

4장_
칼빈 정치사상의 양면성 및 제(諸) 특성

칼빈은 백성들이 안녕과 질서 유지, 예배를 보호하는 등 통치자의 임무를 규정했을 뿐 아니라 모든 백성으로 하여금 통치자에게 복종할 것을 요구하였다. 그러나 하나님의 뜻을 거스르는 불의한 통치자에 대하여는 불복종을 말하면서 중간관리자에 의한 저항의 가능성만 인정할 뿐 시민주권은 인정하지 않았다.

이렇게 칼빈의 정치사상은 오늘날 개혁주의 성도가 바라볼 때, 정당성 및 부당성이라는 양면성과 그 사상의 수용성과 한계성을 느끼게 될 것이다. 그러므로 본 장에서 이러한 그의 정치사상의 양면성과 그 특성들을 연구하는 것은 21세기 한국 사회를 살아가는 우리 개혁주의 성도들에게 대 사회적인 태도에 대한 새로운 이정표의 역할을 하게 될 것이다.

1. 정치사상의 양면성

1) 정당성

첫째, 칼빈은 개신교들에게 정치권력이 사회의 결속과 유대를 위해서 필요 불가결한 요소이며, 국가는 하나님이 주셔서 인간성의 타락을 막아주고 사회의 질서를 유지시키는 유익한 기관으로 설명했다. 따라서 시민들은 그 통치자에게 순종해야 한다. 또한 칼빈은 세속통치도 하나님의 주권 아래 있는 두 영역(영적 통치와 세속 통치) 중의 하나로 보고 있다. 이런 점에서 칼빈의 정치사상은 근대 시민사회와 시민국가 출현에 정당성을 부여해 주고 있다.

이는 중세시대 모든 국가의 통치를 교회의 권위 아래 두려고 했었던 잘못을 교정해 주며, 또한 교회의 통치영역과 세속의 통치영역을 완전히 구분하여 그리스도인으로 하여금 분리된 세계 속에서 고립되어 살아가도록 하는 재세례파의 극단적인 세계관을 바로 잡고 있다.

둘째, 칼빈이 통치자의 의무로 여기는 것은 경건과 하나님께 예배를 드리는 것이다. 그래서 칼빈은 경건이 통치자의 최고의 관심사가 되어야 한다고 말하고 있다. 물론 이것이 16세기 신정통치를 꿈꾸고 있는 개신교 사회에서 가능한 일이지만 그러나 이를 현대적으로 적용하면 통치자는 교회를 보호할 의무를 지니고 있다는 것으로 생각할 수 있다. 이러한 면에서 칼빈의 통치사상은 정당성을 지닐 수 있다.

셋째, 칼빈은 통치자들의 신적인 권위보다는 신적 의무에 주로 관심을 가지고 있다는 점이며 따라서 군주가 하나님의 명령을 위반하였을 경우 그리고 자신의 권력을 이용하여 신민들을 핍박할 경우 불복종의 근거를 제시하고 있다. 군주의 의무는 십계명에 요약이 되어 있다. 군주의 첫째 의무는 경건이 십계명의 첫째 돌판에 제시된 대로 유지되도록 보호하는 것이다. 둘째 의무는 사람들이 더불어 살 수 있는 환경을 조성하여 나머지 여섯 계명이 자신의 영토에서 시행되도록 하는 것을 군주의 의무로 제시한다.[1]

마지막으로 칼빈의 정치사상은 군주와 국법과 법정으로 구성되는 세속 국가가 "'그리스도인들의 일반적 사회'에 어떠한 용도가 있는가"라는 점을 말하면서 그리스도인의 분쟁을 조정하기 위해 법을 사

---

[1] T.H.L 파커, 『칼빈신학입문』, 박희석 역, (서울: 크리스챤 다이제스트, 2001), 223, 224.

용하는 문제에 대한 해답을 제시하고 있다. 물론 소송자체를 비기독교적 행위로 간주하는 사람들이 있다. 그런데 칼빈은 군주가 그리스도인들의 유익을 위해서 하나님이 세우신 사역자라는 바울의 교훈을 환기시킨다(참조 롬 13:4). 그러므로 그리스도인들은 소송을 일삼지 않은 채 법원을 합법적으로 사용할 수 있다. 그러기 위해서는 동기가 분명해야 한다. 만약 어떤 것이 분쟁 해소에 최선인가 하는 문제라면 소송을 하는 것이 유익하고 선하다. 그러나 증오와 복수의 정신으로 소송을 해서는 안 된다.[2]

2) 부당성

칼빈의 정치사상의 부당성을 논한다면 당시 신정통치의 기능을 가진 제네바에서 세르베투스를 화형시켰다는 점을 들 수 있을 것이다.

16세기 이단으로 낙인찍힌 세르베투스는 1531년 『삼위일체론의 오류에 대하여』(De Trintatis erroribus libri)라는 책을 써서, 성령은 독립된 위격이 아니라 단순히 '하나님의 능력'(A Power of God)일 뿐이라고 주장하고, 동시에 예수 그리스도는 참 하나님이 아니라고 주장하였다.[3]

세르베투스는 1546년 자신의 사상을 보충하여 개정한 "그리스도교 회복"(Christianismi Restitutio) 원고를 칼빈에게 우편으로 보내면서 만나고 싶다고 하였다. 두 사람 사이에 편지가 몇 번 오간 뒤, 칼빈은 그와 절연하고 그가 보낸 원고를 보관했다. 또한 칼빈은 웅변에 뛰어난 프랑스 설교가 기욤 파렐에게 만일 세르베투스가 제네바에 나타나기만 하면 살려두지 않겠다고 공언했다.

---

[2] T.H.L 파커, 『칼빈신학입문』, 224, 225.
[3] 장수민, 『칼빈의 기독교 강요 분석 II』, 1154.

1553년 세르베투스는 자신의 원고를 개정하여 빈에서 비밀리에 1,000부를 인쇄했다. 세르베투스는 이 책에서 성령과 거듭남의 관계를 논하는 도중 우연히 폐(肺)의 혈액 순환에 대한 자신의 발견을 소개하게 되었다. 성부와 그의 아들 그리스도 모두 콘스탄티누스가 공포한 니케아 신조 때문에 모욕을 당했으며, 이 신조 때문에 그리스도의 구속의 역할이 모호해지고 교회가 타락하게 되었다고 주장했다. 또한 교회를 국가로부터 분리하고 성서와 콘스탄티노플 이전 교부들의 저서에 비추어 입증 가능한 신학 진술만을 사용함으로써 교회를 원상태로 회복할 수 있다고 보았다.

이전에 리옹의 시민이었던 기욤 드 트리(Guillaume de Trie)는 세르베투스가 칼빈에게 보낸 편지들 가운데 일부를 입수하여 세르베투스를 리옹의 종교재판관에게 고발함으로 그와 그의 원고를 펴낸 인쇄업자들이 구속되었다. 그러나 재판을 받는 동안 세르베투스는 도망갔고, 이후 돈키호테처럼 그는 제네바에 나타나서 당국자들의 눈에 띄어 체포되었다. 1553년 8월 14일부터 10월 25일까지 이단혐의로 재판을 받았다. 이 재판은 칼빈이 주도했고, 사형에 처하도록 압력을 가했으나, 화형이 아닌 교수형을 택할 것을 주장했다. 결국 세르베투스는 주로 삼위일체와 세례에 대한 견해에서 이단 혐의를 받아 10월 27일 샹펠(Champel)에서 화형을 당했다.[4]

위에서 살펴보았듯이 세르베투스 사건은 칼빈과 밀접한 관련이 있고 칼빈이 세르베투스의 사형을 주도하였다는 면에서 부당성을 발견할 수 있을 것이다. 왜냐하면 칼빈이 영적인 통치와 세속 통치의 영역을 구분하고 그 독립성을 주장하여 교회가 세속적인 행정권에 영향을 미치지 못하도록 하고 있기 때문이다. 그러므로 이 세르베투스의 사건은 교회의 통치 영역이 국가의 통치 영역의 범위까지 확대한 사건으로서 신정국가에서만 가능한 사건이었다. 또한 중세

---

[4] 송태흔, "송태흔 칼럼" 2009년 8월 12일 자.

를 극복하고자 했던 칼빈이 중세의 마녀사냥식의 종교재판을 벗어 나지 못한 대표적인 사건으로 이해할 수 있다.

다음으로 권징의 부분에서 칼빈은 권징의 효율성과 죄를 범한 사람이 회개할 기회를 부여하려고 엄격주의를 배제하고 온건주의를 채택하고 있기 때문이다.

> 그러나 우리는 이와 같이 엄격하게 권징 하는 것에 '온유한 심령'(갈 6:1)을 결합하는 것이 교회에 합당하다는 사실을 간과해서는 안된다. 바울이 명하고 있듯이 우리는 언제나 형벌을 받는 사람이 너무 큰 슬픔에 빠지지 않도록 특별히 유의해야 한다(고후 2:7). 큰 슬픔에 빠지게 되면 치유하려던 것이 오히려 파멸시키는 결과를 초래할 것이다. 그러나 권징의 목적에 비추어 볼 때에는 온유한 방법을 취하는 것이 더 나을 것이다. 출교의 목적은 죄인으로 하여금 회개하게 하고, 신자들 중에서 나쁜 실례들을 제거함으로써 그리스도의 이름이 더럽혀지거나 다른 사람이 그것들을 본받으려는 마음이 생겨나지 않도록 하는데 있다.
> 그러므로 만일 이런 일들을 살펴본다면 어느 정도까지 엄격해야 하고 또 어디에서 멈추어야 하는지를 판단하기가 쉬워질 것이다. 죄인의 교회 앞에 자기가 회개한 증거를 나타내 보이고 그 증거를 통해 할 수 있는 만큼 최대한으로 과오들을 씻어버린다면, 더 이상 그를 추궁해서는 안 될 것이다. 그를 그 이상 추궁한다면 엄격함이 도를 넘을 것이다.[5]

칼빈이 엄격주의를 피하고 온건주의를 채택하고 있는 배경에는 중세의 출교에 대한 강한 비판이나 또한 마녀사냥식의 중세의 이단 사냥에 대한 강한 부정이 있었기 때문이다. 물론 세르베투스는 제네바 시민이 아니었기 때문에 출교나 파문을 할 수 없는 사안이다. 그러나 적어도 칼빈의 사상에는 온건주의가 흐르고 있었기 때문에 추방으로 끝날 수 있는 사안을 화형을 하였다는 점에서는 그 온건주의

---

[5] Joannis Calvini, 『라틴어원본 번역판 기독교 강요』, IV, 12. 8.

가 무색하게 느껴진다. 결국 세르베투스 사건에 대한 칼빈의 책임을 정당화시키거나 약화시키려 하더라도 세르베투스 화형에 대한 칼빈의 책임을 인정할 수밖에 없을 것이다.

박건택 교수는 이에 대하여 "개혁신앙의 원리는 교회와 국가의 독립임에 틀림없다. 그러나 칼빈의 교리와 그 실천에는 다소간의 차이가 나타난다. 국가는 개인에게 어떤 집단적 도덕을 요구할 수 있고 그것을 존경케 할 수 있다. 그러나 신앙은 교회의 관할이다. 하나님 말씀에 충실한 설교에 의해 신앙 전파의 모습은 교회에 있다. 복음의 규범들에 따라 신앙을 받지 않는 자들에 대해 교회는 오직 수찬 정지의 유일한 권리밖에 없다. 칼빈의 교리와 실천상의 다소간의 차이는 역시 그가 그의 시대에 속해 있음을 인정케 한다"[6]고 하였다. 즉 칼빈이 말하는 교회는 통치자가 세속의 재판이나 행정적인 지도에 관여할 수 없다고 규정하고 있음에도 불구하고 세르베투스의 재판에 관여하여 그를 교수형에 처하도록 강력 요청하였던 것이다.

2. 정치사상의 제 특성

1) 수용성

교회가 정치의 전 영역을 관장하여 사회적으로 민주주의 발생에 심각한 장애 요소가 될 뿐 아니라 교회의 세속화가 심화되었던 16세기에, 칼빈은 국가와 교회의 통치 영역을 구분하고 그 각자의 영역을 인정함으로써 문제 해결의 돌파구를 마련했다. 이와 비슷하게 칼빈은 정치에 대한 입장 표명에 혼란을 겪는 오늘날의 한국 교회에도 바른 이정표를 제시해주고 있다고 할 수 있다.

---

[6] 박건택, 종교개혁사 강의안, 74.

먼저 칼빈은 하나님이 지상의 통치자를 임명하신 목적의 하나가 정의며, 정의란 강자의 폭력과 비행으로부터 무죄한 약자를 보호하는 것임을 분명히 하였다. 그리고 그는 질서 유지와 백성의 안녕을 위하는 것이 통치자의 기본 덕목이라고 말한다. 이런 점에서 21세기를 살아가는 현대인들에게 칼빈은 통치자의 기본을 규정해 놓고 있으며 이를 수용할 것을 촉구한다는 면에서 오늘날 적극적으로 수용해야 한다.

칼빈은 통치자의 가장 큰 의무를 교회의 안녕과 경건한 생활의 유지에 두고 있다. 오늘날 민주주의 국가에서 이것은 당연한 일이지만 예배의 자유를 제한하고 억압하는 중국이나 북한에서는 절실한 요구일 것이다.

두 번째로 칼빈은 정치형태에 대하여 귀족정과 민주정치의 혼합형태를 선호하고 있다. 민주주의는 인기에 영합하려는 경향 때문에 사회가 문란해질 수 있고, 전제군주제도는 권력의 남용을 가져올 수 있기 때문에 위험하므로 양자를 적절히 혼용하는 것이 필요하다는 생각이었다. 그러나 역시 혼자서 통치하기보다는 여러 사람이 같이 하는 것이 더 안전하다 하였다.[7] 그러면서도 칼빈은 정치형태는 그 나라의 상황과 형편에 맞게 변할 수 있다고 하였다. 물론 칼빈이 선호하는 정치형태는 오늘날 대의 민주주의라 할 수 있다. 이 칼빈의 사상을 우리로서는 제도가 문제가 아닌 일인 독재의 폐해를 막고, 또한 시민을 중심으로 한 민주주의는 포퓰리즘의 피해를 가져다 줄 수 있기 때문에 이를 막을 수 있는 적절한 정치형태를 수용할 수 있다.

마지막으로 우리는 칼빈이 말한 저항의 주체가 귀족이 아닌 시민이라는 주체의 이행이라는 조건에서 수용이 가능하다고 할 수 있다. 칼빈은 저항의 주체를 귀족이라고 명시하고 있다. 귀족들이 공공의

---

[7] 손봉호, "개혁주의 교회와 정치참여," 『칼빈과 사회』 (부산: 개혁주의 학술원, 2009), 268.

유익을 위하여 의회의 도움으로 사악한 통치자에게 저항할 수 있다고 말하고 있다. 이는 16세기 상황에서 폭동으로 치닫지 않고 효과적인 저항을 위해서 선택한 칼빈의 개념일 것이다. 그런데 오늘날의 사회에서 귀족은 존재하지 않고 시민이 존재할 뿐이다.

이런 의미에서 오늘날의 저항의 주체란 오늘날 귀족이 아닌 시민이라고 생각할 수 있다. 이는 소위 말하는 민중과는 그 개념이 다르다고 할 수 있다. 민중이란 지배하지 않으며 오히려 지배당하고, 억압하지 않지만 오히려 억압당하는 주체를 이야기한다. 하지만 시민은 일반 대중을 의미한다. 즉 현재적인 의미에서는 화이트 칼라나 부르주아 그리고 민중을 포함하는 개념이라고 할 수 있다. 이 시민이 저항의 주체가 되어 불의한 정권에 항거할 수 있다는 점에서 우리는 칼빈의 정치사상을 수용할 수 있을 것이다. 그러나 그 방법에 있어서는 한계가 있으며 또한 책임감이 뒤따른다는 것도 알아야 할 것이다.

2) 한계성

국가와 교회의 통치영역을 구분함으로써 당시 교회가 사회 발전에 심각한 장애 요소가 되었던 문제 상황을 해결하는 돌파구를 마련했을 뿐 아니라 현대 한국 교회에도 바른 이정표를 제시해 주고 있다는 점에서 칼빈의 정치사상이 현대사회에 매우 긍정적인 영향을 미치고 있다고 볼 수 있다. 그러나 칼빈의 정치사상을 현대 사회의 가치 기준으로 볼 때 몇 가지 한계를 지적할 수 있다.

첫째, 불의한 통치자에 대하여서도 복종을 우선시하는 등의 친정부적 성향은 민주주의 발전에 장애물로 작용할 수 있다는 점이다.

칼빈이 불의한 통치자에 대한 저항을 인정하지 않는 배경에는 사회의 무질서와 혼란을 방지하는 차원에서이다. 그렇지만 칼빈은 앙보아 사건 이후 자신의 무저항주의와 소극적 불복종 교리를 수정하였다. 그는 앙보아의 음모 계획 때, 라르노디와의 인터뷰에서 조건부이지만 하나님의 무력저항을 승인하였음을 볼 수 있다. 칼빈은 "만일 왕의 근족들이 공공의 유익을 위해 자기들 권리 유지를 요구하고 의회가 그들의 투쟁에 합세해 준다면 그때는 모든 선량한 백성들이 무장하여 그들을 돕는 것이 합법적일 수 있다"고 한 것이다.[8]

또한 칼빈은 『기독교 강요』에서 시민 저항에 반대하는 모습을 보이지만, "다니엘의 주해"(단 6:22에 대한 30강)에서는 "지상의 군주들이 하나님께 반항할 때에, 그들은 그 권력을 포기했으며 사람으로 인정받을 자격을 상실했다. 우리는 그들에게 복종하기보다는 전적으로 대항해야 한다(직역하면 그들의 머리에 침을 뱉어야 한다)"고 하여 불의한 통치자에 대한 저항을 인정하기도 하였다.

이렇게 칼빈이 불복종에 대하여 모순되는 듯한 입장을 보이는 것은, 『기독교 강요』는 칼빈이 프랑스 국왕에게 바치는 글이었고 "다니엘의 주해"는 사적인 글이므로 『기독교 강요』에서보다 "다니엘의 주해"에서 칼빈의 생각이 소신껏 펼쳐졌기 때문이라고 볼 수 있다. 그리고 "다니엘의 주해"가 『기독교 강요』보다 이후에 출판된 것으로 보아 칼빈의 불복종 사상이 발전되어가는 과정이었다고 볼 수 있다. 즉 칼빈의 정치사상 가운데 가장 문제점인 통치자에 대한 복종을 우선시한 것인데, 시간이 흐름에 따라 스스로 한계를 극복하는듯 보이지만 결국 칼빈은 통치자에 대한 불복종보다는 복종을 더 강조하였다는 점에서 한계를 극복하지 못했다고 볼 수 있다.

둘째, 칼빈이 시민의 주권을 인정하지 않았다는 점에서 현대 한국 사회에 어울릴 수 없다는 한계를 갖는다고 할 수 있다.

루터가 귀족들의 편에서 독일의 농민봉기를 전혀 인정하지 않았듯이, 칼빈도 자신의 제네바 신정통치를 위하여 시민저항을 인정하지 않으며 아울러 시민주권을 인정하지 않았다. 칼빈은 당시 폭군의

---

[8] 양낙홍, 『개혁주의 사회윤리와 한국 교회』, 39.

압제에 저항하는 독일의 농민봉기나 노동자 농민을 주축으로 한 저항 운동이 무질서한 폭동으로 흐르는 것을 보고 시민저항을 제한하였다. 그리고 가톨릭과 연합한 폭군의 압제에 저항하는 가장 효율적인 방법으로 프로테스탄트 성향을 지닌 중간관리자, 즉 제후들의 활약을 기대하였는데, 이것도 의회의 승인을 득해야 한다는 조건을 달고 있었다. 이는 중간 관리자들이 자신의 입장만을 위해 저항하는 것에 제동을 걸고 시민들의 의견을 정치에 반영하기 위한 것이었다고 볼 수 있다. 이렇게 칼빈이 시민 주권을 직접 인정하지는 않고 중간관리자를 통한 간접적인 주권만 인정한 것은 시민 폭동으로 인한 사회적 혼란을 방지하고 질서를 유지하기 위한 목적 때문이었다.

이렇게 사회질서 유지를 위해 직접적인 시민 주권을 인정하지 않은 칼빈의 정치사상은 현대 한국 사회에서 정치인들이 시민들의 적극적인 주권 행사에 제동을 거는 수단으로 악용될 우려가 있다는 점에서 민주주의에 역행하는 한계로 지적할 수 있다.

칼빈이 선호하는 정치형태를 보면 절대주의가 통치자의 독재라면, 민주주의는 백성의 독재였다. 칼빈은 통치자와 백성이 모든 법률의 지배를 받음으로써 독재를 하지 못하는 중간을 원하였다. 그러나 현대적 개념의 민주주의는 반드시 백성의 독재라고 정의될 수 없다. 현대 민주주의 역시 법률의 제한을 받는다는 점에서 칼빈이 생각한 민주주의는 아니다. 여기서 칼빈과 현대를 연결해 주는 고리는 법의 우위성이라는 개념이다. 칼빈은 법률 지상주의라 할만큼 법의 우위성을 강조하였다. 이는 질서 유지를 위하고 절대주의를 견제하는 당연한 산물이었다.

법의 우위성이란 개념을 가지고 칼빈에게 있어서의 시민의 권리를 살펴보자면, 그에게 있어 시민 개개인은 법률이 허용한 것 외에 어떤 독립적 권한도 갖지 못한다. 이 진술은 시민의 권리를 법의 우위성을 통하여 설명하고 있다. 위정자를 억제하는 법률은 당연히 시민에게도 적용한다. 그러나 여기서 "법률이 허용한 것 외에"라고 하는 말에 주목해야 한다. 칼빈이 살던 16세기의 유럽 국가들은, 제네바에 있어서조차도 개인 시민에게 법률상의 권리를 허용하지 않았다. 아직도 칼빈은 16세기의 범주를 벗어나지 못하였다고 할 수 있다.

셋째, 칼빈 당시인 16세기에 비하여 비교할 수 없을만큼 다양화된 현대사회에서 칼빈의 정치사상을 한국의 사회적 현실에 그대로 적용하는 것은 무리가 있다.

일례로 종교개혁을 완성하려던 칼빈은, 정치와 종교가 하나인 제정일치의 도시인 제네바에서 자신의 사상을 접목하기 위한 여러 가지 제도를 시행하였는데, 가톨릭을 비롯한 이단들이 범접하지 못하게 하였으며, 주일을 범하는 행동과 음주는 권징의 대상으로 삼았다. 그러나 현대 많은 국가들이 종교 및 문화의 다양성을 인정하고 있는 상황에서 16세기 제네바의 상황에서 형성된 칼빈의 정치사상을 액면 그대로 수용하는 것은 무리가 따른다. 다만 그의 정치사상의 본질을 바르게 이해하고 현실에 맞게 이어가야 할 것이다.

5장_
소결론_정리 및 평가

1부 칼빈의 정치사상에서 살펴본 바와 같이 칼빈의 정치사상의 핵심은 이중 정부론과 통치자에 대한 복종과 불복종에 있다고 할 수 있다. 칼빈은, 이 세상의 통치구조를 교회와 국가로 나누고 있다. 여기서 교회라는 영적인 정부와 국가라는 세속적인 정부는 각자의 영역에 있어서 그 기능과 역할에 분명한 차이점이 있기 때문에 그 기능과 성격상 구별될 수밖에 없다. 영혼과 육체가 분리될 수 없는 것처럼 교회와 국가도 분리될 수 없고, 단지 그 기능과 역할만 구분되는 것이므로 교회와 국가는 서로 협력하고 보완해야 할 기관이라고 보았다. 그리고 그는 국가가 사회의 질서를 유지하고 외부의 침입자들로부터 국민의 안녕과 재산을 보호할 뿐 아니라, 더 나아가 교회의 예배를 보호하고 유지해야 할 책임과 의무를 지닌다고 하였다.

또 그리스도인은 영적으로는 하나님의 통치를 받고 있지만 현세적으로는 국가의 지배를 받고 있는 존재이므로 백성들은 하나님에게서 권한을 위임받은 국가의 통치자에게 복종해야 한다고 하였다. 비록 통치자의 권력이 정당하지 못한 경우나 권력이 방종함으로 흘러 하나님의 명령을 어기는 경우일지라도 국가의 질서 유지를 위해 순종해야 한다고 하였다. 그러나 통치자의 권력이 방종함으로 흘러 하나님의 명령을 어기면서 인간의 안위를 무시하는 경우 백성들은 더 이상 복종의 의무를 지니지 않는다고 말하였다. 즉, 이러한 통치자에 대하여 백성들은 저항할 권리가 있다고 보았다. 그러나 불의한 정권에 대하여 칼빈은 시민혁명을 용인하지는 않았고, 다만 중간 관리자(당시 프랑스의 위그노)들에 의하여 의회의 협조로 통치자를 몰아낼 수 있다고 하였다.

그런데 문제는 칼빈이 결코 시민혁명을 용인하지 않았다는 점이다. 오히려 그는 악한 정권이라 할지라도 일단은 통치자에게 복종할 것을 가르치고 있다. 통치자가 권력을 찬탈하고 악하여 백성들을 핍박한다고 할지라도 시민혁명으로 인한 무질서보다는 질서 유지를 위하여 복종을 말하고 있는 것이지, 그가 결코 악한 통치자를 용인한 것은 아니라는 사실이다. 또한 하나님이 악한 정권을 허락하신 것은 백성이 하나님의 말씀에 순종하지 않고 방종하였다는 이유도 있다. 그러나 그의 사상은 자신의 조국 프랑스의 개신교도들인 위그노들이 가톨릭 정권에 의하여 핍박을 받는 것을 보고 후반부로 갈수록 점차적으로 저항을 용인하는 방향으로 흘러가고 있다.

이러한 칼빈의 정치사상은 아직은 틀에 머물러 있다는 인상을 주고 있다. 더군다나 그가 저항의 주체를 당시 시민이 아닌 관료들로 한정하고 있다는 것은 그가 시민주권사상까지는 발전하지 못하였다는 것이며, 현대의 다원화된 사회에서는 한계로 다가올 수 있다.

과연 칼빈의 사상대로 본다면 최근 중동에서 벌어지고 있는 시민혁명은 어떻게 바라볼 것인가 생각해 볼 필요성이 있다. 더 나아가 리비아의 사태를 바라보면서 민주화를 요구하는 시민들에게 발포하고 심지어 외국 용병까지 고용하여 막대한 무기를 동원하여 시민들을 학살하는 경우에서도 '인내가 가능한가'라는 문제이다. 만일 칼빈이 오늘날의 정치상황을 바라본다면 그는 어떻게 말을 할 것인가?

16세기 당시 귀족들의 수탈과 착취에 반발하여 일어난 뮌처의 농민봉기나 재세례파의 혁명을 칼빈이 불용한 사실을 볼 때 그는 질서유지를 위하여 시민주권에서 비롯되는 시민혁명을 결코 용인하지 않을 가능성이 있다. 이는 3부에서 연구할 한국 교회의 사회운동을 평가하는 데도 난제로 다가올 수 있다.

이러한 면에서 칼빈의 사상을 평가한다면 그 역시 중세의 인물로 중세의 한계에서 벗어났다고 하기는 힘들 것이다. 다만 그의 사상은 후대로 갈수록 시민수권이나 민주주의 사상의 발전에 긍정적인 영향을 미쳤다는 점에서 발전적이라고 할 수 있다. 더구나 당시 중세의 가톨릭적 전제군주 상황에서는 획기적인 사상이라고 할 수 있다. 그리고 이러한 칼빈의 사상은 중세의 질서를 넘어서서 근대국가로 발돋움할 수 있는 기틀을 마련하였다고 할 수 있다.

2부 칼빈 정치사상의 제(諸) 영향

칼빈의 정치사상은 근대 유럽의 민주국가의 형성에 지대한 영향을 미쳤지만, 시민주권론의 문제에서는 중세의 질서에서 완전히 탈피하지 못하였다. 오히려 시민주권론은 칼빈의 후대인 위그노들과 존 낙스에게서 발견된다. 그러므로 정치사상적인 면에 있어서 중세의 질서를 탈피하고 근대로의 첫 출발은 위그노와 그와 동시대 인물인 존 낙스라고 해야 할 것이다.

한편 칼빈의 정치사상은 칼빈주의의 전파와 더불어 전 유럽의 근대국가의 형성에 상당한 영향을 미쳤다. 즉, 칼빈주의가 16세기 유럽에 전파되면서 칼빈주의는 유럽의 종교개혁의 모토가 되어 장로교회가 형성되게 되었던 것이다.

이렇게 칼빈주의가 16세기 유럽의 종교개혁의 모토가 되어 장로교회를 형성했다면, 칼빈의 정치사상은 유럽의 근대국가 형성에 사상적 토대로 작용하게 되었다. 반면에 칼빈주의는 남아프리카 공화국의 인종분리 정책과 미국 청교도 대 토착민과의 관계에서 부정적인 작용을 하였다.

2부에서는 역사적 칼빈주의가 프랑스나 스코틀랜드, 영국, 그리고 네덜란드에 미친 영향을 정치사상적인 측면에서 살펴보고, 한편으로는 변형된 칼빈주의가 남아프리카 공화국이나 미국에서 행한 과오를 연구하고자 한다. 그러나 칼빈주의가 한국 교회의 사회운동에 미친 공과 실은 3부에서 고찰하려고 한다.

1장_
프랑스의 칼빈주의와 위그노들의 정치사상

　프랑스의 칼빈주의는 위그노들에 의해 발전되었다고 할 수 있다. 그런데 이 위그노들은 칼빈의 정치사상을 이어받았지만, 1572년 바돌로매 대학살을 계기로 급진적인 정치사상으로 변하였다고 할 수 있다. 베자의 경우도 칼빈의 사상적 후계자답게 처음에는 온건하게 출발을 하였지만, 조국 프랑스의 개신교도들이 가톨릭의 대학살을 피하지 못하고 대부분 희생되자 자위권적인 차원에서 시민저항을 주장하는 등 급진적으로 변하였다. 오망도 프랑스의 역사를 로마시대부터 고찰하면서 삼부회 등이 왕권을 견제하는 기능을 가지고 있었다고 주장하였다.『반폭군론』의 저자는 폭군에 대하여 시민들의 저항의 차원을 넘어서서 축출할 수도 있다고 주장하였다. 반면에 똑같이 칼빈의 정치사상의 영향을 받은 위그노 정치사상가인 장 보뎅(Jean Bodin)은 왕권의 강화를 주장하는 등 강력한 군주정을 주장하게 되었다.
　이러한 위그노들의 정치사상은 16세기의 질서에서 최초로 시민주권을 주창하는 근대 민주주의 이론의 초석을 깔아놓았다고 할 수 있다. 따라서 본 장에서는 프랑스에 칼빈주의가 형성되게 된 배경과 칼빈주의가 프랑스 개혁 교회에 미친 영향 그리고 칼빈의 후계자라고 할 수 있는 위그노들의 정치사상을 고찰한다.

1. 프랑스의 칼빈주의와 위그노

1) 프랑스의 칼빈주의

프랑스는 칼빈 이전에도 종교개혁운동이 일어나고 있었다. 12세기 피터 왈도(Peter Waldo)의 주도로 성경으로 돌아가자는 개혁운동이 있었고, 16세기 인문주의자를 중심으로 개혁운동이 일어났다. 그들은 성경을 원어로 연구하고, 프랑스어로 번역하여 종교개혁의 길을 열었다. 이러한 대표적인 인물인 자크 르페브르 데타플(Jacques Lefevre d'Etaples, 1450-1537)은 중세에 만연하던 미신이 성경에 대한 무지에서 기인하였다고 보고, 1523년 프랑스어로 신약성경을 번역하여 출판하였다.[1] 이러한 개혁운동은 칼빈의 종교개혁에 많은 영향을 미쳤다.

16세기 당시 프랑스는 종교적으로는 개혁운동이 일어나고 있었고, 정치적으로는 북부 이태리의 주도권을 사이에 두고 프랑수와 1세(François I, 1515-1547)와 카알 5세가 신경전을 벌이고 있었다. 이렇듯 칼빈의 생존 당시 프랑스의 정치적 지적인 상황은 독일의 정치적, 지적인 상황과 차이가 있었다. 프랑스는 중앙집권적이며 세습적인 왕조를 보유하고 있었다. 독일은 의회와 원래의 합스부르크 영지를 통치할 능력을 지닌 황제를 보유하고 있었다. 독일의 카알 5세(Karl V, 1519-1556)가 열렬한 가톨릭 교도인 반면, 프랑스의 프랑수와 1세는 인문주의를 지원하고 있었다.[2] 이런 상황에서 당시 독일과 프랑수와 1세는 루터파들과 가톨릭 사이를 오가며 실리를 취하려고 하였다.

프랑소와 1세는 카알 5세의 세력 약화를 위하여 독일 제국 내의

---

[1] 오덕교, 『장로교회사』 (수원: 합동신학대학원출판부, 2005), 112.
[2] Herman J. Selderhuis et al., *The Calvin Handbook* (Grand Rapids: Michigan, Cambridge: U.K. 2009), 23.

루터파 제후들과 협상을 벌이는 한편, 자신의 아들 앙리와 교황 클레멘트 7세의 질녀 카트린느 드 메디치(Catherine de Medici)와의 결혼을 주진하였다. 자연적으로 프랑스 내의 프로테스탄트들에 대한 박해가 시작되었다. 물론 기존에 1525년 뮌스터 시에서의 혁명적 재세례파의 난동과 독일의 농민봉기의 소문으로 그는 더더욱 복음주의자들을 박해하였다. 이어 1533년 니콜라스 콥 사건으로 칼빈이 도주하였고, 이후 프로테스탄트들에 대한 체포와 구금, 화형이 뒤따랐다.

이러한 상황에서 프랑스에서의 칼빈주의는 애초부터 불가능하였는지도 모른다. 그러나 일단 칼빈주의가 들어오고 난 후 프랑스의 칼빈주의는 빠른 속도로 조직되고 퍼져나갔다. 또한 1550년대에 프랑스에서 추방되어 제네바에 머물고 있던 사람들, 즉 위그노(Huguenot)[3]라고 부르는 사람들이 고국에 돌아와 자기들의 신앙을 유포하기 시작하였고 칼빈주의 서적들이 점차 유포됨에 따라, 프랑스의 프로테스탄트들은 제네바의 양상을 닮아가기 시작하였다.[4]

조국 프랑스의 종교개혁을 위하여 훈련을 받은 수많은 목회자들을 프랑스로 파송한 칼빈의 노력과 프랑스 칼빈주의자들의 노력으로 칼빈주의는 프랑스 내에 상당한 세력을 확보하여 1564년에서 1572년 사이 프랑스 칼빈주의자들은 교회조직을 장로제 형태로 할 것인가, 아니면 회중제 형태로 할 것인가를 두고 양편으로 나뉘어 다투고 있었다. 그러나 이러한 의견 차이에도 불구하고 칼빈주의자들은 제네바의 지휘에 힘입어 놀랄만한 단결을 계속 유지하고 있었다.[5] 이들 프랑스의 칼빈주의자들은 박해가 계속되는 상황에서

---

[3] Huguenot라는 명칭의 기원은 정확치 않지만 칼빈의 사상을 추종한 16세기 프랑스 개신교도들로서, 가톨릭 전체주의에 대항한 프랑스 종교개혁의 주역들이며, 정치적으로는 프로테스탄트의 자유와 평등을 위해 투쟁한 사람들이다.
[4] Lewis W. Spitz, *The Reformation*, 서영일 역, 『종교개혁사』(서울: CLC, 1994), 229, 230.
[5] Lewis W. Spitz, *The Reformation*, 서영일 역, 『종교개혁사』, 349.

도 1559년 5월 26일에서 28일까지 60여 개의 교회 150명의 대표가 파리에서 비밀대회를 열고 "프랑스 개혁 교회"(The French Reformed Church)를 조직하였다. 대회는 칼빈의 충고에 따라 제네바의 장로법원과 유사한 항소법원(Appellate Courts)를 설치하고, 칼빈의 제자 앙트완느 드 샹디유(Antoine de Chandieu)가 초안한 신앙고백서(Confession of Faith)와 권징규칙서(Rule of Discipline)을 채택하였다.[6]

"신앙고백서"는 칼빈이 작성한 35개 조항의 초안에서 유래했다. 40개 조항으로 구성된 이 신앙고백서 제2조와 3조는 노회나 대회로 모일 때 총대들에 의한 회장의 선출을 명시하고, 회장의 역할은 회의를 '진행하는 자'로 규정하였다. 제5조는 성경의 권위, 제8조는 섭리에 대하여, 제12조는 예수 안에서의 선택에 대하여, 제36조는 성찬에 대하여 서술하였다. 교회정부 형태에 대하여는 제25조에서 33조까지 다루고 있으며, 권징과 교회정치원리에 대해서는 제29조부터 31조에서 다루었다.[7]

훈련규칙도 개혁가 칼빈이 『기독교 강요』에 기술했던 것과 제네바교회의 규례로부터 영향을 받았다. 신앙의 표준은 『기독교 강요』에서 상세히 설명되고 발전되었고, 1571년 라 로셀(La Rochelle)에서 개최된 제7차 전국 종교회의에서 채택한 1559년의 신앙고백에서 축약된 형태로 요약되었는데, 1633년까지 프랑스 개혁 교회의 모든 교인, 목사, 장로, 교사들에게 용기와 힘을 주었다.[8]

이렇게 프랑스의 칼빈주의는 박해 가운데서 놀랄만한 성장을 거두었으며, 짧은 시간 내에 조직적인 총회를 세우고 최초의 "신앙고백서"와 "권징규칙서"를 작성한 것이 특징이라고 할 수 있다. 그리

---

[6] 오덕교, 『장로교회사』, 115.
[7] 오덕교, 『장로교회사』, 115, 116.
[8] 피에르 쿠르티알, "프랑스 칼빈주의의 황금기: 1533년에서 1633년까지," 『칼빈이 서양에 미친 영향』, Stanford. W. Reid, 홍치모, 이훈영 역 (서울: 크리스챤다이제스트, 1997), 91-93.

고 파리 신앙고백서와 훈련규칙은 이후 여러 신앙고백서의 표준으로 사용되었다는 점에서 그 가치를 인정받고 있다.

2) 위그노(Huguenot)의 배경과 특징

위그노의 정치사상은 대체적으로 칼빈의 정치사상을 물려받았지만 1572년 바돌로매 대학살 이후 정치사상 면에서 칼빈보다 훨씬 진보적인 성향을 보이는데, 심지어 일부 위그노들은 시민주권론을 주장하며 폭군(暴君)을 처벌할 수 있다는 방향으로까지 나아갔다. 이러한 이들의 정치사상을 폭군 정벌론, 즉 불어로 모나르코마크(Monarchomaques, Monarchomach)라고 한다.

'모나르코마크'라는 용어는 무자비한 폭군에 대하여 저항할 수 있다는 뜻으로, 1600년 경 영국에서 윌리엄 바클레이(William Barclay)가 위그노들을 가리켜 "국왕 시해파"라는 의미로 처음 사용한 용어인데, 그는 『왕국과 왕권에 관한 6권의 책』(*De Regno et regali potestate adversus Buchanum, Brutum et Bacherium et reliquos monarchomaquos libir sex*)을 펴내면서 경멸적인 의미를 담아 "왕국과 왕조를 파괴하여 무정부 상태를 만들려고 애쓰는 자들"이라고 정의했다. 이후, '모나르코마크'라는 용어는 '1인 통치체계(mono-cratie)에 반대하여 투쟁하는 사람들' 이라는 의미로 사용되었고, 다양한 국적과 신앙의 차이에도 불구하고 인민주권론과 계약론 그리고 폭군에 대한 저항권을 중심으로 표출된 일련의 정치이론과 이론가들을 규정하는 용어로 자리잡았다.[9]

이들 위그노들은 칼빈의 사상을 추종한 사람들의 집단으로서 스위스 주네브에서 세력들을 규합하였다. 그리고 칼빈은 1555년부터 1572년 사이에 프랑스의 개혁을 위하여 120명 이상의 잘 훈련된 목

---

[9] 임승휘, "프랑스 신교도 모나르코마크의 정치이론(1572-1584)," 「프랑스사 연구」 15호 (한국프랑스사학회, 2006), 5.

회자들을 프랑스에 파송하였다.

한편 프랑수와 1세를 이어, 왕좌에 오른 앙리 2세(Henri II, 1547-1559)의 박해는 더 가혹하였다. 그는 1547년 파리와 주변의 여러 지방에 '불타는 방'(burning chamber)이라는 종교재판소를 만들어 종교개혁자들을 화형에 처했는데, 그들 대부분이 칼빈의 제자들이었다.[10]

이렇게 위그노들이 핍박을 받는 상황에서 1559년 가을 라 레노티(La Renauotie)라는 한 젊은 귀족이 앙보아즈에 모인 프랑스 법정을 공격하고, 젊은 왕 프랑소와 2세(François II)를 납치하며, 섭정자 기즈 가의 사람들을 암살하고, 프랑스를 부르봉가의 지배 아래, 즉 나바르의 안토니와 꽁드의 영도 아래에 두려고 생각하였다. 그래서 라 레노디는 프랑수와 오망을 찾아가 도움을 청하였으나 거절당하였다. 레노디는 그럼에도 불구하고 1560년 3월 이 계획을 실행에 옮겼다. 그러나 이 음모가 사전에 발각되어 레노디를 비롯한 사람들이 죽임을 당하였다.[11] 바로 이 사건이 1560년 5월에 발생한 앙보아즈 사건이었다.

앙리 2세의 뒤를 이은 프랑수와 2세는 정치적인 사안들마다 종교정책을 변경하여 위그노들은 비교적 정치적, 종교적인 자유를 누리고 있었다. 하지만 프랑수와 2세도 왕위에 오른지 1년 만에 죽고, 그의 아우 샤를르 9세(Charles IX, 1560-1574)가 왕위에 오르자, 캐더린은 미셸 드 로피탈(Michel de L'Hopital)을 재상으로 등용하고, 자신의 뜻에 따라 국정을 운영하였다.

당시 재상인 로피탈은 1562년 위그노에 대하여 관용적인 정책을 펴도록 캐더린 메디치를 설득하였다. 그러나 기즈 가문에 대항하던 세력이 위그노의 도움을 얻어 정치적 영향력을 행사하자, 캐더린은 정국의 안정을 위하여 1560년 1월 생 제르멩 앙 레이(St. Germain-en-

---

10 오덕교, 『장로교회사』, 113, 114.
11 크리스토퍼 융겐, 『칼빈이 말하는 그리스도인의 사회참여』, 김형익, 이승미 역 (서울: 실로암, 1989), 121-123.

Laye)에 종교회의를 소집하여 위그노의 실체를 인정하였고, 종교의 자유를 허락하는 칙령을 선포하였다. 이 칙령에서 캐더린은 위그노들이 점령하고 있는 교회당들을 반환할 것을 명령하였고, 위그노의 예배는 도시 밖에서 허용되며, 도시 안에서는 개인 집에서만 가능하다고 명시하였다.

하지만 칙령이 발표된 지 2개월이 채 안되어 로마 가톨릭측이 칙령의 준수를 거부하면서 내란의 소용돌이(가톨릭과 위그노들의 종교전쟁) 속에 빠지게 되었다. 이렇게 시작된 프랑스의 종교적 내분은 30년 이상 계속되었다. 1562년 3월 1일, 로마 가톨릭측인 기즈 공작은 200명의 무장한 사람들과 파리로 향하는 여행 도중에 샹파뉴 지방의 바시(Vassy) 계곡에서 예배를 드리던 위그노를 습격하여 300명 이상을 살해하였다.[12] 이에 위그노들은 콜리니 제독, 나바르의 앙리와 콩드를 중심으로 무력 항쟁을 개시하였다. 그들은 1월에 여왕이 선포한 칙령을 지킬 것을 요구하면서 종교개혁에 반대하던 기즈 가문의 손에서 벗어나게 하려고 애썼다.

이렇게 프랑스 정국이 종교전쟁으로 발전하는 와중에서도 위그노들은 크게 성장하였다. 실례로 1555년에는 파리, 모(Maux), 앙제르(Angers), 푸아티에, 루덩(Loudon) 등지에 단 5개의 조직교회가 있을 뿐이었다. 그러나 4년 후인 1559년 파리 제1차 전국 종교대회에는 거의 백 개의 교회가 있었으며, 종교전쟁이 시작될 무렵에는 무려 2,150개에 이르렀다.[13]

위그노의 세력이 커가자, 캐더린은 위그노 지도자 콜리니를 암살하고자 하였다. 그러나 캐더린의 살인계획이 폭로되면서 위그노들은 정부에 진상 조사를 요구하게 되고 캐더린은 궁지에 몰리게 되었

---

[12] Owen Chadwick, 『종교개혁사』, 서요한 역 (서울: 크리스챤 다이제스트, 2001), 167.
[13] 피에르 쿠르티알, "프랑스 칼빈주의의 황금기: 1533년에서 1633년까지," Stanford. W. Reid, 『칼빈이 서양에 미친 영향』 홍치모, 이훈영 역 (서울: 크리스챤다이제스트, 1997), 87.

다. 캐더린은 현 국면을 타개하려는 방편으로 콜리니를 비롯한 모든 위그노들을 처치할 음모를 세우게 되었다.

캐더린은 딸 마르그리트와 개혁 교회의 지도자 나바르의 왕자 앙리의 결혼식 날에 위그노를 살해하려고 음모를 세웠다. 두 사람의 결혼이 선포되자, 로마 가톨릭 교인과 개혁 교회 교인 등, 모든 프랑스 사람들은 내란이 끝나고 평화의 시기가 올 것을 예견하였다. 종교전쟁의 종식을 기대하는 수많은 인파가 결혼 축하를 위하여 몰려 들었으나, 축하연이 거의 끝나갈 무렵 살해극은 시작되었다. 캐더린은 샤를르 9세로 하여금 1572년 8월 24일 바돌로뮤 축제일 밤에 생 제르멩 교회 종소리를 신호로 하여 모든 위그노를 살해하도록 지시하였다.

당시 콜리니를 비롯한 약 30,000명에서 70,000명의 많은 위그노들이 처참하게 죽임을 당하였다. 이로서 성경 중심적인 개혁운동을 벌이던 위그노의 개혁운동은 기가 꺾였으나, 이러한 핍박 속에서 위그노들은 그들의 신앙을 유지하려고 애를 썼다. 위그노 신학자들은 프랑스에서 신앙의 자유를 누리기 위하여 외롭게 투쟁하는 동료 위그노들을 보면서 그리고 가톨릭의 만행과 프랑스 왕실의 이중적이고 악랄한 모습을 목도하면서 자연스럽게 불의한 정권에 대한 저항정신을 가슴 속에 간직하고 있었다.

이렇듯 위그노들의 사상적 배경은 자연히 칼빈주의라고 해야 할 것이다. 이들은 칼빈의 하나님 주권사상과 예정된 선택의 교리를 믿고 있었다. 이들이 박해 가운데서도 끝까지 인내할 수 있었던 것은 하나님 주권사상과 그리고 코람데오 정신, 선택의 교리 등이었다. 이들은 당시의 박해 가운데서도 하나님의 섭리를 믿으며 성도의 인내를 배웠다. 그래서 위그노들의 종교회의에서 나온 "신앙고백서"나 "훈련규칙"은 바로 칼빈의 『기독교 강요』의 토대 위에 작성된 것이다.

자연스럽게 위그노들의 정치사상도 칼빈의 정치사상을 수용하여 하나님의 뜻을 거스르는 불의한 정권에 대하여 저항할 수 있다는 견해를 가지고 있다. 하지만 동일한 위그노 사상가들 가운데 장 보댕(Jean Bodin)과 같은 사람은 군주정(君主政)을 주장하며 국가는 개인의 자유를 제한할 수 있는 권리를 지니고 있다고 주장하기도 하여, 왕권신수설의 기본적인 토대를 제공하였다.

반면에 베자나 오망 등의 사상가들은 국가가 종교(칼빈주의 프로테스탄트)를 핍박하거나 불의한 정권에 대해서는 저항할 수 있다는 점을 분명히 하고 있다.

이는 칼빈의 정치사상보다 더 발전한 부분이라고 할 수 있는데, 이들은 불의한 국왕에 대해서는 저항을 넘어서서 국왕을 시해할 수 있다는 정도까지 발전하였다. 위그노 신학자들이 반란권 혹은 왕의 시해를 정당화하기 위해 동원한 근거는 크게 두 가지였다. 첫째, 그들은 당시의 민족국가적 경향 그리고 그 중심세력으로 등장한 왕의 절대주의에 반대하여 중세적 관행, 헌법주의에 호소했다. 둘째, 중세적인 계약이론, 자연법의 철학적 기초에 대한 강조를 통해서 신민주권적인 논의를 폈다.**14**

여기서 중세적 관행, 중세적 계약이론이란 왕과 영주들 간의 충성을 기반으로 왕이 자신의 신하를 보호해 주는 대신에 신하는 왕에게 충성을 맹세하는 일종의 봉건적 계약이다. 그러나 왕이나 신하가 이 의무를 다하지 못하면 이 계약은 자연스럽게 파기되는 것이다. 이와 더불어 1302년 4월 보니파키우스 8세에 대항하여 왕의 자문기관과 동시에 왕을 지원하는 삼부회를(성직자와 귀족, 제3의 신분인 평민) 처음 개최하였는데, 왕은 이들 삼부회의 결정을 존중하고 따랐다는 것이다. 그러므로 왕이 이러한 중세적 계약이나 삼부회를 따르지 않거나 심지어 일방적으로 파기한다면 당연히 귀족이나 시민들은 왕의 권한을 제어하거나 폐위시킬 수 있다.

---

14 김홍명, 『정치사상사』 (서울: 박영사, 2008), 94.

위그노들은 이러한 중세법의 이론과 삼부회의 전통을 근거로 시민주권 이론을 폈으며 자연스럽게 국왕 폐위까지 거론하였던 것이다. 그러면 이들 위그노의 정치사상을 살펴보기로 하자.

2. 위그노들의 정치사상

1) 군주정을 지지한 위그노-장 보댕의 정치사상

장 보댕(Jean Bodin, 1530-1596)은 1572년 바돌로매 대학살로 절정을 이룬 종교분쟁을 목도하면서 "영혼의 구원보다는 왕국과 가정의 안녕"이 더 중요하다고 보고 당시 신교와 구교로 갈라져 싸우던 제 당파들에게 내전을 중지하고 국왕을 중심으로 단결하여 평화와 번영을 가져오자고 호소하면서 프랑스 절대주의의 이론적 정당성을 제공하면서 프랑스의 사상가로 주목 받았다.

그는 신교와 구교로 대립되는 당파로부터 정치영역의 자율성을 보장하는 『국가론』을 저술하였고, 신·구교의 대립 속에서 민족의 통일과 평화의 수호를 위해 왕권을 지지하고 수호하려 했다. 즉 그의 주권이론은 종래의 왕권신수설(王權神授說)에 기반했지만, 신수설의 신학적 족쇄를 벗어나 주권의 분석과 이에 헌법적 논의에로 중심을 옮김으로써 그는 주권이론을 확립하는 최초의 사상가가 될 수 있었다.[15]

장 보댕 역시 칼빈의 정치사상의 영향을 받았다고 할 수 있지만, 국가가 종교를 박해할 권리를 보유하고 있음을 의심치 않았다. 주권을 가지고 있는 국가는 선과 자연법 이외에는 제한받지 않는 절대권력을 행사하게 때문이다. 그러나 중요한 것은 그가 당시의 상황을

---

[15] 김홍명, 『정치사상사』, 114.

이미 종교적 박해가 국가 자체마저도 파괴시킨다는 성향으로 나타난다고 인식하고 있다는 점이며, 그는 공리주의적 관점에서 적대세력 간의 타협과 공존을 추구했다는 점이다.[16] 이는 당시 종교적 박해가 국가의 존립을 위태롭게 한다는 인식에서 왕권의 강화를 통하여 종교 간의 타협을 주도하려고 했다는 점이다.

그래서 그는 국가의 기원에 관해서 고대 아리스토텔레스의 개념과 이후의 사회계약설의 중간단계를 나타내고 있다. 인간의 각 협동단체에 있어서의 본질적인 사실은 그 성원이 상호의 지휘에 복종하는 데 있다. 그러므로 각 협동단체는 자연이 인간에게 주어진 자유를 침해하는 것마저 포함하고 있다고 하였다.[17]

이 말은 국가의 질서를 확립하고 유지하기 위해서는 국가는 개인의 자유를 어느 정도 침해할 수 있다는 것을 인정하는 것으로 개인을 사회의 한 요소로 바라보고 있다. 이는 당대의 위그노 저항사상가들과는 다른 사상이라 할 수 있다.

그는 "국가란 다수의 가족과 이들의 공유재산으로 이루어진 주권을 포함한 정당한 정부이다"라고 하였다. 그렇기 때문에 국가는 신민의 세속적인 행복과 안전을 추구해야 한다. "백성들의 삶을 유지하고 보호하기 위한 필수품을 공급하는 것과 같은 가장 기본적인 일이 제일먼저 행해져야 한다." 신민에게 안정적인 삶의 기초를 확보하는 것이 국가목적의 선결문제이다. 그러나 그것은 국가목적의 실제적 내용은 아니다. 오히려 보댕에게 국가목적은 사회적 평화와 신민의 소유권의 보호 등 물질적 혜택에 공리주의적으로 한정되어서는 안 된다. 국가는 실존으로서 실체와 영혼으로서 최상의 목적을 가진 존재이며, 이상의 모든 것들은 긴박하게 충족을 요구하고 있긴 하지만 국가의 고차적인 목적은 아닌 것이다.[18]

---

[16] 김홍명,『정치사상사』, 115, 116.
[17] 이종린,『서양정치사상』 (서울: 집문당, 1980), 328.
[18] 김홍명,『정치사상사』, 119.

이와 같이 보댕의 경우에서도 국가는 신민의 안녕과 행복을 추구해야 한다는 것에는 칼빈이나 다른 위그노들과 견해를 같이 한다. 그러나 칼빈은 신민의 안녕과 질서 유지를 위하여 비록 독재 권력일지라도 어느 정도 감내할 것을 요구하고 있다. 왜냐하면 무정부보다는 독재 권력이 한편으로는 낫기 때문이다. 그렇다고 할지라도 칼빈이 독재 권력을 용인한 것은 결코 아니다. 독재 권력이 탄생하게 된 배경에는 어느 정도 신민들이 하나님 앞에 범죄한 요소들이 있다는 것을 인정하기 때문이다. 그리고 위그노들은 신민의 안녕과 행복을 권력이 지키지 않고 독재로 흘러가는 경우에는 시민들의 저항을 용인하고 있다. 그러나 보댕은 국가의 목적은 단지 신민의 안녕과 행복으로 한정할 수 없으며 그 이상이라고 말하고 있다. 물론 보댕이 말하는 국가의 최고 목적이 무엇인지는 애매모호하다. 어찌 보면 그는 국가는 최고의 권력기관이며 다른 어떠한 것으로도 그 권력을 침해해서는 안 된다고 생각한 것이다. 즉 가부장적 사회에서 국가의 권위는 결코 침해할 수 없는 것이다.

국가의 권위가 개인의 자유를 제한할 수 있다는 보댕의 사상은 국가의 주권에 있어서도 결코 법률에 의하여 제한되지 않는다는 생각으로 이어진다. 주권이란 법률에 의하여 제한되지 않고 공민(公民)과 영민(嶺民)을 통치하는 최고의 권력이다. 더 나아가 보댕은 최고의 권력은 다만 최고일 뿐 아니라 영구적—즉 시간적 제한 없이—이지 않으면 안 된다고 말하고 있다.[19]

한편 보댕은 칼빈의 경우와 같이 정치형태를 논의하고 있다. 칼빈은 3가지 정치형태—군주정, 귀족정, 민주정— 가운데서 귀족정과 민주정이 혼합한 정치형태를 바람직한 경우의 정치형태라 말한다. 그런데 보댕은 칼빈의 경우와 유사하게 온정정부, 귀족정, 민주정으로 나누고 있다. 여기서 귀족정과 민주정은 국가를 무정부 상태로

---

19 이종린, 『서양정치사상』, 335.

이끌어가기 쉬운 정치형태로 보고 있으며, 제일 바람직한 정치형태를 양호한 질서를 유지하는 온정정부(government bien-ordonée)로 보고 있다. 여기서 온정정부란 1인의 통치자에게 권력이 집중되는 왕정을 의미한다. 그래서 실제로 그는 "현실적으로 유일한 온정국가는 주권이 단일인격에 소속됨으로써 여러 단위로 분리되지 않는 국가이다"라고 말하였다.[20]

이와 같이 보댕은 안정된 정치형태를 왕정, 즉 군주정으로 보고 있으며, 왕의 주권 역시 법률적으로 결코 제한할 수 없다고 하였다. 반면에 대부분의 위그노들은 프로테스탄트의 자유가 인정되지 아니하고 프랑스에서 오직 가톨릭의 통일이라는 독재상황에서 종교의 자유(프로테스탄트의 자유)와 시민의 자유를 유지하기 위하여 부당한 독재 권력에 대한 저항권을 인정하고 있다.

보댕이나 위그노들은 동일하게 칼빈의 정치사상의 영향을 받고 있지만 보댕은 군주정의 통치적 기반을 위한 이념을 제공한데 비하여 위그노들은 시민의 저항이나 권력을 인정하는 근대 시민 민주주의의 이념적 틀을 제공하고 있는 것이다.

2) 저항사상을 지닌 위그노

(1) 데오도르 베자의 정치사상

데오도르 베자(Theodore Beza, 1519-1605)는 칼빈의 후계자요 칼빈주의를 확립한 사람으로 널리 알려져 있다. 칼빈이 1599년 제네바 아카데미를 창설하게 되었을 때, 학장으로 평소부터 가장 적절한 적임자라고 생각하고 있던 베자를 지명했다. 이렇듯 베자는 칼빈이 가장 신뢰할만한 오랜 동료이자 후계자인 것이다.

이 베자가 저항사상에 처음 관심을 가진 것은 1554년의 세바스티

---

[20] 김홍명, 『정치사상사』, 121, 122.

앙 카스텔리옹이 종교적 관용을 위해 변호한 것을 논박한 『시민들의 위정자가 이단을 처벌하다』(*De haereticis a civili magistratu puniendis*)에서였다. 베자는 이 논문의 짧은 문단에서 참 신앙을 보호하기에 필요하다고 여겨질 경우, 하급 위정자가 고위당국에 저항할 권리와 의무를 갖고 있음을 시사한다.

이러한 베자의 사상은 1558년에 작성하여 1559년과 1560년에 프랑스어와 라틴어로 출판한 『기독교 신앙고백』에서 더욱 풍부하게 발견됨을 볼 수 있다. 1559년판에는 위정자가 강압적으로 하나님의 뜻을 거슬러 행동할 때에 수동적 불복종을 권면하고 있다. 그러나 1560년판에는 원리적으로는 각 기독교인의 임무는 모든 위정자에게 복종해야 한다는 전통적인 입장을 가지고 있었지만 그러나 여기에 많은 예외가 있음을 부언하고 있다.

그럼에도 불구하고 1560년대 초까지도 베자를 비롯한 위그노의 테제는 백성의 종교와 국왕에 대한 충성 사이에는 어떠한 모순도 존재하지 않는다는 것을 입증하는 데 집중되었다.[21] 그러나 1560년 앙보와즈 사건을 계기로 위그노들이 핍박을 당하자 일단 국왕이 다른 시각을 갖게 되고, 성 바돌로매 사건으로 급진적으로 변화하였다. 그러면 이제 베자의 정치사상을 살펴보겠다.

베자는 폭군들을 찬탈자와 권력남용자, 두 종류로 구분하고 있다. 그는 전자와 후자는 완전히 다른 경우라고 보았다. 왜냐하면 백성들은 찬탈자에 대해서는 "어떤 의무도 지지 않고" "어떤 식으로도 복속되지 않기" 때문이다.[22] 이 찬탈자에 대하여 시민들은 저항할 수 있으며, 비록 찬탈한 정권이 성공적이었다고 할지라도 이 찬탈자는

---

21 임승휘, "프랑스 신교도 모나르코마크의 정치이론(1572-1584)," 10.
22 Theodore Beza, *Concerning The Rights of Rulers over their Subjects and the Duty of Subjects towards their Rulers*, trans. Henry Louis Gonin, ed. A. H. Murray (Cape Town, 1956), 32, 37, 양낙흥, 『개혁주의 사회 윤리와 한국 교회』, 73에서 재인용.

제거되어야 한다고 베자는 생각하고 있다. 그리고 이 찬탈자에 대한 시민 불복종도 당연시하고 있다.

이런 면에서 베자는 시민 불복종을 결코 용인하지 않고 있지 않은 칼빈의 정치사상보다는 훨씬 진보적이고 적극적이라고 할 수 있다. 왜냐하면 이러한 이면에는 베자의 사상이 계약설에 근거하고 있기 때문이다.

베자는 『반폭군론』의 저자와 더불어 국가는 국왕과 신민들 사이에 맺어진 계약에 기초하고 있다고 생각하면서, 이를 왕권을 제한하기 위한 이론적 근거로 사용하고 있다. 국왕과 신민 사이에 체결된 최초의 계약에 따라 국왕은 공공의 안녕과 이익을 보호해야 하며, 신민은 국왕에게 복종해야 된다는 것이다. 그러나 이 계약은 양측에 상이한 의무를 부여한다. 국왕은 단순히 계약의 의무를 이행해야 하는 반면, 신민들은 조건부적으로만 의무에 귀속된다는 것이다. 이는 국왕이 자신의 의무를 이행할 때에만 신민들은 국왕에게 복종할 의무를 지닌다는 말이다.

그런데 베자는 신민들이 저항을 할 수 있는 통치자는 권력찬탈자와 합법적인 군주였으나 후일에 폭군으로 변한 두 개의 경우로 구분한다. 여기서 찬탈자들은 사사로운 시민에 의해서도 제거될 수 있으나 그럼에도 찬탈자들이 완전히 절망할 필요는 없었다. 비록 찬탈자들이 불법적인 통치자로 출발했다 하더라도 그들이 합법적 통치자로 변화될 수 있는 길이 있었다. 그것은 백성들의 "자유롭고도 적법한 동의"를 얻는 것이었다. 이것 또한 칼빈과 베자의 차이점 가운데 하나였다. 칼빈에게 있어 정권의 정통성의 유일한 원천은 하나님의 임명이었다. 그거나 베자는 권력의 정통성을 위한 또 하나의 요소를 추가했다. 그것은 백성들의 의지요 그들의 선출이었다.[23]

---

[23] 양낙홍, 『개혁주의 사회 윤리와 한국 교회』, 75.

그러나 합법적인 통치자였다가 폭군으로 전락한 경우는 보다 복잡한 문제를 야기했다. 이 경우의 대책은 신민이 누구인가에 의해 달라졌다. 베자는 신민을 사사로운 시민과 관원, 의회, 이렇게 세 종류로 구분했다.

사사로운 시민들은 비록 악명이 높은 폭군이라 할지라도 그가 합법적인 통치자라면 그에게 저항할 권리가 없었다. 칼빈처럼 베자도 사사로운 시민들은 아직 완전한 정치적 주체가 되지 못한다고 생각했다. 그들에게 허용되는 최대한의 저항은 수동적 불순종이었다.

두 번째 종류의 신민은 관원들(the lesser magistrates)이었다. 그들은 왕과 국민들 사이에 위치한 사람들이었다. 폭군에 대한 관원들의 저항을 정당화하기 위해 베자는 주권(sovereignty)과 주권자(the sovereign)를 구별했다. 관원들은 주권자 개인에게가 아니라 주권 그 자체에 의존하는 사람들이었다. 베자는 최고 통치자와 관원들 간의 관계를 계약적인 것으로 보았다. 그리하여 그 양자 사이에 존재하는 의무는 상호적인 것이었다. 그러므로 왕이 이 계약을 파기하였을 때 관원들은 자연적으로 그 왕으로부터의 계약에 자유로우며 항거가 가능하였다.

세 번째 신민의 집단은, 의회나 그와 유사한 기구였다. 군주에 대한 저항에 관한 한 이들이야말로 최대의 권위를 가졌다. 어떤 점에서 이들이 주권자 밑에 있는 것은 사실이다. 그러나 다른 면에서 의회는 "주권 그 자체"의 수호자였다. 그 목적을 위해 그들은 주권자를 제어하고 처벌할 수도 있었다.[24]

베자는 위와 같이 시민그룹을 세 가지로 나누고 이에 따라 나름대로의 권리를 부여하고 있다. 이 권리를 살펴볼 때 베자는 16세기 상황에서는 상당히 진보적인 정치사상을 소유하고 있음이 분명하다. 왜냐하면 그는 찬탈자에 대한 일반 시민들의 저항을 인정하고 있으

---

[24] 양낙홍, 『개혁주의 사회 윤리와 한국 교회』, 76-78.

며 그리고 합법적인 통치자일지라도 폭정을 휘두를 때 일반 시민들은 수동적인 저항을 할 수 있도록 규정하고 있기 때문이다. 그리고 관리들에 대한 저항과 의회의 견제 기능을 인정하고 있기 때문이다. 이런 면에서 그의 정치사상은 주권재민의 사상에 근거하고 있다.

그는 1574년 "인민들에 대한 관리들의 권리"(*Du Droit des Magistrats sur leurs subjets*)를 발표하였고, 그의 "위정자의 인민에 대한 권리와 인민의 위정자에 대한 의무에 대하여"라는 논문을 발표하였다. 이 논문에서 그는 시민주권을 인정하는 10가지 기본전제를 밝히고 있다.

그 내용의 골자는 우선 오직 하나님 한 분에게만 복종해야 하며, 위정자의 비종교적이거나 불의한 명령들에 결코 복종하지 말 것을 주문하고 있다. 따라서 위정자가 명백한 독재를 행할 경우 정당한 무장 저항은 그리스도인의 인내와 기도에 반대되지 않는다고 하였다. 더 나아가 백성들로 하여금 우상숭배를 강요한다면 이 독재에는 이성으로 맞서는 것이 허용된다고 하였다.[25]

위의 10가지 기본전제에서 밝히고 있듯이, 베자는 시민들이 복종해야 할 것은 오직 하나님 한 분이라고 명시한다. 베자에게서 국왕은 여전히 주권자로 불리지만 신분들에 의해 대표되는 주권은 국왕보다 상위에 위치한다. 물론 베자는 사사로운 시민들에 의한 저항을 인정하고 있지 않고, 칼빈처럼 하위의 위정자들이 독재에 저항할 수 있고 그리고 삼부회 같은 신분제 의회에서 국왕의 독재에 대항하여 국가를 바로 세울 수 있다고 말한다. 그럼에도 베자는 회개를 동반한 기도가 독재를 막을 수 있고 하나님도 이를 기뻐하시고 계신다는 것을 언급한다.

이상에서 베자는 칼빈의 이론을 충실히 따르고 있지만 그 저항의 범위는 칼빈의 사상을 넘어가고 있다는 것을 알 수 있다. 이는 베자가 1572년 성 바돌로뮤 대학살을 겪으면서 나름대로 불의한 권력에

---

[25] 박건택, 『종교개혁 사상 선집』 (서울: 솔로몬, 2003), 550-598에서 참조.

대한 저항의 필요성을 누구보다도 잘 인식하고 있다는 증거이다.

(2) 프랑수아 오망(François Hotmann, 1524-1590)의 정치사상

오망은 변호사 출신으로 위그노 정치 이론가 중에 뛰어난 사상가로 알려져 있다. 그는 거의 1547년에 가서야 칼빈주의자로 개종했으며, 그 후로는 존경했던 칼빈의 가장 충성스러운 추종자 중의 하나가 되었다.

그는 프랑스의 시민전쟁 기간 동안 프랑스 헌법에 기초하여 저항의 정당성에 대한 이론적 기초를 제공하기도 하였다. 칼빈과 마찬가지로 오망은 철저히 인문주의자였으며, 종교전쟁이 일어나자 칼빈주의 대의를 위한 외교사절로서의 역할을 계속 수행해 나갔으며, 동시에 프로테스탄트 역사 기록자로서 그 사건들을 적어나갔다.[26] 그는 초기 프랑스 역사에도 선구자적 업적을 남김으로써 계몽시대와 종교개혁 시대에 가장 능력 있는 역사가 중의 하나로 부각되었다.

오망은 드 로피탈과 파리에 머무는 동안 프랑스의 고유한 공법을 연구할 것을 요청하는 *Antitribonian*이라는 제목으로 소책자를 발간했다. 오망은 트리보니안 법전(*tribonian code*)과 같은 국가법 만들기를 주저하지 말고, 프랑스에서도 마찬가지로 행해야 한다고 주장했다. 그러나 한편 그는 프랑스에서, 로마법을 지나치게 숭배하는 것과 절대주의 전통이 널리 퍼진 것에 대해서는 강력히 비난했다. 그는 주장하기를 공법은 시민법과 달리, 우주적 법칙에 따를 필요가 없으며, 오히려 각 나라의 고유한 특성에 따라야 한다고 생각했다. 공법은 각 나라의 발달에 따라서 역사적으로 연구되어야 하지 다른 지역으로부터 도입되어서는 안 된다고 하였다. 또한 로마 공법은 프랑스 공법에 절대로 타당성을 갖지 못한다고 주장하였다. 더 나아가서 오망은 이 법전이 라틴어가 아닌 프랑스어로 쓰이기를 원했다. 그래서

---

26 크리스토퍼 융겐, 『칼빈이 말하는 그리스도인의 사회참여』, 163, 164.

모든 사람들이 그 법을 사용할 수 있기를 원했다.[27]

오망은 절대 군주의 횡포에 벗어나 민중들이 자신의 권리를 되찾기를 원하여 이 법진을 프랑스어로 저술하였던 것이다. 이렇게 *Antitribonian* 출판 이후에도 그는 프랑스 역사 연구를 계속하여 자신의 유명한 저작인 *Franco Gallia*를 출판하기에 이른다. 오망은 *Franco Gallia*(1573)에서 당시의 절대왕정이 과거의 선례에 어긋난다고 하였다. 오망은 로마의 도시가 되기 이전의 고올(Gaul)이라는 지방이 프랑스의 옛 지명임을 역사적인 증거로 밝히고, 그곳에서는 특정문제를 해결하기 위해 시민들로 구성된 공공협의회가 있었고 통치자는 절대적인 권력을 소유하지 않았다는 사실을 알아냈다. 그래서 오망은 왕을 선출하는 일이나 그에게 임무를 계속하게 하는 일들이 통치자의 자질이나 세습적 권한에 의존하게 하지 않고 선출을 통해 이루어져야 한다고 주장했다.

그는 세습적 왕위 계승조차 비교적 최근에 생겨난 관습으로 단지 신민의 묵시적 동의에 입각한 것이다. 그리고 왕은 선출되며 그의 권력은 전 왕국을 대표하는 삼부회에 의해서 제한된다고 주장하였다.[28] 이런 그의 주장에는 국가 공공협의회의 매년 있던 회합이 나중에 삼부회로 발전되었기 때문이다. 그래서 국가는 삼부회의 공동 협의에 의해 세워져야 하며 또한 이 협의회를 운영하기 위해 왕과 귀족, 각 지역의 대표들은 1년에 한번씩 일정기간 동안 회합을 가져야 한다.

> 이 협의회의 권력은 폭력적이지 않으며 무엇보다도 다른 여러 일들 중에서 왕을 선출하고 경우에 따라서는 폐위시키며, 전쟁과 평화의 문제를 결정짓고, 공법을 제정하고 미성년인 왕을 위해 섭정단을

---

27 크리스토퍼 옵겐, 『칼빈이 말하는 그리스도인의 사회참여』, 165, 166.
28 조지 세이빈, 토마스 솔슨 지음, 『정치사상사 1』, 성유보, 차남희 역 (서울: 한길사, 1997), 575.

구성하는 사안들을 처리할 권리를 지닌다. 이는 역사가 발전함에 따라서도 변하지 않고 있으며, 사실상 특히 최근에까지 삼부회의 권위는 변하지 않고, 유지되었으며, 통치권과 모든 문제의 결정권은 왕 한 사람에게가 아니라 지방 위정자들에게 주어진다.[29]

오망이 이 저서에서 밝히려고 했던 것은 왕의 권력은 무한적이지 않으며 삼부회로 일컬어지는 의회기관에서 협의로 이루어지고 있으며, 심지어 왕도 이전에는 협의회에서 선출했다는 것이다. 인민은 명목상 최고의 주권자이며 이 인민들의 의견을 모아 행사하는 것은 바로 삼부회로 불리는 신분제 의회이다. 프랑코갈리아인들의 왕국에 대한 주권적 통치는 이 민족 전체의 총회에 속한 권리이다. 그런데 이 총회는 세 신분들의 의회라고 일컬어지고 있다.[30]

결국 여기서 오망은 군주의 주권보다는 시민의 주권을 강조하는 시민주권의 원리를 재확인하고 있다. 이것은 베자는 물론 당시 위그노들의 공통적인 견해라고 생각할 수 있다. 그러나 프랑스에 있어서의 왕권은 항상 삼부회와 공유되어 왔다는 오망의 주장은 실제로 삼부회는 국왕의 자문기관이며 의결권이 없다는 점에서 역사적으로 과장된 면이 있으며 또 삼부회가 민족국가적 의회로 발전할 가능성이 없었으므로 당시의 여건에서는 실질적이지 못했다고 할 수 있다.

그럼에도 불구하고 이러한 주장들은 인민의 권위를 주장하고 주권재민의 원칙을 확인했다는 점에서 의의가 있다. 오망은 또한 *Franco Gallia*에서 "플라톤이 말한 것처럼 국왕의 권력에 대해 그것을 어느 정도 제어시키지 않는다면, 모든 일들서 최고 수준으로 된

---

[29] Francois, Hotman, *Franco Gallia*, Directed Salmon, J. H (London, Cambridge Univ Press, 1972), 77.

[30] Hotman, *Franco Gallia*, 97. 삼부회는 1301년 필립 4세가 특권층인 사제·귀족·도시의 대표를 모아놓고 노트르담 성당에서 개최한 것이 기원이다. 그러나 영국 의회와는 성격이 다른 의회의 소집권과 의제의 제기권은 국왕에게 있었고, 의원은 심사·상신권(上申權)을 보유하였지만, 의결권은 없었으며, 국왕의 필요에 의해서만 개최되었다.

고양된 주권과 절대적인 권력의 오만함으로 인해 사람들은 고통을 받게 된다고 하였다."³¹

이렇게 오망은 질대적인 국왕의 권력에 대해서 그것이 폭군의 통치와 실질적인 차이가 없다고 말하고 있으며 그리고 실질적으로 폭정으로 변할 가능성이 있다고 경고하고 있다. 그래서 그는 개인으로서의 국왕과 왕국 전체를 구현하는 국왕의 존엄한 위치를 구분하려고 애썼다. 여기서 국왕은 단지 하나의 인격체일 뿐이며, 왕국은 국왕을 포함하여, 모든 시민들과 백성들로 구성된 보편적인 공동체이다. "국왕은 자신이 다스리는 백성들 중 가장 낮은 인간과 마찬가지로 필멸의 존재이지만, 왕정은 영구하며 불멸의 존재이다."³² 왜냐하면 왕국은 신분제의회를 통해 구현되기 때문이다. 국왕의 소유권과 왕국의 통치를 구분하는 것은 중세 말기의 공의회 교리, 교황보다 공의회의 우위를 주장한 교리와 닮아 있다.

베자와 『반폭군론』의 저자는 신분제 의회 혹은 왕국이 같은 방식으로 국왕보다 상위이며 폭군을 폐위시킬 수 있다고 주장한다. 오망도 왕국의 우위를 주장하며 폭군에 대한 폐위가 가능하다고 말한다.

오망이 이렇게 국왕과 왕국을 구분하려는 배경은 국왕 한 사람의 폭정으로 인하여 무고한 사람들이 희생당하는 상황에서 신민들에게 저항권을 인정하여 국왕에게 저항한다고 하여 왕국을 부정하는 것은 아니라는 사실을 인민들에게 깨우치려는 의도가 다분하다. 즉 그는 자신의 저서에서 잘못된 국왕과 폭정으로 흐르는 상황에서 신민들의 저항권의 길을 열어주고 있는 것이라 할 수 있다.

현대의 많은 학자들은 오망의 정치사상이 현실에서 벗어나 있으며 자의적인 역사해석이라 혹평하고 있지만, 오망은 16세기에 있

---

[31] Hotman, *Franco Gallia*, 12.
[32] Hotman, *Franco Gallia*, 13.

어서 폭군에 대한 시민들의 저항을 인정하고 있으며 또한 신분제 의회로 대표되는 초기 의회 민주주의의 가능성을 열어놓고 있다고 할 수 있다. 이는 절대 권력의 행사로 무고한 시민들을 학살하는 당시의 프랑스의 왕권에 대한 일종의 도전이며, 한편으로는 프랑스 시민들에게 자신의 권력을 되찾는 가능성을 열어주는 것이라 할 수 있다.

3) 『반폭군론』(Vindiciae contra tyrannos)

로크의 저작 이전에 "저항권"에 대하여 쓴 가장 중요한 책으로 평가되는 Vindiciae contra tyrannos(『반폭군론』 폭군에 대항하는 자유의 변호)는 위그노들의 저술 가운데 가장 유명한 책으로 1576년 아니면 1581년에 작성되었다. 본서는 처음 불어로 출간되었으나 이후 1648년 영어로 번역되었고, 1924년 H. J. 래스키(H. J. Laski)의 서문과 함께 "A Defence of Liberty against Tyrants"라는 제목으로 재간행 되었다.

슈테펜 주니우스 브루투스(Stephen Junius Brutus)라는 가명으로 출판된 이 책의 저자에 관해서는 16세기 이래 논란이 되어왔다. 베일(Bayle)의 Pictionary에 수록된 한 논문으로 인해 종전에는 이 책이 허버트 랑게(Hubert Languet)의 저작으로 간주되어 왔으나 1887년에 막스 로센(Max Lossen)이 Proceedings of the Royal Academy of Barbaria에 논문을 쓴 이래 통상 필립 드 모네이(Phillippe du Plessis-Mornay)의 저작으로 간주되어 왔다.[33]

그러나 이러한 학자들의 주장에도 불구하고 아직 이 책의 저자는 명확히 밝혀지지 않은 채 논란이 대상이 되어왔다.

Vindiciae(『반폭군론』)의 저자는 오망과는 달리 역사적 합법성보다는 로마법에 입각한 형평성의 원리와 자연권 개념을 토대로 자신의 책을 저술하고 있다. 이것은 다른 책과는 달리 4개의 전제적 질문을

---

[33] 조지 세이빈, 토마스 솔슨 지음, 『정치사상사 1』, 575.

한 뒤 각 질문에 대하여 답하는 형식으로 되어 있다. 그러면 그 내용을 살펴보기로 하자.

(1) 인민들이 하나님의 법에 대항하는 통치자에게 복종할 수 있는가의 여부이다. 이에 대한 대답은 부정적이다. 사도행전 5:29에서 하나님의 뜻은 항상 정당하지만, 반면에 사람의 뜻은 종종 정당하지 않을 때가 있다. 오늘날 그리스도인이라 불리는 많은 통치자들 중에서는 통치자들을 찬양하는 아첨꾼들에 둘러싸여서 자신의 권력은 타인에 의해 제한되지 않는다고 생각하고 있다.

세상의 모든 통치자들은 그들의 권력이 하나님으로부터 부여받았다는 점을 인정해야 한다. 왜냐하면 하나님은 만물의 주인이시기 때문에 권력자들의 생이 어떠하든지 간에 그들은 하나님의 대리인이며 분신들이기 때문이다.[34]

(2) 율법을 위반하거나 교회를 파괴하는 통치자에게 저항하는 것은 합법적인가? 저자는 성경에서 여러 가지 사례를 들며 이스라엘의 민족이 하나님의 율법에 반항하고 그의 교회를 없애버리려고 한 왕에게 저항하는 것은 합법적이라고 말한다. 하지만 사적인 시민의 반항은 부정적이나 국민을 대표하는 행정장관들이나 의회들의 반항은 합법적이라고 한다.[35]

---

[34] Brutus, *Vindiciae contra tyrannos: Or, Concerning the Legitimate Power of a Prince Over the People, and of the People Over a Prince*(Paperback) (Cambridge University Press, 2003), 3-8.
일명 『반폭군론』이라 번역되는 이 책은 1581년 『인민에 대한 군주의 정당한 권력과 군주에 대한 백성의 권력』(*De la puissance legitime du prince et du peuple et du peuple sur le prince*)이란 프랑스어판으로 출간되었다. 영어판은 1924년 Harold J. Laski에 의해 "*Concerning the Legitimate Power of a Prince Over the People, and of the People Over a Prince*"으로 출판되었다. 본고에서는 2003년 Cambridge 대학에서 출판된 책을 사용하고 있다.

[35] Brutus, *Vindiciae contra tyrannos*, (A Defence of Liberty against Tyrants), 25.

(3) 국가를 억압하고 파괴하는 군주에게 저항하는 것은 정당한가? 이에 대한 저항의 정당성은 신수권에 의한 국민주권의 이론 위에 기반을 두고 있다. 왕은 단지 국민의 이익을 위하여 그리고 국민의 동의에 의해서 통치한다. 여기서 사회계약설이 발동된다. 저자는 인간의 자연 상태는 하나의 완전한 자연 상태이고 이러한 자유는 합의의 결과로서 그 일부분이 포기된다고 가정하고 있다. 폭군적 군주는 그의 합의사항을 위반하고 있으며, 국민들은 군주에 대한 그들의 충성의무로부터 해방된다. 왜냐하면 국민은 왕을 선출하고 왕의 지위를 확립하므로 국민은 왕보다 위에 있기 때문이다.[36]

(4) 인접한 군주는 참된 종교가 박해를 받거나 명백한 폭정에 억압당하는 다른 군주의 신민을 지원하거나 도와줄 의무가 있는가라는 것이다. 여기서의 대답도 또한 부정적이다. 그 이유는 인간의 주요한 의무는 신의 의사를 실현하는 것이며 이웃들을 돕는 것이 신의 의사이기 때문이다.[37]

위에서 살펴본 바와 같이 Vindiciae(『반폭군론』)의 저자는 인민주권의 원리에서 이 책을 저술하고 있다. 그리고 하나님의 뜻에 위반하여 폭정을 행하는 왕에게 대항하여 인민들은 자위권의 차원에서 저항할 수 있음을 천명하고 있다. 다만 그 역시 베자와 마찬가지로 사사로운 시민들의 저항권은 인정하지 않으며, 행정장관이나 하위 위정자들 그리고 의회 차원에서의 저항권을 인정하고 있다.

Vindiciae(『반폭군론』)에 의하면 왕권의 권위는 이중계약론에 근거하고 있다. 첫 번째 계약은 신과 왕 및 인민의 사이에 맺어지며, 여기서 왕은 신에 복종하며 신의 영광을 위해 통치할 것을 신과 약속한다. 그리고 왕의 신에 대한 복종의 의무는 절대적인 성격의 것이

---

[36] Brutus, *Vindiciae contra tyrannos* (A Defence of Liberty against Tyrants), 43-60.
[37] Brutus, *Vindiciae contra tyrannos* (A Defence of Liberty against Tyrants), 72-81.

기 때문에 왕이 이를 위반할 때는 왕과 함께 신과의 계약 당사자인 인민에게 불이행 상황을 초래하게 된다. 그 결과 신민은 왕을 강제하여 계약을 이행하도록 할 의무를 신에게 진다는 논리를 펴고 있다. 두 번째 계약은 왕과 신민 사이의 것이며 왕은 정당하게 통치하며 인민은 이에 상응하는 복종의 의무를 진다. 즉 왕은 정의를 실현할 의무가 있으며, 인민의 복지를 확보하는 조건 하에서만 인민의 복종의무 또한 현실화된다고 말한다.[38]

여기서 첫 번째 신과 왕 사이의 계약에 의해 왕은 신과 정의의 이름으로 통치하게 된다. 그리고 왕이 신과의 계약에 따른 의무를 이행하도록 보장하는 역할은 바로 관리들의 의무라고 할 수 있다. 따라서 만일 왕이 신과의 계약을 이행해 나가지 않는 경우 관리들은 왕에게 저항할 의무를 지니게 된다.

다음으로 국왕과 인민 사이에 체결된 최초의 계약에 따라 국왕은 공공의 안녕과 이익을 보호해야 하며 인민은 국왕에 복종하게 된다. 그러나 이 모든 것은 계약에 의해 이루어지게 되는 것이다. 따라서 국왕이 백성의 안녕과 복지를 외면하고 자신의 이익을 위하여 백성을 핍박하고 정의를 외면할 때 인민들은 국왕에 대하여 반드시 복종할 의무에서 벗어나게 된다.

여기서 *Vindiciae*(『반폭군론』)의 저자가 말하는 인민의 개념에 대하여 저자는 "우리가 보통 전체 인민이라고 말할 때, 그것은 전체 왕국에서 인민의 집합체를 합법적으로 대표하는 사람들을 의미하는 것으로 받아들여져야 한다. 통상 이들은 왕국의 관리라고 불리며, 국왕의 관리라고 불리지는 않는다"[39]고 정의하고 있다. 이것은 우리가 보통 말하는 사사로운 백성들을 의미하는 것은 결코 아니며, 오히려 사사로운 사람들을 대표하는 사람이라고 할 수 있다. 그러므로 관리

---

[38] 김홍명, 『정치사상사』, 96-97.
[39] Brutus, *Vindiciae contra tyrannos* (A Defence of Liberty against Tyrants), 108.

를 위해 인민이 만들어진 것이 아니라 인민을 위하여 관리가 만들어 졌다는 등식이 성립되는 것이라 할 수 있다.

더 나아가 Vindiciae(『반폭군론』)의 저자는 저항권을 정당화하기 위해 조심스럽게 고대적 구분을 따르고 있다. 즉 찬탈자이며 따라서 왕권을 주장할 수 없는 폭군과 폭정을 일삼는 적법한 왕의 차이를 인정하고 대중은 진리에 관해서만 저항권을 가지고 그를 시해할 수 있다고 주장한다. 후자의 경우, 저항권은 집산체로서 인민에게 속하며 저항권은 "수많은 머리를 가진" 사인의 집합인 대중에게 속하지 않는다고 분명히 선을 긋고 있다.[40]

Vindiciae(『반폭군론』)의 저자는 베자와 같이 찬탈자로 폭정을 일삼는 폭군과 적법한 왕이지만 이후에 폭군으로 전락한 왕으로 구분하고 있다. 그리고 권력을 찬탈하고 폭정을 휘두르는 폭군에 대해서 시민들은 즉시 저항할 수 있다. 그러나 적법한 왕이지만 이후에 폭군으로 전락한 왕에 대하여 사사로운 시민들은 저항할 수 있는 권리가 없다고 말한다.

Vindiciae(『반폭군론』)의 저자는 신분제 의회가 국왕을 제어할 힘을 지닌다고 말한 오망과 베자와는 달리, 신분제 의회가 아닌 대법관, 원수(marechal)와 같은 왕국의 고위 관리들 그리고 중신들에게 왕의 권력을 제어할 수 있는 강제권을 부여하고 있다. 그에 의하면 "왕국의 관리들은 대관식에 참여하는 순간부터 왕을 제어할 수 있는 힘을 갖게 되면서, 신분제 의회보다는 효과적으로 폭군을 제거할 수 있는 역할을 갖는다"[41]라고 하였기 때문이다.

이렇게 Vindiciae(『반폭군론』)의 저자도 폭군에 대란 사사로운 시민들의 저항을 용인하지는 않는다. 그러나 백성을 대표하는 시민들에 의한 저항은 인정한다. 또한 왕국의 관리들도 폭군에 대하여 저항하

---

[40] 김홍명, 『정치사상사』, 97.
[41] 임승휘, "프랑스 신교도 모나르코마크의 정치이론(1572-1584)," 21.

고 제어할 권리를 지니게 된다. 왜냐하면 귀족, 지역직임자 등은 그 지위에 의해서 공동체의 자연적 수호자이기 때문에 공동체의 이름으로 왕에게 저항할 수 있기 때문이다.

이런 의미에서 이 저자 역시 칼빈이나 베자의 경우처럼 사사로운 시민들에 의한 저항을 인정하지 않고 위그노들로 이루어진 중간 관리자들에 의한 저항권을 인정한다. 다만 그 역시 칼빈의 정치사상의 영향을 받고 있으면서도 저항의 문제에 있어서는 칼빈보다는 더 진보적인 성향을 지니고 있다.

이러한 것은 당시 시대적 상황에 의하여 상당부분 좌우되었으며, 위그노들의 정치사상이 처음부터 더 강경하게 발전한 것은 결코 아니다. 그럼에도 불구하고 위그노들의 계약사상이나 시민주권은 근대 민주주의 발전에 상당부분 기여한 것은 사실이라 할 것이다.

2장_
스코틀랜드와 영국의 칼빈주의

칼빈주의 사상은 프랑스에서 칼빈주의 사상을 지닌 위그노들에 대한 핍박에도 불구하고 파리 신앙고백과 훈련규칙을 작성할 정도로 발전하였으며, 정치사상적인 면에서도 시민주권과 국왕에 대한 저항으로 발전하였다.

프랑스에서 칼빈주의 사상이 박해에도 불구하고 신앙고백을 작성할 정도로 발전하였던 것처럼 스코틀랜드에서도 최초의 칼빈주의 문서라고 불릴 수 있는 "제1차 스코틀랜드 언약서"와 치리서가 발표되었다. 이러한 배경에는 스코틀랜드 교회를 국가교회로까지 발전시킨 낙스의 영향이 결정적이었다. 물론 스코틀랜드에서 칼빈주의 사상을 가진 종교개혁자는 낙스 이외에도 앤드류 멜빌도 있지만, 메리 여왕과의 대결에서 굴복하지 않고 스코틀랜드의 종교개혁을 승리로 이끈 인물은 낙스라고 할 수 있으므로, 본 장에서는 낙스의 정치사상에 대해서 살펴보려고 한다. 더불어 영국에서는 칼빈의 정치사상의 영향을 받은 청교도 정치혁명가 올리버 크롬웰의 혁명과 그의 정치사상에 대하여 연구하려고 한다.

1. 스코틀랜드 칼빈주의

1) 스코틀랜드 칼빈주의와 존 낙스

(1) 스코틀랜드 칼빈주의

스코틀랜드의 칼빈주의 이전에 이미 스코틀랜드에는 루터파가 들어와 있었다. 루터파는 1560년 스코틀랜드에 종교개혁이 일어났기 30여 년 전에 스코틀랜드의 개혁자들에게 자리 잡고 있었다. 낙스가 영향을 받았던 존 메이저와 조지 위샤트도 루터파의 영향을 받은 사람들이었다. 그래서 스코틀랜드 의회는 1525년 루터파 서적들이 스코틀랜드에 반입되는 것을 법률로 금하기도 하였다.

그러므로 낙스는 원래 칼빈주의자는 아니었지만 부득이 잉글랜드를 떠나 스위스의 제네바에서 칼빈과 불링거와 교제하면서 완전히 칼빈주의자가 되었다. 그래서 1559년 낙스는 제네바에서 돌아오자마자 칼빈의 "기도의 형식"에 근거해 예전서를 출간했다. 이 "제네바 예배서"는 후에 스코틀랜드 및 영국의 청교도들에 의해 사용되었다. 낙스는 스코틀랜드의 개신교적 신앙을 가진 소수의 귀족들과 모여 1557년 2월 "제1차 스코틀랜드 언약"(The First Scottish Covenant)이라는 것을 만들었다. 그것은 '하나님의 위엄 앞에서' 그들의 모든 권력, 재산 그리고 생명을 '하나님의 말씀과 그의 회중'을 위해 바치겠다는 엄숙한 서약이었다. '회중'이란 종교개혁을 지지하는 스코틀랜드인 전부를 말하는 것이었다.[1]

이 "제1차 스코틀랜드 언약서"(The First Scottish Covenant)는 최초의 칼빈주의 문서라고 평가할 수 있는 중요한 문서로 스코틀랜드 교회를

---

[1] John T. McNeill, *The History and Character of Calvinism*, 『칼빈주의 역사와 성격』, 정성구, 양낙홍 역, (크리스챤 다이제스트, 1990), 337, 338.

칼빈주의 교회로 바꾸는데 일조를 하였다.

　1560년 6월 11일 스코틀랜드의 메리 여왕의 죽음을 계기로 1560년 7월 6일 에딘버러 조약에 의기하여 스코틀랜드에 있는 엉국군과 프랑스군이 퇴각하고 말았다. 낙스는 프로테스탄트 지도자들과 함께 1560년 7월 19일 에딘버러 시에 있는 성 질(St. Giles)교회당에 모여 감사예배를 드렸다. 1560년 8월, 스코틀랜드 의회는 공식적으로 라틴어 미사를 금하고 감독제를 거부하였으며, 가톨릭 교회의 모든 집회를 불법화하고 프랑스와 단절하였다. 그리고 6명의 존(John)으로 구성된 신앙고백 위원회가 4일 만에 작성한 스코틀랜드 신앙고백서를 채택하였다.[2] 이 스코틀랜드 신앙고백서의 내용 중 눈여겨 볼 점은 칼빈주의 핵심교리라 할 수 있는 "오직 은혜에 의한" 영원한 예정의 교리와 양자됨의 교리가 들어 있다는 것이다.

　이어 1561년 12월 낙스는 5명의 목사와 36명의 장로들과 함께 스코틀랜드 장로교회 총회를 조직하여 교회정치 제도로서 장로제도를 채택하고, 교회 직원으로는 목사, 장로, 집사를 두었다. 또 장로와 집사는 1년에 한 번씩 선거하도록 하였다. 또 이때 "치리서"(*The Book of Discipline*)를 채택하였다. 이 치리서에는 세례와 성찬식의 단순한 사행과 주일 및 주중 예배규정을 두었고, 충분히 훈련된 목사들이 배출될 때까지 교구를 돌볼 임시직으로서 '독경사'(Reader)의 임명 그리고 목사의 선택과 목사와 독경사들의 활동을 감독하는 임시

---

[2] 스코틀랜드 신앙고백서는 칼빈의 『기독교 강요』와 루터파 신조 및 개혁파 신앙고백서를 참조하여 낙스의 지도하에 6명의 존(Knox, Spottiswoode, Row, Douglas, Winram, Willock)이 작성한 문서이다. 이 신앙고백의 25개 항목의 내용은 바울과 어거스틴의 가르침을 그대로 반영하고 있는 것으로 평가받고 있다. 이 신앙고백서에는 참된 교회의 특징을 1. 하나님의 말씀의 참된 선포, 2. 성례의 올바른 집전, 3. 하나님의 말씀에 준한 교회 치리의 적법한 실행으로 규정하고 있다. 또한 이 신앙고백서는 교황의 권위를 부정하고 미사를 금지하며, 역사적 신조를 받아들일 뿐 아니라 구속과 믿음에 의한 칭의 교리를 진술하고, 선택을 은혜의 수단이요 구원에 임하는 하나님의 '막강한 능력'의 증거로 다루고 있다. J. D. Douglas, "칼빈주의가 스코틀랜드에 끼친 공헌," ed. Stanford. W. Reid, 『칼빈이 서양에 미친 영향』, 270에서 참조.

직인 '감독'(Superintendent)의 임명에 관해 언급하였다. 그리고 장로와 집사를 선택하는 일들을 규정하고 있었다.³

이와 같이 낙스는 스코틀랜드 교회를 칼빈주의적인 장로교회로 변화시켰다. 예배 시간에 시편 찬송가가 불려지게 되었으며 라틴어로 된 미사 대신에 자국어로 예배를 드리게 되었다. 이 스코틀랜드의 칼빈주의는 언약사상과 저항사상이 발전되었고 예배와 삶이 강조되는 제네바 교회의 형태와 유사하다.

(2) 존 낙스의 언약사상

존 낙스(John Knox, 1505?-1572)는 여타의 종교개혁자들처럼 가톨릭 사제로부터 시작하였으나 개혁주의 사상을 받아들이고 이를 끝까지 실천한 하나님의 사람이다. 낙스의 정치사상은 처음에는 국가에 순종해야 한다는 보수적인 사상으로 출발하여 후일, 폭정을 행하는 왕에게는 시민들이 저항할 수 있다는 저항사상으로까지 발전하였다.

이 낙스의 저항사상의 근간을 이루고 있는 것은 하나님과의 절대주권과 인간의 복종이 자연적인 것이라는 언약사상이다. 이는 칼빈과 불링거의 영향을 받은 것으로서, 낙스는 성경을 중심으로 한 구약성경을 강조했으며, 성경적 국가관을 확고히 하면서 성경말씀을 근거로 언약사상을 통한 정치사상을 발전시켰다.⁴

이 언약사상은 하나님과 인간 사이에 이루어지는 구원의 관계를 표현하는 말로서, 낙스는 이 언약에 대하여 "언약은 하나님과 우리들 사이의 동맹(league)이다. 그는 우리의 하나님이 되시며 우리는 하나님의 백성이 되는 것이다. 그분은 자신의 은혜와 선하심으로 우리와 연합한다. 그러므로 우리는 전심으로 그분을 따라야 한다"⁵고 설

---

3 이상규, 『교회개혁사』 (서울: 성광문화사, 1997), 258, 259.
4 최선, 『존 낙스의 정치사상』 (서울: 그리심, 2008), 108.
5 John Knox, *The Works of John Knox*, ed David. Laing, 3 vols (Eugene, OR : Wipf &

명하고 있다.

이와 같이 낙스는 언약의 의미를 하나님과 당신의 택하심을 입은 사람들 간의 동맹이라고 말하고 있다. 그에게 언약의 개념은 왕과 하나님, 귀족과 관리 그리고 하나님과의 관계에서 형성되는 동맹의 개념에서 발전한 것이었다. 또한 그는 성경의 내용에 없는 미사를 강요하여 성경의 권위를 실추시키는 가톨릭 교회는 언약을 위반하는 것으로 보았다. 따라서 성경에서 분명히 제시하지 않는 예배 의식, 특히 미사를 거부하는 것이 언약을 지키는 인간의 의무로 보았다.[6] 이렇듯 그의 언약사상에는 종교적인 의미와 국가적인 의미가 들어있다.

주지하다시피 낙스는 구약성경에 기초하여 언약사상을 발전시켰다. 낙스는 최고의 권위와 질서를 구약성경에서 찾았다. 국가를 만드신 분은 하나님이시다. 국가를 형성하고 있는 통치자도 하나님이 세워주신다. 하나님과 통치자와의 계약은 하나님 뜻에 맞게 백성들을 보호하고 신앙의 자유를 침해하지 않는 범위 안에서 유지된다.[7] 그러므로 백성들의 보호를 소홀히 여기고 신앙의 자유를 침해하는 국왕은 자연적으로 하나님과의 언약을 파괴하는 것이 된다.

2) 존 낙스의 정치사상

(1) 존 낙스의 국가론

낙스의 정치사상에는 칼빈의 영향력이 절대적이라고 할 수 있다. 그는 『기독교 강요』를 비롯한 칼빈의 사상에 정통하였으며, 이후 베자와의 교제를 통하여 베자의 정치사상에도 능통하였다. 그럼에도

Stock, 2004), 190.

"This is the league betuixt God and us, that He alone sall be oure God, and we salbe his pepill: He serve him in bodie and spreit."

[6] Richard L. Greaves, "John Knox and Covenant Tradition," *Journal of Ecclesiatical History, Vol, 24*(Janurary 1973), 24.

[7] 최선, 「존 낙스의 정치사상」, 113, 114.

불구하고 칼빈과 낙스의 국가론에서는 분명한 차이가 존재한다. 이는 그들이 처한 정치적 상황이 다르기 때문이다.

칼빈은 제네바의 개혁적인 종교상황에서 신정정치의 이상을 실현해 가고 있으며, 조국 프랑스의 종교개혁을 위하여 물심양면으로 지원하고 있었다. 반면에 낙스는 처음에는 정권에 순응하면서 만일 불의한 정권일 때에 이 정권에 저항하기보다는 불순종하는 칼빈의 사상을 유지하고 있었다. 그러나 조국 스코틀랜드에 프랑스 기즈 가문의 메리가 여왕이 되면서 개신교 신앙을 핍박하고 수많은 사람들을 학살하며 가톨릭 예배를 강압적으로 드리라고 명령하였다. 이는 우상 숭배하라는 명령과도 같았기 때문에, 그는 여왕을 우상숭배자인 이세벨에 비유하며 끝까지 투쟁하며 저항하였다. 이러한 상황은 여타의 위그노들이 처한 현실과 유사한 것으로서, 그는 다른 위그노 사상가들과 마찬가지로 칼빈의 불복종의 사상을 넘어서서 저항사상으로 발전시키고 있다.

이러한 칼빈과 낙스의 처한 상황은 교회와 국가와의 관계에서 차이점으로 드러난다. 칼빈은 국가, 공직자, 법 등의 필요성을 강조하였다. 그는 국가란 평화와 안정을 진작시키기 위한 필요한 도구로서, 공공의 질서와 백성의 평안을 위하여 국가는 존재한다. 그리고 국가와 교회는 분리되어진다. 반면에 낙스는 백성의 복지 증진을 위하여 국가나 관원들이 존재한다고 믿고 있었으며, 교회와 국가는 분리될 수 없다는 견해는 지니고 있었다.

낙스에게 있어서 하나님이 관원들을 백성들 위에 세우신 이유는 두 가지, 즉 하나님의 영광과 백성의 복지를 위해서였다. 첫 번째 목적은 '진정한 종교'를 수입함으로 달성될 수 있었고, 두 번째는 악행하는 자들을 벌하고 무죄한 자를 보호함으로써 달성될 수 있었다. 나아가서 관원들은 백성들의 영적 복지를 위해서 '진정한 목회자'를 세우는 한편 가톨릭 감독들을 '도적들과 살인자들 그리고 우상숭배자와 신성 모독자들'로 처벌해야 했다. 중교적인 문제는 감독들에게 일임되어 있는 것으로 생각했다는 방백들의 변명을 하나님은 받아들이지 않으실 것이라고 낙스는 주장했다. 그 무가치한 감독들을 허용하는 자체가 '그들의 도적질과 살인에 가담'하는 것으로 하나님은 간주하신다는 것이었다.8

이렇듯 칼빈이 질서 유지와 백성의 평안을 위하여 국가가 필요하다고 하였고, 낙스도 백성의 복지 증진과 하나님의 영광을 위하여 국가나 관원이 필요하다는 견해를 가지고 있었다. 그러나 칼빈이 백성의 평안을 국가의 존재 목적에 포함시키고 있지만, 낙스는 관원들이 이루어야 할 방법론에 포함시키고 있다. 그리고 칼빈이 질서 유지를 국가의 존재 목적으로 밝힌 반면 낙스는 하나님의 영광을 위하여 필요하다고 하였다. 이렇게 두 사람의 국가관은 유사하면서도 분명한 차이점이 있다. 더 나아가 칼빈은 교회와 국가에 대하여 일정한 선을 그었기 때문에 비록 악한 정부라고 할지라도 질서 유지의 차원에서 순종을 요구하고 있다. 그러나 낙스는 교회와 국가를 언약의 연장선상에서 바라보고 있기 때문에 스코틀랜드가 극도의 위기 상황이 발생하자 종교가 국가 정치에 직접적이고, 분명한 말을 해야 한다고 주장하였다.

교회나 국가는 모두 하나님이 세우신 기관이므로 스코틀랜드 개혁 교회는 교회와 국가에 대하여 교회의 머리가 오직 그리스도이심을 강조하였다. 낙스에게 국가는 그의 개혁을 성취하는 데 중요한 수단이었다. 낙스는 국왕(통치자)의 절대권력을 인정하는 어떠한 정부도 부인하고 있다. 그는 국왕의 권위가 하나님의 권위보다 우위에 있는 것은 결코 아니라고 주장한다. 이러한 연유로 낙스는 정부 형태 가운데 군주제를 선호하였다. 낙스의 군주제에 대한 선호는 신의 뜻과 어긋나는 세상의 통치질서를 바로 정립하는 데 비교적 군주제가 바람직하다는 의미와 관계가 있다. 다만 낙스는 "신의 뜻을 거부

---

8 양낙홍,「개혁주의 사회 윤리와 한국 교회」, 58.

하는 군주제라면 군주제 자체는 무익하며 오히려 다른 정부의 형태가 더 낫다"고 하였다.[9] 이렇게 낙스가 군주제를 선호하고 군주의 권한을 강화한 이유는 교황의 절대권력을 견제하고 하나님의 뜻과 어긋나는 세상의 통치질서를 바로 잡는데 비교적 군주제가 용이하다는 의미와 관련이 있다.

낙스가 스코틀랜드의 종교개혁을 위해 노력하던 1550년대 후반, 스코틀랜드는 기즈 가문의 메리가 임명한 아란 백작과 노섬벌런드, 서머세트와 같은 저명한 귀족들이 섭정을 하여 비교적 왕권이 약한 시기였었다.[10] 이러한 이유로 낙스는 군주제를 선호함과 동시에 하나님의 권위를 강조하여 군주가 하나님의 권위를 넘어서서 권력을 남용하는 것을 견제하였다. 낙스는 "군주가 자신이 하나님에 의해 임명되었다고 말하면서 맹세하지 않고 하나님의 법을 무시하는 경우 백성은 군주에게 저항할 수 있다"[11]고 주장하였다.

낙스는 국가의 구성원을 왕, 귀족(nobles, magistrates) 백성(people, subjects)으로 나누고 있다. 낙스 역시 칼빈과 같이 군주의 주요한 의무는 악을 벌하고 선을 유지시키는 데 있다고 보았다. 그러나 당시 메리 여왕은 프랑스 가톨릭 기즈 가문의 섭정을 받으면서 교황에 절대 충성하였기 때문에 낙스로서는 조국 스코틀랜드가 프랑스의 간섭을 받으며 주권국가로서의 주권을 행사하지 못하므로 메리에게 순종할 수 없었다.

---

[9] 권태경, 『종교개혁자들의 정치사상』 (서울: 요나출판사, 1995), 75.

[10] Richard L. Greaves, *Theology and Revolution in the scottish Reformation: Studies in the Thought of John Knox*, (Christian University Press, 1980), 171. 여기서 아란 백작은 비록 기즈가의 메리가 임명하였지만 1559년까지는 스코틀랜드의 종교개혁을 방해하지는 않았으며, 노섬벌런드 공은 영국의 메리 튜더 통치시 낙스가 망명생활을 할 때 낙스를 도와준 사람이다. 그는 에드워드 6세 사후 후계자인 메리 튜더의 왕위 등극에 반대하여 1553년 쿠데타를 일으켰다. 그리고 서머세트 공은 영국의 헨리 8세와 에드워드 6세 시대의 섭정 왕이었다.

[11] John Knox, *History of the Reformation in Scotland*, vols 2, ed William Croft Dickinson (London: Thomas Nelson and Sons, 1949), 361.

낙스는 이 정치권위를 언약의 관점에서 바라보고 있다. 그래서 그는 하나님과 통치자 그리고 시민들 사이의 언약관계를 강조하고 있는 것이다. 즉 하나님과 통치자는 언약관계가 성립하며, 하나님과 백성들 사이에도 언약관계가 그리고 통치자와 백성들 사이에도 언약관계가 성립한다고 보았다. 그는 또한 교회와 국가의 관계도 신정통치의 형태로 보고 국가가 자신의 기능을 제대로 하지 못하고 하나님의 명령에 위반하였을 때 교회는 국가에 대하여 시정을 명령할 수 있다고 하였다. 그에게 언약의 개념은 왕과 하나님, 귀족과 관리 그리고 하나님과의 관계에서 형성되는 동맹의 개념에서 발전한 것이었다. 그는 하나님의 절대주권을 강조하고 하나님에 대한 인간의 복종이 자연적인 것이라는 언약사상을 말하였다. 낙스는 이 언약사상에 대하여 칼빈의 하나님과 개인 사이의 언약에 대한 철학을 수용하였다. 그리고 하나님과 충실하고 믿음 있는 개인들 사이에도 역시 언약이 있다는 견해를 수용하였다.

그 결과 낙스는 성경의 내용에 없는 미사를 강요하여 성경의 권위를 실추시키는 가톨릭 교회는 언약을 위반하는 것으로 보았다. 따라서 성경에서 분명히 제시하지 않는 예배 의식, 즉 미사를 거부하는 것이 언약을 지키는 인간의 의무로 보았다.[12] 이렇듯 그의 언약사상에는 종교적인 의미와 국가적인 의미가 들어있다.

(2) 존 낙스의 저항사상

존 낙스는 원래 정권에 대항하는 혁명가는 아니라, 스코틀랜드의 종교개혁과 부흥을 추구했던 일개 빈약한 설교자에 불과하였으며, 단지 개혁운동과 충돌하는 경우에만 정치에 대해 언급하곤 하였었다. 그러나 스코틀랜드의 메리 여왕이 부도덕한 생활을 계속하고 또

---

12 Richard L. Greaves, "John Knox and Covenant Tradition," *Journal of Ecclesiatical History, Vol, 24*(Janurary 1973), 24.

한 스코틀랜드의 개혁 교회의 신앙을 핍박하자, 낙스는 조국의 신앙의 자유를 지키기 위하여 항거하였다.

1552년 버윅에 있는 성도에게 보내는 편지에서 낙스는 왕들과 관원들의 명령이 아무리 불경건하다고 할지라도 그들에게 순종하라고 요구하였다. 그리고 설령 종교적인 부분이 침해당하는 경우에 왕들에 불순종할 수는 있지만 무력저항은 인정하지 않았다. 즉 정치적 보수주의자로 출발한 낙스는 시대적 상황의 영향으로 과격해지기 시작하였던 것이다.

그러던 낙스가 "런던, 뉴캐슬, 버윅의 성도들에게 주는 권면 혹은 경고의 편지"(*A Godly Letter of Warning or Admonition to the Faithful in London, New Castle and Berwick*)에서 "나의 권면의 골자는 당신들이 금세에서나 내세에서 하나님의 심판을 피하려면 육신적으로나 영적으로 우상숭배자들의 우상숭배에 동참하지 말아야 한다"[13]고 함으로써 저항의식을 처음으로 피력하였다. 하지만 이때까지만 해도 그는 완전한 저항의식을 지녔다고는 할 수 없다. 그러므로 낙스가 처음에는 칼빈의 불복종 사상을 지속시키고 있었지만 1550년대 후반에 이르러 완전히 저항사상으로 돌아섰다고 보아야 할 것이다.

물론 리들리(Riddley)는 1554년 봄과 여름 동안 낙스가 가톨릭 군주들의 신민들은 무장혁명에 의해 그들의 군주를 폐위시킬 수 있다는 이론을 발전시켰다고 주장한다. 그리고 그리브스(Greaves)도 낙스가 1553-4년 경에 우상 숭배적 군주에 대한 공공연한 저항을 촉구하고 있다고 주장한다. 그러나 양낙홍 교수는 우상숭배자들에 대한 하나님의 보복을 경고하고 있었던 1554년에도 낙스는 여전히 사사로운 시민들이 무장 봉기하는 것을 금하고 있었다고 주장한다. 이 증

---

[13] "버윅의 성도들에게 주는 권면 혹은 경고의 편지"는 낙스가 1533년에 시작하여 1534년 1월에 완성한 편지로서 개신교도들이 가톨릭 미사에 참여해서는 안 된다는 내용을 담고 있다. Richard L. Greaves, *Theology and Revolution in the scottish Reformation: Studies in the Thought of John Knox*, (Christian University Press, 1980), 126, 양낙홍, 『개혁주의 사회 윤리와 한국 교회』, 50에서 재인용.

거로 낙스는 1554년 봄과 여름에 저술되었다고 볼 수 있는 "영국에서 하나님의 진리를 고백하는 자들에게 주는 충성된 권면"(*A Faithful Admonition unto the Professors of God's Truth in England*)에서 우상숭배자들의 처벌 수단의 선정을 온전히 하나님의 주권에 맡기고 있다.[14]

낙스는 이때까지만 해도 칼빈의 원리에 따라 불의한 위정자에 대한 처벌을 하나님의 주권에 맡기고 있었다. 그러던 낙스는 몇 년에 걸쳐 과격한 저항사상가로 돌아서게 되었는데, 여기에는 다음 두 가지 결정적인 요인이 있었다.

그 첫 번째 사건은 1556년 교회 성직자들이 낙스를 이단으로 내몰아 그의 사제직을 박탈하고 사형을 선고한 사건이다. 이는 낙스가 1555년 가을 스코틀랜드에 돌아와 전국을 돌며 설교할 때 개혁사상을 고위시키며 성만찬을 베풀었기 때문이다.

두 번째로는 최근 몇 년 동안 영국에서는 종교핍박이 강화되었고 그리고 스코틀랜드에서는 여왕인 메리 스튜어트(Mary Stuart)가 프랑스의 왕자와 결혼하려고 하였다. 그리고 스코틀랜드 귀족들은 이를 정치적으로 이용하려고 하였지 스코틀랜드의 종교개혁에는 별다른 관심을 보이지 않았다. 1557년 5월 낙스는 조국 스코틀랜드에 다시 청빙을 받아 돌아갈 준비를 하고 있었지만, 귀족들은 이를 원치 않아 낙스로 하여금 프랑스의 디페(Dippe)에 머물도록 하였다. 이러한 여러 가지 정황으로 낙스는 불복종의 사상으로는 한계가 있다는 점을 알고 저항사상으로 돌아서게 된 것이다. 즉 낙스는 스코틀랜드의 종교적, 정치적 자유를 위하여 저항사상으로 급진적으로 변천하였던 것이다. 그러면 다음으로 낙스의 저항사상을 살펴보기로 하자.

낙스는 동시대의 위그노들이 주장했던 것처럼 하나님과 왕 그리고 왕과 백성들 사이에는 언약관계가 성립한다고 하였다. 따라서 왕이 하나님과의 언약을 위반하였을 때에는 백성은 왕권을 인정하지

---

[14] 양낙홍, 『개혁주의 사회 윤리와 한국 교회』, 54.

아니한다. 왜냐하면 백성은 하나님과 언약을 맺고, 왕과 언약을 가지므로 왕과 백성 간에 언약이 있지만, 상위 계약인 하나님과 백성의 언약이 더 중요하기 때문이다.[15] 그러므로 백성들의 보호를 소홀히 여기고 신앙의 자유를 침해하는 국왕은 자연적으로 하나님과의 언약을 파괴하는 것이 된다. 따라서 이러한 국왕에게 시민들은 복종할 권리가 없다.

그렇다고 그가 무조건적인 저항을 말하고 있는 것은 아니다. 그는 통치자에 대한 시민들의 복종을 말하고 있다. 그는 "스코틀랜드 신앙고백서"에서 "황제와 왕 그리고 군주의 권력과 그 권위는 하나님의 영광이 드러나도록, 또 인류의 복지를 위해 제정된 것으로 이런 시민적인 질서를 부수고 혼란시키는 자는 하나님의 뜻을 위반하는 자"[16]라고 하였으며, 더 나아가 인간의 정의를 정치, 종교적인 영역으로 구분하면서 정치적 정의는 "하위신분에 속하는 사람이 상위신분에 속하는 사람에게 복종하는 것"[17]이라고 하였다. 이와 같이 그는 통치자에 대한 복종을 말하고 있으나 통치자가 하나님의 언약을 위반하고 우상숭배를 강요하는 통치자에 대하여는 백성들이 저항할 수 있다고 한 것이다.

사실 낙스는 칼빈의 사상을 실현하려고 하였고 칼빈이 수행했던 것보다 훨씬 더 높게 칼빈의 정치적 이념을 실행했지만 저항사상은 칼빈의 사상을 넘어서고 있다. 칼빈은 하위관리들이 국가를 지배하는 것들을 돕거나 심지어 국가의 통치자를 통제할 수 있는 권리가 있다고 밝혔지만, 낙스는 평민들까지도 역시 정부에 대해 말할 권리가 있는 언약화 된 국가를 설립함으로써 구약성경의 언약고리를 실

---

15 최선, 『존 낙스의 정치사상』, 157.

16 John Knox, *The Works of John Knox*, ed David. Laing, 2 vols (Eugene, OR : Wipf & Stock, 2004), 118.

17 John Knox, *The Works of John Knox*, ed David. Laing, 6 vols(Eugene, OR : Wipf & Stock, 2004), 17, 18.

행하려고 노력했다.¹⁸

이렇듯 칼빈이 하위관리들에게 국가의 통치자를 통제할 권리가 있다고 말한 것과 그리고 베자가 1544년에 지방 관리의 의무로서 통치자를 통제하거나 필요한 경우에는 그를 제거할 수 있다고 말한 배경은 조국 프랑스에서 하위관리들은 대부분 위그노 신자들로 구성이 되어 있기 때문이다. 그런데 낙스는 이들의 사상보다 한 단계 더 발전시켜서 정부에 대한 평민들의 권한을 확대하고 있는 것이다. 왜냐하면 낙스는 귀족층이나 하부 통치 계급이 독재자에 대하여 수수방관할 때는 평민들도 개혁을 요구할 권리가 있다고 주장하였기 때문이다. 이 개혁에는 군왕의 지위 박탈은 물론이고 사형 집행까지도 포함시켰다. 결국 낙스는 칼빈보다 훨씬 더 과격한 혁명론을 펼치고 있는 것이다.

그가 쓴 "두 번째 나팔소리의 개요"를 보면 군주 저항론자인 낙스의 위치가 선명해진다. 첫째, 국왕은 단순히 왕가에서 탄생했다는 사실만으로 그리스도인들을 다스릴 수는 없다. 이보다 하위에 있는 재판관들을 선거하도록 한 하나님의 법이 또한 왕들의 경우에도 지켜져야 한다. 둘째, 일단 예수 그리스도를 주로 인정한 왕국 내에서는 공개적 우상 숭배자들을 공직에 임명할 수 없다. 셋째, 하나님과 그의 자명한 진리를 거슬러 폭군들에게의 복종과 그의 위치를 계속 유지코자 하는 서약을 지킬 필요가 없다. 넷째, 만약 국민들이 잘 모르고 우상 숭배자를 통치자로 선출하였을 경우, 그 사실이 밝혀지면 그를 선출한 이들은 다시 그 지위를 박탈하고 처벌할 수 있다.¹⁹

낙스가 이렇게 강경하게 발언한 이유는 개신교도에 대한 군왕들의 핍박이 참고 견딜 만한 수준을 넘어섰고, 오직 혁명만이 자유스럽게 복음 전파를 할 수 있는 변화의 기회를 줄 수 있다고 믿었기 때

---

18 홍치모, 『칼빈과 낙스』 (서울: 성광문화사, 1991), 172.

19 David Laing, "The Works of John Knox," (Edinburgh, 1895), 4:539,540, 양낙홍, 『개혁주의 사회 윤리와 한국 교회』, 63에서 재인용.

문이다. 인내의 한계를 넘어선 낙스에게 우상숭배를 자연스럽게 실행하고 백성들에게 강요하는 국왕은 결국 폭군이라 말할 수밖에 없고 이 폭군을 처벌하는 것은 권리라기보다는 의무에 가까웠다고 할 수 있다. 그래서 그는 만일 백성들이 자기들 중에 있는 불법을 제거하기를 거부하고 계속해서 폭군을 섬긴다면 하나님의 진노가 촉발될 것이라고 주장한다. 왜냐하면 그들은 '하나님께 반역하는 음모'에 가담한 것으로 간주되기 때문이다. 그래서 낙스는 "귀족들에게 보내는 상소"에서도 하나님은 귀족들이건 백성이건, 분명한 과오를 범하는 왕에게 순종하고 그를 따르는 자들을 용서하지 않으실 것이라고 하였다.

이러한 낙스의 사상은 1561년 여왕 메리 스튜어트(Mary Stuart)와의 면담에서도 그대로 드러나고 있다. 이 때 메리 여왕이 "하나님은 신민들이 군주에게 복종하라고 가르치고 계시는데 어떻게 그런 것이 하나님의 가르침이 될 수 있나요?"라고 묻자 낙스는 "신민들은 군주들의 취향에 따라 자기 종교를 선택할 의무가 없습니다. 왜냐하면 군주들은 종종 하나님의 참 종교에 대해 모든 인간들 중 가장 무지하기 때문입니다." 잠시 후 메리는 그러면 신민들이 무력으로 군주에 저항하는 것이 합법적일 수 있느냐고 물었다. 그러자 낙스는 "만일 군주들이 자기 분수를 넘어서 행동한다면 신민들은 그에게 무력으로라도 저항할 수 있음이 물론입니다"[20]라고 대답하였다고 한다. 이 답변에서 알 수 있듯이 낙스는 억압당하는 종교현실 속에서 그는 종교개혁의 개혁신앙을 완성하기 위하여 메리에게 굴하지 않고 자신의 소신을 분명히 밝히고 있다.

비록 낙스는 칼빈의 정치사상에서 출발하였지만 칼빈의 불복종 사상을 뛰어 넘어서 폭군 저항으로까지 발전하고 있는 것을 알 수 있다. 낙스의 저항사상은 칼빈보다는 위그노(베자, 오망, 『반폭군론』

---

[20] 양낙홍, 『개혁주의 사회 윤리와 한국 교회』, 63, 64.

의 저자)들의 정치사상 같이 소극적인 저항사상을 거부하고 있다. 그리고 낙스의 언약사상 역시 위그노들의 언약사상과 맥을 같이하고 있다. 그래서 정치사상가인 세바인(G.H. Sabine)은 낙스의 혁명적이며 반군주적인 사상이 1579년 『반폭군론』(Vindiciae contra tyrannos)의 저항사상에 영향을 미쳤다고 지적하고 있다. 특히 『반폭군론』의 언약사상과 저항사상의 내용을 분석, 검토해 볼 때 낙스의 개혁사상으로부터 영향을 받은 것으로 간주된다.[21] 이는 낙스가 유럽에서 망명생활을 할 때 위그노들과 긴밀히 교제하였다는 사실에서도 드러날 수 있다. 이러한 의미에서 낙스의 저항사상은 칼빈의 불복종사상보다는 위그노들의 저항사상, 특히 『반폭군론』과 흐름을 같이 하고 있으며, 그의 무력 저항사상은 혁명적이라고 할 수 있다.

2. 영국의 칼빈주의와 크롬웰

1) 영국의 칼빈주의와 청교도

(1) 영국의 칼빈주의

영국에서 '칼빈주의자'라는 단어는 1579년에 처음으로 나타나고 있지만 그 이전부터 칼빈과 잉글랜드국교회는 지속적인 관계를 맺어왔었다. 칼빈은 영국의 종교개혁을 위하여 영국의 왕들과 개혁가들에게 많은 서신들을 보내며 영국의 종교개혁을 직접 독려하였다. 실례로 헨리 8세와 에드워드 6세 당시에 대주교였던 크랜머는 칼빈의 개혁 이론에 상당부분 동의하고 있었으며, 칼빈은 크랜머를 통하여 개혁 방향에 대하여 조언을 아끼지 아니하였다.

칼빈은 다른 나라와 마찬가지로 영국 종교개혁의 추이에 대해서

---

21 권태경, 『종교개혁자들의 정치사상』, 69.

도 진지한 관심을 기울였다. 그래서 늘 자신이 힘이 닿는 데까지 영국의 동료 개혁가들의 활동을 격려하기 위해 무엇이라고 할 태세가 되어 있었다. 제네바에 있던 그는 영국의 종교개혁자들에게 익숙하지 않은 교회 형태를 부과할 생각이 없었다. 본래 분열을 혐오하는 칼빈이 영국에서 교회를 위에서 아래까지 전면적으로 개혁할 가능성을 동경의 눈으로 바라본 것은 당연하다.[22]

칼빈은 영국에 제네바 식의 교회개혁을 강조하지 않았으며, 신앙고백이나 교리 문제 등에 대하여 더 깊은 관심을 가졌다. 그는 1548년 10월 22일 섭정왕 서머셋에게 쓴 편지에서 설교, 예배 및 권징에 있어 교회의 철저한 개혁이 필수적이라고 조언하였다. 그리고 교회의 개혁이 효과적으로 지속되려면 모든 비성경적인 과오와 왜곡들을 청산해야 한다고 하였다. 이는 칼빈이 관심을 가지고 영국의 개혁이 성공하도록 지원하였다는 것이며, 자기 식의 교회개혁을 강요하지 않았다는 증거이다. 런던의 프랑스 교회는 칼빈이 영국과 연결되는 중요한 연결고리였다. 유능한 목사들이 칼빈의 배려로 런던의 프랑스 교회에 파송되었다.

한편 영국왕 에드워드 6세와 크랜머는 1548년 칼빈의 추천을 받아들여 이탈리아에서 온 망명자들인 피터 마터 버미글리(Peter Martyr Vermigli)와 베르나르디노 오치노(Bernardino Ochino)를 기꺼이 맞이하였다. 그래서 버미글리는 옥스퍼드의 흠정신학강좌 담당교수로 임명되었고, 오치노는 켄터베리의 명예 성직자로 추대되어 왕으로부터 장려금을 받았다. 다음해인 1549년 마틴 부처(Martin Bucer)도 초빙에 수락해서 케임브리지의 흠정신학강좌 담당교수가 되었다.[23] 영국의 개혁이 이렇게 진행되는 동안에도 영국은 언제든 가톨릭으로

---

22 Philip Edgcumbe Hughes, "칼빈과 영국의 교회," ed. Stanford. W. Reid, 『칼빈이 서양에 미친 영향』, 209.

23 Philip Edgcumbe Hughes, "칼빈과 영국의 교회," ed. Stanford. W. Reid, 『칼빈이 서양에 미친 영향』, 211.

돌아가려는 위험성이 내포되어 있었다. 그리고 실제로 에드워드 6세의 죽음으로 우려는 현실로 다가왔다. 그럼에도 칼빈은 자기 견해에 수용적인 교회와 국가의 책임자들에게 개혁을 진행시키라고 계속 촉구하는 대신, 영국을 다시 로마에게 복종시키려는 적대적 정부로부터 피난해 온 사람들을 돕고 지도하게 되었다.

칼빈은 영국으로부터 제네바로 피난 온 많은 사람들에게 그들 자신의 교회를 조직하고 꾸려나갈 수 있도록 배려해 주었다. 취리히의 존 주얼, 바젤의 존 폭스와 존 베일, 프랑크푸르트의 데이비드 와이트헤드, 스트라스부르의 존 포네와 에드워드 그린달은 칼빈의 가르침에 일반적으로 동의하였다.[24]

한편으로 칼빈은 메리 여왕의 통치가 끝난 이후 영국 정부에 지속적으로 개혁을 계속해 나가도록 하는 조언을 하였다. 주석들과 서신서들이 엘리자베스 여왕에게 바쳐졌다. 그리고 이러한 칼빈의 노력은 그가 죽을 때까지 계속되었다.

칼빈의 영향력은 베자나 불링거에 의하여 지속적으로 이어졌으며, 수많은 칼빈의 저작들이 영어로 번역되어 출간되었다. 이 칼빈주의는 영국의 퍼킨스에 의해 더욱 견고해졌으며, 예정론이 칼빈주의를 신봉하는 사람들에 의하여 발전하였다. 그리고 대학의 학생들은 칼빈주의를 옥스퍼드나 케임브리지에서 배울 수가 있었다. 또한 칼빈주의는 당시 영국의 청교도들에 의해 일상화되었으며, 칼빈의 정치사상은 크롬웰의 혁명에 결정적인 동인으로 작용하게 되었다.

(2) 칼빈주의와 청교도 정치사상

청교도들은 16세기부터 17세기에 이르기까지 영국에서 일어난 칼빈주의적 신앙집단을 의미한다. 이들은 주로 베자나 불링거에 의하

---

[24] John T. McNeill, *The History and Character of Calvinism*, 『칼빈주의 역사와 성격』, 정성구, 양낙홍 역, 356, 357.

여 영향을 받았으며 칼빈주의 신앙을 삶의 모토로 삼았다. 이들은 16세기 영국에서 종교개혁이 일어났을 때, 가톨릭의 잔재를 뿌리치고 영국의 교회개혁을 진심으로 바라는 무리들이었다. 그래서 청교도들에 관한 최상의 정의는 "*A Parte of a Register*"라는 문서에 "하나님의 순수한 말씀과 우리의 땅의 법률에 의하여 훈련과 예배의식에 있어서 우리의 교회가 개혁되기를 바라는" 사람들에 의하여 기록되었다고 말하였을 때, 청교도들이 자신의 사고방식을 기술하려고 사용하였던 문구이다.[25]

이렇듯 청교도라는 말의 정의에는 교회개혁 정신이 포함되어 있다. 이 청교도는 영국의 튜더 왕조 시절(헨리 8세부터 엘리자베스 1세까지) 윌리엄 틴들, 존 프리드, 존 베일, 존 후퍼 등의 사상과 저술 속에 등장하고 있다. 이들에 의해 청교도는 장기 의회와 시민전쟁, 웨스트민스터 종교회의, 공화정, 섭정기간 동안 그 사상이 지속적으로 발전할 수 있었다. 청교도는 온건 감독제나 장로교파, 독립교도, 특별 침례교파 등에 의해 수용되었으며, 정치적으로 제한된 군주정과 제한된 의회주의자 그리고 혁명을 주창하는 사람들에 의해 수용되어졌다.[26]

이로 미루어 볼 때, 청교도는 헨리 8세로부터 시작되어 에드워드 6세와 엘리자베스 여왕 시절에 절정에 이르렀다고 할 수 있으며, 당시 영국사회의 많은 사람들에 의해 받아들여졌다고 할 수 있다.

그러므로 영국의 청교도주의는 네 가지의 특징을 가지고 있다. 첫째, 잉글랜드국교회의 종교개혁에 대한 견해와 로마 가톨릭의 신앙해석에 깊은 불만을 가지고 있었으며, 둘째, 이러한 불만이 개인의 깊고 격렬한 신앙적 체험에 근거하고 있었다는 점, 셋째, 이와 같은 개인적 체험으로부터 미사제복, 예배 및 생활 전반에 대한 개혁열정

---

[25] Perry Miller, *The Puritans* (New York: Harper & Row, 1963), 123.
[26] Leonard J. Trintreud, "The Origins of Puritanism," *Church History 20*, (1951), 38.

을 가지게 되었다는 점 그리고 넷째, 그들의 신앙체험을 체계화하고 기독교 신앙을 이해하기 위한 방법으로서 언약신학을 적용했다는 것이다.[27]

이러한 의미로 볼 때, 영국의 청교도는 성경의 진리를 보존하고 또한 그대로 행하기를 원하는 무리들에게 붙여지던 훈장과 같은 의미이다. 청교도들은 교회의 순수성을 강조하였는데, 그 대표적인 예가 엘리자베스 여왕 시절에 일어난 '성복논쟁'(The vestiarian controversy)이라고 할 수 있다.[28] 청교도들은 가톨릭적인 잔재가 그대로 있는 성직자들의 제복의 착용 문제에 대하여 심각한 도전의식을 느꼈다.

이런 의미에서 청교도들은 칼빈주의자라고 할 수 있는데, 존 후퍼(John Hooper, 1495-1555), 월터 트래버스(Walter Travers, 1548-1635) 토마스 카트라이트(Thomas Cartwright, 1535-1603), 윌리엄 퍼킨스(William Perkins, 1558-1602) 등의 칼빈주의자들이 청교도의 범주에 들어간다.

이러한 청교도들의 정치사상을 살펴보면, 낙스의 경우와 같이 언약사상에서 출발하고 있다. 이 청교도들의 언약사상은 신과 인간 사이의 언약으로 이루어진 언약사상에서 유래하였지만, 그것에만 머무르지 않고 정치적으로 신과 왕권, 왕권과 의회 사이의 언약관계로 발전하여 급기야는 지배자와 피지배자 그리고 시민과 시민사이의

---

[27] Jerald C. Brauer, "영국 청교도주의적 성격: 세 가지의 해석들," ed Sidney A. Burrell, 『서양근대사에서 종교의 역할』, 임희완 역 (서울: 민음사, 1990), 118, 119.
[28] 1563년 엘리자베스 여왕 치하에서 발생한 성복논쟁은 성직자들에게 입혀지는 제복의 사용여부에 관한 논쟁이다. 청교도들은 성직자들에게 입도록 마련된 제복의 사용여부는 강제로 결정할 수 있는 성질의 것이 아니라고 생각했다. 그들은 성직자들이 주중에 캡과 가운을 입고, 주일에 중백의(surplice)를 걸치는 것에 불만을 늘어놓기 시작하였다. 그 직후에 그들은 세례를 줄 때 성호를 긋는다든지, 성찬식 때 무릎을 꿇는 행위, 지나치게 많은 숫자의 종교 축일 및 휴일, 결혼식 때의 반지 사용 그리고 교회 안에서의 오르간을 사용하는 것 등이 모든 양심의 문제에 거리낌을 주는 로마 교회의 잔재라고 주장하였다. 그리하여 각종 로마 가톨릭의 잔재를 일소하고, 중백의 이외에는 모든 성직자 의복제도를 폐지하자는 의안이 성직자 회의에 상정되었으나, 이들은 결국 한 표차로 부결되고야 말았다.

관계를 규정하는 사회계약으로 이루어져 있다.²⁹

이 청교도들의 언약사상은 윌리엄 틴들(William Tyndale: 1484?-1536)과 존 프리드(John Frith: 1503-1533)의 신학적 논술에서 그 기원을 찾을 수 있다. 틴들은 정치적인 문제에 대하여 "왕은 하나님의 방 안에 있다"는 새로운 생각을 하였다. 백성들은 모든 상황에서 왕에게 복종하여야 하며, 평민들은 왕에게 필요한 것을 제공해 주어야 한다. 그러나 단지 왕은 하나님의 종에 불과하며, 그래서 왕은 하나님의 백성들을 사랑으로 다스려야만 한다. 악한 통치자에 대한 보응은 오직 하나님께만 속하여 있다.³⁰

이와 같이 틴들의 사상은 언약사상에 근거하고 있으며, 통치자에 대한 복종을 강조한 칼빈의 정치사상과 유사하다고 할 수 있다. 이 언약사상은 칼빈으로부터 유래되었지만, 언약사상의 기본개념을 선명하게 부각시킨 사람은 불링거(Heinrich Bullinger: 1504-1575)이며, 영국에서 언약사상을 체계화시킨 사람은 바로 퍼킨스였다.

이 영국의 청교도들의 언약사상은 개인 언약사상과 교회 언약사상 그리고 사회 언약사상으로 나누어진다. 이 청교도들의 언약사상은 칼빈이 보여준 하나님의 일방적인 언약의 성격보다는 인간의 의무와 책임을 강조하는 것이 특징이며, 개인 언약사상으로만 끝나는 것이 아니라 사회 언약사상으로 발전하고 있다. 여기서 사회 언약사상은 사회공동체를 향한 하나님의 뜻을 받들어, 사회 전체를 하나님의 거룩한 공동체로 받들어, 사회 전체를 하나님의 거룩한 공동체로 만들어 하나님은 그 공동체의 하나님이 되고 그 공동체는 하나님의 백성이 되겠다고 맺은 하나님과의 언약이다.³¹

이렇듯 청교도들은 하나님과의 언약관계 속에서 거룩한 언약 공

---

29 임희완, "영국계약사상의 형성과정," 『유준기 교수 퇴임 기념논저, 기독교와 역사』 (서울: 총신대학교, 2006), 511.

30 Leonard J. Trintreud, "The Origins of Puritanism," 40.

31 원종천, 『청교도 언약사상: 개혁운동의 힘』 (서울: 대한기독교서회, 1998), 193.

동체를 세우려고 노력하였으며, 결국 이러한 노력의 결과가 선민사상으로 나타난 것이다. 그런데 이러한 사회 언약사상이 정치적인 측면에서 사용한 인물은 바로 영국의 메리 여왕(1553-1558)의 통치 당시 사람인 크리스토퍼 굿맨(Christopher Goodman)이다. 그는 사회 언약 개념을 사용하여 정치 언약적 측면에서 메리 여왕을 무너뜨리기 위한 강력한 주장을 하였다.[32] 이 사회 언약개념에서의 정치 언약은 통치자의 임무를 강조하는 것으로서, 모든 권한은 하나님으로부터 나오지만 이 권한이 우선적으로 주어진 것은 국민이라는 것이다. 이러한 언약적인 측면에서의 통치자의 의무와 권한은 백성의 자유를 보장하고 질서를 유지하는데 있으며, 더불어 백성의 재산권을 보호하는 데 우선된다.

2) 크롬웰의 혁명과 정치사상

(1) 크롬웰의 혁명

크롬웰의 혁명은 청교도 혁명으로부터 비롯되었다. 엘리자베스 여왕시절 청교도들은 영국의 교회 내에 칼빈주의적인 요소를 도입하려고 부단히 노력하였다. 이 일환으로 청교도들은 1571년 기도서를 수정할 것을 청원하였으나 엘리자베스 여왕에 의해 거절당했다. 이에 청교도들은 의회를 통한 법안 상정이 힘들다는 것을 알게 되자 새로운 형태의 교회 조직을 통하여 세를 규합하고자 하였다. 그 결과 1580년 로버트 브라운(Robert Brown)과 헨리 배로우(Henry Barrowe)는 교회와 국가는 별개의 단체로 서로 관계를 맺어서는 안 된다는 것을 내용으로 하는 분리파 교회(Separation Church)를 결성하였다.

청교도의 이러한 활동은 이후 핍박을 불러일으켰다. 엘리자베스 사후 혈연에 의해 스코틀랜드의 제임스 6세가 제임스 1세라는 이름

---

[32] 원종천, 『청교도 언약사상: 개혁운동의 힘』, 202.

으로 영국과 스코틀랜드를 동시에 통치하게 되자 완전한 종교개혁을 기대하였던 청교도들은 국왕의 즉위에 즈음하여 "천인의 청원"(Millenary Petition)이라는 청원서를 왕에게 올렸다. 그들은 좀 더 단순한 예배 의식, 설교의 중요성, 몇몇 의식의 폐지, 새로운 성경번역 등을 요구했으며, 이 문제들을 논의하기 위한 회의를 제안하였다.[33]

그러나 이 문제를 해결하기 위한 주교와 청교도들의 회의가 격론 끝에 결렬되자 왕은 오히려 청교도들을 박해하기 시작하였다. 1625년 제임스 1세의 아들 찰스 1세(1625-1649)가 영국을 다스리게 되었다. 제임스 1세는 영국 사람들이 전통적으로 의회를 통해 정부에 대한 불만을 해결해 왔다는 사실을 잘 인식하지 못했고, 이 점에 있어서 찰스도 제임스 1세와 공통적이었다. 제임스와 찰스는 의회가 가지고 있는 힘의 원천이 근본적으로 왕에 있다고 믿었고, 의회의 특권을 강화하는 것은 왕의 권력을 약화된다는 사실을 의미한다고 생각했다.[34]

그 결과 찰스 1세는 강력한 중앙집권 정책으로 의회와 충돌하였고, 가톨릭 교도인 프랑스 루이 14세의 누이인 앙리에트 마리와의 결혼을 협약하였다. 그러자 제임스 치세 말년 전횡을 휘둘렀던 버킹엄이 1625년 6월 의회를 소집하였다. 왕은 의회에 스페인과의 전쟁을 치르는 데 필요한 재정지원을 요구하면서도 의회와 전쟁 계획을 협의하는 것을 거부했고, 의회는 또 의회대로 스페인과의 전쟁을 원하면서도 전비의 제공에는 인색하였다.[35]

결국 자금이 쪼들린 왕은 이듬 해 초 다시 의회를 소집하였으나, 의회는 과세를 거부하고 버킹엄 공을 탄핵하였다. 다음 1628년 3월에 소집된 의회는 찰스 1세에게 "권리청원"(Petition of Right)을 제출하였다. 이 권리청원은 왕의 압정에 대해 청원이라는 형식을 취한 일

---

[33] 나종일, 송규범, 『영국의 역사』 (도서출판: 한울, 2005), 342.
[34] 김민제, 『영국혁명의 꿈과 현실』 (서울: 역민사, 1998), 74.
[35] 나종일, 송규범, 『영국의 역사』, 354.

종의 항의 표시였다. 의회의 기세에 눌린 찰스 1세는 권리청원을 받아들이기는 하였지만 태연하게 관세를 받아들이고 이듬해인 1629년 1월 의회를 해산한 후에는 11년간이나 소집을 중지시켰다.

크롬웰은 1628년 소집된 의회의 의원으로 당선되면서 1629년까지 활동하였다. 그는 찰스 1세의 주교들에게 직접적인 공격을 퍼붓기 시작했다. 그는 그리스도 교도 개인이 기도를 통해 직접 신과 직접적으로 교통할 수 있으며, 성직자의 주된 임무는 설교를 통해 속인들을 감화시키는 것이라고 믿었다. 크롬웰은 국교에 대해 결코 반대하지는 않았지만 잉글랜드국교회의 전체 성직 위계 조직에 대해서는 불신감을 품고 있었다. 따라서 성직 감독제도의 폐지를 주장했으며 신자들 스스로가 목회자를 선택할 수 있도록 해야 한다고 믿었다.

결국 한동안 중단되었던 의회는 1638년 스코틀랜드의 칼빈주의자들이 잉글랜드국교회의 강요에 반발해서 귀족과 시민, 농민이 다 함께 무장봉기를 일으킨 것을 계기로 다시 소집되었다.[36] 이 폭동으로 인하여 찰스 1세는 전쟁의 필요성을 인식하게 되었고, 결국 왕은 1640년 스코틀랜드 반란군을 진압하기 위한 자금을 얻고자 의회를 소집하였다. 이해 11월에 실시된 의회의 선거에서 439명의 서민원 의원 중 6할 이상이 젠트리였고 크롬웰은 세 번째로 의원에 선출되었다. 의회는 찰스의 정책을 비판하고, 한걸음 더 나아가 왕의 지지 기반이었던 성공회의 주교제도를 폐지하려고 하였다. 의회의 강력한 반대에 직면한 찰스는 의회를 해산한 후, 새로운 의회를 구성하기 위하여 선거를 실시하였다.

이러한 과정에서 의회는 찰스에 대항하여 자위대를 구성하였다. 이로서 영국에서 왕당파와 의회파가 나타났고, 그 둘 사이에 내란이 시작되었다. 내란이 확산되자, 의회 지도자들은 국가적인 위기를 신

---

[36] 당시 스코틀랜드에서는 존 낙스의 '폭군정벌론'이 조지 부캐넌(1506-1582)에 의해 제시되어 불의한 방법으로 권력을 행사하는 폭군에게는 저항해도 된다는 생각이 지배적이었다.

앙적으로 극복하기 위해 웨스트민스터 종교회의(1643-1647)를 소집하게 되었다.[37] 이 회의에 참석한 대표자들 중 일부가 "독립파즉 회중 파적 교회 조직의 지지자들"이었으며, 감독주의적 경향을 띤 인물이었음에도 불구하고 웨스트민스터 회의는 장로교적 형태의 교회를 채택하고 의회에게도 잉글랜드 교회를 위해 이를 채택하도록 권유하였다.

의회파와 왕당파와의 전투에서 크롬웰은 진가를 발휘하여 의회파를 승리로 이끌었다. 그는 신기군(일명 철기병)을 조직하여 1644년 2월 3일 요크 근처 마스톤 무어에서 왕군을 대파하였으며, 1645년 6월 14일 다시 네이즈비(Naseby) 근처에서 왕군의 잔류병을 완전히 섬멸하였다. 결국 1646년 5월 찰스 1세는 스코틀랜드 군에 투항하여 내전에 종지부를 찍었다.

그 후에 의회군은 내부에는 장로파, 독립파, 평등파의 대립이 표면화되었지만 크롬웰은 강경한 대응책들로 이를 타개해 나갔다. 그는 1649년 1월 30일 찰스 1세를 단두대에 처형했고, 대외적으로는 1649년 아일랜드를 정복하고 그리고 아일랜드에 많은 프로테스탄트들을 이주하도록 하였다. 그 다음해에는 찰스 2세를 왕으로 삼은 스코틀랜드를 정복하였다. 대내적으로는 디거파(Diggers)를 격퇴하고, 군대 내의 수평파(Levellers)의 반란 등에 강경책으로 진압하여 공화정치의 기반을 확고히 하고 자신은 1652년 호민관이 되었다. 그는 가능한 모든 교파에게 완전한 종교의 자유와 양심의 자유를 주고자 하였다. 또한 새로운 도시들에게 부여한 자치권, 의회 내 위원회(Parliamentary Committees)를 통한 국가통치, 성직자의 종교의식 없이도 신고만으로 결혼이 성립되는 신고 결혼법, 정신지체 장애자들을 위한 보호제도 실시, 빚으로 인하여 피소된 자들에 대한 구제법안 제정, 도로의 개선, 가면무도회의 금지, 교회에서의 오르간 사용 금

---

[37] 오덕교, 『장로교회사』, 209.

지 등 자신의 지위를 십분 활용하여 청교도적인 사회개혁을 단행하였다.[38] 이러한 개혁들은 왕정복고로 인하여 무산되었지만, 그의 칼빈주의에 입각한 청교도적인 개혁은 부강한 나라를 만드는 밑 걸음이 되었다.

(2) 크롬웰의 정치사상

크롬웰은 어렸을 때부터 프로테스탄트 가문에서 태어나 프로테스탄트적인 영향을 많이 받아왔다. 실제적으로 그가 헌팅던에서 다니던 학교의 교장이나 시드니 서식스 칼리지의 학장은 모두 열렬한 칼빈주의자였으며 반가톨릭 성향이 강했다. 그는 다른 청교도들이 지니고 있는 예정론을 굳게 믿고 있었다. 1647년 크롬웰은 그의 동료 장교들에게 "우리는 모두 신의 뜻을 행하는 것을 우리의 모든 행위의 기반으로 삼고자 한다"고 말하면서, 그들이 행동하기 전에 "우리가 하는 일들이 그 안에 신의 뜻을 간직하고 있는지 알아보도록" 충분히 숙고하기를 촉구하였다. 그는 신의 계시의 가능성을 부인하지는 않았지만, 그러한 "신이 제시한 인상이나 신의 계시에 의한 발견들"이 어떤 정치적 행동의 근거로 내세워질 때에는 매우 신중하게 받아들여야 한다고 주장하였다.[39]

이렇게 칼빈의 구원론에서 비롯된 예정론은 크롬웰의 정치사상의 모티브로 작용하였다. 그러면서도 그는 자신을 하나님이 선택한 도구라고 생각하였다. 신은 크롬웰, 그를 선택하여 들판으로부터 신의 인민들을 이끌어 영도하라고 했다고 그는 믿고 있었다. 그러므로 그는 전투에 있어서의 모든 승리를 자기의 전략이나 전술에 의한 것이라고 보지 않고 차라리 신의 덕분이라고 믿고 있었다.[40] 자신을 하나

---

[38] E.L. Woodward, 『영국사개론』, 홍치모, 임희완 역 (서울: 총신대출판부, 1988), 146.
[39] 나종일, 『영국근대사연구』 (서울대학교출판부, 1988), 118.
[40] Mazlish, Bruce, Bronowski, Jacob 공저, 『서양의 지적 전통』, 차하순 역 (서울: 학연사, 2001), 221.

님이 선택한 신의 도구라고 생각한 이런 신비주의적인 생각은 그가 전투에 임할 때나 정치 일선에 나아갈 때 사명감을 가지고 일하게 하는 동력으로 작용하였음은 당연한 일일 것이다.

그러나 칼빈의 정치사상의 영향력은 크롬웰이 왕정을 폐지하고 공화정을 채택할 때 결정적으로 작용하였다. 크롬웰은 칼빈이 공화정을 선호하였다는 사실에 주목하였다. 그는 왕정이 가져올 수 있는 독재와 그리고 민주정이 가져올 수 있는 무질서를 염려하여 새로운 정부 형태로 공화정을 생각하였다.

크롬웰은 칼빈의 영향력 이외에도 크롬웰은 낙스의 영향을 많이 받은 것으로 알려져 있다. 소수의 분리파 집단들에 의해 받아들여진 낙스의 언약사상은 그들의 교회언약을 형제들의 상호합의에 따라 신학적으로 받아들여진 정도에까지 확대시켰다. 반면에 독립파들은 교회질서나 예배의식에서 언약 혹은 상호합의의 이념을 신봉하였다. 그러나 그들의 대부분은 정치적으로나 신학적으로 모든 혁명의 이념을 거절하였다. 그리고 그들은 현존의 구조 안에서의 조절만을 원했다. 그들은 정치적으로 제한 군주제와 강력한 의회제를 희망하였다.[41]

이렇듯 크롬웰은 칼빈의 영향과 낙스로부터 비롯된 이 언약사상의 영향을 받아 국민의 합의 하에 이루어진 이상적인 사회, 종교적 관용이 허락된 이상적인 사회를 만들려고 노력하였다.

---

[41] Sidney A. Burrell, "칼빈주의, 자본주의 및 중산계급: 오래된 문제에 대한 몇 가지 재고찰,"『서양근대사에서 종교의 역할』, 임희완 역, 109, 110.

3장_
네덜란드와 남아프리카 공화국의 칼빈주의

칼빈주의 사상은 스코틀랜드의 종교개혁 및 존 낙스의 정치사상에 큰 영향을 미쳤다. 칼빈주의가 전파된 이래 스코틀랜드의 교회는 존 낙스의 역할에 힘입어 칼빈주의로 전환되었다.

한편 칼빈주의는 네덜란드(화란)에서도 지대한 영향을 미쳐 화란의 독립전쟁과 "벨기에 신앙고백서" 작성에 결정적인 역할을 하였다. 그리고 19세기 아브라함 카이퍼에 이르러서는 영역 주권사상으로 발전하였다. 그러나 아브라함 카이퍼의 영역 주권사상은 남아프리카 공화국에서는 인종분리 정책의 신학적인 모델로 왜곡되어 20세기 흑백갈등의 단초를 제공하기도 하였다. 따라서 본 장에서는 네덜란드의 칼빈주의 역사와 아브라함 카이퍼의 정치사상 그리고 남아프리카 공화국의 인종분리 정책에 대하여 살펴보려고 한다.

1. 네덜란드의 칼빈주의와 아브라함 카이퍼

1) 네덜란드의 칼빈주의

화란에서 칼빈주의는 루터파나 재세례파 이후에 들어왔으나 화란의 정치나 종교의 핵심적인 이념으로 작용하였다. 칼빈주의는 화란의 소시민과 상인들에 의해 주로 수용되어 화란의 독립전쟁에도 깊이 관여하게 되었으며, 화란의 국교로 작용할 만큼 큰 영향력을 미쳤다.

화란에 칼빈주의가 전파될 16세기 무렵, 화란은 정치적으로는 신성로마제국의 황제이자 스페인의 왕이었던 합스부르크 왕가의 카알 5세의 지배 아래 있었으며, 지금의 벨기에와 화란, 프랑스 북부 지역까지 포함한 17개 주로 구성되어 있었다. 언어적으로는 남부 지방에서는 프랑스어를 사용하고 있었으며, 북부지방에서는 화란어를 사용하고 있었다.[1] 이렇게 화란은 종교적으로도 당시 유럽을 지배하고 있던 가톨릭의 영향 아래 놓여 있었다.

정치, 종교적으로 가톨릭의 지배 아래 있었던 화란이지만, 화란의 로마 가톨릭 세력을 개혁하고자 하는 움직임은 칼빈주의가 전파되기 훨씬 이전인 14, 15세기 '공동생활 형제단'(Brethren of the Common Life)으로부터 조용히 일어나고 있었다. 이 '공동생활 형제단'(Brethren of the Common Life, 약칭 형제단)은 1378년 얀 판 라위스부르크(Jan van Ruysbroeck)[2]의 제자인 히어르트 호로테(Geert Groote, 1340-1384)에 의해 창설되었다. 이 '형제단' 운동은 사상적으로는 어거스틴의 신학에 기초하고 있었으며 이론과 실천을 접목시키는 데 큰 관심이 있어서 특히 그리스도에게 헌신하는 실천적인 삶을 강조했다.[3]

이러한 형제단의 영적인 영향력은 이후 에라스무스의 인문주의의 형성에 지대한 영향력을 미쳤으며, 칼빈주의가 화란에 뿌리 내리는 데 큰 역할을 하였다. 화란 민중들에게 큰 영향력을 미쳤던 '형제단' 운동에 이어 루터파가 화란에 들어왔다. 그러나 도그마를 강조하는 루터파는 실천을 강조하는 '형제단'의 영성과는 접목이 어려운 면이

---

[1] John T. McNeill, *The History and Character of Calvinism*, 『칼빈주의 역사와 성격』, 정성구, 양낙홍 역, 291-295에서 참조.
[2] Jan van Ruysbroeck는 14세기 타울러와 수소의 신비주의 영향을 받아 하나님과의 신비적 관계에서 그리스도인의 삶의 갱신을 주창한 인물로 Geert Groote의 '공동생활 형제단' 창설에 사상적 토대를 제공한 인물이다.
[3] W. Robert Godfrey, "네덜란드의 칼빈과 칼빈주의," 『칼빈이 서양에 끼친 영향』, 112.

있어서 화란에는 큰 영향력을 행사하지는 못하였다.

루터파 이후 화란의 민중들에게 깊은 영향을 미친 프로테스탄트는 재세례파이다. 화란의 재세례파는 독일 남부의 재세례파와 깊은 연관을 맺으면서 성장하였다. 화란에서의 재세례파는 혁명적 재세례파와 온건 재세례파의 일원인 메노 시몬스(Menno Simons) 등 다양한 종파가 있었으나, 그 중 메노 시몬스 일파가 화란에서 뿌리내리고 성장하였다. 그러나 이후 칼빈주의가 들어오자 화란은 칼빈주의가 대세를 이루며 성장하게 되었던 것이다.

칼빈은 스트라스부르에서 활동하면서 많은 화란 사람들과 접촉하고 교제하였다. 스트라스부르에서 그리고 뒤에는 제네바에서 불어를 사용하는 많은 화란인들이 칼빈주의를 배우거나 그것을 받아들이게 되었다. 화란에는 독일 엠던(Emden)으로부터 온 요하네스 아 라스코(Johannes a Lasco, 1499-1560)[4]의 가르침이 영향력을 가지고 있었다. 1550년 라스코에 의해 설립된 엠던 교회는 저지대 지방에 칼빈주의를 전파하는 데 중요한 역할을 하였다.[5]

이 엠던 교회에는 상업에 종사하는 화란 사람들이 대부분이었는데, 그들은 화란 항구 도시들과 거래를 계속하고 있었기 때문에 개혁 교회의 문헌들을 통해 자연적으로 칼빈주의가 화란에 전파되는 데 일조한 것이다.

화란에서 칼빈주의의 초기 발전은 근본적으로 남부 지방에서 제한적으로 유지되고 있었다. 이런 단계에서 칼빈주의 교회는 조용히 설립되었고, 어려운 시기에 고난을 당하였다. (첫 번째 컨시스토리가 1550년 설립된) 교회의 훌륭한 질서나 훈육과 마찬가지로 벨기에 신

---

[4] Johannes a Lasco는 폴란드 태생으로서 종교개혁에 가담하여 1542년에 독일 엠던의 칼빈주의 교회 목회자가 되었으며, 1548년 T. Cranmer의 초청으로 영국에 건너가 1552년에 런던 난민 교회의 지도자가 되었고, 1556년 남부 폴란드의 교회로 돌아가 여생을 보냈던 나그네와 같았던 종교개혁자였다.

[5] Robert M. Kingdon, "The Political Resistance of the Calvinists in France and the Low Countries," *Church History 27*, (1958), 221.

앙고백서는 칼빈의 가르침과 조화를 이루고 있었다. 1540년부터 불어를 사용하는 도시인 도르니크(Doornik), 레이젤(Rijsel), 발랑시엔(Valenciennes)에서 개혁파 교회가 있었다. 제네바와 프랑스에서 온 목회자들이 예배를 인도하고 있었다. 그리고 이후에 화란어를 사용하는 도시인 겐트(Ghent), 브뤼즈(Bruges), 앤트워프(Antwerp)에 개혁파 교회가 설립되었다. 그런데 화란의 남부 지방에 출현한 개혁 교회들은 영국의 난민 교회나 독일 교회보다 제네바 교회의 영향을 덜 받았다.[6]

이렇게 화란의 남부지방에서 개혁파 교회는 제네바나 프랑스에서 온 목회자들에 의해 시작되어 점차적으로 화란어를 사용하는 북부 지방의 도시로 확대된 것이다. 그럼에도 불구하고 화란의 교회들이 영국이나 독일의 난민 교회보다 제네바의 영향을 덜 받았다는 것은 칼빈이 화란의 종교개혁에 제네바 식의 개혁을 요구하지 않았다는 증거이다.

이와 같은 사실에서 알 수 있듯이 칼빈의 사상은 화란 개혁 교회의 바탕이 되었다. 1540-60년대 화란의 개혁 교회는 비록 적은 숫자였지만 로마 교회와 화란 통치자로부터의 핍박을 이겨내고 괄목할 만한 성장을 이루었다. 이러한 배경에서 화란의 민중들의 삶을 특징짓는 칼빈주의 신앙고백서가 탄생하게 되었다.

칼빈의 제자인 지오도 드 브레(Giodo de Bres)는 교회 내의 신앙의 동질성을 위하여 "벨기에 신앙고백서"(*Confessio Belgica*)를 작성하였다. 처음에 이 신앙고백서는 가톨릭의 필립 2세에 대항하여 개혁주의 신앙이 재세례파의 신앙과 다름을 변증하기 위하여 1559년 프랑스어로 집필되었다. 따라서 벨기에 신앙고백서는 37개조로 "프랑스 신앙고백서"를 따라 작성되었으나, "프랑스 신앙고백서"보다는 덜 논쟁적이고 삼위일체, 성육신, 교회와 성례에 관하여 더 충실하게 설

---

[6] Herman J. Selderhuis, *The Calvin Handbook*, 93.

명하고 있다. 이후 "벨기에 신앙고백서"는 1566년 안트워프 대회를 시작으로 여러 지역 대회에서, 그리고 1574년 도르트의 전국대회에서 채택되었으며, 1619년 도르트 회의에서는 "하이델베르그 신앙고백서"와 함께 네덜란드와 벨기에의 신앙고백으로 채택되었다.[7]

그런데 프랑스 신앙고백서가 교회의 표지를 권징으로 보지 않은데 비하여 벨기에 신앙고백서는 교회의 중요성과 권징을 강조하고 있다. 또한 화란에서는 1563년 자카리우스 우르시누스(Zacharius Ursinus)와 카스파르 올레비아누스(Caspar Olevianus)가 작성한 하이델베르그 신앙고백서도 중요한 위치를 차지하고 있다.

이렇게 화란에서는 칼빈주의가 대중적으로 뿌리를 내리며 국가교회로 자리매김 하였다. 그래서 1650년 후반, 연합 주 인구의 상당수가 칼빈주의 교회를 믿고 있었다. 물론 화란의 연합 주 헌법에는 각자의 주들의 종교는 각자의 주가 알아서 해야 할 문제로 보고 있지만, 보편적으로 개혁 교회가 깊이 뿌리 내리고 있었기 때문에 국가교회 형태로 남아있었던 것이다. 교회와 국가가 긴밀하게 협조를 하였지만 교리적인 권징 문제에 있어서는 긴장관계가 지속되었다. 이는 종종 국가가 교회를 간섭하려는 문제에서 비롯된 것이지만 이후 화란에서는 서로의 영역을 인정하며 개혁 교회가 발전한 하나의 모델로 성장하였다고 할 수 있다.

2) 아브라함 카이퍼(Abraham Kuyper, 1837-1920)의 정치사상

아브라함 카이퍼는 칼빈주의 계승자로서 그의 모든 사상은 칼빈주의에서 비롯되었다. 카이퍼가 1898년 미국 프린스톤 신학교에서 행한 '칼빈주의 연설'에서 자신의 사상의 출발이 칼빈주의라고 밝히고 있듯이, 그는 강의 초두에 자신은 "칼빈주의 안에서 나의 마음은

---

[7] 김영재, 『기독교교회사』 (서울: 이레서원, 2004), 462.

평안을 찾았다. 칼빈주의로부터 나는 이 커다란 원리의 싸움의 와중에서도 확신 있고 단호하게 나의 입장을 취할 수 있는 영감을 얻었다"⁸고 고백하였다. 그는 칼빈주의를 어떤 교파의 이름이나 단순히 신학이라는 학문적인 영역에만 가두는 것을 반대하고 있다. 이러한 그의 사상은 "Pro Rege"(왕을 위하여)라는 말로서 잘 표현되었다. 이 Pro Rege의 주제는 모든 나라와 방언이 예수 그리스도의 왕권에 순종하도록 하여 그분의 우주적 통치를 드높이자는 것이다.

카이퍼는 하나님의 은총을 특별은총과 일반은총으로 나누고 있다. 여기서 특별은총이란 십자가를 통한 그리스도의 대속으로 죄인들과 화해하신 하나님이 그 죄인들을 향하여 나타내신 은혜이다. 이 특별 은총은 선택된 죄인들이 새 언약의 머리되신 예수 그리스도에게로 연합되는 결과를 가져온다. 하지만 그 은총은 근본적으로 '여기와 지금'보다는 장차 다가올 삶에 그 초점을 모은다고 카이퍼는 말한다.⁹

반면에 일반은총은 모든 사람들을 향하여 흘러가는 하나님의 은혜이다. 하나님은 죄의 파괴적 활동이 전적으로 이 세계를 지배하지 못하도록 일반은총을 통하여 저지하신다. 카이퍼는 "우리의 소명은 세상 한가운데 있고 바로 여기에서 하나님은 영광을 받으셔야 한다"고 선언했다. 그러므로 특별은총이 아닌 일반은총에 의해 제정된 국가는 창조자이신 하나님의 법에 복종해야 한다. 일반은총의 기관으로서 국가는 교회의 신조를 지키거나 이단들에 맞서 시민적 형벌을 내리는 일을 하지 않는다.¹⁰

그러므로 카이퍼에게 있어서 교회는 특별은총의 영역이고 정부는 일반은총의 영역이다. 그런데 카이퍼는 시민적 권위를 가진 국가가

---

8 아브라함 카이퍼, 『칼빈주의』, 23.
9 정광덕, "아브라함 카이퍼의 교회론과 사회윤리," 「한국개혁신학논문집」 8권 (2000), 174.
10 정광덕, "아브라함 카이퍼의 교회론과 사회윤리," 179.

그 영향력을 행사함에 있어서 영적인 권위를 지닌 교회의 영역을 침해해서는 안 된다고 주장한다. 사회의 다른 영역들의 영역주권[11]을 침범하는 국가의 법은 타당한 법으로 인정될 수 없다. 그 이유는 하나님이 국가나 한 사람의 통치자에게 절대적이고 무제한적인 권한을 부여하지 않았기 때문이다. 다만 국가는 하나님이 주신 그 독특한 성격과 임무를 수행할 때 자신의 영역에서만 주권을 가진다.[12]

이와 같이 아브라함 카이퍼의 정치사상은 그리스도는 만왕의 왕이요, 만주의 주로서 역사를 지배하시는 그리스도의 왕 되심과 영역주권에 기반을 두고 있다. 그런데 카이퍼의 영역주권 사상은 국가의 절대 권력에 대한 성경적인 반박이다. 교회, 가족, 학교, 회사, 과학, 예술 등이 누리는 주권의 근원은 국가가 아니라 그리스도이시다. 따라서 각각의 영역은 국가에 대하여 책임을 지는 것이 아니라 그리스도께 책임을 짐으로써 각 영역을 세우신 하나님께 반응해야 한다.[13]

결국 이 카이퍼의 사상은 하나님의 주권을 강조하는 것이며, 인간 편에서는 인간의 책임을 강조하는 것이다. 그리고 중세의 교회 위주의 사고를 완전히 분쇄하는 것이기도 하며, 또한 근세 절대왕정의 사상을 반박하는 것이기도 하다.

교회와 국가의 영역은 각기 다르며 교회는 하나님의 계시된 뜻에 따라 나아갈 뿐 공공의 사법기관은 아니다. 그리고 이 교회의 독립성은 국가의 통제로부터의 자유를 의미한다. 따라서 카이퍼는 시민적 권위를 가진 국가가 그 영향력을 행사함에 있어서 영적인 권위를

---

11 영역주권 사상(Sphere Sovereignty)이란 절대주권자인 하나님이 사회 내 각 영역 속에 제각기의 주권을 부여하셔서 자신의 법질서에 의해 유지되도록 했다는 것이다. 국가만 주권을 갖는 것이 아니라 인간 생활과 관련한 모든 기관은 고유의 제한된 영역주권을 가진다. 그러므로 정부는 각 영역 속에 있는 자유를 보장하고 오히려 그 영역들이 고유의 일을 수행할 수 있도록 보호해야 한다.

12 정광덕. "아브라함 카이퍼의 교회론과 사회윤리," 179, 180.

13 민종기, "누가 기독교 정치인인가: 정치선교사 아브라함 카이퍼를 중심으로," 「신앙과 학문」2권 4호 (1997), 170.

지닌 교회의 영역을 침해해서는 안 된다고 주장한다. 사회의 다른 영역들의 주권을 침범하는 국가의 법은 타당한 법이 될 수 없다. 그 이유는 하나님이 국가나 한 사람의 통치자에게 무제한적인 권한을 부여하지 않았기 때문이다.

이런 의미에서 카이퍼는 세르베투스 사건이야말로 잘못된 중세의 관행에서 벗어나지 못한 것이라고 비판한다. 즉 비록 이단의 문제라 할지라도 교회가 사법권을 가지고 개인을 사형제 처한 것은 교회와 국가의 각 영역을 파괴하는 행위이며 교회 고유의 기능과 국가 고유의 기능을 파괴하는 것이라고 할 수 있다.

그러면 국가가 필요한 목적은 무엇인가? 카이퍼는 국가와 정치가 필요한 이유를 인간의 죄악에서 찾고 있다. 왜냐하면 죄가 있기 때문에 국가가 필요하고 하나님의 주권에 순종하고 법을 따르는 것이 사람들이 살아가는 길이기 때문이다.

그러므로 칼빈주의는 심각한 죄악관에 의하여 국가생활의 진정한 근거를 두 가지로 명시해 준다. 첫째, 우리는 현재의 불가결한 보존의 수단으로서 국가제도와 관리의 제정을 하나님이 직접 준 것으로 감사히 받지 않으면 안 된다. 둘째, 개인의 자유를 위하여 우리의 본래적인 충동으로써 국가의 권력 속에 잠재하고 있는 위험에 대하여 우리는 항상 경계하지 않으면 안 된다는 것이다.[14]

이와 같이 카이퍼는 인간에게 죄가 있기 때문에 정치가 필요하며 더구나 인간의 질서 유지를 위하여서도 국가가 존재하며 정치가 필요하다고 하였던 것이다.

---

14 A. Kuyper, *Het Calvinism* (Amsterdam, 1898), 72, 정성구, 『칼빈주의 사상대계』 (서울: 총신대학교 출판부, 1995), 264에서 재인용.

2. 남아프리카 공화국의 칼빈주의와 인종분리 정책

1) 남아프리카 공화국의 백인 이주의 역사

남아프리카 공화국은 20세기 후반 흑인정권이 들어서기까지 흑백 갈등으로 인하여 암울한 역사를 지니고 있었다. 이는 흑인들이 거주하던 아프리카에 백인들이 이주하여 흑인들을 탄압하면서 비롯되었다. 바로 이것을 우리는 인종분리 정책(아파르트헤이트, Apartheid)이라고 부르고 있다. 이 인종분리 정책은 남아프리카 공화국에 거주하고 있던 대다수의 백인 기독교인들 특히 칼빈주의 화란 개혁 교회에 의해 종교적, 사회적으로 자행되었다. 그러면 인종분리 정책을 이해하기 위하여 남아프리카 공화국의 백인이주의 역사와 칼빈주의의 역사 그리고 인종분리 정책의 시행에 대하여 살펴보기로 하자.

남아프리카 공화국에 최초로 인류가 거주한 것은 선사시대로 추정되는데 당시에는 다양한 인종들이 거주하고 있었던 것으로 보인다. 수렵과 채집을 하는 산(San: Hottentots)족[15]과 그 후에 살게 된 코이코이(Khoikhoi: Hottentots)족[16]이 초기에 거주했던 선주민이었고 이들 집단 사이의 상호작용은 경제적 요소에 의해 결정되었다.[17] 그리고 중앙아프리카에서 남하한 반투족이 10세기경부터 남아프리카

---

[15] 산족은 남부 아프리카 지역에 거주한 최초의 인류로서 부시맨으로 추정되고 있다. 이들 산족은 주로 수렵과 채집으로 생활을 하고 있으며, 사냥을 생활의 주요 수단으로 삼고 있기 때문에 비록 온순한 성격을 가졌으나 자신의 사냥 지역과 거주 지역을 침입하는 자들에 대해서는 매우 공격적인 성향을 보이고 있다.

[16] '사람 중의 사람'이라는 의미를 지닌 코이코이족은 인종상 산족과 밀접한 관련이 있으나 주로 반유목민으로 목축을 주로 하고 있다. 1487년 포루투칼인이 남부 아프리카에 도래하였을 당시 이들은 주로 살단만, 테이블만, 모셀만 등지에서 고기잡이와 조개류 채취로 살아가고 있었다.

[17] 김광수, "남아프리카 공화국의 문화적 정체성과 국가건설 그리고 아프리카너의 역할," 「아프리카 연구 제14호」(한국외국어대학교 외국학 종합연구센터 아프리카연구소, 2002), 109.

에 거주하기 시작하였는데, 그들은 소를 사육했으며 코이코이족이나 산족과는 달리 대규모로 곡물을 재배하였다. 그들의 경제는 농업을 결합한 형태(반농반목)로 진보하였으며, 생활수준은 토착민들보다 매우 높았다. 이들 반투족은 16, 17세기에는 이미 나탈과 케이프 주의 일부에 거주하기 시작하였다. 이 반투족과 이후의 유럽인의 도래는 산족과 코이코이족을 붕괴시키는 결과를 가져왔다.[18]

남아프리카 공화국에 백인들이 들어오기 시작한 것은 1488년 바돌로뮤 디아즈의 포르투칼 탐험대가 아프리카 대륙을 돌아 인도양으로 나가는 항로를 개척하는 과정에서 아프리카의 최남단 남아프리카 공화국을 발견하면서부터였다. 이후 1497년에 포르투칼 바스코 다 가마(Vasco Da Gama)가 케이프를 바로 돌아 현재의 나탈(Natal)까지 이르렀고 동아프리카의 몸바사(Mombasa)와 말린디(Malindi)를 거쳐 인도의 고아(Goa)에 도착한 후 꼭 1년 만에 포르투칼로 돌아왔다. 이 지역에 백인들이 본격적으로 정착하게 된 것은 1652년 네덜란드의 동인도 회사가 인도 항로의 중간 정박지역 기항지 건설을 목적으로 얀 반 리벡(Jan van Riebeek)이 이끄는 3척의 배와 130명으로 구성된 탐험대가 1652년 6월 4일 테이블만에 도착하면서부터이다. 이들은 모두 이 회사의 피고용인들이었으나 차츰 회사로부터 독립해 목축과 영농으로 경제력을 키워나갔다. 이들은 지금의 케이프 타운 인근에 백인사회를 건설했다.[19]

이 남아프리카 공화국의 케이프 지역에 세워진 기항지는 자바와 네덜란드의 중간에 위치를 점하고 있어서 동인도 회사에 드나들던 상선들에게 생활물자보급 등 휴식을 위한 중요한 거점으로 인정받

---

[18] 김윤진, "남아프리카의 초기 백인정착과 국가형성의 역사적 배경," 「아프리카 연구 제14호」(외국어대학교 외국학 종합연구센터 아프리카연구소, 2002), 10-12.

[19] 서상현, "디아스포라에 의한 문화적 변동 현상에 관한 고찰-남아프리카 공화국 아프리카너들의 대이주를 중심으로," 「국제지역연구 제12호 제3호」(남아프리카 공화국 한국외국어대학교 국제지역연구센터, 2008), 131.

게 되었다. 정착지의 확립과 함께 중간 거점으로 활용되어 오던 남아프리카에 1679년 동인도 회사가 유럽의 이민자들에게 토지를 분배하기 시작한 이후 1672년까지 단지 64명의 이주민만이 그곳으로 이주해왔다. 그리고 이들을 위해 12명의 노예들이 1657년 자바(Java)와 마다가스카르(Madagascar)로부터 왔으며, 곧 이어서 그 다음해에 185명의 노예들이 서아프리카에서 들어왔다.[20]

이후 적극적인 이주정책이 시행되어 화란인들과 독일인의 이주가 시작되었고, 1688-1689년 낭트칙령[21] 폐지로 인해 탄압 받던 프랑스의 위그노 200여 가족이 케이프에 이주한 이후 점차적으로 정착하였다. 이후 1708년까지 이주민들의 인구는 꾸준히 증가하여 1672년 64명이던 것이 1,441명이 되었다.[22]

기후와 풍토가 유럽과 흡사한 남아프리카의 자연 환경은 농경과 목축에 천혜의 환경으로 새로운 거주지를 찾던 유럽인들이 남아프리카를 선호한 중요한 이유 중 하나였다. 특히 남아프리카에 정착한 유럽의 이주민들 중 점차적으로 남아프리카의 북쪽을 향해 이주하면서 그들만의 언어인 아프리칸스(Africans)를 만들고, 농업과 목축을 시작한 네덜란드인들을 '아프리카너'(Afrikaner)라고 하는데, '아프리카너'라는 말은 남아프리카 공화국에서 태어나서 살고 있는 사람들

---

[20] Giodeon S. Were, *A History of South Africa* (Lagos: Evans Brothers Ltd, 1974), 23.
[21] 낭트칙령: 1598년에, 프랑스의 앙리 4세가 낭트에서 발표한 칙령. 원래 앙리 4세(1553~1610)는 프로테스탄트였으나 프랑스를 재통일하기 위해 가톨릭으로 개종하고, 1598년 4월 13일 낭트칙령을 발표해 신교도에게 신앙의 자유를 보장했다. 칼빈과 프로테스탄트인 위그노들에게 일정한 지역 안에서 신앙의 자유와 가톨릭교도와 동등한 정치적 권리를 갖도록 인정한 이 법안의 제정으로 위그노 전쟁은 일단락되었다. 그러나 1685년 10월 18일, 절대왕정을 수립한 루이 14세는 결국 낭트칙령을 폐지하고, 신교도의 권리를 일체 인정하지 않았다. 따라서 남·서 프랑스에 많이 살던 약 100만 명의 신교도 중 약 40만 명이 영국 네덜란드·프로이센 등지로 망명하였는데, 이들 중 소수의 인원이 남아프리카 공화국에 정착한 것이다. 그들은 대부분 근면한 상인·기사·공예인·군인이었으므로 프랑스로서는 적지 않은 경제적 손실을 보아야 했다.
[22] 김윤진, "남아프리카의 초기 백인정착과 국가형성의 역사적 배경," 「아프리카 연구 제14호」, 22.

로서 아프리카의 원주민(Native of Africa)이라는 말로 사용되었다.[23]

또한 '보어'(Boer)라고 불리는 화란 이주민들은 백인 이주민이라는 의미를 내포한 '트랙보어'(Trekboers)[24]가 되어 적당한 강수량과 충분한 물이 공급되는 좋은 토양의 새로운 거주지를 찾아 남아프리카 공화국 내륙 깊숙이 이동하면서 점차 백인 문명과는 멀어지게 된다. 새로운 거주지를 찾던 트랙보어들은 1743년과 1780년에 각각 케이프의 스웰렌담(Swellendam)과 그라프 레인네트(Graff Reinet)를 발견한다. 그러나 17세기 말부터 네덜란드의 급격한 세력 약화로 인해 동인도 회사가 파산 직전에 이르게 되자 그 틈을 타 영국이 세력을 확장하고 1803년 남아프리카 공화국의 케이프 타운을 점령하게 되고 1814년 나폴레옹과의 전쟁 후에 정식으로 케이프 타운을 영국령으로 편입시켰다.[25]

영국의 케이프 타운 점령은 남아프리카 공화국에 있어서의 힘의 균형이 화란에서 영국으로 전환되었음을 의미한다. 1809년 케이프 타운의 영국인 총독 카렌트 공은 1795년부터 문제가 되어온 백인 화란인(보어인)과 호텐토트족간의 관계를 심각하게 느끼고 호텐토트법을 개정하게 된다. 이 법은 오늘날 남아프리카 공화국의 인종분리 정책의 법적 기초를 이루고 있는데, 그 내용을 보면 원주민 호텐토트족의 관습법 폐지와 식민지 내에 거주하고 있는 모든 호텐토트족들은 백인고용주의 증명이 곁들여진 신분증명서를 항시 휴대할 것을 의무화하는 것이었다.[26]

---

[23] 김광수, "남아프리카 공화국의 문화적 정체성과 국가건설 그리고 아프리카너의 역할," 120, 121.
[24] 트랙부어란 식민지의 토지확장을 위한 군사요원으로서 오늘날 남아프리카 공화국 국민당 정권의 정치적 기반인 아프리카너 백인들의 조상으로 볼 수 있다.
[25] 심창섭, "인종분리 정책과 교회와의 관계" 「신학지남」, (서울: 1996년 겨울호, 총신대학교 출판부), 164.
[26] 박원탁, "아파테이드와 국내외적 갈등," 「韓國아프리카學會地 第5輯 第1卷」(한국아프리카학회, 1990), 6.

이러한 사실들로 미루어 보아 영국이 케이프 타운을 점령한 초창기, 영국은 보어인들과 같이 흑인노예에 대하여 강경한 입장을 취하고 있었다. 그러나 1819년 런던선교협의회(LMS: London Missionary Society)에서 파송한 선교사 필립이 도착하면서 상황은 반전되었다. 그는 특히 호텐토트와 혼혈인들의 백인 예속화에 대한 해방을 추구했으며, 이후 식민지역의 노예폐지 운동을 전개하였다.

필립의 노예폐지 운동으로 인해 1834년 영국정부가 노예제도를 폐지하자, 흑인들을 노예로 부리던 보어인들이 경제적인 타격을 입게 되면서 케이프를 버리고 북쪽으로 이동하기 시작하였다. 이것이 이른바 '대이동'(The Great Trek)인데, 이들 보어인들은 1837년 오렌지강 북쪽 지역에 트랜스바알(Transvaal), 오렌지 자유국(Orange Free State), 나탈(Natal)을 건설하였다.[27]

또 1822년 케이프 지역에서의 영어의 공식화는 아프리칸스어를 사용하던 보어인들의 대이동에 촉매 작용을 하였다. 이렇게 1835년부터 시작된 아프리카너들(보어인)의 대이주는 1848년까지 수차례에 걸쳐 계속되었는데, 이주자(Voortrekkers)로 불리는 이들은 철저한 칼빈주의자였으며 영국의 통제를 벗어나 그들의 권리와 자유를 얻고자 하였다.[28]

이와 같이 그들만의 언어인 아프리칸스어를 사용하고 흑인 노예를 당연시했던 보어인들의 선민의식은, 영국의 노예제도 폐지와 케이프 지역에서의 영어의 공식화에 쫓겨 도착한 새로운 지역에서도 원주민들을 열등한 인종으로 생각하고 그곳을 개척하는 것이 하나님의 명령(창 1:26-27)이라고 생각하면서 아프리카너들의 인종차별 정책의 기반을 이루게 되었다.

---

[27] Freda Troup, *South Africa: An Historical Introduction* (London: Eyre Methuen, 1972), 110-126.
[28] 서상현, "디아스포라에 의한 문화적 변동 현상에 관한 고찰-남아프리카 공화국 아프리카너들의 대이주를 중심으로," 133, 134.

또한 영국의 통제에 밀려 시작된 보어인들의 민족 대이동은 아프리카너들의 민족주의를 촉발시키는 계기로 작용하여, 어떠한 형태의 외국문화와의 교류도 반대하고 그들만의 관습과 문화를 고수하였다. 그리하여 자신들이 세운 두 개의 공화국 즉 트랜스바알과 오렌지 자유국에 화란개혁파 교회(DRC: Dutch Reformed Church)의 주도로 아프리칸스어 학교와 지방정부의회를 세워 선민으로서 이방 지역에 하나님의 나라를 건설한다는 이념을 도입하였다.

이후 1867년 오렌지 강 유역의 킴블리(Kimberely) 지역 부근에서 다이아몬드가 발견되면서 케이프 지역의 영국인들이 보어인들이 세운 공화국까지 점령하면서 부어인들과 영국인들의 전쟁이 시작되었다.

1차 보어전쟁(1880)과 2차 보어전쟁(1899-1902)에서 영국이 승리함으로써 부어인들이 세운 트랜스바알과 오렌지 자유국은 영국의 지배에 들어가게 되었다. 이후 영국은 1901년 케이프와 나탈, 오렌지 자유국, 트랜스바알 네 지역을 통합하여 남아프리카 연방(Union of South Africa)을 수립하고 영국 연방 내의 자치령을 형성하였다.[29] 이렇게 자신들이 세운 공화국을 영국인들에게 빼앗긴 보어인들은 영국의 노동자로 전락하면서 영국인을 극도로 미워하게 되었는데, 이는 보어인들이 근대 아프리카 공화국을 형성하는 계기가 된다.

영국과 보어인 간의 갈등이 첨예한 가운데 1905년 5월에 성립된 보타내각은 영국과 보어인을 화해시키려고 노력했고, 1913년 보어전쟁의 지도자였던 헤르초그(J.B.M: Hertzog)에 의하여 "아프리카너의 이익은 아프리카너에 의하여 보호될 수 있다"는 이념 하에 국민당(NP: The Nationa Party)이 창당되었다. 헤르초그 내각은 백인 지주의 이익을 부르짖음과 동시에 문명화 노동정책을 내걸면서 백인 빈

---

[29] T. Dunban Moodie, *The Rise of Afrikanerdon*, (University of Califonia Press, Ltd, 1975), 73, 74.

민중을 구제하기 위한 인종차별법을 시행[30]하면서 보어인의 입장을 강력하게 표명하기 시작하였다. 이렇게 시행된 인종차별법은 보어인들의 지도자였던 말란(D.F. Malan)을 중심으로 2차 국민당 창당의 기본적인 이념이 되었으며, 1948년 남아프리카 공화국의 선거에서 국민당이 승리하면서부터 아파르트헤이트(Apartheid)라는 기형적인 인종분리 정책으로 현실화되기 시작하였다.

이렇게 남아프리카 공화국의 인종분리 정책은 남아프리카 공화국에 이주한 백인들의 이기적 욕망을 충족시키기 위해 흑인들을 조직적으로 탄압한 정책이다. 이러한 역사는 미국에 이주한 백인들이 미국 원주민들인 인디언들을 학살하고 탄압하면서 백인들의 국가를 세운 경우와 유사다고 할 수 있다.

2) 남아프리카 공화국의 칼빈주의 역사

남아프리카 공화국에 칼빈주의가 처음 들어오게 된 것은, 1652년 화란인들이 인도와의 무역을 용이하게 하기 위해 남아프리카 공화국에 기항지를 세우고 백인들이 거주함과 동시에 화란 개혁 교회가 설립되고 1665년에 최초의 정식 목사가 도착하면서 시작되었다. 그러나 진정한 의미에서의 칼빈주의 교회 설립은 가톨릭에 의한 박해를 피해 1688년부터 1900년 사이에 남아프리카 공화국으로 이주한 프랑스의 위그노들에 의해 시작되었다.[31]

이렇게 남아프리카 공화국의 칼빈주의는 교역이나 종교적인 자유 등 철저히 백인들의 필요와 이익을 위해 시작되었다. 그리고 이후 영국이 케이프 지역을 점령하게 되면서 스코틀랜드의 장로교회가 남아프리카 공화국에 들어오기 시작하였다.

---

[30] Freda Troup, *South Africa: An Historical Introduction*, 241.
[31] John T. McNeill, *The History and Character*, 정성구, 양낙홍 역, 『칼빈주의 역사와 성격』 (크리스찬다이제스트, 1990), 434.

1795년 보어인들이 정착했던 케이프는 영국인의 손에 넘어갔지만, 공식적으로는 화란의 국가교회 형태를 유지하고 있었던 교회에 끊임없이 목사들이 필요했는데, 영국은 화란어 공용어 사용 금지를 위해 케이프 교회에 스코틀랜드 교회(Kirk of Scotland) 출신의 목사와 교사들을 모집하였다. 그러나 그들은 화란인들을 영국화하는 데는 성공하지 못했지만 케이프 교회의 복음주의적이고 개혁주의적인 전통을 강화하였다.[32]

또한 1819년 영국 선교사 필립의 노예폐지 운동으로 흑인들을 노예로 부리던 보어인들이 이주하여 1837년 오렌지강 북쪽 지역에 세운 두 개의 공화국에 화란개혁파 교회(DRC: Dutch Reformed Church)를 설립하면서 표면적으로는 칼빈의 신학의 영향을 받은 17세기 도르트 총회의 신앙고백을 수용하였다.[33]

이렇게 화란과 프랑스, 그리고 스코틀랜드에 의해 형성된 남아프리카 공화국의 복음주의적인 칼빈주의가 형성되는데, 남아프리카 공화국에 형성된 칼빈주의 교단에는 화란 개혁 교회(DRC), 남아프리카 개혁 교회(GKSA), 영국 개혁 교회 등이 있으며, 이 중 인종분리 정책은 교단은 남아프리카 공화국의 화란 개혁 교회에 의해 비롯되었다. 남아프리카 공화국의 화란 개혁 교회는 강력한 민족주의 성향을 보이며 19세기 본국과의 단절 속에서 아프리칸스어를 사용하는 백인들의 이익을 대변하기 위해 인종분리 정책을 입안하고 발의하였는데, 이들은 화란의 칼빈주의 정치사상가 아브라함 카이퍼(Abraham Kuyper, 1837-1920)의 영역주권론을 인종분리 정책 시행의 사상적인 근거로 교묘히 이용하였다.

남아프리카의 최초의 진정한 정당인 아프리카 연맹(Afrikaner Bond)

---

[32] Gideon Thom, "남아프리카의 칼빈주의,『칼빈이 서양에 미친 영향』, ed. Stanford. W. Reid, 홍치모, 이훈영 역 (서울: 크리스챤다이제스트, 1997), 425.

[33] Herman J. Selderhuis, *The Calvin Handbook* (Grand Rapids, Michigan/Cambridge, U.K. 2009), 507.

을 창당한 듀 토이(S. J. Du Toit)는 아브라함 카이퍼의 찬미자로, 이 연맹을 통해 오랫동안 계급제국주의자들을 제외한 아프리칸스어와 영어 사용자들의 지지를 받아왔다. 초기의 남아프리카 당(South African Party)과 헤르초그(Hertzog)의 국민당 뿌리도 아프리카 연맹에서 찾을 수 있다.[34]

3) 인종분리 정책(Apartheid)의 역사와 시행

인종분리 정책(Apartheid)은 남아프리카 공화국에 거주하고 있는 17%의 백인들이 70% 이상을 점유하고 있는 흑인들을 통제하기 위해 세운 법이다. 이 'Apartheid'는 용어는 아프리칸스(Afrikaans)어로 분리(Separation) 또는 격리(Segregation)를 뜻하는 용어로 '각 지역에 할당된 지리적인 지역에서의 분리발전'이라는 의미이다.[35] 이 인종분리 정책이 처음 실시된 것은 아프리카너(보어인)들이 세운 트랜스바알 공화국(1852)과 오렌지자유국(1854)에서였는데, 보어인들은 케이프에서 실시되었던 통행법(Pass Law)를 도입하여 원주민인 반투족에게 노예적인 강제 노동을 강요하였으며 이를 위반한 자에게는 태형 등의 형벌을 부과하였다. 또한 이 두 보어인의 국가에서는 소수 백인의 지배권을 확보하고 기독교 문명의 우월성을 보호하기 위해 원주민 흑인들을 농노로 전락시켜 백인과는 엄격한 차별 대우를 하는 인종주의 정책을 확립하였다.[36]

애초에 각 영역의 고유한 주권을 인정하고 각각의 영역의 발전을

---

[34] Gideon Thom, "남아프리카의 칼빈주의," ed. Stanford. W. Reid, 『칼빈이 서양에 미친 영향』, 433.
[35] Sipo E. Mzimela, *The Bible and the Fallacious Philosophy of Apartheid* (WCC/ CCPD, 1985), 41.
[36] 박원탁, "아파테이드와 국내외적 갈등," 『한국아프리카학회지 제5집 1권』(한국아프리카학회, 1990), 7.

추구하자는 아브라함 카이퍼의 영역주권론[37]에 사상적 근거를 두고 시작되었다는 인종분리 정책의 원리에 의하면, 모든 종족은 그 자신 고유의 독특한 운명을 그리고 세계에 이룩하게 되는 각각의 고유한 문화적 공헌을 갖게 된다. 그러므로 서로 다른 종족들은 각각 분리되어야 하며, 그들 각각의 노선에 따라 발전하게끔 인정되어야만 한다. 종족적 문화의 순수성을 오염케 하는 결과를 가져오는 상이한 종족간의 접촉은 최소화해야 한다.[38]

다시 말해, 정치·사회·문화·예술 등의 모든 영역이 신학을 위한 부수적인 것으로만 여겼던 것에 반대하고 이들 각자의 고유 영역을 인정하고 각자의 발전을 추구해야 한다는 아브라함 카이퍼의 영역주권론을, 인종차별로 확대 적용한 것이 인종분리 정책이다. 따라서 인종분리 정책은 표면적으로 백인과 흑인들이 각자 분리되어 발전하는 데 목적을 둔 듯하지만, 실제로는 아프리카에서 백인의 절대적인 우월권을 확보함으로써 백인의 정치적, 경제적 지배권을 강화하는 데 있었다.

그리고 남아프리카 내의 화란 개혁 교회는 1932년부터 줄곧 대표를 정부에 파견하여 인종차별을 합법화하는 한편, 1947년 국민당 정부로 하여금 이 정책을 시행하도록 하였다.[39] 이렇게 아브라함 카이퍼의 영역주권 이론을 왜곡한 인종분리 정책의 사상적 근거를 화란개혁교도(Dutch Reformed Church)들이 제공함으로써 반인륜적인 인종분리 정책의 주범으로 칼빈주의가 지목받게 된 결정적인 요인이 되었다.

---

[37] 영역주권 사상(Sphere Sovereignty)이란 하나님이 사회 내 각 영역 속에 제각기 주권을 부여하여 각자의 법질서에 의해 유지되도록 했다는 사상이다. 즉 국가만 주권을 갖는 것이 아니라 인간 생활과 관련한 모든 분야는 고유의 제한된 영역주권을 가지며, 따라서 정부는 각 분야의 자유를 보장하고 각 영역들이 고유의 일을 수행할 수 있도록 보호해야 한다는 것이다.

[38] 박원탁, "아파테이드와 국내외적 갈등," 9, 10.

[39] Allan Boesak, *Black and Reformed: Apartheid Liberation and the Calvinst Tradition*, (New York: Orbis Books), 106.

그리고 1948년 5월 총선에서 국민당의 말란 내각이 정권을 잡으면서 이들은 각종 인종차별법을 제정하였다. 1949년에 제정된 혼합결혼금지법(The Prohibition of Mixed Marriage Act), 1950년의 부도덕행위금지법(Immorality Act), 인구등록법(The Population Registration Act) 그리고 집단지역법(The Group Areas Act) 등의 제정을 통해 이종족 간의 혼인금지, 비백인과 백인간의 교제나 성행위금지, 백인, 흑인, 혼혈인, 인도인 등으로의 구분, 인종별로 구분된 거주지 설정 등을 구체화하였다.[40] 이러한 법안의 개정은 흑백간의 결혼을 원천적으로 봉쇄했을 뿐 아니라 흑백간의 거주지를 완전 분리를 가져와 아직 미개한 남아프리카 공화국의 흑인들에 대한 백인우월의식에 기인한 인종분리 정책의 단면을 잘 보여주는 실례라고 할 수 있다.

더구나 집단지역법은 흑인과 백인의 거주 지역을 구분하는 지역의 분할정책을 현실화한 법안이다. 이들은 10개의 흑인거주 지역을 선포하고 이들을 반투스탄(Bantustans), 즉 공식 이름은 홈랜드(Homelands)라고 불렀다. 이러한 분리정책의 정치적인 이념은 '다양성'(diversity), '종족성'(ethnicity), '자결권'(the rights of self-determination) 그리고 '자치권'(self-control of its own affairs)을 기초로 한 것이다. 백인들은 2,300만의 흑인들을 동일한 그룹(homogeneous)으로 간주하지 아니하고 서로 다른, 분리되어야 할 민족(Volk)로 규정지었다.[41]

그런데 1976년 전 국토의 13%를 차지했던 10개의 흑인 거주지역은 그 지역 생산량이 남아프리카 공화국의 국내생산량(domestic product)의 3%에 불과하였을 정도로 상당히 경제적으로 낙후되었다.[42]

이렇게 백인과 흑인들이 서로 분리된 지역에서 자치적으로 존재해야 한다고 주장하면서 흑인 차별을 합법화했던 국민당 정부는, 이

---

[40] 박원탁, "아파테이드와 국내외적 갈등," 10, 11.
[41] 심창섭, "인종분리 정책과 교회와의 관계," 170, 171.
[42] 심창섭, "인종분리 정책과 교회와의 관계," 171.

어 원주민들을 보호한다는 명목하에 1952년 '통행법'(Pass Law)을 개정하여 15세 이상의 흑인 남녀들에게 신분증을 휴대하도록 의무화하였다. 그러나 결국 이 법으로 인해 원주민 거주 지역의 흑인 남녀들은 계절노동자로 고용 계약이 있는 경우에 한하여 도시에 들어올 수 있었고 계약기간이 끝나면 반드시 자신의 거주 지역으로 복귀하여야만 했으므로, 실제로는 흑인들의 거주 이전의 자유를 박탈하는 결과를 가져왔다.

이렇듯 국민당의 말란 내각이 제정한 모든 인종차별법은 표면적으로는 흑인들의 고유권을 인정하려는 듯했지만 결국 흑인들로부터 남아프리카에서의 시민권을 박탈하고 백인 거주 지역에서 완전히 추방하려는 의도를 지니고 있었다고 할 수 있다. 더구나 이러한 인종차별법들의 시행으로 백인들에게는 특별한 이득을 취하도록 하고 흑인에게는 특정한 직업에 종사할 수 없도록 하는 등 고용차별로 이어져 흑인들은 극심한 경제적 차별을 감수해야만 하였다.

더 나아가 인종분리 정책은 1959년 반투 자치 촉진법(The Promotion of Bantu Self-Government)과 분리대학법(Separate Universities Act)으로 체계화되었는데, 분리대학법은 이전에 백인과 마찬가지로 비백인들에게 허락되었던 대학입학권한을 부정하는 더 강화된 인종차별법이었다. 그로 인해 혼혈인 및 아시아인을 위한 대학인 분리종족대학이나 부족단과대학(케이프주의 호사대학, 나탈주의 줄루대학, 트란스발주의 소토츠와나가대학)이 설립되었는데, 이 대학들은 정부의 엄격한 통제와 감독 하에 놓여 있었다.[43]

남아프리카 공화국의 인종분리 정책에 대한 실제적인 사례를 20세기 남아프리카 공화국의 흑인 칼빈주의 신학자 알란 부삭은 다음과 같이 정리하였다.

---

[43] 박원탁, "아파테이드와 국내외적 갈등," 11, 12.

오늘 결혼한 흑인 남자가 백인지역에 가서 일을 하고자 한다면 내일이라도 고향이라는 황야에 신부를 두고 가야만 한다. 법을 어기지 않는 한 함께 갈 수 없으며, 연말 휴가로 주어지는 두 주 간에나 함께 지낼 수 있다. 이 구조화된 폭력은 실제로 흑인 가족생활을 파괴하고 있다. 이 구조적인 폭력은 교육제도에도 그대로 적용된다. 국민학교에서 고등학교까지는 제대로 다닐지 몰라도, 정부는 다음과 같이 말한다. "애들은 경쟁에서 낙오되기 때문에 백인대학에 갈 수가 없다." 이는 단순한 인종차별의 이야기가 아니고 실제로도 그러하다. '반투'나 흑인 아프리카 교육은 너무 열악하므로 대학교육을 위한 준비과정은 전혀 못된다. 1950년대에 남아프리카의 흑인교육을 지적한 버볼트(Dr. Verwoerd)의 말은 아직 맞는 말이다. "흑인 어린이들에게 남아프리카의 사회에서는 백인 어린이들과 똑같은 지위를 얻을 수 있다는 생각이 들도록 교육하면 안된다."[44]

즉 남아프리카 공화국의 인종분리 정책이 백인들의 이득을 위해서 뿐 아니라 백인들의 이익과 무관하더라도 단지 흑인들을 억압한다는 그 자체에 목적을 둔 비인간적이고 잔인한 것이었음을 보여주고 있다.

이렇게 1960년대 이전의 인종분리 정책은 백인우위 정책이 강조되었으나 1960년 이후에는 더욱 노골적이고 반인륜적인 흑백분리 정책을 실시하여 흑인을 백인사회로부터 완전히 격리시키게 되었는데, 이는 1990년대 흑인정부가 들어선 이후에나 폐지되었다.

---

[44] 알란 부삭, 『아프리카의 교회와 해방』, 김인주 역 (서울: 형상사, 1989), 69.

4) 인종분리 정책(Apartheid)과 칼빈주의

(1) 인종분리 정책(Apartheid)과 칼빈주의와의 관계

인종분리 정책은 남아프리카 공화국에 화란 개혁 교회가 설립된 이후 신학적 기반을 갖게 되었는데, 남아프리카 공화국의 개신교 역사는 1652년 네덜란드인, 1668년의 프랑스 위그노들의 정착과 뒤이은 독일인들의 이주로부터 시작되었다. 이렇게 남아프리카 공화국에 이주하여 정착한 유럽인들은 대체적으로 칼빈주의자들이라고 할 수 있다.

인도와의 무역을 용이하게 하려고 남아프리카 공화국에 이주한 네덜란드인들을 위해 네덜란드 본국으로부터 건너 온 화란 개혁파 교회(The Dutch Reformed Church, DRC)가 남아프리카 공화국에 설립되었다. 그러나 1806년 영국인들이 케이프 타운을 점령한 이후 남아프리카 공화국에서는 영국인들을 대상으로 복음을 전하던 영국 선교 교회와 화란 개혁 교회가 갈등관계에 있었다. 엄밀히 말해서 결코 칼빈주의자가 아니었던 런던 선교 교회는 칼빈주의자들로 구성된 화란 개혁 교회와 이념적인 대립관계가 형성될 수밖에 없었다.

남아프리카 공화국의 화란 개혁 교회는 본국의 화란 개혁 교회보다 칼빈주의를 더 오랫동안 고수함으로써 스스로 칼빈주의자라는 자부심이 강했다. 그 이유는 그들이 본국으로부터 분리되어 독자적인 길을 걷기 시작했을 무렵, 화란 본국의 엄격했던 칼빈주의 신학은 계몽주의 영향을 받게 되면서 1817년 제정한 도르트(Dort)의 초강력 칼빈주의 교리(ultra-Calvinistic decrees)는 구속력을 잃었고 교회 내에 이성주의가 괄목할 정도로 부상되었다.[45] 이렇게 본국의 화란 개혁 교회가 점차 자유주의화 되었던 것과 달리, 남아프리카 공화국의 화란 개혁 교회는 도르트 신조를 저버리지도 않았고 따라서 자유

---

[45] 심창섭, "인종분리 정책과 교회와의 관계," 181.

주의화 되지도 않았기 때문이다. 게다가 흑인들을 노예로 부리던 보어인들이 영국의 노예해방정책에 쫓기면서 런던 선교 교회와 화란 개혁 교회와의 갈등이 심화되었다.

그러나 런던선교회는 남아프리카 공화국의 영국인을 위한다는 존재 목적 때문에 남아프리카 공화국에서 크게 세력을 확장하지는 못하였고, 오히려 먼저 정착한 화란 개혁파 교회가 남아프리카 공화국에서는 우세하였다. 원래 화란 개혁 교회(DRC)는 순수백인들로 구성된 모 교회와 백인선교사들이 선교하여 세운 3개의 흑인교회 등 4개의 그룹을 형성하고 있었는데, 1850년대까지는 흑백인이 같이 예배를 드렸다. 그러나 1857년 흑인들과 성만찬의 컵을 함께 나누지 아니하려는 보어인들의 '인간의 연약성 때문'이라는 변명과 함께 흑인교회가 백인교회로부터 분리하게 되었다.[46] 그래서 화란 개혁 교회는 유색인들을 백인교회와 분리해서 발전하도록 하였다.

결국 화란 개혁 교회는 남아프리카 공화국에서 보어인들의 압력으로 인해 인종분리 정책에 동조했을 뿐 아니라 화란의 칼빈주의자였던 아브라함 카이퍼의 사상을 신학적 기반을 제공하여 인종분리 정책을 합리화하였으나 이는 카이퍼의 영역주권 사상을 왜곡한 것으로 결국 칼빈주의의 궤도에서 이탈한 것이었다.

19세기 중반 화란 개혁 교회는 네덜란드의 수상까지 지낸 신학자이자 정치가였던 아브라함 카이퍼의 신칼빈주의 물결이 전국을 휩쓸었다. 카이퍼는 영역주권 사상에 근거하여 하나님의 통치는 교회뿐만이 아니라 정치와 경제, 사회, 문화 등 전 영역에 걸쳐 이루어지고 있다고 역설하면서, 그 서로 다른 영역들은 자신만의 고유한 영역이 있기 때문에 서로의 영역을 인정해주어야 한다고 주장했다.

이러한 영역주권 사상에 근거한 카이퍼의 신칼빈주의(Neo Calvinism) 사상은 화란은 물론 남아프리카 공화국의 도퍼(Dopper) 교

---

[46] 심창섭, "인종분리 정책과 교회와의 관계," 185.

단의 경계선을 넘어 아프리카너 애국자이자 비밀결사 단체의 창립자인 듀 토이(S. J. du Toit) 목사를 통해 아프리카너 사회에 널리 파급되었고 이들 남아프리카 공화국의 애국주의 단체들은 듀 토이의 이념적 지원 아래 카이퍼의 신칼빈주의를 자의적으로 해석하는 등 교묘하게 왜곡하면서 인종차별정책의 신학적 기반으로 삼았다.

남아프리카 공화국의 화란 개혁 교회는 선민(chosen people)의식을 가지고 남아프리카 공화국 땅을 하나님의 약속의 땅이라고 하면서 남아프리카 공화국의 식민지는 하나님의 뜻이며 흑인들을 지배하는 도구로 사용된 인종분리 정책을 하나님의 섭리로 이데올로기화 하였다. 이렇게 남아프리카 공화국의 인종분리 정책은 선민의식과 카이퍼의 영역주권 사상이 혼재하면서 생산된 기형아라고 볼 수 있다.

이렇듯 아브라함 카이퍼의 영역주권 사상은 남아프리카 공화국의 민족주의자들에게 인종분리 정책의 합리화를 위한 이론적 근간에 이용되어 결국은 반인륜적인 인종분리 정책의 주범으로 칼빈주의가 지목되어 칼빈주의의 해악으로 비판을 받는 계기가 되었다.

선민의식에 사로잡혔던 아프리카너들은 신칼빈주의자 카이퍼에게 지나치게 의존하였을 뿐 아니라 아프리카너 공동체의 이익을 위하여 그의 사상을 원용하거나 왜곡하기도 하였다. 특히 카이퍼의 영역주권 사상은 아프리카너에게 선민으로서의 독립된 지위를 확보하는 데 원용되었는데, 실제로 카이퍼의 신학은 어떠한 민족주의적인 발상도 꺼려하였다. 이러한 이유로 남아프리카 공화국의 케이프 타운 대학의 조직신학 교수인 그루시는 다음과 같이 말했다.

> 아프리카너들이라고 모두가 칼빈주의자는 아니며 화란개혁파 교회의 신학이 아프리카너 칼빈주의와 동일한 것은 아니다. 아프리카너 칼빈주의는 19세기 후반 DRC 내부에서 출현한 여러 가지 신학 자료들의 특이한 형태의 이데올로기적 혼합물이었고, 이 사상은 20세기 아프리카너 민족주의와 인종분리 정책의 전성기동안 풍미했었다.

아프리카너 칼빈주의는 칼빈주의 정도에서 이탈한 것이고 오늘날 다수의 화란개혁교단 신학자들에 의해 거부되고 있더라도, 그것은 여전히 인종분리 정책과 아프리카너 민족주의에 신적 재가를 부여코자 분위기를 조성하는 우익 아프리카너 공동체 내부에 한의 강력한 잠재력으로 실재한다.[47]

즉 남아프리카 공화국의 인종분리 정책(아파르트헤이트)이 화란 개혁 교회에 의해 지지되었고 그들에 의해 칼빈주의적인 기반을 가지게 되었다고 할지라도, 남아프리카 공화국의 화란 개혁 교회가 1824년 본국으로부터 분리되면서 아프리카너 자체적으로 민족주의적인 성향을 지니게 되었고 현저하게 칼빈주의 대열에서 이탈했다는 것이다.

이러한 사실들로 미루어 볼 때 화란 개혁 교회는 아프리카너 민족주의를 위하여 인종분리 정책이라는 신학적인 토대를 제공하였다. 그리고 이 신학적인 토대는 칼빈주의자인 카이퍼의 영역주권 이론에 근거했다고는 하지만, 실제로는 극단적인 민족주의라는 오류에 빠진 아프리카너들의 이기적인 행태를 합리화하기 위해 카이퍼의 이론을 의도적으로 오용한 것이므로 사실 칼빈주의의 본질과는 거리가 멀다고 할 수 있다. 따라서 남아프리카 공화국의 인종분리 정책을 근거로 칼빈이나 신칼빈주의자인 카이퍼의 사상을 비판하는 것은 타당하지 않다.

(2) 인종분리 정책(Apartheid)에 대한 신학적 비판

남아프리카 공화국에서의 사회적 경제적 지위를 확고히 하려던 아프리카너들의 교회인 화란 개혁 교회는 1932년부터 정부에 인종

---

[47] John W. de Gruchy, *Liberating Reformed Theology*, 이철호 역, 『자유케 하는 개혁신학』 (서울: 예영커뮤니케이션, 2008), 23.

차별법을 발의했고, 1947년에 국민당 정부가 이를 수용하였으며, 1948년 남아프리카 공화국에 공식적으로 인종차별법이 시행되었다. 다시 말해 인종 차별을 합법화하는 데 정부보다는 오히려 교회가 먼저 인종차별법 시행에 앞장섰다는 것이다. 인종분리 정책에 대한 남아프리카 공화국 교회들의 반응을 알란부삭은 다음 세 가지로 구분하고 있다.

> 인종분리 정책은 예수 그리스도의 복음을 부정하는 것으로 악한 제도이며 화해할 수 없는 것이므로 있는 힘을 다해서 싸워야 한다는 사람들이 있다. 그러나 인종분리 정책은 남아프리카를 향한 하나님의 뜻을 잘 나타낸 것이라는 사람들도 있다. 남아프리카의 화란 개혁 교회의 백인들이 이런 입장이다. 세 번째 견해는 영어를 사용하는 남아프리카의 그리스도인들에게 주로 나타나는 것이다. 인종분리 정책이 악하긴 하지만 이 시점에서 최선의 정치적 해결책이라는 것이다. 흑인들이 나라를 석권하느냐, 아니면 인종분리 정책으로 평형상태를 유지하느냐 하는 두 가지 중에서 어느 쪽이 덜 악한가 하는 문제이다.[48]

이러한 알란 부삭의 말은 인종이나 정치적 입장 차이에 따라 인종분리 정책에 대하여 다른 견해를 보였음을 시사하고 있다. 먼저 남아프리카 공화국의 흑인교회들은 인종분리 정책에 대하여 당연히 부정적인 반응을 보였는데, 우선 흑인교회들은 자신들이 백인들과 동일하게 하나님의 형상으로 지음 받은 피조물이므로 백인들이 흑인들을 지배하는 것은 부당하다는 것이다. 이들은 출애굽기의 바로의 압제를 예로 들면서 흑인들에 대한 백인들의 압제를 통렬히 비판하였다. 게다가 하나님은 압제자인 바로의 하나님이 아니고 이스라엘의 하나님인 것처럼 압제당하는 흑인들의 하나님이며, 예수 그리스도는 가난하고 병들고 억눌린 사람들을 위하여 보내심을 받으신

---

[48] 알란 부삭, 『아프리카의 교회와 해방』, 73, 74.

분(눅 4:16-18)이므로 백인의 흑인 압제는 비기독교적인 것이고 따라서 교회는 백인들의 흑인 압제에 저항해야 한다고 하였다.

그럼에도 불구하고 흑인교회들은 백인들의 압제에 대해 폭력에 의존하기보다는 무저항 비폭력으로 일관하여 남미의 해방신학의 경우와는 다른 양상을 보였다. 다시 말해 남아프리카 공화국의 흑인교회들의 저항이 남미의 해방신학과 같이 지배자들로부터의 생존권을 위한 절박한 것이었다는 점에서 유사점이 있으나, 남미의 해방신학이 과격한 폭력에 의존하여 남미 민중들의 생존권을 위한 저항이라는 정당성에도 불구하고 끊임없는 비판을 받아온 것과 달리, 남아프리카 공화국 흑인교회의 저항은 무저항 비폭력으로 일관되어 많은 국가들로부터 동정과 지지를 받아 그 정당성을 인정받았다고 볼 수 있다.

다음으로 남아프리카 공화국의 인종분리 정책 시행에 주도적 역할을 한 화란 개혁 교회의 아프리카너들은 자신들의 이익을 위해 하나님의 복음을 자신들에게 유리하게 왜곡하였다. 즉 선민의식을 가졌던 아프리카너들은 아직 미개한 아프리카를 정복하고 다스리는 것이 하나님의 뜻이라고 생각하였고, 화란 개혁 교회는 이들의 입장에 면죄부를 주기 위해 칼빈의 신학과 카이퍼의 영역주권 이론을 자의적으로 왜곡함으로써 오늘날 칼빈주의에 대한 비판의 강력한 근거를 제공하였다.

남아프리카 공화국의 화란 개혁 교회를 제외한 아프리카에 거주하는 다른 백인교회들은 인종분리 정책의 부당성을 인정함에도 불구하고 인종분리 정책이 백인인 자신들에게 유리하다는 계산 하에 침묵함으로써 인종분리 정책이 시행 유지되는 데 암묵적인 동조자라는 비판을 면할 수 없게 되었다. 그러나 이들이 남아프리카 공화국의 화란 개혁 교회와 노선을 같이 한 것은 아니었는데, 특히 남아프리카 공화국에 정착한 영국 백인교회들은 남아프리카 공화국 정착 초기 호텐토트족의 관습법 폐지 등으로 인종분리 정책의 법적기초를 제공하고 있었음에도 불구하고 인종분리 정책에 대해 남아프리카 공화국의 화란 개혁 교회와 대립적인 입장을 보였다. 즉 영국 백인교회들은 1948년 국민당에 의해 인종분리 정책이 시행된 이래로 교회의 총회, 대회 등 여러 모임들을 통해 그룹지역법령, 패륜행위금지법령, 혼합결혼법령 등 인종분리 정책을 반대하면서 정부의 시책에 거부하는 저항운동을 하였다.[49]

이러한 남아프리카 공화국의 인종분리 정책에 대한 다양한 반응을 살펴본 결과 인종분리 정책에 대해 민족주의적인 갈등에서 기인한 입장 차이 뿐 아니라 신학적인 입장 차이로 인해 인종차별에 대한 갈등이 더 심화되었다고 할 수 있다.

그렇다면 신학적인 관점에서 인종분리 정책의 오류에 대해 살펴보겠다.

첫째, 인종분리 정책은 예수 그리스도의 복음을 자의적으로 왜곡하였다. 예수 그리스도는 포로된 자에게 해방을 주고 병든 자에게 고침을 가난한 자에는 위로를 주기 위해 이 땅에 오셨다(눅 4:16-18). 여기서 포로된 자란 영적으로 악한 세력에게 억눌린 상태 뿐 아니라 육신적으로 압제 당한 자를 의미하기도 한다. 또한 하나님은 출애굽기를 통하여 이스라엘 백성들에게 한때 애굽에서 나그네 되었던 것을 잊지 말 것을 경고하고 있다. 그러나 남아프리카 공화국의 화란 개혁 교회는 자신들이 남아프리카 공화국에 정착했을 당시의 나그네 되었던 것을 잊고, 오히려 자신들의 유익을 위해 자유한 자 즉 흑인들을 압제함으로써 성경 말씀을 위반했을 뿐 아니라 그것을 합법화하는 범죄를 저질러 비성경적이라는 비판을 면할 수 없다.

둘째, 남아프리카 공화국의 화란 개혁 교회의 주도 하에 시행된 인종분리 정책은 카이퍼의 영역주권 사상을 자신들의 입맛에 따라 왜곡하였다. 즉 선민의식으로 가득 찬 아프리카너들의 화란 개혁 교

---

[49] 심창섭, "인종분리 정책과 교회와의 관계," 191, 192.

회는 남아프리카 공화국을 지배하는 것이 하나님의 뜻이라 믿고 흑인들을 지배하는 인종분리 정책을 하나님의 섭리로 이해하였다. 그래서 화란 개혁 교회는 아프리카너들의 이익을 확고히 하기 위한 인종분리 정책을 발의하고 이를 정당화하는 신학적 기반까지 마련하였는데, 이것이 바로 아브라함 카이퍼의 영역주권 사상이다. 그러나 실제로 카이퍼의 영역주권 사상은 인종분리 정책에 동조하거나 뒷받침하지 못한다. 카이퍼의 영역주권 사상에 의하면 세상의 모든 각 영역들은 하나님의 서로 다른 창조의 목적과 질서가 있으므로 각 영역의 독립성과 자율성이 존중되어야 한다는 것이다. 다시 말해 카이퍼의 영역주권 사상을 인종 문제에 적용한다면 각각의 인종은 서로의 독립성과 자율성을 존중해야 한다. 그러나 남아프리카 공화국의 화란 개혁 교회는 카이퍼의 이러한 원리를 흑백 인종 간에 적용하여 서로간의 불간섭과 분리 발전을 주장하는 듯하였으나 실제로는 흑인들을 압제하고 노예로 부리는 부당한 행위에 정당성을 부여하기 위해 왜곡하였다.

셋째, 애초부터 아프리카너들의 경제적 유익을 위해 시행된 인종분리 정책은, 그 부당성에도 불구하고 지속적인 정책 유지를 위해 정교분리를 주장하여 칼빈의 이중통치론을 왜곡하였다. 즉 화란 개혁 교회는 인종분리 정책에 대한 저항을 원천 봉쇄하기 위해 철저한 정교분리 원칙하에 국가 정책에 대한 교회의 불간섭과 국가의 권위에 대한 순종을 가르쳤다. 그러나 칼빈은 사회의 안정을 위해 교회가 국가의 권위에 순종하라고 하면서도 또한 불의한 정권에 대해서는 저항할 것을 말하였다. 따라서 인종분리 정책을 주도했던 남아프리카 공화국의 화란 개혁 교회의 정교분리는 칼빈의 이중통치론의 본래의 취지에서 벗어났다고 할 수 있다.

결론적으로 남아프리카 공화국의 인종분리 정책의 주범으로 칼빈주의나 그 교회들을 지목하여 그 책임을 교회에 돌리는 것은 타당하지 않다. 그 이유는 남아프리카 공화국의 인종분리 정책은 교회가 성경과 올바른 교리 위에 바로서지 못한 데서 기인한 것이므로 비성경적이기 때문이다. 따라서 오늘날 그리스도인들은 성경에서 이탈한 행위가 가져온 비극에 대하여 깊은 성찰이 이루어져야 할 것이다.

4장_
미국의 칼빈주의

　칼빈주의 사상은 근대 유럽의 민주주의 형성에 지대한 영향을 미친 반면, 토착민을 학대하는 기형주의적인 이데올로기로 변화되었다. 이러한 칼빈주의는 남아프리카 공화국과 비슷한 시기에 전파된 미국의 이념에 큰 영향을 미쳤다.

　칼빈주의는 영국의 청교도들에 의해 미국으로 전파되면서 청교도적 이념으로 국가를 건설한다는 그 이념과는 달리 원주민들을 핍박하는 도구로 변형되었다. '언덕 위의 도시'를 꿈꾸며 미국으로 이주한 청교도들은 자신들이 세운 미국이라는 나라의 건국이념을 "God bless America"라고 하였다. 이들의 극단적인 선민사상은 자신들을 미국에 정착할 수 있도록 실질적인 도움을 주었던 토착민인 인디언들을 학살하고 땅을 정복하는 이념적 토대로 작용하였다.

　그러므로 본 장에서는 미국으로의 칼빈주의가 어떠한 형태로 전파되었는지 살펴보고 미국의 청교도들과 토착민과의 관계에 대하여 고찰하고자 한다. 그리고 다음으로는 미국의 정교분리 원칙과 한국의 정교분리 원칙을 비교한 후 칼빈주의가 미국을 거쳐 한국에 들어온 과정을 고찰하고자 한다.

1. 미국의 칼빈주의와 토착민과의 관계

1) 미국의 칼빈주의

(1) 미국의 칼빈주의의 전래 - 정교분리를 중심으로

오늘날 미국의 문화는 기독교적 바탕 위에 세워진 문화이다. 비록 현대 미국의 문화와 가치관이 변하였다고 할지라도 아직도 미국의 문화와 가치관은 기독교적이라 할 수 있다. 그러면 미국의 기독교적 가치관은 무엇인가? 그것은 다름 아닌 청교도적 기독교 문화이다.

물론 미국으로 건너간 기독교인들 가운데는 청교도뿐만 아니라 화란과 스코틀랜드의 칼빈주의 기독교인들이 있지만, 전반적으로 미국문화를 건설한 사람들은 청교도이므로 미국의 기독교인들은 청교도의 범주 안에 있다고 할 수 있다.

교회사가인 George M. Marsden은 미국의 문화에 대하여 청교도의 영향을 절대적이라고 말하면서, "미국인의 가치관에 미친 청교도들의 영향력은 절대적이었다. 청교도주의가 단독으로 미국인의 양심을 형성했다고 주장할 수는 없지만 분명히 그 가장 뚜렷한 특징들을 결정짓는데 도움을 주었다"[1]고 하였다.

그러면 17세기 미국으로 건너간 청교도들은 어떠한 부류들인가? 미국으로 건너간 청교도들은 1620년 메사추세츠에 도착한 분리주의적 청교도들과 그리고 1630년 3월 보스턴에 도착한 비분리주의적 청교도들로 나눌 수 있다.

당시 많은 청교도들은 교회개혁을 방해하는 잉글랜드국교회에 남아서 교회를 개혁할 것인가, 아니면 잉글랜드국교회를 떠나서 성경의 말씀대로 믿고 예배하며 다스리는 순수한 교회를 세울 것

---

[1] George M. Marsden, "미국의 기독교적 기원: 하나의 사례연구로서의 청교도 뉴잉글랜드," ed. Stanford. W. Reid, 『칼빈이 서양에 미친 영향』, 296, 297.

인가 고민하게 되었다. 다수의 청교도들은 교회분리를 그리스도에게 떠나는 것으로 여겨, 비록 교회가 부패하였어도 교회의 표지가 남아 있는 한 떠나면 안 된다고 주장하였으나, 윌리엄 브루스터(William Brewster)를 비롯한 소수의 청교도들은 달랐다. 교회개혁을 추구하는 성도들을 박해하는 교회는 적그리스도적인 교회이기 때문에, 잉글랜드국교회를 떠나 새로운 교회를 조직하는 것이 성도가 마땅히 해야 할 일이라고 주장하였다.[2]

이러한 부류의 사람들을 우리는 흔히 분리주의자들이라고 하는데, 이들은 미국의 플리머스에 정착촌을 이루고 있으므로 플리머스 분리주의자라고 불린다. 그들은 죄로 가득 찬 세상에 성도들이 오염될 것을 염려하여 세상과의 명백한 분리를 주장하였으며, 교회와 국가와의 관계에 있어서도 이분법적인 사고방식으로 접근하여 그리스도인들의 정치참여를 금지하고 있었다. 반면에 비분리주의적 청교도들은 하나님이 함께 하신다면 성경적인 교회를 회복할 수 있다고 믿었으며, 문화변혁자의 입장을 취하였다. 이들은 교회로부터 분리되는 것을 그리스도로부터 분리되는 것과 마찬가지로 생각하고 있었다.

이중 플리머스 분리주의자들은 신대륙에 자유가 최대로 보장되는 사회를 건설하고자 하였다. 그들은 경제적인 궁핍과 개인의 양심이 구속받는 것을 싫어하였으므로 개인의 자유가 경시되거나 양심에 반하는 행동을 강요당하는 경우가 없도록 시민의 기본권이 존중되어야 한다고 믿었다.[3] 이들은 종교적 관용을 중시하여 성경보다는 양심을 중시하면서 개인의 자유가 보장되는 사회를 지향하였다. 그래서 이들은 지역교회의 자율을 강조하며 모든 교직자와 교회 사이의 평등을 주장하였지만, 교회연합에 대해서는 부정적이었다.[4]

---

[2] 오덕교, 『장로교회사』, 234.
[3] 오덕교, 『언덕위의 도시』, 212.
[4] 오덕교, 『장로교회사』, 235.

이렇게 미국에 건너온 청교도들을 비롯한 모든 신교도들은 모두 칼빈주의 사상을 지니고 있었는데, 이 중 미국헌법에 영향을 끼친 사람들은 분리주의적 청교도들로 미국 헌법에서 정교분리 원칙을 고수하려고 하였다.

이러한 미국의 칼빈주의 역사를 볼 때, 미국의 칼빈주의는 청교도들이 지니고 있던 개혁사상과 그리고 그들의 선민사상이 결합되어 미국에 들어왔다고 할 수 있다. 따라서 이들 칼빈주의자들은 300년 이상 토착민과의 갈등 속에서 종족 우월주의로 자리매김하는 이중적인 칼빈주의의 모습을 보이고 있었던 것이다.

(2) 칼빈의 정치사상이 미국에 끼친 영향

위에서 살펴본 바와 같이 미국은 청교도들이 칼빈주의적 토대 위에 건설한 국가이다. 그러므로 초기 미국사회에 있어서 교회와 국가와의 관계는 불가분의 관계에 있었다. 많은 목회자들이 종종 선거에서 자신들의 정치적 입장을 피력하였다. 그 중 대표적으로 존 버나드(John Bernard)는 1734년에 행한 선거 설교에서 정부의 신적 기원에 대하여 언급하였다.

> "하나님의 주권과 정확무오한 지혜가 인간의 본성을 정부와 규칙이 필요하도록 만드셨다."

그는 인간이 설령 범죄로 타락하지 않았을지라도 정부는 필요했을 것이라고 하였다. 그에 의하면 정부의 궁극적인 목적은 모든 피조물들의 존재목적과 마찬가지로 하나님의 영광을 위해 봉사하는 것이다. 그러나 인간과 관계된 부차적인 목적은 사회와 국가의 "공동 선"(the common good)이다. 즉 사기 폭력 등으로부터 사람들의 권리를 보호하여 공동체 전체의 안전과 복지를 증진시키는 것이다.

한편 아브라함 윌리암스(Abraham Williams)에 의하면 정부 혹은 '시민사회'는 "동의에 의해 연합된 다수의 사람들이 이 세상에서의 상호 방위와 편의를 위해 법률을 제정 시행하는 권력을 가지고 인간의 시민권과 재산을 존중하면서 범법자들에게 적절한 처벌을 가하는 것"이었다.[5]

이렇듯 미국의 건국 초기에서 종종 목회자들은 민감한 정치적 사안들에 대하여 자신의 입장을 피력하였다. 그러나 문제는 정치와 종교의 영역을 구분하여 상호 독립성을 주장하는 목회자들이 있는 반면, 한편에서는 정치적 사안들에 대하여 자신의 입장을 피력하는 목사들이 존재하였다는 사실이다.

이러한 일이 가능한 이유는 미국으로 건너간 청교도들 중에서 한편으로는 엄격한 정교분리의 원칙 하에서 개인의 경건에 치중한 청교도들이 있었던 반면에 청교도적 국가를 이루기 위하여 소위 '언덕 위의 도시'를 건설하려고 시도한 사회참여적인 청교도들의 그룹이 존재하였기 때문이다.

양낙흥 교수는 미국의 청교도들에게 이 두 흐름은 서로 배치되거나 상반되는 것이 아니라 개인적으로나 집단적으로 그 두 흐름이 아무런 갈등 없이 조화롭게 공존하였으며, 청교도들은 그 두 관심이 결코 분리될 수 없는 통합적인 것이라 생각하였기 때문에 가능하였다고 말하고 있다.[6]

사회변혁적인 이상을 꿈꾸고 있던 목회자들에게 있어서 미국에 청교도적인 이상사회를 건설하기 위하여 종종 정치적인 자신의 정치적 입장을 피력하는 것은 전혀 이상할 것이 없는 일이었다. 이들 청교도들은 인간의 영적 책임이 교회나 경건생활에만 국한되지 않는다고 강조하였다. 오히려 인간은 그 활동의 전 영역에서 하나님께

---

[5] 양낙흥, 『개혁주의 사회 윤리와 한국 교회』, 103-105.
[6] 양낙흥, 『개혁주의 사회 윤리와 한국 교회』, 118, 119.

영광 돌리기 위해 부름 받은 것이다. 따라서 예컨대 정치 참여나 정의의 실천을 감시하는 등 사회에 대해 개인이 가지는 책임들은 그의 영적 소명의 일부였다.[7]

이들은 영국의 식민지 정책에 맞서서 미국의 독립운동을 촉구하는 메시지를 전하기 위해서 칼빈의 정치사상을 도입하였다. 기본적으로 칼빈의 정치사상과 인간의 자연법, 그리고 로크의 사회계약설이 핵심을 이룬 저항권 사상은 영국의 식민지 정책에 반발하여 독립전쟁을 촉구하는 이념으로 발전하였다.

당시 청교도 목사들은 공직자들의 도덕적 우월성과 공직자로서의 자세를 강조하였다. 그리고 시민들이 공직자들의 부패를 감시하고 모니터링 하는 높은 도덕적인 의무를 강조하였다. 그래서 만일 공직자들이 무능력하거나 도덕적으로 해이하여졌을 때 시민들은 공직자의 해임권을 주장할 수 있다고 할 정도로 진보적인 사상을 지니고 있었다.

실제로 1775년 선거설교에서 행한 하버드대학 총장 사무엘 랭던(Samuel Langdon) 목사는 설교를 통해 영국에 대항해 무력저항을 할 것을 촉구하였다. 하나님은 인간에게 모든 인간들의 법률에 우선하는 '자연적 권리들'을 주셨다. 어떤 인간 집단에 정부와 그것이 주는 질서가 존재하지 않을 때 그들은 자신들의 최선의 판단에 따라서 '시민사회'(civil government)를 형성하여 자신들의 공동의 안전과 이익을 도모할 수 있었다. 청교도 목사는 나아가 시민 혁명권을 인정한다. 어떤 정부 형태가 '자신들의 목적' 달성에 적합지 않다고 다수에 의해 판단되면 그들은 '공동의 합의'에 의해 그것을 청산하고 다른 형태의 정부를 수립할 수 있다. 그러나 이 일은 '절박한 필요'가 있을 때 공동체의 '가장 현명하고 훌륭한' 구성원들의 일반적인 목소

---

[7] George M. Marsden, 미국의 "기독교적" 기원: 하나의 사례연구로서의 청교도 뉴잉글랜드," ed. Stanford. W. Reid, 『칼빈이 서양에 미친 영향』, 313.

리에 의해 결정되어야 했다. 그런데 만일 관원들이 자신들의 임무를 망각하고 자신들에게 맡겨진 국민들의 신뢰를 저버리고 나라를 팔아먹거나 인민들의 가장 소중한 권리와 특권들을 침범하면 이성과 정의의 법에 따라 그들은 '버림을 당해야'하며 대신 다른 이들이 임명되어야 했다.[8]

이렇게 랭던은 정부가 공동체의 안전과 이익을 도모하지 못하고, 공직자가 국민들의 신뢰를 저버리고 나라를 팔아먹거나 인민들의 권리를 제한한다면 인민들의 합의에 의해 공직자를 파면할 수 있다고 하였다. 물론 이러한 그의 사상은 시민혁명을 인정한다는 점에서 칼빈의 사상보다는 베자나 여타의 위그노들의 정치사상과 같다고 할 수 있다. 그럼에도 불구하고 랭던은 무조건적인 새로운 형태의 정부의 수립이나 공직자의 파면을 주장하기 보다는 국민적인 합의에 의한 일치된 합의가 나와야 한다는 사실을 전제로 하고 있다. 이는 그의 사상이 칼빈의 정치사상을 기조로 하여 로크의 사회계약설을 수용한 증거라 할 수 있다.

2) 미국인의 선민사상과 토착민과의 관계

(1) 미국인의 선민사상

17세기 잉글랜드국교회의 박해로 인하여 수많은 청교도들은 새로운 대륙을 건설할 비전을 가지고 미국으로 건너갔다. 그런데 당시 미 대륙으로 건너간 영국의 청교도들 가운데 뿌리 깊이 박혀있던 사상은 바로 선민의식이라고 할 수 있다.

이들 청교도들은 하나님의 백성들의 역사에 나타난 제유형들에

---

[8] Samuel Langdon, "Government Corrupted by Vice, and Recovered by Righteousness," Edmund Morgan, ed. Purtan Political Ideas, 358-68, 양낙흥, 『개혁주의 사회 윤리와 한국 교회』, 117에서 재인용.

대한 나름의 이해에 근거하여 뉴잉글랜드 공동체의 사명을 구약 이스라엘 백성들의 사명을 요약반복(recapitulate) 하는데 있는 것으로 보았다. 그러므로 신천지로 가는 청교도들에게는 구약의 이스라엘이 궁극적 모델이 되었다. 하나님이 이스라엘 백성들과 맺으신 언약은 곧 회중교회 청교도들이 공동체를 형성하여 하나님과 맺는 동일한 성격의 언약이 되었다. 이들은 언약공동체를 건설하자는 것이었다. 은혜언약을 통하여 하나님과 언약관계를 맺은 뜻있는 성도들이 모여서 공동체를 만들고 하나님 말씀과 율법을 순종하며 그들의 공동체를 선택받은 이스라엘과 같은 공동체로 만들자는 것이었다.[9]

이렇게 뉴잉글랜드 청교도들은 자신들을 구약의 이스라엘과 동일시하여 언약에 근거하여 나라를 운영하고자 하였다. 이들은 하나님과의 언약을 구원적 차원에서 사회적 수준으로 승화시켰다. 그들은 스스로 선민이요, 이스라엘의 계승자로 인식했고, 하나님의 명령을 준수하고 경건하고 거룩한 사회를 건설한다면 축복을 받을 수 있을 것이라고 확신했다.[10]

그 실례로 최초의 식민지였던 메사추세츠만을 건설한 존 윈스롭(John Wintrop, 1588-1649)은 청교도들을 이끌고 신대륙으로 향하는 선상에서 뉴잉글랜드가 '언덕 위의 동네'(a city on the hill)가 되어야 한다는 이상적 국가 건설을 제시하였다. 그러나 이러한 청교도들의 생각은 오직 하나님만을 의지하고 살아가고자 하는 긍정적인 면과 다른 종족들을 터부시하는 부정적인 면을 동시에 가지고 있는 두 얼굴이었다. 자신들과 하나님과는 계약관계에 있다는 기독교적 바탕 위에서 설립된 초기 미국은 사랑과 긍휼이라는 성경의 원리대로만 이루어져 갔으면 바람직한 국가 건설을 이룰 수 있었을 것이다. 그러나 극단적인 선민사상은 당시 미 대륙에 자리 잡고 있었던 인디언

---

9 원종천, 『청교도 언약사상: 개혁운동의 힘』, 218, 219.
10 오덕교, 『언덕 위의 도시』, 186.

부족과의 관계에서 부정적으로 드러났다.

청교도들이 미 대륙에 정착할 당시 인디언들은 기후적응과 풍토병에 시달리고 있던 초기 청교도들에게 신대륙에 정착할 수 있도록 여러 가지 지원을 아끼지 않았다. 그러나 이러한 인디언들의 호의에 청교도들은 배신과 탄압으로 되갚아 주었다. 청교도들은 자신들을 하나님의 선민으로 생각하고 있었으므로 이교도인 인디언들로부터 토지를 빼앗을 권리를 가졌다고 결론지었던 것이다. 여기서도 그들은 자신들의 정책에 대해 명백히 성경적인 근거를 견지하였다.[11]

이렇듯 미국의 칼빈주의자들은 사회 언약사상에 근거한 왜곡된 선민의식으로 자신들을 미 대륙에 정착할 수 있도록 도움을 준 인디언들을 죽음으로 몰아가는 이중적인 행동을 하였던 것이다.

(2) 칼빈주의와 토착민

미 대륙에 원주민들에 대한 백인 핍박의 역사는 1492년 콜럼버스가 미 대륙을 발견한 때로 거슬러 올라간다. 그러나 본격적인 원주민 핍박의 역사는 영국 청교도들에 의하여 시작되었다. 1606년 영국의 제임스 1세는 런던 버지니아 회사에게 미 대륙에 영국의 영구 식민지를 건설하는 사업을 승인하였다. 국왕의 허가를 받은 런던 버지니아 회사는 청교도 신앙을 가진 잉글랜드국교회 출신 약 100명의 농업과 상업에 종사하는 사람들을 데려와 버지니아에 정착하였다. 이들은 자신들에게 호의를 베푸는 인디언들에게 버지니아에 정착하여 살고 있던 인디언 부족 포하탄의 수장과 부족민들에게 영국 왕실에 복종할 것과 영국 개척자들에게 식료품을 정기적으로 공급할 것을 강요하였다. 그러나 영국인의 의중을 간파한 부족장이 이를 거부하자 영국인들은 부족민들을 상대로 학살을 자행하여 1613년 부족

---

[11] George M. Marsden, "미국의 "기독교적" 기원: 하나의 사례연구로서의 청교도 뉴잉글랜드," ed. Stanford. W. Reid, 『칼빈이 서양에 미친 영향』, 303.

장의 딸 포카혼타스를 납치하였다.[12]

뒤이어 청교도들이 신앙의 자유를 위해 1625년 이후 제임스타운, 뉴플리머스, 뉴암스테르담 등에 정착하여 터전을 마련하기 시작하였다. 이들은 왜곡된 선민의식으로 인디언들의 정착지를 빼앗고 학살하는 것을 당연하게 여겼다.

미 대륙에 정착하고 있던 원주민 인디언들은 자신들의 땅을 찾아 살려고 온 백인들에게 처음부터 자신의 관습대로 친절하게 대하고 먹을 것을 공급하였다. 그러나 청교도들은 자기들이 굶주렸을 때에 원주민들이 식량을 가져다 준 것은 하나님의 은총이라고 생각하고, 자기들이 강해진 후에 원주민들을 학살하고 땅을 빼앗은 것은 하나님의 축복의 결과라고 믿었다. 그러므로 그들은 원주민을 가능한 한 많이 살상하고 추방하여 청교도들의 정착지를 확장하는 것은 곧 하나님 나라를 건설하는 봉사의 길이요, 신앙의 실천이라고 굳게 믿었다.

그 이후부터 인디언들은 생존을 위하여 백인들과 피나는 투쟁을 하였다. 실례로 1636년 한 장교의 살해로 야기된 피쿼트 전투 당시에는, 피쿼트족이 살인자들을 영국에 인도하기를 거부했다는 이유로 무자비한 진압의 희생물이 되었다. 코네티컷과 매사추세츠 지역에서 청교도들은 피비린내 나는 토벌 작전을 감행했다. 1637년 5월에는 미스틱 강가에 사는 피쿼트족의 마을 주민 수백 명이 처참하게 살해되었다.[13]

이들 청교도들은 총과 대포로 무장하고 인디언들의 기름진 땅을 빼앗고 인디언들에게 기독교로 개종할 것을 강요했다. 인디언들에게 백인의 기독교를 수용한다는 것은 그들에게는 모험이나 다름이 없었다. 왜냐하면 인디언의 회심자들은 뿌리 채 뽑힘을 당하고 철저

---

[12] 윤상환, 『아메리카 인디언 투쟁사』 (도서출판 메드라인, 2003), 101-104.
[13] Philippe Jacquin, 『아메리카 인디언의 땅』, 송숙자 역 (서울: 시공사, 1998), 36.

하게 재조직되지 않으면 안 되었기 때문이다. 그들은 백인의 종교를 받아들였기 때문에 부족의 조직에서 추방되어 버렸다.[14]

청교도들은 원주민들에게 자신들의 종교를 받아들일 것을 강요하는 한편 대륙의 인디언 부족들에게 땅을 백인들에게 양도할 것을 요구하기도 하였다. 처음 인디언들은 이러한 백인들의 태도를 잘 이해하지 못하고 상당부분의 땅을 백인들에게 양도하였다. 왜냐하면 원주민들은 토지에 대한 개념이 청교도들과 달랐기 때문이다. 그들에게 있어 땅이란 공기와 물과 같은 공동의 재산으로 생각했다. 그래서 백인들이 땅을 원하면 땅을 양보해주거나 빌려주었다. 청교도들은 그들의 토지를 '합법적'으로 빼앗기 위해 '권리 매각증서'를 만들어서 원주민들에게 내보이며 거기에 X표를 그리게 하면서 그들의 토지를 강탈했다. 원주민들은 문서상의 계약이 땅에서 아예 쫓겨나는 것을 의미하는지 알지 못했다.

그러나 영국인들의 이러한 요구를 경계하던 인디언 부족장 메타콤은 뉴잉글랜드의 다른 부족들과 동맹관계를 맺었다. 그는 그들에게 "백인들이 우리의 숲을 공략하고, 사냥감을 모조리 휩쓸어가고, 우리를 이간질시키고 아내들과 어린 아이들을 노예로 만들면서 우리와 자손들과 조상의 무덤까지도 마음대로 하려 한다"면서, 청교도들의 마키아벨리즘을 인식시키는 데 성공했다. 영국인들이 '필립 왕'이라고 비꼬아서 부르던 메타콤은 1675년 그 어떤 반란보다도 중요한 반란을 꾀하게 된다. 위기에 맞서서 모든 식민지 주민들은 하나로 단결했고, 급기야는 오래전부터 알곤킨족과 앙숙으로 지내오던 모히칸족과 모호크족까지 불러들인다. 전투는 1676년 8월 필립왕이 쓰러질 때까지 몇 달간 계속되었다. 이 전투로 영국인 600명과 4,000명이 넘는 인디언이 희생되었다.[15]

---

[14] F. H. 리텔, "From State Church to Pluralism,"『미국역사와 프로테스탄트』, 이성혜 역, (도서출판: 심지, 1983), 32.

[15] Philippe Jacquin,『아메리카 인디언의 땅』, 송숙자 역, 36-38.

이와 같은 인디언 부족들에 대한 학살은 미국의 독립전쟁을 거쳐 남북전쟁이 끝날 때까지 지속되었다. 독립전쟁 당시 인디언들은 막연한 기대감으로 미국의 독립전쟁을 지원하였으나, 정작 그들에게 돌아온 것은 배신과 핍박뿐이었다.

이렇게 청교도들은 미 대륙에 정착할 수 있도록 호의를 베푼 인디언들을 20%만 남기고 모두 몰살시켜 버렸다. 이후 청교도들의 후예라 자부하는 미국인들은 흑인노예를 해방시키기 위해 남북전쟁까지 감수했지만, 대륙의 주인이었던 인디언들을 무차별 학살하는 이중적인 행동을 하였던 것이다. 그리고 인디언들을 학살하는 데 칼빈주의 이론이 도용된 것은 그리스도인의 수치라고 할 수 있다.

2. 정교분리와 칼빈주의의 한국 전파

1) 미국의 정교분리

(1) 미국의 정교분리의 배경

미국의 정교분리 사상은, 당시 부패한 로마 가톨릭으로부터 교회개혁을 위해 노력하였으나 실패한 청교도들 중 17세기에 미국에 건너온 청교도들로부터 비롯되었다. 미국에 건너온 청교도들은 세상으로부터 교회를 분리하고자 한 분리주의적 청교도들과 세상에 남아 교회를 개혁하고자 한 비분리주의적 청교도들로 구분된다. 이들 중 분리주의적 청교도들은 교회를 개혁하고자 하는 성도들을 핍박하는 잉글랜드국교회야말로 진정한 교회가 아니라 적그리스도적인 교회라고 규정하고, 그러한 잉글랜드국교회를 떠나는 것이야말로 신자들의 의무라고 생각하였다.

분리주의적 교회의 핵심 인물인 로버트 브라운(Robert Brown)은 잉글랜드국교회의 부패의 원인을 믿음 없고 부패한 자를 신자로 인정한 데서 비롯되었다고 여기고, 초대교회의 순결한 상태로 돌아가서 참된 교회를 조직해야 한다고 주장하였다.[16]

이렇게 죄로 가득한 세상으로부터 교회의 분리를 주장한 점에서 브라운은 재세례파의 영향을 받았다고 볼 수 있으나, 브라운은 재세례파가 유아세례를 거부한 것과는 달리 유아세례를 인정하였다.

이러한 분리주의 청교도들은, 잉글랜드국교회가 성호를 긋는 일이나 성직자의 복장 착용 강요, 성찬상 아래 무릎을 꿇고 성찬을 받게 하는 문제로 잉글랜드국교회와 갈등을 빚는 가운데 신앙 양심의 자유와 세속화의 도전으로부터 교회를 보호하고 경제적인 목적으로 인하여 영국을 떠나 미국으로 건너갔다.

반면에 윈스럽(Winthrop, John, 1588-1649)을 비롯한 대부분의 비분리주의적 청교도들은 영국에 남아 교회를 개혁하고자 하였다. 그들은 잉글랜드국교회에 비록 로마 가톨릭 교회의 잔재가 남아있다 하더라도 교회의 표지를 가지고 있다면 분리는 용납될 수 없으며 하나님이 함께 하신다면 성경적인 교회를 회복할 수 있다고 믿었다. 또한 '피조계와 문화가 최종적으로 종말을 고할 것이라는 기대보다는 만물을 그에게 끌어올려 변화시키시는 그리스도의 능력을 믿는' 문화변혁자의 입장을 취하였다.[17]

---

16 오덕교, 『언덕 위의 도시: 청교도의 사회 개혁적 이상』 (수원: 합동신대원출판부, 2004), 202.
　　이 세상을 죄악된 것으로 인식하고 이 세상으로부터의 분리를 주장하여 분리주의적 회중교회를 설립한 분리주의적 청교도들은 1592년 존슨을 목사로 그리운드를 교사로 해서 조직되었다. 그러나 영국왕실의 박해로 암스테르담으로 피난하였다. 나중에 스쿠르비에서 존 로빈슨을 중심으로 해서 두 번째 분리주의적 회중교회가 모였다. 이들도 박해를 피해서 화란으로 갔다. 이들 중 분리파 교회의 회원이던 제이콥이 비분리적 청교도의 신학과 접촉하면서 새로운 회중교회관을 갖게 된다. 그러므로 제이콥의 영향아래 있던 분리파 청교도들이 메이플라워를 타고 미국에 오게 되었을 때는 비분리적인 성향도 함께 나타나게 되었다.
17 오덕교, 『언덕 위의 도시: 청교도의 사회 개혁적 이상』, 203, 204.

그런데 이러한 비분리주의적 청교도들 중 일부는 잉글랜드국교회로 남아 세상의 빛과 소금으로 살면서 잉글랜드국교회를 개혁하고자 했으나, 신앙의 자유와 개인주의를 보장하고 정교(政敎)가 일치된 완벽한 사회를 건설하기 위하여 영국 왕의 윤허를 받고 1628년 존 화이트(John White) 목사와 로저 코난트(Roger Conant)의 주도 하에 미국의 메사추세츠에 도착하였고 이어 1630년 윈스럽의 주도 하에 1천여 명의 청교도들이 미 대륙에 도착하였다.

이와 같은 미국 청교도들의 근본으로 미루어 볼 때 미국의 청교도 문화에는 분리주의적인 성향과 비분리주의적인 성향이 공존한다고 할 수 있다. 17세기 뉴잉글랜드에 정착한 청교도들에 의해 작성된 캠브리지 헌장에는 이들의 비분리주의적인 정치적 성향이 잘 드러나 있다.

> 제17장 교회문제에 대한 행정 관료의 권력
> 2. 교회는 복지를 위한 행정 관료에게 반대하지 않으며, 그들의 재판권에 침해할 생각도 없다. 또한 그들의 통치권한을 약화시키는 일도 행하지 아니한다.
> 8. 우상숭배, 신성모독, 이단, 타락과 유해한 견해들, (공동체의) 기초를 파괴하는 것, 설교를 경멸하는 것, 하나님의 성구들과 예배의 실행 그리고 평화스러운 관리자들에 대한 방해 그리고 그에 준하는 것들에 대하여 시민권위에 의한 억제와 차별이 있어야 한다.[18]

이에 의하면 교회는 행정관료 즉 통치자에게 순종해야 하고 행정관리들은 교회의 예배에 유해한 요소들을 제어하고 예배를 수호해야 할 의무를 지닌다고 보아, 비분리주의적 청교도들이 교회와 국가를 밀접한 관계로 보고 있음을 알 수 있다.

---

[18] H. Shelton Smith, Robert T, Handy, Leffers A. Loetscher, *American Christianty*, (New York: Scribner's Sons, 1960), 135-140.

반면에 분리주의적 청교도들은 교회와 정치의 완전한 분리를 주장하였다. 미국의 정교분리 원리를 주도한 로저 윌리엄스(Roger Williams, 1603-1683)는 뉴잉글랜드에 정착한 비분리주의적인 청교도에 의해 주도된 캠브리지 헌장이나 이들의 교회개혁 방식에 동의하지 않았다. 1631년 3월 윌리엄스는 '행정 관료가 첫번째 돌판에 주신 계명을 범한 죄에 대하여 벌할 수 없으므로 안식일을 범한 자를 벌할 수 없다'고 주장[19]하여 비분리주의자들의 정교일치를 지목하여 뉴잉글랜드의 비분리주의적인 정치 체제를 정면으로 비판하였다. 그에 의하면 행정 관료는 인간사에 관련된 세속적인 일에만 관여하여야 하며 신앙적인 문제는 개인의 양심에 맡겨야 한다는 것이다. 그는 교회와 정부가 긴밀한 관계를 인정하는 정책을 잘못된 것으로 비판하고 개인의 양심의 자유를 주장하였다. 즉, 정부가 주도해서 사람들을 교회에 출석하도록 하는 행위는 개인의 양심의 자유를 억압한다는 것이다. 이렇듯 로저 윌리엄스가 비분리주의적인 청교도들의 교회개혁 방식을 비판하고 정교분리를 주장한 배경에는 비분리주의적인 청교도들이 일부 인정하며 개혁하려 했던 잉글랜드국교회(성공회)를 로마 교회가 가면을 쓴 것 즉 로마 교회가 위장한 것으로 보았기 때문이다.

이에, 대표적인 비분리주의적 청교도인 존 코튼(John Cotton, 1585-1652)은 교회가 부패하였다고 무조건적으로 교회를 분리하려는 윌리엄스의 생각에 정면으로 비판하면서, 오히려 교회 내에 남아서 교회를 개혁해야 한다면서 이를 실천하고자 하였다. 그러나 존 코튼은 자신의 목회생활에서 잉글랜드국교회의 특정 예배의식을 배제함으로써 이와 관련된 박해를 피해 신대륙으로 이주하였고 말았다. 그는 잉글랜드국교회의 예배에 참석한 성도를 죄인 취급하는 윌리엄스의 주장을 그리스도교 전통을 무시한 무지에서 비롯되었다고 비판하였

---

[19] 오덕교, 『청교도와 교회개혁』 (수원: 합동신대원출판부, 2001), 277.

다. 또한 개인적인 경건보다는 교회 공동체의 경건에만 관심을 집중하는 윌리엄스의 태도는 하나님과 성도들이 맺은 언약관계를 무시하는 것이라 생각하였다.[20]

그는 "세상의 모든 사람이 뉴잉글랜드 청교도를 참으로 진실한 성도들이라고 인정하며, 하나님의 법이 뉴잉글랜드에서 왕 노릇하며 하나님의 천년왕국이 뉴잉글랜드에서 이루어질 때까지 부지런히 하나님의 말씀에 따라 가정과 교회와 국가를 개혁하자"[21]고 뉴잉글랜드의 청교도에게 권면하였다.

이와 같이 완전한 정교분리를 주장하면서 교회의 영적인 일에 대한 행정 관료의 간섭을 금한 로저 윌리엄스와 행정 관료의 신자들의 예배 참석 독려와 이단의 발흥 억제권을 허용한 존 코튼의 논쟁은 이후 미국 헌법에서 정교분리의 원칙을 수립하는 데 있어서 중요한 쟁점이 되었다. 그러나 결국 미국 헌법은 교회와 국가의 서로의 영역을 구분하는 정교분리로 명문화되었다.

(2) 미국의 정교분리 원칙

영국의 청교도들은 미국에 정착한 이후, 영국에서의 획일화된 국교도(성공회) 신앙에 의하여 신앙의 자유를 억압받았던 사실을 기억하고, 교회가 국가에 의하여 피해를 당하는 일이 없도록 하는 데는 의견을 같이 하였다.

그러나 정치와 종교의 상관 여부에 대해서는 분리주의 청교도들과 비분리주의 청교도들 사이에 상당한 의견 차이를 보였다. 정치와 종교의 분리를 표방한 분리주의 청교도들의 배경에는 로저 윌리엄

---

[20] John Cotton, "A Letter of Mr John Cotton, Teacher of the Church in Boston, New England, to Mr. Williams, a Preacher There," *Reprinted in Complete Writings of Roger Williams*. Edited by Gould. New York: Russel and Russel Inc. 1963, 19.

[21] John Cotton, *The Churches Resurrection, Or the Opening of the Fifth and Sixth Verses of the 20th Chap, of the Revelation*, London, 1642a, 오덕교, 『청교도와 교회개혁』, 294, 295에서 재인용.

스가 있었는데, 그는 미국 사회를 '언덕 위의 도시'로 만들려는 비분리적인 청교도들의 시도는 교회와 국가의 기능상의 역할의 혼돈으로 사회가 부패할 수 있다고 생각하였다. 그래서 그는 '만약 성속의 엄격한 분리가 행해지지 않으면, 세속의 부패가 교회를 물들게 한다'고 하였다. 김철 교수는 이 말의 의미를 국가에 대해서 교회를 보호하는 수단 즉 분리의 개념으로 파악하고 있는 견해라고 말하고 있다. 이것은 절대적 분리와는 거리가 있는 것으로 교회가 국가의 관여나 통제 없이 국가의 원조는 받을 수도 있다[22]는 뜻이라고 하였다. 이렇듯 로저 윌리엄스가 정교분리의 원칙을 세운 것은, 정치와 교회의 완전한 분리를 위한 것이 아니라, 기능상의 역할 분담과 세속정치로부터 교회를 보호하기 위한 수단이었다고 볼 수 있다.

이와 반대로 토마스 제퍼슨(Thomas Jefferson 1743-1826, 제3대 미국 대통령)은 교회로부터 정부를 보호하기 위해 분리를 주장하였다. 그는 세금으로 지탱되는 당시 영국의 국교회를 해체하는 법안을 1779년 제출했으며 목회자는 공직에 취임할 수 없음을 강조했다. 이는 오늘날 종교 행사 자유(free exercise of religion)의 위반으로 받아들여진다. 제퍼슨은 정치에 종교의 영향을 제거하고 정치적 견해의 자유로운 선택을 제공하려는 의도에서 정교분리 원칙을 내세운[23] 것이다. 이러한 제퍼슨의 견해는 이후 제임스 메디슨에 의해 다시 강조되는데, 메디슨의 주장의 주된 원리는 국가와 종교는 각각 자기의 영역에 자유롭게 방임되어야 한다[24]는 것이다.

다시 말해서 제퍼슨과 제임스 메디슨은, 교회와 국가가 구분되지

---

[22] 김철, "칼빈주의와 법에 대한 사상사: 로저 윌리엄스의 교회와 국가에 대한 분리주의 원칙,"『칼빈주의 논쟁: 인문사회과학에서』, 한국인문사회과학회 엮음 (서울: 북 코리아, 2010), 88.

[23] 김철, "칼빈주의와 법에 대한 사상사: 로저 윌리엄스의 교회와 국가에 대한 분리주의 원칙,"『칼빈주의 논쟁" 인문사회과학에서』, 88, 89.

[24] 김철, "칼빈주의와 법에 대한 사상사: 로저 윌리엄스의 교회와 국가에 대한 분리주의 원칙," 90.

않고 하나로 뒤엉켜 있을 때 부패할 여지가 많으며, 국가는 교회의 간섭으로부터 벗어날 수 없다는 의미에서 교회와 국가의 분리를 강조하였다. 이후 이를 반영하여 미국의 헌법이 제정되었는데, 이는 비록 로저 윌리엄스가 교회와 국가가 분리된 영역이라는 칼빈주의적 정치이론을 강조하는 바람에 '정교일치'의 메사추세츠 주에서는 추방되었지만, 그의 정교분리 이론은 양심의 자유와 맞물려 1791년 미국 수정 헌법 제1조[25]에 그대로 반영되었다고 볼 수 있다. 그러나 로저 윌리엄스의 정교분리 원칙은 근본적으로 칼빈의 이중정부론에 근거하면서도 교회와 국가를 엄격히 구분하려는 재세례파적인 요소가 다분히 들어있어 칼빈의 이중정부론과는 차이를 보이기도 한다.

2) 한국의 정교분리

(1) 한국의 정교분리의 배경

한국의 정교분리는 미국의 정교분리 원리에 근거하고 있다. 이는 19세기 말 한국에 들어온 선교사들 중 상당수가 성경의 무오류와 예수 그리스도의 동정녀 탄생 그리고 고등 비평을 반대하는 스코틀랜드 상식철학과 프린스턴 신학의 영향 아래 있었던 미국 칼빈주의 구파의 영향을 받은 선교사들이었기 때문이다. 이러한 칼빈주의 배경 속에서 교육을 받은 선교사들은 한국에 와서 사회복음과 사회구원을 경시하면서 개인구원을 강조하였다. 이들에게 있어서 구원이란 개인의 노력과는 전혀 상관없는 순전한 하나님의 은혜의 산물이었다.

이러한 미국의 칼빈주의가 급격하게 일본의 식민지로 넘어가는

---

25 (종교, 언론 및 출판의 자유와 집회 및 청원의 권리) 연방 의회는 국교를 정하거나 또는 자유로운 신앙 행위를 금지하는 법률을 제정할 수 없다. 또한 언론, 출판의 자유나 국민이 평화로이 집회할 수 있는 권리 및 불만 사항의 구제를 위하여 정부에게 청원할 수 있는 권리를 제한하는 법률을 제정할 수 없다.

한국의 불안한 정치 상황과 맞물려 정치와는 전혀 상관없는 노선을 걷기 시작하였다. 그래서 19세기 말에서 20세기 초 한국에 들어왔던 미국 선교사들은 처음부터 정치와 종교를 철저히 분리하는 정교분리의 원리를 내세우고 개인구원을 강조하였다.

이는 일본과 마찰을 줄이고 선교를 원활히 하려는 의도도 있었으나, 그 이면에는 미국과 일본 사이에 체결한 가쓰라-태프트 밀약[26]과도 관련이 있어서 미국 선교본부에서 훈령한 정치 불간섭주의를 끝까지 고수하여 한국 민중으로 하여금 정치에 초연하게 하려는 의도도 있었다. 이러한 선교사들의 영향으로 조선의 많은 그리스도인들은 국가의 주권이 일본으로 넘어가는 상황에서도 제대로 된 저항을 하지 못하게 되었다. 그러면서도 선교사들은, 선교 초기에 의료선교와 교육선교를 우선적으로 펼쳤는데 이는 선교지와의 마찰을 줄이기 위한 방편이었다. 이처럼 선교사들은 선교 초창기에 교회의 사회참여를 외면하고 개인구원을 우선시하였으나, 실제적으로 조선이 위험한 상황에 처해있을 때에는 일제의 비인간적인 만행에 분노하고 앞장서서 일제의 만행을 자국에 알리거나 한국민들을 적극적으로 돕기도 하였다.

실제로 한말 최초의 의료선교사인 알렌(Allen, Horace Newton, 1858-1932)은 의료선교사로 조선에서 일하면서도 고종의 부탁으로 미국 주재 한국공사로 일하면서 한국의 외교적 실익을 위하여 일하였으며, 언더우드(Underwood, Horace Grant, 1859-1916)는 명성황후의 시해

---

[26] 가쓰라-태프트 밀약: 1904년 일제가 러일 전쟁이 끝난 뒤, 한국의 지배권과 필리핀의 지배권 문제를 놓고 1905년 7월 29일 미국과 일본의 당시 미국 육군 장관 윌리엄 하워드 태프트와 일본 내각총리대신 가쓰라 다로가 주최한 도쿄 회담에서 이루어진 비밀 조약이다. 이 조약에 의하면, ① 필리핀은 미국과 같은 친미적인 나라가 통치하는 것이 일본에 대해서 유리하며 일본은 필리핀에 대해 어떠한 침략적 의도도 갖지 않는다. ② 극동의 전반적 평화의 유지에 있어서는 일본·미국·영국 삼국정부의 상호 양해를 달성하는 것이 최선의 길이다. ③ 미국은 일본이 한국에 보호권을 확립하는 것이 러일전쟁의 논리적 귀결이고, 극동의 평화에 직접적으로 공헌할 것으로 인정한다.

당시 고종의 옆에서 왕실의 안전을 도모했으며 아관파천 당시 고종을 호위하기도 하였다. 그리고 헐버트((Homer Bezaleel Hulbert, 1863-1949)는 한국인들의 토지피탈에 대해 정교분리를 내세운 냉담으로 눈을 돌린다면 그것은 곧 기독교에 대한 능욕이요 한국에 대한 불의라고 믿고 한국에서의 복음화가 정치적 의미가 하나도 없다는 식의 논리를 몰역사적이라고 비판[27]하면서 고종의 밀사로 워싱턴과 헤이그에 잠행하여 한국의 독립을 위해 헌신했다.

이렇게 한국의 정교분리는, 미국의 정교분리 원칙이 한국의 역사적 상황과 맞물려 일본정부로부터 한국선교의 안전을 보장받기 위해 생겨난 것으로, 정부로부터 선교의 안전을 보장받기 위한 수단으로 시작되어 처음부터 친정부적인 성향을 보였다는 맹점을 지니고 있었다.

(2) 한국의 정교분리 원리와 그 실례

미국의 정교분리 원칙은 기독교가 한국에 전파되면서 선교 원칙에 반영되었다. 정교분리는 선교사들이 일본 통치하의 한국 선교를 원활하게 하기 위한 방편으로 선택한 것으로, 이는 미국이 한국을 일본의 식민지로 인정한 정책에 의해 자연적으로 취하게 된 일제에 협력하는 선교정책이었다. 그 결과 1901년 9월 20일 조직된 장로교 공의회의 4개 선교부 선교사들이—미국 북장로교, 남장로교, 호주장로교, 캐나다 장로교—로마서 13:1-7; 디모데전서 2:1-2; 베드로전서 2:13-17; 마태복음 17:24-27, 22:15-21; 요한복음 18:36. 등을 근거로 정교분리 원칙을 천명하는 다음과 같은 5개 조항을 발표하였다.

1. 우리 목사들은 대한 나라일과 정부 일과 관원 일에 대하야 도무지 그

---

[27] 민경배, 『한국기독교 사회운동사, 1885-1945』 (서울: 대한기독교서회, 1987), 24, 25.

일에 간섭 아니 할 것을 작정할 것이요.
2. 대한국과 우리나라들은 서로 약조가 있는데 그 약조대로 정사를 다 받으되, 교회 일과 나라 일은 같은 일 아니라, 또 우리가 교우 가르치기를 교회가 나라 일 보는 회가 아니오, 또한 나라 일은 간섭할 것도 아니오.
3. 대한백성들이 예수교회에 들어와서 교인이 될지라도 그 전과 같이 대한백성인데, 우리 가라치기를 하나님의 말씀을 거스림 없이 황제를 충성으로 섬기며 관원을 복종하야 나라 법을 다 순종할 것이오.
4. 교회가 교인이 사사로히 나라 일 편당에 참예하는 것을 시킬 것이 아니오, 또 만일 교인이 나라 일에 실수하거나 범죄하거나 그 가운데 당한 일은 교회가 담당할 것 아니오, 가리울 것도 아니오.
5. 교회는 성신이 붓친 교회요, 나라 일 보는 교회 아닌데, 예배당이나 회당사람이나 교회 학당이나 교회 일 위하여 쓸 집이오 나라 일 의론하는 집 아니오, 그 집에서 나라 일 공론하러 모힐 것도 아니오, 또한 누구던지 교인이 되어서 다른데서 공론하지 맛할 나라 일을 목사의 사랑에서 더우 못할 것이오.[28]

이렇듯 선교사들은 일제의 침략에서 선교의 자유를 누리고자 교회의 비정치화와 선교사들의 피선교국 정치 불간섭주의로 정교분리를 주장하였다. 그리고 이 결의안의 영향으로 한국 교회를 정치적 소용돌이에서 다소 초연한 입장에 서게 하여, 1905년까지는 기독교인들이 정치문제에 개입하지 않고 있다. 을사조약 이후에 한국 교회가 조직적으로 국권운동에 참여하지 못한 것도 이 결의의 정신에 적지 않은 영향을 받은 것으로 보인다.[29]

그럼에도 불구하고 언더우드나 아펜젤러 그리고 해밀턴 같은 선

---

[28] 그리스도 신문, 1901년 10월 3일자, 한국 교회사 문헌연구원 편 제 3권.
[29] 박응규, "한국 교회의 정치참여에 대한 역사적 고찰과 평가," 「장로교회와 신학 5권」, 2008년, 172.

교사들은 일제의 조선 침략 야욕을 비판하고 비인도적인 만행을 폭로함으로 교회의 선지자적인 역할을 다하기도 하였다.

이렇게 한국의 정교분리는, 일제 침략으로부터 선교의 자유를 보장 받기 위해 시작되었으므로 국가가 하나님의 뜻에 반하는 행동을 할 때에도 간섭해서는 안 된다는 정치와 종교의 완전한 분리를 의미하는 재세례파적인 요소가 다분히 들어가게 되었다. 이렇게 한국의 정교분리는 미국 선교사들에 의해 시작되었고 미국과 같이 정치와 종교의 분리라는 재세례파적인 요소가 들어있다는 점에서 미국의 정교 분리의 영향을 받은 것처럼 보인다. 그러나 일제 침략으로부터 선교의 자유를 보장 받기 위해 시작된 한국의 정교분리는 미국의 정교분리 원리의 주축이 된 로저 윌리엄스나 토마스 제퍼슨 그리고 제임스 메디슨의 정교분리의 사상과는 전혀 다른 목적과 의도에서 시작되었다고 할 수 있다.

그러나 선교사들의 정교분리 원칙에도 불구하고 당시 한국 교회 안에는 나라의 독립을 추구하려는 세력과 순수한 신앙을 추구하던 세력들이 병존하고 있었는데, 두 세력은 1907년 평양대부흥운동을 계기로 서로 다른 길을 걷게 되었다.[30] 한 편에서는 평양대부흥운동이 국권의 상실과 맞물려 신앙의 내면화를 추구하여 탈정치화가 가속화 되었던 반면에, 다른 한편에서는 교회를 떠나 비밀결사 조직인 신민회를 조직하는 등 항일운동을 하는 등 국가 독립을 추구해 나갔다. 이렇게 한국 교회가 정치적인 상황에 대하여는 각기 다른 입장을 취하였으나 1919년 3.1 운동까지는 대부분의 한국 교회가 사회참여를 지향하였다. 그러나 3.1 운동의 실패 이후 교회와 국가의 관계에 있어서 한국 교회는 공식적인 침묵을 견지하기 시작했다.

이렇게 일제강점기 동안 선교사들의 정교분리 사상으로 인해 일제의 만행에도 공식적인 입장 표명조차 하자 못했던 한국 교회는,

---

[30] 이은선, "한국 교회와 정치," 「장로교회와 신학 5권」, 2008년, 220, 221.

해방 이후에도 독재 권력의 폭압적인 정치에 대해 정교분리를 표방한 보수주의 교회들을 중심으로 침묵하거나 나아가서는 친정부적인 모습을 보여 정교분리의 맹점을 여실히 드러내었다.

3) 칼빈주의 사상의 한국전파-정치사상을 중심으로

칼빈주의 한국 수용은 다른 아시아 지역과 비교하여 세 가지 특징을 지니고 있다. 그 첫 번째 특징은 1880년대 초기에 발생한 자발적이고 성경적인 수용이었다. 첫 번째 한국인 개종자는 복음이 한국에 들어오기 이전에(1885) 중국과 일본에서 복음을 받아들였으며 그리고 그곳에서 성경이 번역되고 출간되었다. 두 번째 특징은 한국의 역사적 상황에 적합하였다는 점이다. 한국의 정치적 상황과 관련이 없는 서구의 선교사들에 의해 한국에 칼빈주의가 전래되었고 그리고 칼빈주의가 한국의 민족주의에 긍정적으로 기여하였기 때문에, 칼빈의 사상은 한국인의 토양에 정착하기 시작하였다. 세 번째 특징은 오랜 기간 동안의 영향력을 들 수 있다. 칼빈의 영성은 한국이 해방 이후 남과 북으로 갈라져 고통을 당하고 있는 동안에도 한국의 민중들에게 끊임없이 영향을 주었다.[31]

이와 같이 한국에서 칼빈주의는 다른 아시아 지역의 국가들과 비교하여 비교적 수월하게 정착했다. 그러나 한국에 들어온 대부분의 선교사들은 미국의 구파 칼빈주의의 영향을 받은 선교사들로 한국에 와서 사회복음과 사회구원을 경시하면서 개인구원을 강조하였다.

이들은 한국에 복음을 전파할 때부터 비교적 정치와는 상관없는 노선을 취하였다. 그럼에도 그들은 가쓰라-태프트 밀약[32]에 의한 미

---

[31] Herman J. Selderhuis, *The Calvin Handbook*, 516, 517.
[32] 가쓰라-태프트 밀약: 필리핀에서의 미국의 독점 권익을 인정하고, 대한제국에 있어서의 일본의 지배권을 묵인하는 조약으로 1905년 7월 29일 미국의 국무 장관 태프트와 일본 외무대신 가쓰라 간에 체결되었다. 이 밀약의 내용은 첫째, 일본은 필리핀에 대하여 하등

국 선교부의 선교 방침대로 교묘하게 정교분리의 원리를 내세워 탈정치화를 추구하였다. 하지만 이들 선교사들 중에는 실제적으로 조선이 위험한 상황에 처해있을 때에는 앞장서서 일제의 만행을 자국에 알리는 역할을 한 사람들도 있었다.

실제적으로 한말 최초의 의료선교사 알렌은 조선에서 일하면서도 고종의 청에 의해 미국 주재 한국공사로 한국의 외교적 실익을 위하여 일을 하였다. 언더우드는 명성황후의 시해 당시 왕실의 안전을 위하여 고종의 옆에 있었으며 아관파천 당시 고종을 호위하기도 하였다. 그리고 헐버트는 한국에서의 복음화가 정치적 의미가 하나도 없다는 형태의 논리를 몰역사적이라고 비판하였다. 왜냐하면 정치라는 것이 그 근본은 결국 역사적 동력인데, 기독교란 이 도덕적 동력 없이 따로 의미 있는 실체가 아니기 때문이다. 그는 한국인들의 토지피탈에 대해, 정교분리를 내세운 냉담으로 눈을 돌린다면, 그것은 곧 기독교에 대한 능욕이요 한국에 대한 불의라고 믿었다.[33] 그래서 그는 고종의 밀사로 워싱턴과 헤이그에 잠행했던 일도 있었다.

1900년대, 장로교는 「그리스도 신문」에 '국가문답', '국가성쇠문답' 등을 통하여 올바른 국가관을 제시하고 한국의 역사와 위인들을 소개함으로써 민족의식을 고취시켜 나갔다. 당시 「그리스도 신문」에 소개된 서구 정부의 종류를 5가지로 설명하고 있다. "① 군주가 천단하는 정치, ② 군주가 압제하는 정치, ③ 귀족이 주장하는 정치, ④ 군주의 입헌정치, ⑤ 국인의 공화정치" 중에 입헌군주제나 민주 공화제가 바람직한 것으로 계몽되어졌다. 그러나 기독교도들은 바람직한 국가상을 제도에서 구하려 하지 않고, 공평한 법률과 공정한 시행에서 찾으려 하였다. 빈부의 귀천 없이 모든 자가 공평

의 침략적 의도를 품지 않으며, 미국의 필리핀 지배를 확인한다. 둘째, 극동의 평화를 위해 미·영·일 삼국은 실질적인 동맹 관계를 확보한다. 셋째, 러일 전쟁의 원인이 된 한국은 일본이 지배할 것을 승인한다.

33 민경배, 『한국기독교 사회운동사, 1885-1945』 (서울: 대한기독교서회, 1987), 24, 25.

한 법률 아래서 살 수 있는 나라를 바람직한 국가의 모습에서 제시했다.[34]

이렇게 선교사들은 서양의 문물을 소개하면서 조선 민중들에게 칼빈의 정치사상을 소개하였다. 물론 대다수의 선교사들은 위에서 언급한 '교회와 정부 사이에 교제할 몇 가지 조건'이라는 정교분리 원리를 기본으로 하고 있지만 칼빈의 정치사상을 소개한 것은 조선 민중들에게는 그리스도인의 대 국가관을 지니게 하는데 많은 영향을 미치게 하였다는 것은 자명한 일이다.

그러나 대체적으로 대다수의 선교사들은 조선의 식민지화 과정에서 교회를 보호하기 위한 수단으로 한국 민중들에게 교회와 정치는 서로 무관하다는 점을 계속 가르쳤다. 그러나 그 이면에는 미국과 일본 사이에 체결한 가쓰라-태프트 밀약과도 관련이 있어서 미국 선교본부에서 훈령한 미선교국 정치 불간섭주의를 끝까지 고수하여 한국 민중으로 하여금 정치에 초연할 것을 주문하였다. 그래서 이러한 선교사들의 영향으로 많은 조선의 그리스도인들은 국민의 주권이 일본으로 넘어가는데도 제대로 된 저항을 하지 못했던 것이다.

그러나 선교사들의 정교분리 원칙에도 불구하고 당시 교회 안에는 나라의 독립을 추구하려는 세력과 순수한 신앙을 추구하던 세력들이 병존하고 있었는데, 1907년부터 일어난 평양대부흥운동을 통하여 그러한 양 세력은 서로 다른 길을 걷게 되었다.[35] 평양대부흥운동이 국권의 상실과 맞물려 신앙의 내면화를 가져와 탈정치화가 가속화 되었던 반면에, 국가독립을 추구하던 세력들은 교회를 떠나 비밀결사 조직인 신민회를 조직하는 등 항일운동을 지속하여 나갔다. 따라서 1919년 3.1 운동까지만 하여도 한국 교회는 사회참여를 지향하는 방향으로 나아갔으나, 3.1 운동의 실패로 인하여 교회-국가

---

[34] 박응규, "한국 교회의 정치참여에 대한 역사적 고찰과 평가,"「장로교회와 신학 5권」, 171.

[35] 이은선, "한국 교회와 정치,"「장로교회와 신학」 5권 (2008년), 220, 221.

관계에 있어서, 교회는 공식적인 침묵을 견지했다고 할 수 있다.
이러한 원인을 박용규 교수는 3가지로 설명하고 있다.

> 첫째는 정치적 독립에 대한 소망이 실패로 돌아가면서 종교적 소망으로 방향을 전환한 것이다. 둘째는 선교정책이다. 과거 초기에 간접선교와 직접 선교의 비율이 균형을 이루었던 한국 교회는 1920년대에 성경중심의 네비우스 선교정책을 강조하면서 본의 아니게 사회적 책임을 간과하게 만들었다. 셋째는 종말론의 발흥이다. 한편으로는 선교사들이 갖고 있던 종말신앙이 선교지의 한국인들에게 이어졌고, 다른 한편으로는 일제하의 어두운 현실이 이런 종말신앙을 가속화시켰으며, 그리고 네비우스 선교정책으로 인한 성경공부의 강조가 성경의 문자적 해석으로 이어져 종말론은 한국 교회 전체를 사로잡았다.[36]

이와 같이 독립에 대한 소망이 사라지면서 정교분리는 한국 교회에 뿌리 내리게 되었고, 내세적인 신앙으로 변화하게 되었다.

---

36 박용규, "한국 교회사에 나타난 정치참여," 「한국 교회 2권」(1987), 64.

5장_
소결론_정리 및 평가

　칼빈주의는 유럽에 전파되면서 유럽의 종교 및 사회에 큰 영향을 미쳤다. 칼빈주의가 프랑스에는 신앙고백과 신조의 발달에 큰 영향을 미쳤으며, 정치사상에서도 시민주권으로 발전하게 되었다. 그리고 칼빈주의가 스코틀랜드 전통과 영국에서는 교회의 조직 및 국가와의 관계에서의 자유를 강조하고 있다. 화란에 칼빈주의가 전파되면서 아브라함 카이퍼에 이르러서는 영역주권론으로 발전하였다. 그리고 칼빈주의는 미국에 전파되면서 미국 건국의 동력으로 작용하였다.

　칼빈은 인간의 안위를 위협하는 통치자에 대한 저항권을 중간 관리자들에 의한 것으로 제한하였으나, 그의 후계자인 베자와 오망 등의 위그노 사상가들과 낙스를 거치면서, 저항권은 한층 강화되어 시민저항권을 허용하는 데까지 이르렀다. 이들은 가톨릭에 의해 종교의 자유 즉 개신교의 자유가 제한되거나 핍박받는 상황이 되자 시민들에 의한 무력 저항까지도 허용하게 된 것이다.

　이 칼빈의 정치사상은, 영국의 청교도들의 사상과 올리버 크롬웰의 혁명에 큰 영향을 미쳤으며, 이후 19세기에 이르러서는 아브라함 카이퍼의 영역주권 이론의 형성에 결정적인 영향을 미쳤다.

　그러나 칼빈의 사상이 긍정적인 영향만을 미친 것은 아니다. 칼빈의 사상은 후대에 미국이나 남아프리카 공화국에서처럼 원주민(토착민)들을 학살하는 이데올로기로 왜곡되기도 하였다. 즉 칼빈주의 사상을 가진 청교도들과 화란 개혁파 교회의 출신들은 지나친 백인 우월주의와 자신들은 하나님의 언약 백성이라는 선민사상을 가지고, 하나님이 자신들에게 정복할 땅을 주신 것이라며 토착민들을 학대하거나 그 땅에서 몰아내려고 하였으며 심지어 노예로 삼기도 하였다.

그러나 남아프리카 공화국의 칼빈주의는 남아프리카 공화국의 민중들에게 뿌리 내리지 못하고 소수 민족의 이익을 보호하기 위한 시녀로 전락하였으며, 칼빈주의의 참 모습을 버리고 흑인과 백인 사이의 갈등만 조장시키는 왜곡된 칼빈주의가 되어 버렸다.

청교도들은 겉으로는 자유와 평등을 외쳤지만, 뒤로는 원주민들을 억압하는 행위를 하였으며, 남아프리카 공화국의 화란 개혁 교회들은 그 교리나 사상면에서는 칼빈주의를 수용하고 있음에도 불구하고 칼빈의 사상을 실천하였다고는 할 수 없다.

비록 그들의 악행이 칼빈주의를 오용하거나 왜곡한 데 기인했으므로 칼빈의 사상에 직접적인 화살을 돌리는 것은 무리가 있으나, 그들의 이러한 행위의 배후에는 분명 칼빈주의가 자리잡고 있었다는 점은 후대 칼빈주의자들이 반성해야 할 부분이다.

3부 한국 교회의 사회운동
- 1970, 1980년대를 중심으로

칼빈의 정치사상은 정치가 종교에 예속된 중세 그리스도교의 한계를 벗어나 유럽의 근대 국가 형성에 큰 영향을 미쳤을 뿐 아니라, 한국 교회의 사회운동에도 이념적 토대를 제공하였다. 그러므로 칼빈의 정치사상에 대한 연구는 칼빈주의를 표방하면서도 각각의 생각과 목적에 따라 서로 다른 입장을 보여 온 한국 교회의 사회운동의 다양한 모습을 재평가하고 바른 방향을 모색하기 위해 반드시 필요한 과정이라고 할 수 있다.

따라서 먼저 16세기 유럽과 제네바 및 프랑스의 정치적 상황과 칼빈의 생애, 또 그의 정치사상의 배경 그리고 『기독교 강요』를 중심으로 한 칼빈의 이중 통치론과 바람직한 통치구조로 대변되는 그의 정치사상뿐 아니라, 불의한 통치자에 대한 칼빈의 불복종 사상을 고찰한 후, 그에 대한 비판적인 시각으로 재조명해 보고자 한다.

1장_
1960년대 한국 교회의 민주화 운동

1970, 1980년대 한국 교회의 민주화 운동은 1961년 박정희 정권의 출범으로부터 시작되었다. 이후 군사독재 정권은 30년간 한국 사회를 부정부패와 편향된 재벌 위주의 정책과 반(反)노동자 반(反)서민 정책으로 서민경제를 말살시켰다. 이러한 상황에서 한국 교회는 독재정권에 대항하여 예언자적인 역할을 다하려고 노력하였다. 따라서 1970년대와 1980년대 한국 교회의 민주화 운동을 연구하기 위해서는 1970년대 이전의 한국 교회의 민주화 운동에 관한 연구가 선행되어야 하며, 당시의 사회적 상황과 경제 상황에 대한 선행 지식이 요구된다.

그러므로 본 장에서는 우선 일제강점기 한국 교회의 사회운동사를 간략히 살펴보고, 1960년대의 한국 교회의 민주화 운동에 대하여 연구하려고 한다.

1. 1960년대 이전의 한국 교회의 사회운동

1) 일제강점기 한국 교회의 사회운동

(1) 개신교 수용 초기 한국 교회의 사회운동

1884년 복음이 조선에 전파된 이래 교회는 우리 민족의 애환과 같이 하였다. 구한말 풍전등화의 시기에 들어온 장로교회는 미국 남·북 장로회, 캐나다 장로회, 호주 장로회 등이 있다. 장로교회는 선교사들을 중심으로 이 민족에게 복음을 전파하기 위한 하나의 방법으로 교육사업과 의료사업을 중심으로 사회운동을 하였다. 교육사업은 성경번역과 성경연구모임 그리고 학교설립으로 세분화 될 수 있다. 당시 한국의 기독교인들의 성경의 완전한 번역을 요구하는 자세는 1897년 아펜젤러와 언더우드가 한글신문을 발간했을 때 더 간절한 모습으로 나타나게 되었다.[1]

이러한 모습은 조선의 민중들이 새로운 종교를 받아들임에 있어서 능동적인 자세를 보이고 있었다는 증거이다. 이 성경 번역은 자연스럽게 조선 민중들에게 교육에 대한 열의로 표출되었고, 그리하여 스크랜턴에 의해 1886년 최초의 근대식 여성교육 기관인 이화학당이 설립되었고, 알렌(H. N. Allen, 1859-1932)에 의해 조선 최초의 근대식 병원인 광혜원이 1885년에 설립되고 이듬해 1886년 의과대학이 신설되었는데, 바로 이것이 연희전문학교의 시작이라고 할 수 있다.

선교사들에 의해 주도된 교육사업과 의료사업은 조선 민중들로 하여금 기독교에 호의를 지니도록 하는 계기로 작용하였다. 개신교 수용 초기 선교사들에 의해 시작된 교육사업과 의료사업은 당시 조선 민중들의 무지를 깨우치는 데 일조하였다. 또한 교회는 조선 민중들이 재산을 탕진하면서까지 조상을 숭배하는 것을 미신의 일종으로 보고 "죠션 사롬들이 무론상하ᄒ고 정죠차례를 정셩으로 지내며 궤연에 죠샹식을 효성으로 밧들어 죠샹을 셤긴다ᄒ나 근본을 셤길줄 모로니"[2]하면서 하나님을 섬기면서 자신의 행위를 되돌아 볼 것을 촉구하였다.

---

[1] 이만열, "한국기독교 사회운동," 「기독교 사상」 29권 8호 (1984. 8월호): 150.
[2] 「조선 그리스도인 회보」, 1897년 2월 10일자 신문.

교회는 당시 한국민들의 풍속을 바로 잡는 일에 앞장서면서 여권신장에 앞장섰다. 교회는 조혼의 악습을 널리 알리고 축첩행위를 금하도록 하여 일부일처의 가정윤리를 확립하는 여속지변(女俗之變)[3]이 이루어지고 있었으며, 또한 남녀평등을 주장하였다. 그 일환으로 1897년 12월 31일 정동교회에서는 청년회 회장 노병선의 개회로 '남녀를 ᄀᆞᆺᄒᆞᆫ 학문으로 새교휵ᄒᆞ며 동등권을 주는 것이 가ᄒᆞ다'는 제목으로 토론회를 열어 남녀평등권이라는 새 사상을 전파하였다.

> 하ᄂᆞ님께서 사ᄅᆞᆷ을 셩ᄒᆞ심이 무론 남녀 ᄒᆞ고 이목구비와 심의 셩졍은 다 ᄒᆞᆫ가지며 만물의 가온ᄃᆡ 뎨일 총명ᄒᆞ고 신령ᄒᆞᆫ지라 동양 풍쇽이 엇지 ᄒᆞ야 사나히ᄂᆞᆫ 기와 집과 ᄀᆞᆺ ᄒᆞ고 녀편네ᄂᆞᆫ 쵸가 집과 ᄀᆞᆺ다 ᄒᆞ야 남녀 간에 갑이 놉고 나진 줄노 분별하는지 극히 개탄ᄒᆞᆯ 일이라…남녀가 다ᄀᆞᆺᄒᆞᆫ 인품이라 엇지 사나히면 사ᄅᆞᆷ의 권을 가지고 녀편네ᄂᆞᆫ 사ᄅᆞᆷ의 권을 가지지 못ᄒᆞ리요[4]

이렇게 남녀 토론자들은 하나님이 남녀를 평등하게 창조하셨는데, 동양의 풍속에서 남자를 귀하게 여기고 여자를 천하게 여기는 것은 개탄스러운 일이며 남녀가 다같은 인품이라는 사실을 역설하였다. 남녀평등의 원리에서 더 나아가 교회는 여성들에게도 교육을 시킬 것을 주장하였다.

여성의 인권문제와 더불어 교회는 잘못된 관행에 대한 개정에 나서 "지금 우리 나라 사ᄅᆞᆷ들의 ᄀᆞ장 몬져 곳칠일은 음담패셜이니 상하등 물론ᄒᆞ고 사ᄅᆞᆷ 모힌 곳에 ᄒᆞᆼ샹 더럽고 음란ᄒᆞᆫ 말이 란만ᄒᆞ야 서로 붓그러운 줄도 모ᄅᆞ고"[5]라고 하면서 그리스도인들의 음담패설을 금하고, 아편의 악습을 깨우치는 일에 앞장섰다. 당시 조선에 들

---

[3] 이만열, 『한국기독교와 역사의식』 (서울: 지식산업사, 1981), 43.
[4] 「독립신문」 1898년 1월 4일자, 『독립신문 3권』 (서울: 갑을 출판사, 1981).
[5] 「그리스도 신문」 1901년 4월 11일자 신문.

어와 있는 선교사들과 친숙하였던 런던 선교회 소속 그리스피 존은 아편의 도덕성 마비와 의지의 좌절, 인신의 파괴와 생명의 단축을 들어 아편 상역에 크게 반발하였다.[6] 교회는 아편의 해를 그리스도 신문이나 독립신문을 통하여 널리 알리고자 하였다. 그래서 1901년 3월 7일 그리스도 신문에는 "아편연 먹는거시 여간 해로운거시 아니오 나라희 흥망이 관계 되는지라"[7]하였고, 4월 4일자 신문에도 "아편이라는 거슨 샤롬에게 비상보다 더 독흔 거시라"[8]고 조선 민중들에게 경고하면서 아편의 해악을 알리는데 앞장서며, 또한 금주령을 내리기도 하였다.

이와 같이 장로교회를 비롯한 모든 교회가 구습타파와 남녀평등 등 여권신장에 앞장서자, 많은 조선의 지식인들은 나라를 부강하게 하는 일은 속히 서양의 문물을 받아들이는 일이라 여기고 속속 기독교에 입문하게 되었다. 기독교에 입문한 개화파 인사들은 유교를 신봉해 온 청나라와 조선은 국운이 쇠했고 예수교로 근본을 삼은 서양 각국은 강성하여 백성이 평안을 누린다고 판단을 내렸다. 그래서 급진개화파의 지도자인 박영효는 백성의 교육수준이 높아지고 기독교화가 이루어지면 조선도 "먼 훗날 아마 미국과 같은 개명된 국가가 될 수 있을 것"[9]이라 기대했다.

이렇게 많은 개화파 지도자들은 서구의 기독교에 관심을 많이 가졌는데, 당시 독립협회의 인사들 중 상당수는 기독교인이었다. 이 독립협회의 지휘부에는 서재필, 윤치호 등의 일찍부터 기독교 신앙에 접촉한 인사들이 있었고, 이상재, 남궁억, 신홍우, 박승봉, 이원긍, 이승만, 주시경 같은 분들도 있어서 이들의 대부분은 이때

---

[6] 민경배, 『한국기독교 사회운동사(1885-1945)』 (서울: 대한기독교출판사, 1987), 39.
[7] 「그리스도 신문」 1901년 3월 7일자 신문.
[8] 「그리스도 신문」 1901년 4월 4일자 신문.
[9] 성백걸, "한국초기 개신교인들의 교회와 국가 이해," 「한국기독교사 연구 21호」 (1988, 8월호), 5.

이미 기독교와 접촉하고 있었거나 뒷날 기독교 지도자로서 활동하게 된다.[10]

구한말 선교사들이나 기독교계는 독립협회를 적극 지원하고 있었으며, 독립협회 임원들 상당수가 기독교인이었기 때문에 독립협회와 밀접한 관련이 있었다. 이러한 사실은 독립협회의 반대파들인 보부상들이 정동교회에 편지를 보내 교인들이 독립협회와 관련이 있으므로 교우들을 도륙하겠다는 협박에서도 드러난다.

이 독립협회의 활동 이외에도 장로교회에서는 길선주 장로의 발의로 1905년 9월의 장로회 공의회(미국 북장로교와 남장로교, 호주 장로교, 캐나다 장로교 연합공회) 주최로 그 해 양력 11월 감사절 다음날부터 7일간 전국 교회가 나라를 위하여 기도회를 개최하였으며[11], 나아가 국권수호 차원에서 국채보상운동을 벌이기도 하였다. 이 운동은 일본에 대한 우리나라의 빚이 1,300만 원으로 너무 많아 국가재정으로는 도저히 갚을 수 없고 따라서 일본에게 경제적 예속이 되어 대한제국의 주권이 일본에 넘어가는 것이라 생각되어 벌어진 운동이다. 1907년 1월 서울과 지방의 민중들이 모여 국채보상회를 조직하고 이 운동을 적극 추진하게 되었는데, 당시 장로교도인 양기탁은 「대한매일신보」의 사내에 국채보상지원종합소를 설치하여 전국 각지의 성금을 접수하였다. 이에 부녀자들은 금, 은 장식품을 내놓기도 하였으며 황해도 장연군의 장로교도인 예수교 학교 남녀학생 30여 명은 국채보상운동 연설을 듣고 울분을 느껴 의연금을 바치기도 하였다.[12] 그리하여 이때 모인 성금만 하여도 230만원에 이르렀으나 결국 일진회와 통감부의 방해로 뜻을 이루지 못하였다. 그러나 이 국채보상운동은 구한말 조선의 전 민중들이 참여한 조직화된 국권

---

[10] 이만열, "한국기독교 사회운동," 151.
[11] 이만열, 『한국기독교사 특강』 (서울: 성경읽기사, 1987), 143, 144.
[12] 서굉일, "한말기독교인들의 반식민운동-평남순천의 시장세 반대투쟁을 중심으로-," 「한국 기독교사 연구 11호」 (1986, 9월호), 9.

수호 차원의 대일항쟁이었으며, 일제강점기 한국 교회의 사회운동이 대일항쟁의 차원에서 이루어지는 계기가 되었다는 점에서 의의가 있다고 할 수 있다.

개신교 수용초기 한국 교회의 사회운동은 한국 민중들에게 기독교에 대한 호감을 갖게 하는데 긍정적인 역할을 하였다. 구한말 한국 교회의 사회운동은 한국의 근대화에 큰 역할을 하였으며, 금주 금연 및 아편 금지와 미신 타파에도 큰 영향을 미쳤다. 그래서 실지로 1900년 장로교 선교사들은 재한 선교사들과 함께 금주 금연 운동을 벌였으며, 새문안교회에서는 음주한 교인 이기용을 당회가 소환하여 책벌한 적도 있으며,[13] 1912년 평양에서 계연회(戒煙會)를 조직하였고, 1919년 제8회 총회에서는 아편 사용금지를 결의하고 교인이 아편이나 마약을 사용하면 징계할 것을 결의하였다.[14]

장로교회의 사회운동은 미신 타파와 여권 신장에 있어서도 큰 영향을 미쳤는바, 실제로 복음을 받아들인 후 우상을 불사르는 일이 비일비재 하였다. 축첩문제에 대하여 장로교 독로회는 1908년 첩 있는 사람을 재직에 임명하지 못하도록 하였고[15], 이에 교인들 중 남양교회의 홍종익은 "교인으로 첩 둔 것이 쥬 압헤 붓그러운 일인 줄 깁히 깨닷고"[16] 소실을 내 보낸 적이 있었다. 조혼에 대하여서도 장로교회는 1914년 혼인 연령을 남 17세, 여자 만 15세로 정하고 성례하도록 의결하였다.[17]

이렇듯 구한말 장로교 선교사들을 비롯한 여러 선교사들이 행한 한국 교회의 사회운동은 복음전파의 일원으로 시행된 것이다. 이들

---

[13] 민경배, 『한국기독교 사회운동사(1885-1945)』, 86, 87.
[14] 제8회 장로교 총회록 52항.
[15] 민경배, 『한국기독교 사회운동사(1885-1945)』, 81.
[16] 「그리스도 회보」, 1911년 3월 30일자, 민경배, 『한국기독교 사회운동사, 1885-1945』, 82에서 재인용.
[17] 민경배, 『한국기독교 사회운동사, 1885-1945』, 85.

에게 있어서 개인의 구원과 함께 육체의 질병을 치료하는 것이 선교의 방편이었고, 교육을 통하여 계몽시키는 것이 선교의 첩경이었다. 이러한 선교정책은 한국정부의 '포교금압정책'을 둔화시키는 데도 효과적이었으며,[18] 한국 사회의 근대화와 구습타파, 근대식 의료기관과 교육기관의 설립이라는 여러 가지 면에서 한국 사회 발전에 기여하였다고 할 수 있다.

(2) 일제강점기 한국 교회의 사회운동

개신교 수용 초기 한국장로교회의 사회운동이 주로 선교사들에 의해 이루어졌다면, 일제 강점기 한국장로교회의 사회운동은 주체적으로 복음을 수용한 한국 교인들에 의해 이루어졌다고 할 수 있다. 이 시대 한국 교회의 사회운동은 주로 항일운동과 관련하여 이루어졌다. 을사보호조약 이후 본격화 된 한국 교회의 항일운동은 서북지방을 중심으로 하여 이루어졌다. 일제는 을사보호조약이 체결되자 조선을 식민지화하기 위한 재원 마련을 위해 가옥세, 주세, 연초세 등 각종 세금을 신설하였다. 이러한 일제의 만행에 대항하여 캐나다 장로교 선교부에서 활동하던 구례선(R. G. Grierson, 1868-1965) 선교사와 노 목사의 지시에 의해 기독교인들이 통감부가 징수하고자하는 세금의 납부를 거부하였고, 진남포에서도 장로교에 속한 기독교인들이 배일사상을 앞세워 "통감부의 신세는 나라를 망하게 한다"는 주장을 널리 유포시켰다.[19] 이 서북지방에서의 항일투쟁은 1910년 시장세 반대투쟁으로 보다 더 조직화되어 강압적인 일본의 경제수탈정책에 맞서 투쟁하였다.

결국 이러한 서북지방의 대일투쟁에 두려움을 느낀 일제는 서북

---

[18] 박응규, "한국 교회의 정치참여에 대한 역사적 고찰과 평가," 「장로교회와 신학」5권 (2008), 164.
[19] 서평일, "한말기독교인들의 반식민운동-평남순천의 시장세 반대투쟁을 중심으로-," 8.

계의 반일 기독교 에너지 그리고 신민회의 조직력을 근절하기 위해 1910년 12월에 "105인 사건"을 조작하였다. 이 사건은 윤치호, 안태국, 양기탁, 이승훈 등 6명에게 징역 10년의 최고형을 언도하면서 105인 전체에게 실형을 언도하였다. 그러나 이 사건을 기독교 박해로 규정한 선교사들이 미국의 선교본부와 세계 언론에 그 허위성과 부당성을 알리는 적극적인 외교활동을 벌인 결과 국제 여론에 굴복한 일본이 1심에서 유죄판결을 한 105명 가운데 99명을 2심에서 무죄판결 하였다.[20]

이 105인 사건으로 인해 서양의 선교사들은 지금까지의 일본의 한국 식민지화에 대한 긍정적인 태도를 버리고 일본의 한국 통치에 우려를 나타내기 시작했다.

1910년대 한국 교회의 사회운동은 3.1 운동으로 절정에 다다랐다. 이 3.1 운동은 일제의 폭압적인 식민정치에 맞서 조선의 독립을 위해 기독교인이 주축이 된 만세 운동으로서, 독립선언문 서명 33인 가운데 16명이 기독교인이었으며, 이중 길선주 목사는 장로교 목사였다. 그리고 서북 지역의 기독교인이 10명이었고, 시위 참가 군중 2,051,448명에 사상자가 23,359명, 당시 일제 총독부에 수감된 수 15,224명 가운데 장로교인이 2,254명으로 14.8%[21]라는 점에서 그 비중이 전체 기독교인 중에서 다수를 차지하였다. 그런데 이 3.1 운동에서 특이한 사실은 1901년 장로교 공의회에서 "교회는 성신에 붙인 교회요 나라 일 보는 교회 아닌데, 예배당이나 교회 학당이나 교회 일을 위하여 슬 집이오. 나라 일 의논하는 집은 아니오—"[22]라고 정교분리를 공식화하였음에도 불구하고 대다수 장로교회가 3.1 운동 당시 국권회복 운동에 앞장섰다는 사실이다.

그러나 3.1 운동이 실패로 돌아가자 한국 교회의 사회운동은 항

---

20 정규식, 『일제하 한국기독교민족주의 연구』 (서울: 혜안, 2001), 106.
21 민경배, 『한국기독교 사회운동사, 1885-1945』, 179-181.
22 「그리스도 신문」, 1901년 10월 3일.

일투쟁보다 농촌운동과 민족경제 육성 등 성도들의 삶의 본질 문제로 방향을 전환하기 시작하였다. 이는 민족독립에의 희망이 점차적으로 사라져가고 있다는 생각에서 직접적인 항일운동보다는 간접적인 항일운동의 차원에서 비롯된 것이라 할 수 있다. 당시 한국 교회의 기반은 농촌이었으며, 교회의 70% 이상이 농촌 지역에 소재하였고 출석교인의 절대다수가 농업에 종사하고 있었으므로 한국 교회의 농촌운동은 이미 예견된 것이나 다름이 없었다.

1920년대 한국 교회의 농촌운동은 주로 농업의 개량과 농민의 권익을 중심으로 이루어졌다. 따라서 소독 및 농약과 비료 사용법 등 농경기술과 작물, 축산에 대한 지도와 잘못된 조세제도 개선, 농촌자립운동이 시행되었다. 한국의 장로교회는 감리교와 함께 농촌운동에 앞장서서 1928년 "농촌부"가 설치되었고, 그 이듬해 연합공회에서도 농촌사업이 강조되었으며, 1930년에 YMCA와의 협조를 위해 역시 '농촌부'가 설치되었다.[23]

농촌운동과 더불어 한국 교회는 민족산업 육성에도 힘을 기울였다. 그 결과 1922년 7월 산정현교회 장로인 조만식(1883.2.1-1950.10.18)은 이승훈, 오윤선 등 교회의 지도자들과 함께 "조선물산장려회"를 조직하여 민족산업 육성을 위하여 국산품 애용 운동을 벌였다. 한편 조만식은 1921년부터 11년 간에 걸쳐 평양 YMCA 총무로서 기독교 정신과 민족부흥의 정신을 일체화함으로써 항일의 선봉에 서서 일제 말기에 소위 신사참배, 궁성요배 등 강요에 결연히 반대했다.

한국 교회의 농촌운동과 물산장려운동 등 민족산업 육성은 한국의 근대화와 민족경제 육성에 기여하였지만, 일제의 집요한 방해공작으로 큰 열매를 보지 못하였다는 점이 아쉬울 따름이다. 그리고 이후 일제의 신사참배 강요로 인하여 한국의 장로교회는 큰 난관에

---

[23] 이만열, "한국기독교 사회운동," 158.

부딪치게 된다. 일제의 신사참배 강요에 대하여 이미 가톨릭이나 감리교는 신사참배를 결정하고, 장로교회도 1938년 일제의 감시에 의해 결국 무릎을 꿇게 되었지만, 주남선, 주기철, 손양원, 박관준, 한상동 등의 신사참배 반대 운동은 새로운 한국 장로교회의 사회운동으로 평가받을 만하다. 그들은 성경을 "신앙과 본분에 정확무오한 영감으로 계시된 하나님의 말씀"으로 믿었기 때문에 하나님의 말씀에 위배되는 우상숭배, 신사참배는 하나님을 배신하는 것뿐만 아니라, 교회에 대한 사랑과 의무를 포기하는 것으로 간주하여 타협자들은 교회를 유지하고 양떼를 지키기 위하여 신사참배도 해야 한다고 주장했지만, 그들은 하나님의 말씀에 참된 순종만이 진정한 교회를 사랑하고 유지하는 길이라고 확신하였다.[24] 이러한 점에서 신사참배를 우상숭배라고 여긴 이들의 신사참배 반대운동은 교회의 순수성 유지와 하나님의 말씀에 대한 순종이기도 하지만, 일제에 대한 항거로 평가할 수 있을 것이다.

2) 이승만과 한국 교회

8·15해방은 우리민족과 교회에 특별한 의미를 지니는 역사의 전환기였다. 이 역사의 전환은 친일세력 청산을 통해 이룩될 수 있는 것으로서 우리 민족에게나 교회에 동일한 것이었다. 36년간 일제 강점 하에 있었던 우리 민족은 친일세력 청산을 통해 민족정기를 바로 세워야 했고, 교회는 신사참배 등 배교적 행위와 일제의 기독교 통치 혹은 말살정책에 협력했던 친일적 종교지도자를 제거 혹은 자숙케 함으로써 신앙정기를 바로잡고 교회쇄신을 이룩해야 할 과제를 지니고 있었다. 말하자면 해방된 조국에서 친일파를 제거하고 식민잔재를 청산하는 일은 역사의 당위였다. 그러나 우리 민족과 교회,

---

[24] 박응규, "한국 교회의 정치참여에 대한 역사적 고찰과 평가," 193.

그 어느 쪽도 친일세력을 제거하거나 잠재우지 못함으로써 식민지적 상황은 그 이후의 한국 사회와 교회현실에 영속적으로 부정적 영향을 끼쳐왔다.[25] 이로 인하여 한국 사회는 또다시 친일파 세력이 득세하였으며, 교회는 교회대로 정화 운동에 실패함으로써 다시 한 번 친일 세력이 교권을 잡게 되고 이후 한국 교회의 분열에 악재로 작용하였다.

당시 이승만은 정권을 유지하고 국가를 운영하기 위한 수단으로 반공 이데올로기와 북진통일을 내세웠다. 그러나 반공 이데올로기는 자본주의권의 이해를 대변하기 위한 국내 세력들로, 친일파들이 자신의 권력유지를 위한 이데올로기로 악용되었다. 이 반공주의는 보수적이고 일제에 협력한 경력을 가진 자들이 자신들의 계급적 이익을 지키기 위하여 민족국가의 건설을 주도해야 한다는 명목으로 포장된 논리였다. 이는 친일세력이 합법적으로 득세하게 되는 계기가 되었고 필연적으로 독립운동 세력을 약화시키는 결과를 가져오게 되었다.

이들의 논리는 해방된 조국을 건설하는 데 있어서 친일세력의 행정력과 군대경험 등은 조국건설에 큰 힘이 되지만 독립운동 세력은 준비 되지 않은 아마추어였다는 논리였다. 이 친일 세력의 득세와 상대적으로 독립운동 세력의 약화는 분단의 고착화와 더불어 이승만 정권의 장기집권의 기틀이 되었으며, 교회는 민족문제에 대한 의식이나 민주화에 대한 관심이 희박해지는 결과를 낳았다. 기독교 국

---

25 이상규, "해방 후 한국 교회의 민주화 운동과 통일운동," 「한국 기독교와 역사 제4호」 (1995), 67, 68. 해방 후 친일 청산의 실패는 한국 사회 뿐만 아니라 한국 교회에도 부정적인 영향을 미쳤다. 미군정 하에서 하지 중장은 조선의 행정력 부재를 우려한 나머지 일제 식민지하에서 관료로 있었던 사람을 다시 등용하였다. 또한 이승만 정권 때의 친일파의 청산은 결국 친일파들의 반란으로 무위로 끝났다. 이는 한국 교회에도 지대한 영향을 미쳤다. 일제 치하에서 신사참배에 적극 협력하거나 또한 친일 행각을 하였던 목사들이 다시 교권을 잡게 되는 현상이 일어났다. 이로 인하여 한국 교회의 개혁은 무위로 끝나게 되고 이는 오늘까지도 한국 교회에 분열의 원인에 단초를 제공하는 등 부정적인 영향을 미치게 되었다.

가인 미국의 군정 통치 하에서 다수의 기독교인이 통역정치의 중요한 부분을 차지하게 되고, 이어 기독교 신자인 이승만이 대통령이 된 이후 상당수의 기독교인이 권력층의 일부를 형성하면서 한국 교회는 정치권력과 구조적으로 깊이 유착하게 되었다.

이승만은 본래 독실한 감리교 신자로서 한때 목사가 될 생각으로 신학 공부를 한 사람이었다. 그러한 그가 해방이 되어 1948년 대통령이 되었을 때, 그는 이 나라를 기독교적 가치관이 숨 쉬는 그러한 나라로 만들기를 원하였다. 그러면서도 그는 또 다른 한편으로 기독교를 권력의 연장을 위해 필요한 도구로 생각하였다. 그래서 그는 교회와의 밀월 관계를 유지하면서 기독교의 교세확장을 위하여 음으로 양으로 많은 지원을 아끼지 않았다. 그러한 그가 기독교를 위해 한 정책을 살펴보면 세 가지로 요약할 수 있다.

첫째, 이승만은 형무소에 형목제(刑牧制: 형무소 목사제)와 군대의 군목제 등 특수전도 기관을 설치하여 기독교 전도를 활성화하였다. 이 군목제도는 미국인 선교사들의 강력한 권고에 따라 1951년 2월 7일 대통령 특별명령으로 수립되었다. 처음에는 가톨릭 신부를 포함한 32명의 성직자들(장로교 14명, 감리교 10명, 성결교 4명)이 육군에 입대하여 무보수 촉탁의 신분으로 일하였으나, 1954년 1월 13일 군종감실이 설치된 다음 12월 13일 현역 장교로 임관되었다.

둘째, 그는 기독교 신자들을 권력 구조에 대거 충원하였다. 기독교인의 정부 요직 충원은 미 군정기부터 시작되었는데, 이 대통령은 이 관행을 계승·확장함으로써 자신의 기독교 국가 건설 비전을 실현해 나갔다. 1948년 정부 탄생 후 초대 내각에는 국무총리를 제외한 21개 부서장 가운데 기독교 신자가 9명이 포함되어 있었고 그 중 2명은 목사였다.

셋째, 이 대통령은 기독교 선교를 목적으로 하는 언론매체의 발달을 지원하고 이를 활용함으로써 기독교 교세의 확산을 도왔다. 이승만 정부는 1945년 11월에 창간된 '한국 최초의 기독교 일간신문'

인「국민신문」과 그 후에 인가된 5종의 신문 이외에 1948년에 1종, 1949년에 2종, 1955년 3종의 기독교 신문을 인가하였다. 그 외에 1948년부터 설립이 추진되어 오던 '한국 최초의 민간방송'인 기독교방송이 개국하는 것을 인가했으며, 1956년 12월에는 복음주의 연맹 선교회가 공산권 선교를 목적으로 하는 극동방송국의 설립을 인가했다.[26]

이렇듯 이승만이 교계와 밀접한 관계 속에서 교회에 대한 지원을 아끼지 않은 배경에는 이승만이 친일 세력을 중용하였다는 사실과 친일파 목사들이 교권을 잡고 있었던 교계와의 이해관계가 맞아 떨어진 면이 있었다.

당시 교회의 장로였던 이승만은 대통령 취임식 선서를 기독교식으로 하였을만큼 교회에 각별하였으며, 초대 국회의원 중 기독교인이 50명이 당선될 만큼 기독교계의 세력이 확대되었다. 그래서 1952년 6월 25일 국회의원 신우회가 조직되어 친목단체로 모였으나, 그 지도층은 자유당 의원들이 지배하였다. 당시 국회의원 총 210명 가운데 교인은 50여 명이었고, 그 가운데 39명이 신우회에 가입하였다. 그리고 이들 신우회는 원내교섭단체로 활동할 것을 목표로 하였다. 임원은 총무단에 윤재근, 강경옥, 김인태, 재무에 박여출, 사상덕, 남송학이었으며, 외무에 황성수, 윤성수, 권노 등이었다.[27]

교회와 권력층과의 밀월현상은 1952년과 1956년 그리고 1960년 정부통령 선거 때에 더욱 기승을 부렸다. 이승만은 1948년 당초 내각책임제로 제정된 헌법을 자신 개인을 위해 대통령제로 개헌했다. 1952년 국회에서 선출하게 된 대통령 선거제를 직선제로 개헌했다. 당시 피난 수도 부산에서 정치파동을 일으키면서까지 직선제로 개헌한 것은 이미 국회에서 간선으로는 당선이 어려운

---

[26] 조성수, "한국에서의 교회와 국가와의 관계에 관한 연구: 교회사적 측면에서 본 연구," (박사학위논문: 연세대학교 대학원, 2009), 271, 272.
[27] 「기독신문」, 1952년 6. 25일 자.

사정이었기 때문이다.[28] 이승만은 부산 일원에 계엄령을 선포하고 '백골단' '땃벌대' 등 폭력조직을 만들어 국회해산을 요구하고, 야당 국회의원 50여 명을 국제공산당의 자금을 받았다는 혐의를 씌워 헌병대로 연행했다. 이런 폭행 끝에 대통령직선제를 골자로 하는 "발췌개헌안"을 경찰의 삼엄한 포위 속에서 기립표결로 통과시켰다(1952.7.4).[29] 한편 교회는 1952년 8월 정부통령 선거에서 이승만, 함태영 등의 기독교인 후보를 위하여 권연호 목사를 위원장으로 하는 '한국기독교 선거대책 위원회'를 열고 도. 군 단위까지 선거운동위를 결성하였다.

이승만의 종신집권을 위한 두 번째 정치폭행은 소위 '사사오입'으로 나타났다. 1954년 5월 20일 제3대 국회의원선거에서 자유당이 원내 절대다수를 차지하게 되자 이 정권은 이승만 대통령의 종신연임제와 일부 헌법조항의 국민투표제 등을 골자로 하는 헌법개정안을 1954년 9월 8일에 김두한 의원을 제외한 자유당 소속의원 전원과 무소속의 윤재욱 의원 등 136인의 서명·날인을 얻어 국회 본회의에 제출하였다. 개헌안이 제출되자 야당은 거국적으로 반대운동을 일으키면서 자유당 의원들에 대한 반대투표 권유공작을 맹렬히 전개하였으며, 자유당은 자유당대로 순무소속이나 무소속 동지회를 대상으로 찬성투표 공작에 전력하였다.

이때 국회의원 재적수는 203명으로 개헌찬성 정족수인 3분의 2는 136명이었다. 그런데 이 개헌안에 찬성한 국회의원은 135명으로 부결되었다. 그런데도 불구하고 사사오입 산술방식을 동원해 가결로 처리해 버렸다(1954.11.29).[30] 이 헌법에 따라 그는 제3대 대통령에 당선되어 정권을 유지하게 되었다. 그런데 교회는 1956년 5월 정부

---

[28] 정병호, "4월 혁명의 정치경제적 의미," 「자주통일의 길 조국광복 60년, 4월 혁명 45주년 논집」, (민주화 운동 기념사업회, 2005), 192.

[29] 강만길, 『고쳐 쓴 한국 현대사』 (서울: 창작과 비평사, 2006), 292, 293.

[30] 정병호, "4월 혁명의 정치경제적 의미," 192.

통령 선거를 앞두고 전필순 목사를 위원장으로 하는 교회 지도자들은 이승만을 대통령으로 이기붕을 부통령으로 추대하기로 결의하고 실행에 옮겼으나 결국은 부통령에 천주교 신자인 장면이 당선되었던 것이다.

3) 3.15 부정선거와 4.19 민주항쟁

(1) 3.15 부정선거

1956년의 정·부통령이 여야로 갈라져 국정운영에 차질이 컸음을 통감한 자유당은 1960년 선거에서만은 이러한 전철을 밟지 않기 위하여 정·부통령 동일정당제의 헌법 개정을 추진하게 되었다. 그러나 민주당의 반대로 이러한 헌법 개정은 실패하고 말았다. 자유당은 2월 3일에 이승만 대통령이 표명한 4선 출마의사를 지지하고 6월 29일에는 서울시내 대한극장에서 전국 대의원 1,008명이 모인 가운데 개최된 제9차 전당대회 겸 지명대회에서 대통령 후보에 이승만 총재, 부통령후보에 이기붕 중앙위의장을 지명하였다.

1960년 정·부통령선거가 얼마 남지 않은 1959년 하반기에 이르자 자유당은 같은 해 8월경부터 야기된 민주당 신·구파간의 당 주도권 쟁탈전을 최대한으로 이용하여 민주당 소속의원의 흡수공작을 추진하는 한편 그 내분이 아물기 전에 선거전을 벌이기 위해 조기선거를 기도하였다. 이에 따라 자유당에서는 정부로 하여금 공무원을 통한 선거 운동망을 조직하고 전국의 경찰로써 이를 감시·감찰토록 하였다. 그러나 야당으로서 상당히 불리한 조건하에 놓여있던 민주당은 여당인 자유당과는 달리 대통령 후보를 둘러싸고 신·구파 간에 격렬한 쟁탈전을 벌였다. 차기 대통령 후보지명 전당대회준비로서 1959년 9월에 열린 민주당 경남도당대회에서는 이러한 신·구파간의 파쟁이 폭력화하여 무기한 연기되었고 커다란 진통 끝에 결국 11월의 전당대회에서 구파의 조병옥이 대통령 후보로, 신파의 장면이 부통령 후보와 당대표 최고위원으로 각각 선임되었다. 그러나 민주당의 대통령 후보인 조병옥이 암 치료차 도미하였다가 그대로 죽고 말았다.

그러자 이승만의 영구집권 계획은 점점 더 노골적으로 현실화 되었다. 1956년 5월 3대 대통령 선거에서 민주당의 신익희 후보의 돌풍으로 간담이 서늘해진 이승만과 자유당은 비록 민주당의 조병옥 박사가 지병으로 사망하였음에도 불구하고 부통령에 반드시 이기붕을 당선시켜야 한다는 생각으로 선거에 임하였다.

이승만은 1959년 3월부터 구체적인 정부통령 선거대책을 세워나갔다. 3월에 5부 장관을 경질하고 이승만의 수족으로 바꾸었는데, 특히 선거 주무장관인 내무부 장관에 최인규를 임명했다. 같은 달인 3월, 내무부, 외무부, 재무부, 법무부, 교통부, 체신부 장관으로 구성된 6인 위원회를 조직하였는데, 이 기구는 대통령 특명사항과 공무원 선거대책 등을 처리하는 '내각 속의 내각'이었다.[31]

이승만과 자유당 정권은 1960년 3.15 정·부통령 선거에서 어떤 비합법적인 수단을 써서라도 이승만과 이기붕을 반드시 정부통령에 당선시켜야 한다는 절박한 심정으로 선거에 임했고, 당시 내무장관이었던 최인규는 지방자치단체장을 불러모아두고 다음과 같은 지령을 내렸다.

참고 1. 경찰관 및 공무원에 지령한 부정선거 시행방법
1. 4할 사전 투표 - 선거 당일의 자연 기권표와 선거인 명부에 허위 기재한 유령 유권자표, 금전으로 매수하여 기권하게 만든 기권표 등을 그 지역 유권자의 4할 정도씩 만들어 투표 시작 전에 자유당 후보에게 기표하여 투표함에 넣도록 할 것.
2. 3인조, 5인조 공개투표 - 자유당 후보에게 투표하도록 미리 공작한

---

[31] 민주화운동기념사업회, 『한국민주화 운동사 1-제1공화국부터 제3공화국까지』 (서울: 돌베개, 2008), 97.

유권자로 하여금 3인조 또는 5인조의 팀을 편성시켜 그 조장이 조원의 기표 상황을 확인한 후 다시 각 조원이 기표한 투표용지를 자유당 측 선거위원에게 제시하고 투표함에 넣도록 할 것.
3. 완장 부대 활용 - 자유당 측 유권자에게 '자유당'이라는 완장을 착용시켜 투표소 부근 일대의 분위기를 자유당 일색으로 만들어 야당 성향의 유권자에게 심리적 압박을 주어 자유당에게 투표케 할 것.
4. 야당 관리인 축출 - 민주당 측 참관인을 매수하여 투표 참관을 포기시키거나 그것이 여의치 않을 때는 적절한 구실을 만들어 축출할 것.[32]

그러나 이것으로 만족을 하지 못한 당시 치안국장인 이강학은 투표함을 바꿔치기 하고 개표할 때 야당표를 여당표로 둔갑하게 하며, 개표가 끝난 뒤에는 투표계산서를 조작하여 자유당 후보의 투표수를 83퍼센트 이상으로 하는 부정선거를 직접 지휘하였다. 이런 유례없는 부정선거로 이승만은 투표자수 10,862,272, 유효표 9,633,376 중 100%의 지지로 대통령에 당선되었다.

도표 1-1. 제4대 대통령선거 결과(중앙선관위 자료)

구분	후보자별 득표 수		
	자유당 이승만(李承晩)	민주당 조병옥(趙炳玉, 사망)	계
전국	9,633,376	-	9,633,376
강원	829,131	-	829,131
울진군	45,123	-	45,123

---

32 "민주당이 폭로한 3.15 부정선거 지시 비밀지령 요약," 1960년 3월 4일 「동아일보」.

도표 1-2 제5대 부통령선거 결과 (중앙선관위 자료)

구분	후보자별 득표 수				계
	자유당	통일당	대한여자국민당	민주당	
	이기붕	김준연	임영신	장면	
전국	8,337,059	249,095	97,533	1,843,758	10,527,445
강원	786,595	5,468	1,543	64,743	858,349
울진군	42,587	592	15	2,371	45,565

위의 도표에서도 알 수 있듯이 4대 정·부통령 선거는 전 세계적으로 웃음거리에 불과한 부정선거였다. 대통령 선거에서 유효표의 100%의 지지율 그리고 부통령 선거에서는 투표율 97%에 80% 이상의 득표율로 당선되었으니, 이는 당시 한국과 같은 후진국이나 아니면 북한에서나 가능한 투표율과 득표율이었다. 하지만 이러한 부정선거 계획은 이미 만천하에 드러나게 될 수밖에 없었다. 그리고 이는 부정선거 규탄으로 이어졌으며 결국 4.19 민주혁명으로 정권의 종말을 가져오게 되었다.

(2) 4.19 민주항쟁

1960년 이승만의 독재정권에 항거해 일어난 4.19는 해방 이후 한국 사회의 첫 번째 민주화 운동이라는 데에 큰 의의가 있다. 4.19 민주항쟁은 1960년 2월 28일 대국고등학생들의 시위로 시작되어 4월 26일 이승만 정권의 정권이 붕괴하는 시점까지만을 4.19로 설정하는 데서 벗어나 이승만 퇴진 이후 5.16 쿠데타 직전까지의 시기를 모두 포괄하는 개념으로 사용하는 데에 어느 정도 합의가 이루어진 상태이다.[33] 이는 4.19 민주항쟁이 비록 5.16 쿠데타로 좌절되었지만,

---

33 정창현, "4.19, 민주주의 혁명인가?," 「기억과 전망 14호」(민주화운동기념사업회, 2006), 28. 4월 혁명을 구분하는 데 있어서 정기영은(1990) 4월 혁명의 주도 및 참여 세력에 따라 2.28에서 4.26까지 반독재투쟁시기, 4.26에서 7.29까지의 운동 대중화와 조

4.19가 단순히 이승만 정권에 대한 저항만이 아니라 분단과 전쟁을 통해 고착된 분단체계와 남한 사회의 구조적인 문제에 대한 총체적인 불만과 밀접한 관련이 있기 때문이다.[34]

이승만과 자유당 정권이 부정선거를 계획하고 추진하는 가운데, 4월 민주혁명의 발단은 2.28 대구 시위를 이끌었던 고교생(최초의 반정부 대규모 시위)에서부터 비롯되었다. 그리고 그 다음날 서울운동장(현 동대문 운동장)에서 3부 요인과 시민, 학생을 포함하여 수많은 인파가 운집하여 삼일절 41주년 기념행사가 열리고 있었다. 그곳에 "부정선거 감행하면 백만학도 궐기한다," "3.1정신 받들어 민주주의 사수하자," "3.1정신 받들어 대구학생 성원하자" 등의 구호가 적힌 삐라가 구석구석 수백 장 뿌려졌다. 이 삐라는 이날 서울 요소요소에 근 40여 명의 대학생들에 의해 3천여 장이 뿌려졌다. 삐라를 뿌린 단체는 "공명선거추진 전국학생위원회"(=공명선거추진 전국학생특별위원회, 공명선거 전국학생투쟁위원회 등 여러 개의 다른 이름)였다. 1960년 2월 28일에 발족한 이 단체는 각 대학생이 중심이 되어 경찰 당국의 끊임없는 방해를 받으면서도 3월 초 서울에서 일어난 두 시위 사건(3.1 삐라사건과 3월 5일 시위사건)에서 주요한 역할을 담당했다.[35]

이 삐라에서 알 수 있듯이 정부 여당 주도로 이루어지고 있는 부정선거 계획에 대하여 학생들을 중심으로 이미 대규모 반정부 시위가 계획되고 있었으며, 이는 고등학생뿐만 아니라 대학생들도 시위에 가담할 준비가 어느 정도 이루어지고 있었다는 점이다.

그리고 실제적으로 3월 5일 민주당 장면 부통령 후보의 선거 연설

직 확산 시기, 7.29에서 5.16까지의 반미자주화와 조국통일 촉진시기로 구분하였다. 그리고 고성국(1990)은 같은 시기를 초기, 중기, 후기로 구분한다.

34 정창현, "4.19, 민주주의 혁명인가?," 29.
35 오유석, "서울에서의 4월 혁명-3.1절 삐라사건에서 4.26까지," 「4월 혁명 50주년 기념 전국학술토론회」 (2010, 04,16, 민주화운동기념사업회), 2, 3.

회가 끝나자 1천여 명의 학생시위대가 장면 부통령 후보의 카퍼레이드를 따라 행진하면서 시위를 하였다. 그런데 인사동 부근에서 경찰이 저지하자 "썩은 정치 갈아보자, 부정선거 배격하자" 등의 구호를 외치며 계속해서 광화문까지 시위를 벌였다. 광화문에서 이 시위행렬은 증원된 경찰과 기마대에 의해 제지되어 학생들에 의해 둘러싸였던 민주당원과 학생 수명이 종로 경찰서로 연행되었다.[36]

이러한 일이 있고난 후에도 이승만 독재에 반대하는 시위가 일어났으며, 투표를 하루 앞둔 3월 14일 밤, 전국은 공명선거를 촉구하는 시위대와 물결로 일렁거렸다. 자유당 정권의 권력야욕으로 경찰이 불러일으킨 폭력만행은 극에 달해서 거리 곳곳엔 핏자국이 지워질 날이 없었다.

그 시발점은 고등학생들이었다. 3월 14일 전국의 주요 도시들과 함께 서울 시내 중요 지점에서도 삐라를 부리고 '공명선거를 절규하는' 학생들의 시위가 벌어졌다. 개중에는 횃불을 들고 스크럼을 짜서 거리를 행진하는 학생들도 있었다. 참가자 대부분은 야간 고등학교 학생들이었다. 대동고, 균명고, 강문고, 중동고, 배재고, 수송고, 선린상고, 경기고, 보인고, 조양고, 중앙고, 대신고, 경동고 등의 학생들이 다투어 나와 시위를 벌이고 경찰과 충돌했다. 이때 경찰관이 마구 휘두르는 방망이에 맞아 유혈이 낭자했다. 이 날의 구호는 부정선거를 거부하는 '공명선거'와 관련된 점이 많았다.[37]

결국 3.15 부정선거는 그 시작 전부터 커다란 저항에 부딪히게 되었는데, 그 저항의 시작은 대학생이 아닌 고등학생들에 의한 것이었다. 이는 선거 전부터 자유당을 중심으로 부정선거를 자행한다는 말이 시민들 사이에 떠돌았기 때문이며, 그리고 이것은 상당수 사실로 확인되었다. 야당인 민주당은 선거직전 부정선거 계획을 입수하여

---

[36] 오유석, "서울에서의 4월 혁명-3.1절 삐라사건에서 4.26까지," 6.
[37] 오유석, "서울에서의 4월 혁명-3.1절 삐라사건에서 4.26까지," 9.

폭로하기도 하였다. 그러면 민주당이 입수한 3.15 부정선거 지령을 살펴보기로 하자.

参고 1. 민주당이 폭로한 3.15 부정선거 지시 비밀지령 요약

ㄱ. 하루 사전 투표: 투표당일의 자연 기권표와 선거인 명부에 허위 기재한 유령유권자표, 금전으로 매수하여 기권하게 만든 기권표 등을 그 지역 유권자의 4할 정도씩 만들어, 투표 시작 전에 자유당 후보에게 기표하여 투표함에 미리 넣도록 할 것.

ㄴ. 3인조 또는 5인조 공개투표: 자유당 후보에게 투표하도록 미리 공작한 유권자로 하여금 3인조 또는 5인조의 팀을 편성시켜, 그 조장이 조원의 기표상황을 확인한 후 다시 각 조원이 기표한 투표용지를 자유당 측 선거운동원에게 제시하고 투표함에 넣도록 할 것.

ㄷ. 완장부대 활용: 자유당 측 유권자에게 '자유당'이란 완장을 착용시켜 투표소 부근 분위기를 자유당 일색으로 만들어 야당 성향의 유권자에게 심리적인 압박을 주어 자유당에게 투표하게 할 것.

ㄹ. 야당 참관인 축출: 민주당측 참관인을 매수하여 투표참관을 포기시키거나 그것이 여의치 않을 때는 적당한 구실을 만들어 투표소 밖으로 축출할 것.[38]

위 내용에서도 알 수 있듯이 자유당은 공개투표 방식과 그리고 야당 참관인을 적절한 구실로 밖으로 끌어내거나 아니면 이것도 여의치 않을 경우 그들의 직계 가족이 사망했다는 허위 전보 내지 전화로 이들을 밖으로 끌어내는 방법으로 득표율 85%를 계획하고 있었다. 그리고 실제로 선거 당일 완장 착용자 상당수를 투표소 100m 밖에 배치하여, 투표함 수송 도중 투표함 교체, 개표 시에 자유당 표를

---

[38]「동아일보」1960년 3월 3일자 신문. 이 언론보도에 대하여 당시 내무장관인 최인규는 "우리가 무엇이 답답하여 그런 지령을 내리겠는가"라고 말하면서 3.15 부정선거 계획을 철저히 부정하였다(「연합신문」, 3월 4일).

야당 표와 바꿔치기하는 수법의 부정선거가 자행되었다.

그뿐 아니라 각급 대학생 성분조사 및 명부작성, 대학생 포섭공작, 방학 중 각급 대학생 및 고등학생의 동향 사찰 등 학생들의 동태파악에도 예의주시하고 학생들이 민주당과 기타 당의 정치활동에 참여하는 것을 원천적으로 감시하고 박탈하도록 계획하고 있었다.[39]

이렇듯 실제로 부정선거가 자유당을 중심으로 공무원, 경찰들까지 개입하여 자행되었다. 이중 삼중의 부정선거의 준비로 부정선거는 노골적으로 진행되었다. 이에 민주당은 이번 선거가 더 이상 의미가 없는 선거라고 판단하여 각종 부정선거 사실을 폭로한 후 참관인을 철수시켰다. 급기야 오후 4시 30분, 민주당 중앙당이 이번 선거를 부정선거라 규정하고 무효임을 선언하였다. 민주당이 성명서를 발표하자 민주당 중앙당사 앞에는 지나가던 시민들이 민주당 만세를 외치며 흥분하며 시위를 하기 시작하였다. 종로경찰서 정·사복 경찰들이 30여 명을 연행하며 닥치는 대로 곤봉을 휘두르며 군중의 동요를 저지하였다. 그러나 시민들은 잠시 소강상태를 보였을 뿐 저녁부터 다시 민주당사가 있는 인사동 앞길에는 300여 명의 시민들이 가두시위를 벌였다.

부정선거에 항의하는 민중항쟁이 1960년 3월과 4월 초까지 중고등학생들의 산발적인 시위를 중심으로 전개되었다. 초기 학생 시위는 부정선거와 부패한 정치인에 대한 추상적인 반발의 표출에 그쳤다. 선거 당일 밤, 마산에는 광범위한 시민의 참여하에 대대적인 항의시위가 벌어졌으며, 경찰이 시위대에 발포하는 사건이 벌어졌다. 이 발포로 김주열 청년이 실종되었다가 4월 11일 마산부두에서 낚시꾼에 의해 '오른쪽 눈에 최루탄이 박힌 처참한 모습'으로 발견되

---

39 오유석, "서울에서의 4월 혁명-3.1절 삐라사건에서 4.26까지," 5. 대학생 포섭공작의 일환으로 1960년 2월 21일 '전국대학생구국 총연맹이 발기문을 내고 이승만, 이기붕 지지를 결의하였고, 동년 2월 29일 발표한 성명서에서도 이승만을 지지하는 성명서를 발표하였다. 한편 박종화, 문인구, 모윤숙, 김동리, 김말봉 등 문인들은 이승만과 이기붕을 찬양하는 글을 신문에 썼고 일부 문학인들은 연설회장에서 연설도 하였다.

었다. 이에 분노한 시민들이 시위대에 참가하였다. 시위대의 기세에 눌린 경찰은 밤 9시까지는 마산경찰서를 중심으로 경비하면서 시위를 방관하였다. 그러나 밤 9시 30분부터 경찰들에게 카빈총이 지급되었고 발포가 개시되었다.[40]

김주열의 시신 발견으로 발전된 마산시위는 경찰의 발포로 더욱 치열해졌고 4월 11일부터 13일까지의 2차 마산시위에는 부산에서 모여든 시위대의 일부가 합류하기도 하였는데, 경찰에 연행된 자가 1,000명이 넘었다. 그들의 죄목은 오후 7시 통금위반 혐의였다. 이 중 구속입건이 32명, 불구속 입건이 35명으로 도합 67명이 소요죄 혐의를 받았다.[41]

이러한 가운데 마산의 비극을 무마시키기 위하여 마산 시내 모든 중·고교 학생들에게 17-22일까지 5일 동안 '등교 중지령'이 내려졌다. 또한 학생들이 오후 5시 이후에 거리에 나오지 못하도록 하라는 명령이 각 학급 교사들에게 시달되었다. 이어 부산에서도 예정보다 빨리 중·고등학교의 봄방학을 실시하라는 지시가 내려졌다. 애당초 27일이 방학 일자였음에도 불구하고 24일자로 각 학교는 휴교를 단행하였다.[42] 이러한 시도는 최소한도로 학생들의 시위를 막아보자는 심산에서 나온 고육지책이었다. 정면으로 드러난 이승만과 자유당의 부정선거는 전 국민의 저항을 불러일으키기에 충분한 것이었다. 게다가 당시 최인규 내무장관이 16일 오전 발표한 "마산사건은 폭동, 방화, 소요 사건이며, 공산당이 개입되었다면 내란에 속한다. 정부와 자유당은 지금까지의 소요사건을 불문에 부쳤으나 이제는 가만히 볼 수만도 없게 되었으니 마산 폭동 사건의 원인이 민주당 경남도당부 혹은 공산당의 사주에 의한 것인지, 단독으로 감행된 것인지의 여부를 철저히 조사하여 의법 처리

---

40 민주화운동기념사업회, 『한국민주화 운동사 1-제1 공화국부터 제3공화국까지』, 118.
41 민주화운동기념사업회, 『한국민주화 운동사 1-제1 공화국부터 제3공화국까지』, 119.
42 안동일, 『새로운 사일구』 (도서출판, 김영사, 1997), 90, 91.

하기로 결정하였다"[43]는 담화는 학생들과 시민들의 저항을 부추기는 결과를 가져왔다.

결국 제2차 마산 시위사태와 4월 16일 발표한 내무장관의 담화문은 시위를 전국적으로 확산시키는 계기로 작용하였다. 그럼에도 시위는 고등학생 중심이었다. 따라서 고등학생들은 "우리 선배는 썩었다"고 외치며 대학생들을 압박했고 대학이 밀집되어 있는 서울은 더욱 압박받았다. 4.19를 열흘 앞둔 시점까지도 지식인들과 대학생들에게는 아무 것도 기대할 수 없는 것처럼 보았다.[44]

그러나 그동안 고등학생 중심의 시위는 4월 18일 고려대 학생의 시위를 계기로 대학생들과 지식인들에게까지 확산되었다. 4월 18일 고려대 학생 3,000명은 신입생 환영회를 빙자해 교내에서 집회를 열고, 집회가 끝난 후 일제히 가두로 진출했다. 4월 1일 개학 때부터 고려대 학생들은 시위를 벌이는 문제에 대하여 의견을 주고받았다. 학생들은 신입생 환영회가 열릴 예정이던 4월 16일에 시위를 하기로 계획을 세웠다. 그렇지만 눈치를 챈 경찰이 연일 감시망을 강화했고, 학교는 신입생 환영회를 18일로 연기했다.

18일 12시 50분경 "인촌 동상 앞으로"라는 소리와 함께 "기성세대는 자성하라," "마산 사건의 책임자를 즉시 처단하라," "경찰의 학원 출입을 엄금하라" 등의 5개 항을 낭독한 후, 1시 20분경 스크럼을 짜고 시위에 나섰다.[45]

이 시위대가 종로 4가 천일백화점 앞에 이르렀을 때 쇠갈고리와 곡괭이 쇠사슬 등으로 무장한 100여 명의 정치깡패로부터 피습을 당해 1명이 사망하고 수십 명의 학생과 기자들이 부상당하였다. 이 소식이 알려지자 민중들은 이승만 정권의 폭정에 더 이상 인내하지

---

[43] 안동일, 『새로운 사일구』, 86.
[44] 오유석, "서울에서의 4월 혁명-3.1절 삐라사건에서 4.26까지," 11, 12.
[45] 민주화운동기념사업회, 『한국민주화 운동사 1-제1 공화국부터 제3공화국까지』, 122, 123.

못하고 분연히 궐기하였다. 4월 19일 서울대를 비롯한 10여 개 대학생들은 18일에 있었던 고려대 학생 폭력배 습격사건을 계기로 총궐기 하였다. 학생 및 시민들은 "3.15 부정선거 다시 하라," "기성층은 각성하라" 등의 구호를 외치며 중앙청으로 행진하였다. 이에 대응하여 경찰은 학생들을 향하여 발포하기 시작하였고, 이승만은 비상계엄령을 선포하였다.[46]

이렇게 1960년 4월 19일 학생들은 약속이나 한 듯 일제히 봉기의 깃발을 올리고, 대학생들은 물론 고교생, 여중생들까지 들고 일어났다. '피의 화요일'로 불린 4월 19일 서울 시내 전역의 시위 군중의 수는 10만을 넘어섰고, 경찰의 발포로 21명이 사망하고 172명이 부상을 입는 참사가 발생하였다. 이어 서울 일원에 계엄령이 선포되었고 계엄령하의 서울은 시위가 중단되었지만 4월 20일 대구, 인천, 전주, 이리, 수원에선 학생 데모가 계속되었다. 혁명의 불길이 전국으로 이어가자 이승만과 자유당 정권은 19일 13시 30분을 시작으로 전국에 계엄령을 선포하였다. 그러나 계엄령의 발표에도 불구하고 전국의 소요는 잠잠해지기는 커녕 오히려 시민들의 참여만 유발시킬 뿐이었다.[47]

한편, 3.15 부정선거 직후 이승만 정권에 지지를 표했던 미국은 1차 마산봉기에서 경찰들이 총기 발사하자 수도권의 군지휘권을 한국군에 이양한 데 이어 2차 마산봉기와 4월 19일의 항쟁을 경과하면서 직접적으로 개입하기 시작하였다. 4월 19일 비상계엄령이 선포되자 주한미대사관은 "시위자들이 데모로써 표현한 정당한 불만이 해결되기를 진심으로 바란다"는 요지의 성명을 발표, 이승만 정권에 대한 지지를 철회하였다. 이어 주한미 대사 매카나기는 21일 경무대를 방문하여 한국 정세와 4.19에 대한 미국 정부의 각서를 전달했다.

---

[46] 정창현, "4.19, 민주주의 혁명인가?,"「기억과 전망 14호」, 30.
[47] 이영철 엮음,『시민을 위한 사료 한국 근현대사』, 26-36.

이승만은 미국으로부터 버림받게 되자 국무위원 총사퇴, 이기붕의 부통령 당선 취소, 자유당 총재직 사퇴 등으로 사태를 수습하려 했다. 그러나 대학교수들이 4월 25일 시위를 벌이고 민중들의 투쟁이 다시 촉발되자 4월 26일 하야성명을 발표하지 않을 수 없었다.[48]

이러한 과정을 통해서 지켜보듯이 4.19 민주항쟁은 애초에 사회변혁이나 독재자에 대한 항거로 시작된 것은 아니었다. 다시 말하면 처음에는 학원의 자율성 보장 요구에서 시작하여, 이승만의 선거부정에 대한 규탄, 책임자 처벌의 요구로 시종일관하다가 점차 사회 전반의 부정부패 규탄과 자유민주주의 수호로 발전되어 나갔고 4월 19일 이후에는 이승만 퇴진 구호가 등장하게 된 것이었다.

물론 4.19 학생 데모를 모의하는 과정에서 일부 학생 세력의 준비과정이 있었던 것은 사실이지만, 그것은 의식적인 지도부에 의해 조직적으로 진행된 것이 아니라, 대중들의 광범위한 불만에 의해 충동되어, 대중시위는 이들이 애초에 의도했던 수준을 훨씬 넘어섰다. 즉, 3.15 부정선거로 인해 발생한 4.19민주혁명은 당초 예상을 뛰어넘어 정권퇴진운동으로 발전하였던 것이다. 이는 4.19직후 있었던 여론조사에서 알 수 있는데, 전체 응답자의 85%가 이승만보다는 자유당에 반대하여 일어났으며 이승만에 대한 반대는 11%에 불과하였다.

또한, 3.15 부정선거에 대한 규탄 운동은 고등학생이었지만, 일단 그것이 4.19 민주항쟁으로 발전하기까지 주체적인 역할을 한 것은 대학생들이었다. 그러나 그들은 4.19 당시에도 "기성세대는 각성하라"는 식의 소박한 분노를 표출하는 차원에 머물렀을 뿐이며, 오히려 4.25 교수 시위에서 처음으로 "이승만 정권 물러나라"는 주장이 나왔을 정도로 당시 대학생들의 의식 수준은 낮았다. 또 그들이 4.19

---

[48] 전상봉, "다시 살펴보는 4월 혁명과 청년운동," 「자주통일의 길 조국광복 60년, 4월 혁명 45주년 논집」 (민주화운동기념사업회, 2005), 85.

혁명의 주체이긴 했지만 그들에게는 혁명 이후의 상황에 대한 마음의 준비조차 없었다. 이런 정황으로 볼 때 4.19 민주항쟁은 자연발생적이고, 비조직적인 운동이라고 지칭하는 데 무리는 없을 것이다.[49]

이러한 격동기에 당시 주미대사는 3.15 부정선거를 보며 "한국에 민주주의가 꽃 피는 것은 마치 쓰레기 더미에서 장미꽃이 피는 것과도 같다"는 말을 하였지만, 결국, 4.19혁명이 일어난 후에는 "그 쓰레기 더미에서 장미꽃이 피었다"고 놀래기도 하였다.

그러나 4.19는 청년, 학생층과 지식인층 그리고 도시빈민층 등이 중심이 되어 이승만 독재와 부정선거에 항거한 것으로 정치적 자유를 향하여 민중들이 궐기한 것으로 이해할 수 있다. 그렇지만 4.19 민주항쟁은 정권은 교체되었으나, 자유당과 반대에 있는 민주당이 정권을 잡은 것에 그칠 뿐, 그 구조적 변화는 이루어지지 않았다. 그리고 그 의거의 주체인 민중이 정권을 잡지 못하였으며, 그 민중이 선택한 사람들이 정권을 잡은 것은 결코 아니다. 즉, 무늬만 정권이 바뀐 것일 뿐이다. 이런 의미에서 4.19는 민중들의 정치적 자유를 위한 투쟁이었지만 민중들이 정권을 잡은 것은 아니기 때문에 혁명이라는 말보다는 민주항쟁으로 그 의미를 정의해야 할 것이다. 한마디로 4.19는 지배계급까지는 교체되지 않은 변혁이었을 뿐, 사회혁명을 수반한 역사적 의미의 혁명은 아니라 할 수 있다.

4) 4.19 민주항쟁 이후의 사회운동

(1) 노동운동

해방 이후 제헌헌법은 노동자의 기본권리를 보장한다고 명시하였지만, 이를 제도화할 수 있는 노동관련 법령의 제정은 정부수립 후

---

[49] 박현채 엮음, 『청년을 위한 한국 현대사, 1945-1991: 고난과 희망의 민족사』 (도서출판 소나무, 2003), 187.

에도 오랫동안 지체되었다. 마침내 1953년초 노동조합법(1월 23일), 노동위원회법(1월 27일), 노동쟁의조정법(1월 30일), 근로기준법(4월 15일) 등 노동관련 법률이 제정되었다.[50] 이 노동관련 법안 통과 이후 기존의 '대한노동총연맹'이 1954년 4월 '대한노동조합총연합회'로 재조직되었다.

그러나 대한노총 중앙과 그 산하의 노동조합연합체는 노동자의 권익을 대변하기보다는 조직 내부의 주도권 싸움에 더 몰입하였다. 정권에 순응하는 김기옥 중심의 대한노총이 노조의 주도권을 쥐고 있었다. 이에 반발하여 1959년 11월 전국노동조합협의회(전국 노협)가 조직되었으며, 1960년 4.19로 말미암아 노동운동이 활성화되자 기존 단체인 대한노총의 위상은 크게 흔들리게 되었다. 1960년 11월에는 대한노총 간부진의 총사퇴와 아울러 전국 노협과의 통합이 모색되었고, 그 결과 양자와 기타 노동조합의 통합조직인 한국노동조합연합회(한국노련)가 결성되었다. 그러나 한국노련은 초기부터 내부의 주도권 싸움에 휘말렸으며, 정책과 활동면에서 이전의 대한노총과 뚜렷한 차별성을 보여주지 못했다.[51] 그럼에도 불구하고 4월 혁명 직후 노동자들은 노동조합의 건설에 주력한 결과 1960년 노동조합수는 총 914개로 노동조합이 588개였던 1959년에 비해 64%가 증가하였다. 특히 1960년 한 해에만 신규 설립된 노동조합이 388개에 달했다.[52]

그리고 노동쟁의 역시 1959년부터 크게 증가하게 되었다. 그러나 이 노동쟁의의 원인은 4월 혁명 이전과 이후가 크게 차이가 있다. 구체적으로 4월 혁명 이전의 노동쟁의의 원인은 임금 인상이 가장 많았고 그 다음이 해고 반대였다. 그러나 4월 혁명 직후 노동쟁의는

---

50 민주화운동기념사업회, 『한국민주화 운동사 1-제1 공화국부터 제3공화국까지』, 234.
51 김인걸 외 편저, 『한국 현대사 강의』 (서울: 도서출판 돌베게, 2005), 224.
52 전상봉, "다시 보는 4월 혁명과 청년운동," 『자주 통일의 길 조국광복 60년, 4월 혁명 45주년 논집』(민주화운동기념사업회, 2005), 86.

어용노조를 규탄하며 노조개편을 추구하거나, 새로운 노조를 결성하는 과정에서 회사측의 방해활동을 분쇄하기 위하여 나타나는 경우가 많았다.[53] 그 대표적인 사례가 제일모직 대구공장 쟁의라 할 수 있으며, 또한 경성방직 노동자들의 어용노조에 대한 반대투쟁이라고 할 수 있다. 이들은 어용노조의 퇴진을 요구하며 시위를 진행해 나갔다.

어용노조의 퇴진과 더불어 노동자들의 투쟁은 반민주적인 노동자 권익에 대한 개정과 그리고 더 나아가서는 반공이라는 이름 아래 제정되었던 각종 악법 철폐로 이어졌다. 여기에 4.19 이후 각종 사회단체들이 형성되면서 이들 노동조합과 사회단체들 그리고 진보적인 정당들이 합세하여 사회운동의 모습을 띠게 되었다. 그리고 그 결실은 장면 정권이 미국의 지시에 따라 반공법과 데모규제법의 제정을 서두르게 되자 이를 저지하는 형태로 나타났다. 사회대중당 등 여러 민주적 정당과 사회단체들은 '반민주악법 반대 공동투쟁위원회'를 결성함으로써 투쟁대오를 통일시키기 위한 노력을 보였고 1961년 3월 22일에는 공동투쟁위원회의 주최로 1만여 명의 시민이 참석한 가운데 "반공법과 데모규제법 철폐"를 요구하는 '2대 악법 반대 서울시민 궐기대회'가 개최되었다.[54]

이 대회에 이어 다음날인 3월 23일 39개의 정당, 사회단체 대표들 및 2만여 명은 국회의사당 앞에서 시위를 하며 새로운 입법 움직임을 규탄하였다. 결국 이는 반미 감정으로 이어졌으며 민중의 정면 저항에 부딪힌 장면정권은 2대 악법 제정을 보류할 수밖에 없었다.

(2) 통일운동

4.19 이전의 이승만 정부의 통일론은 북진통일론으로 요약될 수

---

[53] 민주화운동기념사업회,『한국민주화 운동사 1-제1공화국부터 제3공화국까지』, 247.
[54] 박세길,『다시 쓰는 한국 현대사 2』(서울: 도서출판 돌베게, 2007), 93.

있다. 한국 교회 역시 이승만의 북진통일론을 지지하고 있었다. 왜냐하면 6.25 당시 교회의 피해는 이루 말할 수 없기 때문이다. 6·25 동란 중에 희생된 교역자가 약 408명, 전소(全燒)된 교회당이 1,373개, 반소(半燒)된 교회당이 666개나 되었다. 이로 인하여 교회는 휴전을 반대하는 데 심정적으로 적극적이었다. 그래서 6.25 전쟁 중인 1950년 12월 27일 대한예수교 각 교파 연합신도대회는 유엔사무총장과 트루만 대통령 및 맥아더 사령관에게 메시지를 보내어 휴전을 반대한다는 뜻을 분명히 나타냈다. 그런데 이 북진통일론의 밑바닥에는 공산주의를 이겨야 한다는 '승공통일론'과 '신앙의 자유'를 획득해야 한다는 명분도 깔려 있었다.

정전 협정론이 제기되었을 때, 1951년 7월 12일 부산에서 열린 신도대회는 "신앙의 자유를 위하여 여하한 고통과 희생이 있다 하더라도 공산세력을 국경선 외로 몰아내고 한국 남북통일의 완전독립을 지향하여 일로매진할 것을 굳게 결의"[55]하였다. 기독신자들은 1953년 6월 15일 세계 교회와 아이젠하워 대통령에게 휴전반대 성명서를 보내는 등 강도 높게 휴전을 반대하였다. 교회는 결말 없는 휴전협정을 반대하며 자연적으로 북진통일론을 지지하기에 이르렀다. 따라서 이 시대 한국 교회의 통일론은 정부의 통일론을 따라 하는 것이었으며 반공 콤플렉스에 사로잡혀 있었다고 할 수 있다.

휴전 후 정부의 통일론은 북진통일론과 유엔 감시하의 남북총선거에 의한 통일론으로 정리되었다. 전자가 대내용으로서 국민들의 반공의식을 부추기는 역할을 감당했다면, 후자는 대외용 혹은 명분용으로 활용되고 있었다. 기독교계도 '북진통일론' 단계에 머물러 있었다. 1950년대 중기에 진보정당 계열이 '북진통일론' 대신 '평화통일론'을 내세웠던 것을 생각하면, 민족의 화해와 서로간의 용서를 먼저 추구했어야 할 기독교계가 이 단계에 머물렀던 것은

---

[55] 김양선, 『한국기독교해방 10년사』 (대한예수교장로회총회 종교교육부, 1956), 140.

통일문제에 관한 한 진보정당 수준의 의식에도 미치지 못했음을 의미한다.[56] 그러나 4.19 민주항쟁 이후 한국인의 통일론은 50년대의 승공통일론이라는 이데올로기에서 탈피하게 되었다. 4.19 이후 크게 변한 일반 대중의 평화통일 의식이 정부의 통일의식보다 훨씬 앞지르고 있었다.

옛날 조봉암 중심의 진보당이 "남북 총선거에 의한 평화통일안"을 제시하자 이승만 정권은 그것이 국시(國是)에 어긋난다는 명목으로 조봉암을 처형하였다. 그러나 이제 4.19로 인하여 장면 정권은 "유엔 감시 하 남북한 총선거를 통한 평화적 자유 민주 통일안"을 유엔 총회에 제시하였다. 즉 유엔 감시 하에 남북 총선거를 실시하여 통일을 하되, 남한 체제에 의한 통일안을 제시하였던 것이다. 물론 이 제안은 보수와 진보 양 진영으로부터 신랄한 비판을 받았지만, 이승만 정권의 승공통일론보다는 진일보한 것이라 할 수 있다.

한편 4.19 후 정치활동이 가능해진 진보진영의 정치세력은 장면 정권과는 다른 적극적인 통일론을 제기하기 시작하였다. 1960년 9월 30일 사회대중당, 한국 사회당, 혁신동지 총동맹, 천도교, 유교회, 민주민족 청년동맹, 통일 민주 청년동맹, 4월 혁명 학생연합회 등 애국적이고 민주적인 정당·사회단체들은 함께 손을 잡고 "민족자주통일 중앙협의회"(민자통)를 결성하고 다음과 같은 통일방안을 제시하였다.

> 자주·평화·민주의 원칙 아래 ① 즉각적인 남북정치협상, ② 남북 민족대표들에 의한 민족통일 건국최고 위원회의 구성, ③ 외세를 배격, ④ 통일협의를 위한 남북대표자 회담 개최, ⑤ 통일 후 오스트리아식 중립 또는 영세 중립을 택할 것이냐 또는 다른 형태를 택할 것이냐를 결정해야 한다.[57]

---

[56] 이만열, "한국 기독교인의 통일운동," (2005, 성서한국대회 선택특강), 2.
[57] 박세길, 『다시 쓰는 한국 현대사 2』, 95.

이 "민족자주통일 중앙협의회"(민자통)의 통일방안은 7.29 총선 참패를 교훈 삼아 나온 통일안이지만, 지금까지 나온 통일방안보다 훨씬 구체적이며 외세의 압력이나 무력 지향적이 아닌 민족의 자주적인 의지에 의한 평화적인 통일방안이라고 할 수 있다.

"민자통"은 또 구체적인 통일방안으로서, 제1단계로 민간단체의 교류와 서신왕래 및 경제, 문화 교류, 제2단계로 남북 두 정권 사이의 통일적 견지에서의 경제발전계획 및 통일 후의 제반 예비 사업 진행, 제 3단계로 민주주의적 선거방법의 제정과 제반 자유의 보장 및 자유선거 등을 제시하였다. 그리고 장면 정권이 체결한 "한미경제협정"(1961. 2. 8) 반대 운동, 반공법·데모규제법 반대 운동과 함께 추진하였다.[58] 그런데 이러한 통일논의는 갑작스럽게 분출되었다기 보다는 오랫동안 민중의 가슴 속에 있는 응어리진 실체들이 터져 나온 것이라 할 수 있다. 왜냐하면 이러한 통일론은 2년 전 조봉암의 진보당이 제시한 평화통일론이 재현된 것이라 할 수 있기 때문이다.

일단 물꼬가 트인 통일논의는 무서운 기세로 확산되기 시작하여 대학생을 중심으로 한 청년층의 통일론을 중심으로 가속화되기 시작하였다. 1960년 11월초 서울대학교 학생들은 "민족통일연맹"을 결성함으로써 학생들의 통일운동을 위한 발판을 마련하였으며, 곧이어 1960년 12월 6일 "사회대중당" 위원장 김달호는 대학교수, 학생, 정당인, 언론인, 법조인 등으로 구성된 남북한 시찰단의 교환을 제의하였다. 이듬해 1961년 5월 3일 서울대학교 민족통일연맹은 남북학생회담과 학생 친선체육대회 등 남북 학생간의 다방면의 교류를 제의하였다. 이 제의는 전국의 학생들로부터 폭넓은 호응을 얻게 되었다. 그 결과 전국의 19개 대학이 참여하는 "민족통일 전국학생연맹"이 결성되기에 이르렀고 연맹을 즉각적으로 5월 이내에 판문점에서 남북학생회담의 개최를 요구하고 나섰다. 이와 함께 민자통

---

[58] 강만길, 『20세기 우리 역사』(서울: 창작과 비평사, 2004), 284.

은 남북학생회담이야말로 조국통일의 서막이라고 하며 적극적인 환영 의사를 밝혔고 사회당은 학생 회담과 발맞추어 남북정당, 사회단체회담의 개최를 주장하였다.[59]

그러나 이러한 통일론은 현실성이 뒷받침이 되지 않은 감이 없지 않았다. 즉 감상적인 통일방안이라고 할 수 있으며 충분히 북한에서 이용할 수 있는 여지를 남겨두고 있었다. 그럼에도 불구하고 이러한 움직임은 민주주의와 함께 민족자주운동의 일환이라 할 수 있다. 즉 외세를 배격한 민족자주적인 통일운동으로 자유를 향한 갈망이 통일운동으로 전개되었다는 점에서 의의가 있다. 그러므로 4.19 민주혁명은 억압으로부터의 자유와 간섭으로부터 벗어나고자 하는 민중의 자유의지가 민주화와 통일운동으로 분출되었다고 할 수 있다.

2. 제3공화국의 등장배경과 한국 교회

1) 5.16 쿠데타와 박정희의 집권 배경

4.19에 대한 충격이 채 가시기 전, 이 땅에 민주주의가 새로운 실험에 돌입하면서 정국은 거의 소란에 가까웠는데, 이러한 때를 놓치지 않고 소위 정치군인들은 내각제에서의 실세인 장면 내각이 설립된 지 8개월 만인 1961년 5월 16일 군사쿠데타를 일으켰다.

이 군사쿠데타의 주역인 박정희는, 원래 사범학교 출신으로 초등학교 선생이었으나 일본국 만주군관학교에 들어가 첫 번째 변신을 하였고, 이후 만주군에서 광복군으로 두 번째 변신하였고, 다시 좌익이 되어 활동하다 체포되어 사형에 처해질 위기에 처해졌으나 친일파 군인 백선엽에 의해 구제 된 이후 문관으로 활동하다가, 6.25

---

[59] 박세길, 『다시 쓰는 한국 현대사 2』, 96, 97.

로 말미암아 다시 소령 계급장을 달고 군인으로 복귀하여 1958년 3월 육사 2기생 중 가장 먼저 소장으로 진급하였다. 이와 같이 박정희가 군에서 승승장구한 배경에는 그의 만군 인맥인 장도영, 송요찬, 백선엽 등이 계속 그에게 도움을 주었기 때문이다.[60]

일찍이 박정희를 중심으로 한 육사 8기생들 위주의 소장 군인들은 이승만과 자유당 정치세력의 부정부패 뿐 아니라 이들과 긴밀한 관계를 형성하고 있던 군 최고위층의 행태에 대해 불만을 품고 있었다. 이들은 자신들의 보유한 무장력을 바탕으로 하여 무능하고 국민의 지지를 받지 못하는 기성 정치세력들을 대체하고자 하는 계획을 마련해 가고 있었다.[61] 이들은 미국의 비호 아래 이승만 시절인 1952년 장면 박사를 추대하여 쿠데타를 계획하였으나 장면의 반대로 불발에 그치고 이후, 1960년 4월, 1961년 4월 등 몇 차례에 걸쳐 쿠데타를 시도했다.

더군다나 1960년 말에 일단락된 16인 항명사건을 재조사하면서 김종필이 1961년 2월 15일 자진 예편 형식으로 군복을 벗었으며, 박정희를 중심으로 한 쿠데타 설이 알려지면서 박정희를 비롯한 150인이 1961년 5월말 예편할 예정이었다.[62]

이러한 상황에서 박정희와 김종필을 필두로 한 육사 8기생 출신 장교들은 자신들이 숙청당하는 것을 바라보지 못하고 군사쿠데타를 일으켜 상황을 반전시켰다. 따라서 5.16 쿠데타가 장면 정권의 무능함과 그리고 사회혼란 등의 이유로 불가피하게 발생하였다는 군부 정권의 변명은 사리에 맞지 않는 것이라 할 수 있다. 일례로 이들이 쿠데타의 구체적인 준비에 착수한 것은 1960년 9월 10일 이른바 '충무장' 회합부터였다. 이때 박정희와 소장 장교 집단들은 쿠데타에 필요한 구체적인 준비와 역할 분담을 했고, 조직적으로 동조자들을

---

[60] 강준만, 『한국 현대사 산책 1960년대편, 1권』 (서울: 인물과 사상사, 2004), 139.
[61] 김인걸 외 편저, 『한국 현대사 강의』, 262.
[62] 강준만, 『한국 현대사 산책 1960년대편, 1권』, 239.

포섭해 나가기 시작했다.[63]

즉, 박정희를 비롯한 쿠데타 세력들은 자신들의 기득권 유지를 위하여 외적으로는 사회 혼란을 정리하고 부정과 부패를 일소한다는 명목으로 군사 쿠데타를 감행한 것이다. 이들이 쿠데타를 실질적으로 모의한 시기는 민주당 정권이 출범한지 보름 밖에 되지 않은 시점이었다. 다만 군부 세력이 주장하는 사회 혼란에 대해서는 어느 정도 고려할 가치가 있어 보인다. 왜냐하면 4.19직후의 사회 곳곳에 일어나는 데모에 대하여 장면 정권은 외형적으로나마 민주주의를 지탱하고 싶은 마음에 잦은 시위에 대하여 강경한 수단의 진압을 원치 않았다. 그러다가 1961년 3월 19일에 와서 시위 규제법과 반공특별법을 제정하고자 시도했으며 장면은 "조금만 더 국민 스스로가 자숙하지 못하면 최후 단계의 강경책을 발동할 생각이었다"고 해 민주당 정부의 민주주의에 대한 의지의 한계를 보여주었다.[64]

그러나 4.19직후 민주화의 과정에서 각종 사회운동과 저항이 분출된 것은 사실이었지만, 군부 세력이 주장할 정도의 사회 혼란을 야기할 정도는 아니었다. 그리고 이러한 시위도 장면의 "시위 규제법"으로 인해 상당히 그 세력이 약화되었다. 오히려 3공화국 말기와 5공화국 말기 전국 각처에서 벌어지고 있었던 민주화를 위한 시위야말로 3공화국과 5공화국의 군부 세력들이 저질러 놓은 억압정치와 부정부패로 인하여 발생한 우려할 만한 수준의 시위였다고 할 수 있다.

그러므로 5.16 쿠데타가 발발하게 된 주요인은 넘쳐나는 군 인력으로 인하여 공급과 수요의 불균형으로 인한 것이라 할 수 있다. 다시 말하자면 6.25 전쟁으로 인하여 장교들의 급속한 승진으로 30대

---

[63] 홍석률, "5.16 쿠데타는 왜 발생했으며 어떻게 성공하였나?," 「기억과 전망 14호」, 2006년 봄호, 90. (87-105).
[64] 황병주, "4.19와 5.16을 전후한 시기 주요 정치 세력들의 동향과 이념적 지향," 「기억과 전망 14호」, 2006년 봄호, 73(66-86).

가 별을 달았으나, 전후 사회가 안정되자 진급은 정체되고 그리하여 장기간 영관급 생활을 할 수밖에 없었다. 실제로 5.16 당시의 육군 참모총장 장도영과 육사 8기생 김종필의 나이 차이는 불과 3살 밖에 차이가 나지 않았다. 이러한 상황에서 장면 총리는 선배 장교들이 퇴진하고 젊은 소장 장교 집단이 기회를 얻어야 한다고 생각하여 인사를 단행할 예정이었으나 미국의 반대로 실패하였다. 따라서 후배 장교들은 불만을 품고 정군 운동을 통하여 선배 장교들의 퇴진을 요구하였다가 발각되었고 그로 인하여 박정희를 비롯한 여러 장교들이 예편을 앞두고 있었던 상황에서 사태를 반전시키기 위하여 군사 쿠데타를 감행하였던 것이다.

다음으로 5.16 쿠데타가 발생한 요인으로는 한국 경제의 침체와 장기적인 불황을 들 수 있다. 이 시대의 대표적인 화두는 '보리고개'라는 단어일 것이다. 이승만 정권 하에서 부정부패에 익숙해 있던 정치인들과 기업인들은 국민의 실생활에는 관심이 없고 오직 자신의 배만 불리는데 혈안이 돼있었다. 미국의 대규모 지원이 있었지만 이 지원이 국민들의 실생활에 반영되기는커녕 오히려 정권의 배만 불리는 역할을 하였다. 그 결과 쿠데타 세력이 쿠데타의 명분으로 반공과 경제성장을 내세웠을 때 일반 민중들은 이 쿠데타 세력을 암묵적인 지지 혹은 동조를 하였던 것이다. 그리하여 쿠데타 세력은 일반 민중의 지지를 얻기 위하여 농가부채와 고리채를 탕감하는 정책을 실시하였던 것이다. 그리고 부정자들에 대한 처벌을 시도하고자 하였다.

그리고 세 번째, 쿠데타 발생배경의 외적 요인으로는 1950년대 빈발했던 제3세계에서의 군부 쿠데타를 들 수 있다.

당시 제3세계의 대표적 주자라 할 수 있는 이집트에서는 낫세르라는 군부 지도자가 쿠데타에 성공하여 정권을 잡고 있었다. 이들은 조국의 근대화라는 명목과 부정부패의 척결이라는 당대의 이슈로 집권에 성공한 케이스였다. 이후 남미의 군사 쿠데타가 잇달아 성공하면서 남미와 제3세계에 대한 미국의 영향력은 약화되었다. 결국 미국은 제3세계와 남미에서의 자신의 영향력 확대를 위하여 군사 쿠데타를 지지할 수밖에 없었다.

1950년대 제3세계에서 일어난 쿠데타가 대부분 민족주의적 성향이 강한 청년 군인들에 의하여 일어난 점 때문에, 1961년 5월 군사 쿠데타가 발발하자 일부 지식인들은 군사 쿠데타가 이 나라의 부정부패의 고리를 끊을 유일한 길이라며 환영하였다. 이는 당시 지식층들이 기성 정치인과 민주당 정권에 등을 돌렸기 때문일 것이다. 4.19 이후 민주당 정권은 제1공화국으로 대표되는 이승만 정권의 고리를 끊는 데 실패하여 백성들의 원성을 샀으며, 또한 당내 정치투쟁으로 인하여 이미 대다수 국민들은 새로운 질서가 등장하기를 바라고 있었다.

결국 한국 사회는 군사쿠데타가 일어나기에 충분한 토양이 마련되어 있었던 셈이다. 박정희를 중심으로 한 정치군인들은 처음에는 부통령 장면을 설득하여 쿠데타를 일으키려 하였으나 장면의 완강한 거부로 쿠데타를 일으킬 수 없었다. 그렇다면 이미 4.19 이후 장면 정권은 쿠데타를 예감하고 대비했어야 함에도 이들은 내부의 권력 투쟁과 무사안일주의로 미처 쿠데타에 대비하지 못하는 실책을 범하였던 것이다.

이러한 상황에서 승진체제와 4.19 직후 정군(整軍) 운동의 좌절로 육사 8기생을 중심으로 한 영관급 장교들 사이에 불만이 팽배해져 갔다. 여기에 민주당 정권이 경제개발을 위해 20만 명 정도의 군대를 감축할 예정[65]이라는 방침을 발표하자 이들의 불만과 동요는 더욱 커져갔던 것이다.

---

[65] 한국군의 과잉팽창이 점차 한국 사회의 발전, 특히 경제적 발전을 가로막는 장애요인으로 인식되면서, 1957에서 1959년에 걸쳐 10만이 감축되었다. 이후 장면 정권은 다시 한국군 10만을 감축하려 했던 것이다. 민주화운동기념사업회 연구소 엮음, 『한국민주화운동사 1-제1공화국부터 제3공화국까지』, 349.

한국 군부에서 정치군인들은 한국 민주화에 있어서는 어쩌면 필요악일지도 모른다. 그들은 자신의 기득권을 유지하고 심지어는 권력을 잡기 위해 필요한 군사력을 언제든지 동족의 머리를 겨누고 있는 집단일 것이다. 남북으로 대치되어 있는 가운에 군대는 필수적이지만 군인들의 본연의 임무를 완수하기보다는 정치에 눈을 돌리는 것은 시대의 불행이다. 박정희와 김종필을 필두로 한 정치군인들은 후일 12.12 주역인 전두환, 노태우 등을 양산하였다.

박정희를 비롯한 정치군인들은, 유엔헌장 준수와 미국 등 우방과의 유대를 강화 그리고 양심적인 정치인에게 정권을 이양 등을 골자로 하는 여섯 가지 공약을 내세우고, 군사정변을 일으켜 장면 내각을 총사퇴시켰다. 이들은 당시 육군참모총장이던 장도영을 의장으로 박정희를 부의장으로 하는 "군사혁명위원회"를 구성했다가 "국가최고재건회의"로 개칭했다(5.19). 그리고 유일하게 남은 헌법기관인 대통령 윤보선의 계엄령 추인을 얻어낸 군사정권은 중앙정보부법, 농어촌고리채정리법, 개건국민운동에 관한 법률, 혁명재판조직법, 반공법 등을 잇달아 공포하면서 권력 기반을 굳혀갔다.[66]

박정희가 추진하는 쿠데타 계획을 이미 파악하고 있었던 미국 정부는 쿠데타 발발 직후 일부 현지 미국 관료들이 반대의사를 피력했음에도 불구하고 군사정권을 인정하는 정책을 취했다. 미국 정부는 쿠데타 발발직후 주동자였던 박정희의 좌익 전력 때문에 신중한 입장을 보였지만, 이미 권력의 중심이 쿠데타 세력에게로 넘어갔고 쿠데타 주체세력이 친미 반공주의 노선을 견지하고 있다는 사실을 확인한 후 자신의 이익에 따라 군사정권을 인정하는 모습을 보였던 것이다.

이렇게 민주적으로 성립된 장면 정권을 하루아침에 무너뜨린 5.16 쿠데타는 어려운 한국경제와 군부의 기득권 유지를 위한 정군 운동

---

[66] 강만길,『고쳐 쓴 한국 현대사』, 300, 301.

그리고 4.19이후 혼란스러운 정국을 틈타 일어났던 것이다.

2) 박정희 정권의 등장에 대한 한국 교회의 대응

한국 교회는 5.16 쿠데타가 일어났을 때 그 문제의 심각성을 전혀 인식하지 못하고 강력한 리더십이 탄생하였다고 생각하였다. 보수주의 성향의 교회는 물론 진보주의 성향의 교회 역시 반공주의의 연장선상에서 5.16의 정당성을 인정했을 정도다. 예컨대 5.16 직후 "한국기독교교회협의회"는 민정 이양을 촉구하는 공개서한[67]을 보냈다.

이 공개서한에서 드러나듯이 교회는 박정희 정권에게 군인은 군 본연의 임무로 돌아갈 것을 권유하며 정치는 정치인에게 맡길 것을 권유하면서 민정이양을 촉구하고 있지만 "금번 5.16 군사혁명은 조국을 공산 침략에서 구출하고 부정과 부패로 기울어져 가는 조국을 재건하기 위한 부득이한 처사였다"고 말함으로써 혁명의 정당성을 말하고 있다.[68]

이에 대하여 이장식 교수는 "군사혁명이 일어났을 때, 남한 국민의 대다수는 정치적 무능력과 사회적 혼란을 걱정하던 때라 그 혁명

---

[67] "한국기독교교회협의회"의 공개서한
 1. 국가의 최고 책임자로서 중외에 선언한 일언은 전 국가의 위신과 신의를 대언한 것임을 우리들은 사료하고 있사오며…
 2. …권력의 집중은 권력에의 유혹을 더욱 자극하는 것이므로 그 연장은 자유민주주의 준비라기보다는 집중된 권력에의 쟁탈력을 더 많이 조장하여 그 동질의 전통이 계속 순환할 우려가 더 많다는 것이 또한 드러난 사실이읍고, 집중 권력의 장기화에서는 집중적인 부패가 발생한다는 것이 사실임과 동시에 개방 정책에서 보다도 은폐 정치 하에서 그 부패상이 더 거대하고 신속하게 진행될 우려가 있다는 것이 역사적 통례이기 때문입니다.
 3. …무기를 소지한 현역군인으로서 정치적 시위 또는 공공연한 정치 관여 성명 행위 등은 국민의 불안감을 조장할 결과가 되는 것으로 사료됨과 동시에…귀하의 본의도 아닐 것으로 믿으므로 일반정치는 조속히 정치인에게 맡기고 군은 국방의 간성으로 그 본무에 해념할 수 있기를 국민과 함께 요청하는 바입니다.
[68] 최형묵, "남북 평화공존과 통일을 위한 종교의 역할- 기독교의 통일운동을 중심으로," (5.18 민주항쟁 26주년 기념강연회, 2006).

을 환영하였고, 군사정권의 조기종식과 조기실현의 약속을 환영하였던 것이다. 이때 "한국교회협의회"(NCCK)와 교회들도 이 혁명을 환영한 것은 역시 반공 이념 때문이었으며, 또 자유당 때의 부정부패에 대한 반감 때문이었다"[69]라고 말하고 있다.

게다가 장로교 통합교단의 기관지였던 기독공보는 쿠데타의 주역들에게 노골적으로 아부하고 있었고 군사반란의 부정적 측면에 대해서는 한마디의 언급도 없었다. 도리어 "우리는 자유를 희생하더라도 방종한 무리들이 숙청되는 것을 보고 싶다"고 했고 "우리는 권위 있는 정부 밑에 있게 되어 행복하다"고 아첨을 떨었다. 쿠데타가 일어난 지 35일 만인 6월 21에는 "기독교 대표 한경직 목사 도미- 민간인 시찰단원 일행으로 도미"라는 제하의 기사가「크리스천 신문」에 실렸다. 방문 목적에 대하여 "6월 20일 3시 한경직 목사는 김활란, 최두선 등과 함께 도미, 이들의 도미는 혁명정부의 국제적 지지를 얻기 위한 민간시찰로 파견된 것인데, 우선 미국의 여야 정치인과 언론인 기타 민간인들을 만날 계획"이라고 하였다.[70]

이러한 사실들로 미루어 볼 때 한국 교회는 4.19 민주화 혁명으로 등장한 민주당 정권이 가톨릭과 밀접한 연관이 있었기 때문에 처음부터 민주당 정권에 대하여 비판적 시각을 지니고 있었다. 반면 군부 정권이 들어섰을 때는 권력의 속성상 군부 정권에 협력적 지지를 보내어 군부의 지원을 받고 싶은 욕망에 처음부터 맹목적으로 지지를 하였던 것으로 생각할 수 있다. 따라서 이장식 교수의 말은 이해되는 부분도 많이 있지만 한편으로는 변명이라는 느낌이 들 수 있다.

물론 여기서 간과해서는 안 될 것은, 당시 교계의 인사들 대부분이 친일적인 행각을 서슴지 않던 사람들이었다는 점이다. 이승만 시

---

[69] 이장식, "한국 정치 현실과 교회,"『교회와 국가』(도서출판 엠마오, 1991), 253.
[70]「크리스찬 신문」, 1961년 7월 3일자.

절에 노골적으로 이승만의 당선을 도왔던 인사들 대부분이 신사참배에 앞장 선 사람들이었는데, 그 중 한경직은 서구 일색의 신학을 배제하고 한국적인 신학을 위한다는 명목 하에 은밀히 일제의 정책을 찬동했으며, 김활란 등은 조선의 젊은이들을 황국신민으로 성전에 동참해야 한다고 떠들어대는 대표적인 친일파였다.

대체적으로 한국 교회의 교단들과 단체들이 5.16 쿠데타에 대한 신학적인 정당성을 논하거나 쿠데타에 대하여 교회의 입장을 표명하는 행동을 하지 않고 침묵하거나 아니면 일부 보수적인 인물들이 쿠데타를 지지하는 발언을 하고 있었을 때, 학생들은 박정희와 신군부에 대하여 반대시위를 하였다. 5.16 쿠데타으로 혁신계가 된서리를 맞아 민족 자주와 통일의 문제, 반독재 민주화 문제를 제기할 수 있는 세력으로 학생들이 등장한 것이다.[71]

그리고 일부 양심적인 지식인인 장준하와 함석헌은 「사상계」를 통하여 5.16 직후에 군사정부에 대하여 우려를 표명하였다. 장준하는 5.16 쿠데타가 일어난 직후 「사상계」(1961년 6월호) 권두언에서 다음과 같이 군부독재에 대해 우려의 목소리를 내었다.

"일체의 권력이 혁명정권에 집중되었기 때문에 권력이 남용되지 않도록 국가재건 최고 회의는 이에 만전의 대비책을 세워야 할 것이다. 본래 권력은 부패하기 쉽고 더욱이 절대권력은 절대적으로 부패하는 경향이 있다함은 하나의 정치학적 법칙이다. 이러한 권력의 자기부식작용(自己腐蝕作用)에 걸리지 않고 오늘의 청신(淸新)한 자세를 끝까지 유지하기 위해서는, 국가 재건 최고 회의는 시급히 혁명과업을 완수하고 최단 시일 내에 참신하고 양심적인 정치인들에게 정권을 이양한 후 쾌히 그 본연의 임무로 돌아간다는 엄숙한 혁명 공약을 깨끗이 군인답게 실천하는 길 이외에 다른 방법은 없을 것이다."[72]

---

[71] 서중석, "20세기 서울의 민족운동과 민주화 운동," 「향토서울, 60」, 2003, 10월, 73.
[72] 장준하, "5.16 혁명과 민족의 진로," 「사상계」(1961, 6월호), 35.

이렇게 학생들과 장준하와 같은 일부 진보적인 입장을 지닌 기독교 양심세력이 5.16 쿠데타에 대하여 반대시위와 성명서 등으로 자신의 입장을 피력한 데 비하여 대부분 교회들은 정권의 눈치를 보며 침묵하였다.

그러나 1963년에 박정희가 군정 4년을 연장할 것을 제안하자 NCCK는 입장을 바꾸어 정치는 민간인에게 맡기고 군인은 군대로 돌아가겠다는 약속을 이행할 것을 촉구하였다.[73] 이 성명서는 한일국교 정상화 반대투쟁과 더불어 한국 교회 전체가 정부에 대해 정면으로 반대의 입장을 표명했던 사건이었다.

3) 6.3 민주화 운동과 한국 교회

(1) 한일회담과 6.3 민주화 운동

군사쿠데타로 집권해 정통성이 약했던 박정희 정권은 동아시아에 대한 미국의 지역통합전략에 따른 미국의 요구에 의하여 한일회담을 일방적으로 추진하려고 하였다. 미국은 1950년대 중반부터 동북아를 하나의 안보 라인으로 형성할 강력한 필요성을 느꼈다. 그리하여 미국은 일본과 아시아 전쟁 피해국 사이의 화해를 주선하여 전범국, 패전국이라는 부정적인 이미지를 씻도록 했다. 1951년 9월에 열린 샌프란시스코 강화회의가 그 자리였다. 미국은 이 회의에서 태평양 전쟁을 종결처리하고 평화조약을 체결하기 위해 일본과 전쟁상태에 있었던 50개국에 초청장을 보냈다. 그러나 한국은 협상국으로서 강화회의에 참석하지 못하였다. 교전 당사국의 지위를 인정받지 못하였다. 왜냐하면 1951년 4월 23일 요시다 시게루 총리는 미국

---

[73] 연규홍, "1970년대 한국 민주화 운동의 교회사적 근거," 한신대학교 학술원 신학연구소 편, 『한국개신교가 한국근현대의 사회문화적 변동에 끼친 영향연구』 (서울: 한국신학연구소, 2005), 153.

의 초안당사자에게 "일본 국내의 조선인은 대부분 공산주의자다 그들이 평화조약의 수혜자가 되게 해서는 안된다," "한국이 조인국이 되면 일본 국내 조선인은 재산, 손해 배상 등에 대해 연합국민으로서의 권리를 행사할 것이다. 그렇게 되면 일본은 터무니없는 규모의 청구금액에 묻혀버릴 것"이라고 주장하였다.[74]

상황이 이렇게 되자 이승만 정권은 평화선 설정과 청구권 문제로 한일회담의 승부를 걸려고 하였다. 제1차 한일회담 직전인 1952년 1월 18일 이승만 대통령은 한국인접 해양에 대한 '주권'을 선언하고 50-60해리에 달하는 평화선을 선포했다. 일본은 평화선을 불법이라고 주장하면서 철폐를 강력히 요구했지만, 이에 맞서 한국은 평화선을 침범하는 일본 어선들을 나포하였다.[75] 이어 이승만은 이전의 배상 요구를 청구권 요구로 바꾸었다. 그런데 일본은 돌연 2월 15일에 열린 제1차 한일회담 본 회의에서 한국 재산의 85%에 달하는 구 일본인 재산에 대한 청구권을 주장하고 나섰다. 샌프란시스코강화회담에서 맺은 대일강화조약 제4조 "한국 내에 있는 귀속재산에 대한 처리를 한일양국의 회담으로 해결할 것"이라는 대목을 걸고 넘어진 것이다. 한국은 이 주장의 부당성을 지적하고, 미국에 대일강화조약 4조에 대한 해석을 요청하였다. 그러나 미국은 명확한 입장 표명을 미루며 일본의 주장을 간접적으로 옹호하였다.[76]

이와 같이 청구권 문제와 평화선 문제로 인하여 회담이 난항을 겪는 가운데 회담은 진행되기 힘들었다. 이후 이승만 정권이 무너지고 민주당 정권이 들어선 가운데 회담이 시작되었으나 곧이어 나온 5.16 쿠데타가 발생하여 한일회담은 중대 기로에 서있게 되었다.

박정희 한국정부와 일본정부는 서로의 필요에 의해 한일회담을 재개하였다. 정통성이 약했던 박정희 정권은 미국의 요구를 충족시

---

[74] 김기선, 『한일회담반대운동』 (민주화운동기념사업회, 2005), 17, 18.
[75] 민주화운동기념사업회, 『한국민주화 운동사 1-제1 공화국부터 제3공화국까지』, 394.
[76] 김기선, 『한일회담반대운동』, 21.

켜줌으로써 미국의 지지를 확보하고 일본으로부터 경제개발에 필요한 돈도 지원받는 이른바 경제 발전과 안보 협력이라는 두 가지 문제를 해결하고자 했다. 박정희는 경제개발 5개년 계획을 실현시킬 자본이 필요하였는데 그것을 추진할 자금을 마련하기 어려웠다. 미국이나 일본으로부터 돈을 받아야 했는데, "가능한 한 많은 금액을, 가능한 한 빠른 시일에" 받아내는 것이 시급했다. 게다가 전쟁이 끝난 후 침체되었던 일본 경제가 한국전쟁으로 인하여 특수호황을 누리면서 발생한 과잉 생산된 상품의 처리와 과잉 자본의 투자를 위한 해외시장이 필요했고, 가장 가까운 곳에 있는 한국은 일본 상품과 자본이 진출할 최적의 나라였다. 또한 미국은 일본으로부터 돈을 받고 한일관계를 정상화하라고 종용했고, 이를 계기로 한국과 일본은 6. 7차 회담을 거쳐 국교 정상화를 이루게 되었다.

한일회담 과정에서 한국정부는 일제 식민지배가 무효라는 것을 명시하려고, "대한민국과 일본국은 1910년 8월 20일 이전에 구 대한민국(대한제국)과 일본국간에 체결한 모든 조약이 무효라는 것을 확인한다"는 문구를 한일협정에 넣자고 주장했다. 이에 대해 일본 정부는 "그러한 조항이 들어가면 일본 국민에게 심리적 자극을 주어 한일회담이 성사되지 못할 가능성이 높다. 그러므로 반대한다"고 하며 끝내 한일협정에 한국정부가 주장하는 문구를 집어넣지 않았다.[77] 그리고 한일회담이 공식적으로 타결되기 전인 1963년 11월 2일 김종필과 오히라 일본 외상은 "무상 3억, 유상 2억, 민간상업차관 1억 달러"를 받는 것으로 더 이상 대일 청구권 문제는 거론하지 않기로 합의해 주었다.[78]

이와 같이 당시 군사정권은 대일외교에 대하여 굴욕적인 자세로

---

[77] 민주화운동기념사업회 "사료로 보는 한일회담 반대운동"에서 발췌.
[78] 임영태, 정진화, 박현희 공저, 『거꾸로 읽는 한국 현대사』 (도서출판 푸른 나무, 2002), 139,140. 여기서 나온 6억 달러는 이승만 대통령이 요구했던 20억 달러와 장면 총리가 요구한 28억 5천만 달러에 훨씬 못 미치는 적은 액수였다.

나갔다. 일제 36년간의 식민지배에 대하여 수탈한 대가와 한국인 노동자들의 징용 대가가 겨우 3억으로 책정된 것이다. 그리고 이 문서에서도 청구권이라는 단어는 사용되지 않았다. 따라서 한국측에서는 3억 달러를 청구권 금액이라고 말한 반면 일본은 자신의 식민 지배를 인정하지 않고 있었기 때문에 이 금액을 '경제협력자금' 또는 '독립 축하금'이라고 하였다.

이렇듯 미국은 정통성이 약한 박정희를 압박하여 불평등한 한일협정을 타결케 하였다. 이에 미국은 박정희 정권을 압박하였으며, 박정희 정권은 이른바 "김종필-오히라" 메모를 통해 대일 청구권 문제[79]를 빨리 해결하려고 하였던 것이다.

한일회담이 속전속결로 빠르게 진전된 또 다른 한 가지 원인이 있었다. 2004년 8월 비밀 해제되어 그 내용이 공개된 CIA 특별보고서는, 한국과 일본 사이에 불법 정치자금 거래가 있었음을 알려주고 있다. 이 보고서에 따르면 당시 한국의 민주공화당은 일본 기업으로부터 정치자금을 받았으며, 특히 6, 7차 회담이 한창 진행되던 시기에는 일본 기업들로부터 민주공화당 예산의 3분의 2를 제공받았다고 한다. 1961년부터 1965년까지의 6개의 일본 기업이 각각 1백만-2천만 달러씩 총 6,600만 달러의 자금을 공화당에 제공했다고, 구체적인 액수까지 낱낱이 기록되어 있다.[80]

이러한 흑막 속에서 박정희는 차관문제와 배상문제가 어느 정도 해결되자 일사천리로 한일회담을 마무리하고 대일수교회복문제에 나섰다. 그 결과 1965년 6월 22일 오후 5시 동경의 일본 수상 관저에서 한일협정은 정식으로 조인되었다. 이 협정에 의해 평화선이 철

---

[79] 청구권 문제: 제2차 세계대전에 따른 일본의 배상문제. 우리나라의 청구권 내용은 1909-1945년 조선은행을 통해 반출된 지금(地金) 249톤과 지은(地銀) 67톤을 비롯해 징병, 징용을 당한 한국인의 급료, 수당 등이었는데 이는 법적 근거를 지닌 최소한의 청구내역이었다.
[80] 김기선, 『한일회담반대운동』, 54, 55.

폐되었으며, 한국측의 40해리 전관수역 주장이 철회되고 일본의 주장대로 12해리 전관수역이 설정되었다. 재일교포의 법적 지위 및 영주권 문제 등도 일본 정부의 임의적 처분에 맡겨지게 되었다. 문화재 및 문화협력에 관한 협정은 일제가 35년간 불법으로 강탈해간 모든 한국 문화재를 일본의 소유물로 인정해 버렸다.[81]

이러한 박정희의 굴욕적인 대일 외교정책은 당시 민중들의 가슴 밑바닥에 있는 정서를 헤아리지 못하는 실수를 저지르고 있었다. 그리고 김종필-오히라 외상의 회담 결과가 언론에 알려지면서 민중들은 분노하기 시작하였다.

민중들의 정서를 무시한 한일협정은 야당을 비롯한 학생들의 반발에 부딪혀 반대투쟁을 불러일으켰는데, 1963년 민정 이양기에도 서울대 학생들에 의한 군정연장 반대시위 등 약간의 시위가 있었지만, 이 한일협정 반대투쟁은 그 상황부터가 달랐다. 과거 일본 제국주의의 침략을 당한 한국 민중들은 연인원 350만 명이 직접 시위에 참가하였다. 학생들의 시위에 이어 각계각층의 종교 지도자들과 문인, 대학교수 등이 성명서를 발표하였다. 7월 12일 18개 대학의 교수들은 국회에 한일협정의 비준을 거부하는 시국선언문을 발표하였다.

이에 박정희 정권은 1964년 6월 3일 서울 일원에 비상계엄령을 선포하여 위기를 넘길 수 있었지만, 한일협정 비준안이 국회를 통과하는 과정에서 야당의원 61명이 의원직 사퇴서를 제출했고, 그 가운

---

[81] 강준만, 『한국 현대사 산책 1960년대편 3권』(서울: 인물과 사상사, 2004), 27-29.
　평화선이란 어업기술이 뛰어난 일본 어선들의 한국 근해에서의 어업행위로 인하여 한국 어민들이 고사위기에 놓이자 이승만 대통령이 국내 어업산업의 보호를 위하여 그었던 전관수역을 말한다. 그러나 박정희는 국내 어민들의 고통은 아랑곳하지 않고 자신의 주권을 포기하면서까지 대일 굴욕외교를 펼쳐 일본측 요구를 그대로 수용하여 40해리의 평화선을 12마일로 양보하여 한국 어업은 막대한 피해를 입게 되었다. 더군다나 독도 문제에 대해서도 김종필은 차라리 독도를 폭파시키자고 제안하는 등 도저히 납득할 수 없는 행동을 하였다. 즉 박정희의 근시안적인 외교노력이 불러온 불평등 조약이며 굴욕조약이라고 할 수 있을 것이다.

데 6명은 결국 의원직을 포기했다.[82] 8월 14일 야당이 불참한 채 한일협정은 국회에서 비준되었지만, 계속되자 8월 26일 서울에 위수령이 발동되어 군대가 시내에 진주하였다.

그러면 이승만 정권 때에도 있었던 한일협정 회담에서는 별 반대가 없다가 왜 유독 박정희 정권 하에서만 심한 반대투쟁을 했던 원인은 무엇일까? 이는 박정희의 대일굴욕 외교자세에 그 원인이 있었다. 박정희는 정권안보를 위하여 흑막 속에서 굴욕적이고 저자세로 한일회담을 타결 지으려 하였다. 도덕성과 정통성 면에서 국내적으로 인정받지 못하는 군사정부로서는 미국 등 외세의 인정이 절실히 필요했기 때문이다.

(2) 한국 교회의 6.3 민주화 운동

한일회담이 민중들의 강한 저항에 부딪치면서 정국이 불안한 가운데 한국 교회는 본연의 예언자적 사명을 발하기 시작하였다. 이는 당시 상당수의 교인들이 지니고 있던 대일 적개심에서 비롯되었다고 할 수 있다.

이 한일회담에 대한 한국 교회의 최초의 발언은 기독학생들로부터 비롯되었다. 한국기독학생회(MSCM)는 한일회담 문제가 거론되기 시작한 1964년 2월 12일 "일본 기독자에게 보내는 공개장"을 발표하고 한일 국교 정상화에 대한 기독 학생들의 입장을 천명하면서, 한일 간의 진정한 관계 정상화를 촉진시키기 위한 일본 기독자의 자각과 자발적인 협조를 촉구하였다. 이 공개서한은 36년간의 일제의 침략행위와 6.25 전쟁을 통한 일본의 번영을 구체적으로 상기하면서 일본의 반성을 촉구하고, 재일교포의 북송, 한일회담에서의 일본의 고자세는 일본이 아직 "종전의 제국주의적 식민정책을 청산하지 않았다는 것을 의미한다"라고 지적하였다. 그러나 이러한 사실에도

---

[82] 강만길, 『20세기 우리 역사』, 292, 293.

불구하고 한국의 기독 학생자는 주 예수 그리스도의 화해의 복음에 순종하여 "한국 근대사에서 되새겨지는 일본에의 원한과 증오를 불식하고, 새 역사의 창건을 위한 선의의 활동을 진심으로 요망한다"라고 밝혔다.[83]

젊은 기독교 지성인들의 항거에 이어 기독교계 원로들도 7월 1일 77명이 한일회담 반대성명을 발표하였고 전국의 교회에서 구국기도회를 개최하였다. 이러한 가운데서도 정작 대부분의 교회는 침묵 내지는 방관하고 있었다. 그렇지만 1965년 2월 10일 한일기본조약이 가조인되고 이에 반대하는 학생들과 야당의 반대 시위가 격화되자 한국 교회는 4월 17일 "한일국교 정상화에 대한 우리의 견해"라는 시국성명서를 발표하기에 이르렀다.

첫째, 정부는 주권자인 국민의 소리를 찬, 반에 경청할 것.
둘째, 어민들의 생활선인 평화선을 수호할 것.
셋째, 일본 어선의 한국 수역 침범을 규제할 것.
넷째, 미국은 아시아 지역에서 일본을 앞세워 대공투쟁을 꾀하려는 방침을 재 고려 할 것.
다섯째, 한일회담에 대한 의견의 차이를 거국 외교의 입장에서 재조정하고 여야 간 극한 투쟁을 삼갈 것.[84]

위 교회의 시국선언문에서 알 수 있듯이 교회는 국민의 주권과 이익에 민감한 반응을 보이기 시작하였다. 이후 1965년 6월 22일 도쿄에서 한일협정이 정식으로 조인된 직후인 7월 1일 김재준, 한경직, 강신명, 강원룡, 함석헌 등 목사 및 기독교계 인사 215명이 연서로 발표된 성명서를 낭독하였다. 이 성명서는 그리스도인의 입장에

---

[83] 조성수, "한국에서의 교회와 국가와의 관계에 관한 연구: 교회사적 측면에서 본 연구," (박사학위 논문: 연세대학교 대학원, 2009), 286.
[84] 「크리스챤 신문」, 1964년 9월 4일자.

서 한일 양국이 진정한 회해의 정신 위에서 국교를 재건함은 진심으로 원하나 진정한 화해를 위해서는 전비(前非)를 회오(悔惡)함과 동시에 새 역사 건설을 위한 선의의 봉사와 협력이 약속되어야 한다고 전제한 후, 현재의 한일협정 내용이 일본의 침략을 인정하는 것이며, "국내적 자기 정비 없이 국제 자본에 문호를 개방함으로써 한국의 항구적인 식민지화를 불가피하게 하는 것"으로 통렬히 비판하였다. 이에 정부에 대해서는 국민의사에 대한 무력 탄압의 중지, 부정부패의 일소와 국민의 신망을 얻을 수 있는 국내 정치의 쇄신 그리고 국회에 대해서는 굴욕적인 한일협정의 비준거부를 요구하였다.[85]

이 성명서는 지금까지의 교회의 소극적인 역할을 생각해 볼 때 진일보된 것이었으며, 이후 발생할 대일 무역에서의 종속적인 관계를 예견하는 놀라운 선견자적인 안목을 가진 것이라고 할 수 있다. 왜냐하면 일본은 차관을 중심으로 한국에 자신들의 기업을 세워 원자재 중심으로 차관을 제공하였으며, 이 차관 기한이 끝나자 원자재 값을 올리는 수법으로 지속적으로 우리나라에 막대한 무역 적자를 안겨주었기 때문이다.

이 성명서를 시작으로 교회는 더 이상 침묵하지 않고 반대운동을 전개하여 나갔다. 같은 날인 7월 1일 한국기독교장로회 전북노회에서 한국기독교 연합회의 한일회담에 대한 성명서를 지지하기로 결의하였으며, 또한 한경직 등 개신교 목사 100명은 영락교회에서 "한일회담비준반대성토대회"를 개최한 뒤 성명서를 채택하여, "정부는 한일협정에 관한 애국적 국민의 의사표시를 권력으로 탄압하는 비인도적인 행위를 즉시 중단하고, 국회는 정당보다도 한국 역사의 장래를 위하는 의미에서 민족정기의 양양을 중시하여 비준을 거부할 것"을 촉구했다.[86] 이어 7월 4일에는 군산기독교연합회 주최로 연합

---

[85] 김명배, 『한국기독교 사회운동사: 민주화와 인권운동을 중심으로 1960-1987』 (서울: 북코리아), 83, 조성수, "한국에서의 교회와 국가와의 관계에 관한 연구," 287, 288.
[86] 민주화운동기념사업회, 『한국민주화 운동사 1-제1공화국부터 제3공화국까지』, 456.

기도회가 열렸고, 같은 날 대전시 내 기독교 각 교단 목사와 장로 50여 명이 구국 기도회를 가진데 이어, 5일에는 부산지역의 목사 40여 명도 비준반대성명서를 발표하였다. 그리고 서울 지역교역자 주최로 "국가를 위한 기도회"가 7월 5-6일 양 이틀간에 걸쳐 영락교회에서는 6,500여 명이 운집하여 비준반대구국기도회가 열렸으며, 8일에는 부산과 전주, 11일에는 목포, 원주 등지에서 연합기도회 또는 구국기도회가 열렸다. 그러나 8월 11일 비준안이 국회 특위에서 날치기로 통과되자, 8월 13일에는 새문안교회에서 개최된 철야기도회에서 "비준무효성명"을 발표하는 등 한일협정 비준반대 움직임은 전 교회적인 차원에서 열리게 되었다.[87]

진보주의 교회를 중심으로 한일협정 반대운동이 거세지자, 보수주의 교회인 합동측도 7월 4일부터 일주일간을 기도주간으로 7월 8일부터 사흘간을 금식기간으로 정하는 등 반대성명에 동조하고 나섰다.[88] 이렇듯 한국의 진보주의와 보수주의 교회는 한일협정 당시 대사회적인 태도에서 보조를 같이 하기도 하였다. 한편 한일협정이 끝난 후 얼마 되지 않아 박정희는 3선 개헌을 추진하였다. 1966년 제6대 대통령 선거에서 승리한 박정희는 기존의 헌법으로는 임기연장이 불가능하자, 대통령 임기규정을 폐지하는 3선 개헌을 추진하였다.

3선개헌은 그 시작부터 야당을 비롯한 각계각층의 저항에 부딪혔다. 재야세력은 "3선 개헌 반대 범국민투쟁 준비위원회"를 결성하였고, 전국 각지의 대학에서 3선 개헌 반대시위가 잇달았다. 이러한 와중에 박정희는 학원에 경찰병력을 투입하고 휴교령을 내리고 야당의 분열을 획책하는 등 갖은 변칙을 동원하여 3선 개헌을 감행했다. 1969년 9월 14일 새벽 2시 여당계 의원 122명이 국회 본회의장에서

---

[87] 김명배, 『한국 기독교 사회운동사: 민주화와 인권운동을 중심으로 1960-1987』, 84.
[88] 연규홍, "1970년대 한국 민주화 운동의 교회사적 근거," 153, 154.

점거농성을 하고 있던 신민회 의원들을 따돌리고 국회 제3별관에 모여 기명 투표방식으로 찬성 122, 반대 0표로 3선 개헌안을 변칙 통과시켰다. 그리고 10월 17일 3선 개헌안은 국민투표에서 총유권자의 77.1% 참여에 65.1% 찬성을 얻어 확정되었다.[89]

한국 교회는 3선 개헌 논의가 본격화되는 시점부터 반대운동에 돌입하였다. 김재준, 박형규, 함석헌 등 진보적 인사들은 1968년 8월 '3선 개헌 저지 범국민 투쟁위원회'를 조직하였고, 8월 15일 동 위원회는 반대 성명서를 주요일간지에 발표하였다. 그러나 그 해 김윤찬, 조용기, 김준곤, 김장환 등 242명의 보수적 인사들은 "개헌문제와 양심자유선언을 위한 기독교 성직자 일동"이라는 명의로 "개헌문제와 양심자유선언"을 발표하고 김재준 등의 성명서가 "순진한 성도들의 양심의 혼란을 일으키는 선동적 행위"라고 비난하고 교회는 정치적 문제에 중립을 지켜야 한다고 주장하였다.[90] 그러나 9월 5일 김윤찬, 김장환, 박형룡, 조용기 등 242명은 급조된 "대한기독교연합회"라는 이름의 단체 명의로 "개헌에 대한 우리의 소신"이라는 제하의 성명서를 통하여 정치적 중립 주장을 폈다.[91]

이듬해 1969년 9월 14일 개헌안이 통과되면서 개헌안 반대투쟁

---

[89] 정해주, 『유신헌법반대운동』 (서울: 민주화운동기념사업회, 2006), 20, 21.
[90] 이상규, "해방 후 한국 교회의 민주화 운동과 통일운동," 81.
[91] 이은선, "한국 교회와 정치," 228.
　대한기독교연합회는 헌법 개정을 둘러싸고 야기된 당시 정국의 불안과 여야 대립에 깊은 우려를 표하면서 다음의 7개항을 발표하였다. ① 우리 기독교인들은 정교분리의 원칙에 입각하여 여야의 입장을 초월하고 정국 안정을 위해 기도한다. ② 기독교인들은 국가와 민족의 구원을 위해 일치단결하여 여야의 입장을 초월하고 정국안정을 위해 기도한다. ③기독교인들은 성경의 가르침대로 과감히 부정과 부패를 비판하고 사회정의 구현에 예언자적 사명을 다한다. ④ 기독교인들은 국리민복의 번영된 복지사회 실현을 위해 봉사의 사명을 다한다. ⑤ 기독교인은 여야를 막론하고 정치인들이 국가적 민족적 대의와 명분 아래 극한의 경쟁을 지양하고 인화된 단결로서 국력 배양에 힘써주기 바란다. ⑥ 기독교인은 개헌문제에 대한 박 대통령 각하의 용단을 환영하며 국민 스스로의 정당하고 자유로운 의사표시만이 민주헌정의 바른 길이라고 생각한다. ⑦ 기독교인은 오늘과 같은 국제정세와 국내시국에는 강력한 영도력을 지닌 지도체제를 바란다.

은 신학대까지 확산되었다. 9월 17일 장로회신학대생 150명이 성토대회를 열고 모두 삭발을 단행했다. 그리고 19일에는 감리교 신학대, 한국신학대 학생들이 구국기도회를 열면서 개헌반대투쟁에 가담하였다.[92] 이와 같이 한국 교회는 한일협정 반대 투쟁에 이어 개헌안 반대 투쟁에 동참하는 등 민주화 운동의 일선에 서서 활약을 하였다. 그러나 정치적인 문제에 대하여 한국 교회는 서로 입장을 달리하여 진보주의 교회는 개헌안 반대투쟁에서도 사회적인 문제에 관심을 가지고 적극적으로 나선 반면, 보수주의 교회는 사회적인 문제에 대하여 침묵 내지는 정부에 적극적으로 동조하게 되었다. 즉 한국 교회는 자신의 신학적 입장에 따라 같은 정치적 문제에 대해서도 협력 아니면 저항을 하기도 하였던 것이다. 이러한 때에 지난 11월 26일 예장 통합 목회자들이 주관한 "2007 예장 목회자 참회 기도회"에서 연세대학교 정종훈 교수는 "한국 교회 목사들은 초대 이승만을 교회에 호의적인 장로라는 이유로 절대적인 지지를 아끼지 않았고, 그의 선거부정까지 옹호하는 오류를 범했다"면서 "박정희 정권 때 국가조찬기도회를 10년 이상 주관했고, 12.12 쿠데타와 광주 민주화 운동에 침묵하는 모습을 보였다"[93]고 한국 교회의 목회자들의 각성과 회개를 촉구한 사실은 의미 있는 일이라고 할 수 있다.

---

[92] 민주화운동기념사업회, 『한국민주화 운동사 1-제1공화국부터 제3공화국까지』, 537.
[93] 국민일보 2007년 11월 27일자 신문, 29면 참조.

2장_
1970, 1980년대 한국 교회의 민주화 운동

1970년대 이전의 한국 교회는 국가 권력과의 밀접한 관련 속에서 교회 본연의 임무에 충실하지 못한 면이 있었다. 지금까지 많은 보수적인 목회자들과 신학자들이 정교분리의 원칙하에 교회는 국가의 하는 일에 관여하지 말고 오직 영혼구원에 충실할 것을 주문하였다. 그러나 이승만 때에는 공공연히 많은 기독교인이 정치에 참여하기도 하였고 심지어 목회자들도 정치에 참여하기도 하였다. 교회는 노골적으로 이승만과 자유당에 밀접하게 유착되어 있으면서 이승만과 자유당을 위하여 일을 하였다. 대통령 선거나 국회의원 선거 때에는 목사가 기독교를 중심으로 한 선거운동 기구를 만들어 자유당을 지지하였다. 그리고 이승만과 자유당은 교회의 선교 확장을 위하여 많은 혜택을 제공하기도 하였다.

교회와 국가의 밀월관계는 4.19가 일어나면서 끝이 나고 교회는 정권에 관망적인 자세로 돌아서기도 하였다. 그리고 5.16 쿠데타가 일어나면서 처음에 교회는 박정희 정권에 호의적이었으나 한일협정 비준 반대로 인하여 정권에 비판적으로 돌아서게 되었다. 그러나 이 당시만 해도 교회의 사회운동은 전무하였다.

그러나 1970년대로 접어들면서 교회는 서서히 예언자적 기능을 회복하기 시작하였다. 진보교회의 목회자들을 중심으로 하여 이들은 정부의 잘못에 신랄하게 비판하면서 정권에 대립각을 세우기도 하였다. 그리고 교회는 가난하고 억눌린 사람들에게 눈을 돌려 그들의 아픔에 동참하는 일을 하였다. 따라서 1970년대의 한국 교회의 사회운동은 민주화 운동과 노동 운동에 집중되었다고 할 수 있다.

이 시대 교회는 민주화 운동에 앞장서면서 다른 한편으로는 경제성장의 모퉁이에서 희생되는 노동자들의 권익을 위하여 최선을 다하는 모습을 보여 주었다.

반면 이 시기 진보주의 교회와 보수주의 교회 사이에 심각한 대립이 있었다. 보수주의 교회들은 정권의 부조리에는 눈을 감은 채 오직 교회성장과 영혼 구원에만 매달리는 일을 하였다. 하지만 지나치게 영혼구원에만 매달린 나머지 교회성장은 이루어냈을지는 모르지만 정부와 사회의 부정부패에는 침묵하여 교회의 예언자적 사명을 다하지 못하는 과오를 저지르기도 하였다. 그리고 색깔논쟁으로 진보주의 교회를 매도하기도 하였다. 그러므로 1970년대의 한국 교회의 민주화 운동은 주로 진보주의 교회를 중심으로 이루어졌다고 할 수 있다.

1. 1970년대 한국의 사회적 상황과 경제현황

1) 1970년대 한국의 사회상황

1970년대 한국 사회는 후진국에서 중진국으로 도약하는 과도기적 상황에 처해 있었다고 할 수 있다. 경제적으로 한국 사회는 1960년대의 가난을 떨쳐버리고 조국 근대화라는 지상과제를 지니고 있었다. 그래서 박정희 정권은 조국 근대화를 이루기 위한 하나의 방편으로 강력한 수출 드라이브 정책을 폈다.

1차 경제 개발 5개년 계획이 실패로 돌아가자 박정희 정권은 초조함에 단기적인 성과를 거두기 위하여 수출 지향적인 정책을 폈다. 그는 가난에 시달리고 있던 조국이 경제적으로 부강한 나라로 탈바꿈하려면 수출이 우선이 되어야 한다는 것이고 그리고 산업의 공업화가 속히 이루어져야 한다고 생각하였다. 그래서 그가 내세운 정책은 '군사적 성장주의'이다. 그가 이 '군사적 성장주의'의 방법론으로 택한 전략은 국가가 주도하는 외자 의존적 수출주도형 공업화 정책이었다. 이 정책의 특징은 ① 수출산업을 위한 제반 특혜, ② 외자에의 의존, ③ 외국시장에 대한 의존, ④ 임금통제와 농산물 가격 안정 정책 등이다.[1] 수출위주의 정책을 펴기 위하여 박정희 정권은 기업도 군대처럼 일사분란하게 움직일 것을 주문하였으며, 중소기업 보다는 대기업 위주의 정책을 집중적으로 펴나갔다.

반면 노동자들은 저임금에 하루 평균 16시간의 노동에 고통당하였다. 열악한 작업 환경과 하루 최저생계비에도 못 미치는 근무조건으로 많은 노동자들이 희생되었다. 그리고 부족한 노동력을 확보하기 위하여 수많은 농촌의 젊은이들이 산업일꾼으로 일하기 위하여 도시로 몰려들었다. 이 시기에 연평균 이농(離農) 인구수는 1960-1966년 사이에 매년 27만 명, 1966-1970년 사이에 59만 명, 1970-1975년 사이에 50만 명, 1975-1980년 사이에 66만 명으로 추산되었다. 그 결과 총 인구에서 농가인구가 차지하는 비율은 1960년 58.3%(1,455만/2,495만), 1965년 55.1%(1,581만/2,770만), 1970년 44.7%(1,442만/3,224만), 1975년 37.5%(1,324만/3,528만), 1980년 28.9%(1,082만/3,812만)까지 줄어들게 되었다.[2] 이농인구는 빠르게 농촌의 해체를 불러일으켰으며 이들이 공업화의 주역이 되면서 1960년대 후반부터 경공업 제품 중심의 수출주도 공업화가 이루어지게 되었다. 그리고 이 과정에서 기업에 대한 정부의 막대한 특혜 지원으로 재벌들은 두드러지게 성장하였다.

두 번째, 7대 대통령 선거에서의 김대중 후보의 선전과 8대 국회

---

[1] 강준만, 『한국 현대사 산책, 1970년대편 1권: 평화시장에서 궁정동까지』 (서울: 인물과 사상사, 2002), 23.

[2] 강준만, 『한국 현대사 산책, 1970년대편 1권: 평화시장에서 궁정동까지』, 28, 29.

의원 선거에서의 신민당의 선전이었다. 이로 인하여 박정희 정권은 장기집권 야욕을 위하여 10월 유신을 단행하여 민주화 세력을 억압하면서 장기집권을 이루어 나갔다.

사실 박정희가 부정선거를 획책한 동기는 1967년 6대 대통령 선거에서 야당의 윤보선 전 대통령에게 고전 끝에 116만여 표 차이로 당선된 이후였다. 그해 6월 8일 제7대 국회의원 선거에서도 박정희는 부정선거 논란 속에서 힘겹게 야당에 승리하였다. 이에 박정희는 공화당을 동원해 자신의 3선을 가능케 할 목적으로 1969년 9월 14일 3선 개헌안을 변칙 통과시켰다. 개헌의 주요 내용은 ① 대통령 3선 연임 허용, ② 대통령에 대한 탄핵소추 발의안을 의원 30인 이상에서 50인 이상으로 상향조정, ③ 국회의원의 각료 및 기타 직위 겸직 허용 등이었다.³

공화당은 10·17 국민투표 후 축소된 당 기구를 거의 전면 부활하여, 중앙위원회도 부활하고 시·도지부위원회와 시·도지부당무협의회를 신설하였으며, 시·도 연락실을 시·도사무국으로 개편하는 등 기구개편을 함과 동시에 1970년 말에 정일권 국무총리를 경질, 백두진 의원을 총리에 임명하고 개각을 단행하여 선거내각을 구성했다. 이는 7대 대통령 선거와 8대 국회의원 선거를 승리로 이끌기 위한 사전포석이었다.

이를 간파한 당시의 재야세력은 1971년 4월 8일 재야인사들을 주축으로 하여 학계. 언론계, 법조계, 종교계, 문학계 등 각계를 망라한 저명인사들은 모임을 갖고 4.27 대통령 선거와 국회의원 선거에서의 공명을 다짐하는 "민주수호선언"을 채택하고 "민주수호 국민협의회"(약칭 민수협)를 결성하기로 동의하였다. 민수협은 대통령 선

---

3 김인걸 외 편저, 『한국 현대사 강의』, 293.
박정희와 공화당이 주최한 3선 개헌 발의 법안은 야당과 학생들의 격렬한 반대에도 불구하고 10월 17일 국민투표에 회부되었고, 총 유권자 77.1%의 참여와 65.1%의 찬성을 얻어 가결되었다.

거에 참관인을 파견하고 5·25 국회의원 선거 거부운동을 주도했으며, "학원정상화를 위한 개정안"을 제시하는 등 1971년 11월까지 활발하게 움직였다. 그리고 4월 21일에는 "민주수호 청년협의회"가 결성되었다. 그리고 민수청의 발족을 전후하여 "민주수호 전국학생총연맹"과 "민주수호 기독청년협의회"가 창립되었다.[4]

이렇게 재야의 결집과 국민들의 뜨거운 관심 속에 치러진 7대 대통령 선거에서 40대 기수론을 들고 나온 김대중의 열풍은 대단하였다. 선거바람은 1971년 4월 10일 부산에서 불기 시작해 30만 명 이상이 모인 18일 서울 장충단 공원에서의 김 후보 유세로 절정을 이루었다. 이 선거유세에서 김대중은 만일 박정희가 대통령에 된다면 대만과 같은 총통제를 실시하여 영구집권을 할 것이라고 유신을 예언하는 발언을 하면서 4대 공약을 내세웠다.[5]

박정희는 40대 기수론을 들고 나온 신민당의 신진 세력인 김대중 후보에게 상당히 고전하여 가까스로 대통령에 당선되었다. 그리고 이어 행해진 8대 국회의원 선거에서도 야당인 신민당에게 상당히 고전하였다. 이렇게 제7대 대통령 선거에서 김대중이 예상보다 훨씬 높은 43.6%의 득표율을 보인데다, 1971년 5월 25일에 실시된 제8대 국회의원 선거에서는 야당 신민당의 의석이 종전의 44석에서 89석으로 두 배 이상 증가하여 박정희 정권을 불안하게 만들었다.[6]

---

[4] 박세길, 『다시 쓰는 한국 현대사 2』 (서울: 도서출판 돌베게, 2007), 230.
[5] 김대중 후보의 4대 공약 내용을 보면 ① 예비군 폐지, ② 노사공동 위원회 결성, ③ 비정치적 남북 교류, ④ 미·일·중·소 4대국의 한반도 안전보장 등이었다. 이는 당시로서는 획기적인 것으로 당시부터 김대중은 이미 노사의 대화를 큰 화두로 삼고 있었으며 오늘날의 6자 회담을 기획하고 있었던 것으로 보인다.
[6] 강만길, 『20세기 우리 역사』, 294.

도표 2-1. 제7대 대통령선거 득표상황

구분	후보자별 득표수					계
	민주공화당	신민당	국민당	자민당	정의당	
	박정희	김대중	박기출	이종윤	진복기	
전국	6,342,828	5,395,900	43,753	17,823	122,914	11,923,218
경북	1,333,051	411,116	6,438	2,374	9,838	1,762,817
울진군	31,557	11,836	161	57	337	43,948

도표 2-2. 제8대 국회의원선거 전국 상황

정당단체	후보자 수		당선자 수		득표수	득표율(%)
	지역구	전국구	지역구	전국구		
민주공화당	153	40	86	27	5,460,581	48.8
신민당	153	33	65	24	4,969,050	44.4

　도표 2-1에서 볼 수 있듯이 박정희는 유효투표수 53.2%에 해당하는 6,432,828표로 대통령에 당선되었으며 김대중 후보는 유효투표 총수의 45.3%에 해당하는 5,395,900표를 얻어 표차는 946,928표이었다.

　대통령 선거 이후 치러진 5·25 총선에서도 신민당은 득표율에서 공화당에 4.4% 뒤진 44.4%를 얻었으며, 의석 총 204석 중 89석을 얻어 야당 단독으로 임시국회를 소집하여 박 정권을 견제할 수 있게 되었다. 또한 야당은 도시에서 압승을 거두었다. 신민당은 전국 32개 도시에서 총 47석을 얻었는데, 여당은 서울의 1석을 비롯하여 겨우 17석을 얻는데 그쳤다.[7]

　예상외로 신민당의 김대중 후보가 선전하고, 국회의원 선거에서

---

[7] 서중석, 『사진과 그림으로 보는 한국 현대사』 (서울: 역사문제연구소, 2005), 237.

도 신민당 후보들이 전국적으로 선전하자 박정희는 국면 타개를 위하여 대내외적으로 특단의 조치를 취하였다. 대내적으로 박정희는 경제적으로는 상환부담이 없는 외국자본의 직접투자를 유치하기 위해 "외국인투자기업의 노동조합 및 노동쟁의 조정에 관한 임시특례법"을 제정 공표했으며, 1972년 8월에는 사채 동결과 재벌에 대한 금융·조세상의 특혜를 골자로 하는 "8·3비상조치"를 취하였다.

대외적으로 박정희는 미·소 화해와 미·중 화해 등 국제정세의 변화에 따라 종래와 같은 냉전논리를 기반으로 한 안보이데올로기로는 더 이상 군사정권의 헤게모니를 유지하기 어려워짐을 느끼고 7.4 남북공동성명을 발표하였다. 이 7.4 남북공동성명은 한반도에 닉슨 독트린이 적용된 결과로서, 유신체제의 성립을 정당화하는 데 이용되었다.[8]

세 번째로는 7.4 남북공동성명의 발표와 남북대화의 시작이다. 조국통일의 원칙과 긴장완화 등을 주요 골자로 하는 7.4 남북공동성명은 미국의 대극동정책과 부합하며 박정희의 대내 위기탈출 도구로 이용되었다. 당시 미국은 '두 개의 한국' 정책을 채택하여 한반도 문제를 정치적으로 해결하려 하였다. 그래서 1972년 6월 동남아시아 조약기구(SEATO)에서 로저스 국무장관은 북한을 "조선민주주의인민공화국"으로 호칭했으며, 이후 '남북교차 승인안'을 제시했다. 박정희는 대내적인 어려움을 미국의 정책과 부합하는 방향으로 나가는 방안을 모색하였다.[9]

이후 남북적십자 회담 등이 열리고 남북한은 화해 무드로 돌입하는 것으로 보였으나 얼마가지 않아 회담이 난관에 봉착하였다. 왜냐하면 북한 적십자사가 민족의 분단에 의해 희생된 모든 사람이 어떠한 제약조건 없이 자유롭게 왕래할 것을 주장한 반면, 남한측은 정

---

[8] 김인걸 외 편저, 『한국 현대사 강의』(도서출판: 돌베개, 2005), 309.
[9] 박세길, 『다시 쓰는 한국 현대사 2』, 232.

부의 '알선'을 받은 이산가족에 한해 상호접촉을 내세웠기 때문이다. 이로 미루어 볼 때, 결국 박정희 정권에게 필요한 것은 끊겨진 혈육의 무조건적인 재결합이나 민중의 자유로운 선택이 아니라 자신의 집권 시나리오에 적합한 극히 제한된 행동뿐이었다.

2) 1970년대 한국의 경제상황

1970년대 한국경제는 1960년대 한국경제의 실패(제1차 경제개발 실패)를 교훈삼아 기업을 재편하고 근로자의 희생을 요구하는 노동법 개악 등 노동탄압정책을 강화하였다. 또한 8·3 조치, 경기부양책 등의 자본지원책 그리고 외자조달의 곤란에 대응하기 위하여 외국인 투자 자유화 조치의 확대와 수출 자유지역의 조성 등이 이루어진다. 이후 특히 중화학 공업화를 위한 정부 지원이 확대되고, 1973년 제1차 오일 쇼크와 연이은 세계 공황 이후에는 대외분야 연관에서 미·일에 이어 새롭게 오일달러가 집중되었던 서남아시아, 그리고 동남아시아 지역과의 경제 관계가 확대되었다. 중화학 공업화를 위한 정부 지원의 확대에 편승하여 재벌들은 경쟁적으로 중화학 부문으로 진출하였다. 이에 따라 이 고도성장 과정에서 특히 재벌 자본들의 경제 지배력이 한층 강화되었다.[10]

이렇게 재벌들에게 특혜를 주는 대기업 위주의 경제정책은 정권이 원하는 수출지향적 정책에 청신호를 주며 급속도의 경제 발전을 가능케 하지만, 이는 노동자들의 희생 위에서 가능한 것이었다.

전 세계가 1960년대 말부터 경제 침체에 빠져 헤어나오지 못하고, 급기야 1973년 오일쇼크에 이은 '1974년 공황'이라는 전후 최대의 공황으로 빠져 들어갔으나, 한국 자본주의는 일시적임 침체기를 겪기는 하였지만 1970년대에도 연평균 9.5%의 성장률을 보여 60년대

---

[10] 박현채 엮음, 『청년을 위한 한국 현대사. 1945-1991: 고난과 희망의 민족사』, 244, 245.

이상으로 강도 높은 축적을 이룩하였다.

특히 1970년대 후반에 들어 정부의 적극적인 지원정책으로 중화학 공업에서 투자가 급속히 늘어났다. 특히 철강, 조선, 기계, 전자, 화학, 비철 금속 등 6개 분야가 전략 업종으로 선정되어 대부분의 투자가 이 부분에 집중되면서 중화학 공업이 생산과 수출에서 중요한 위치를 점하게 된다. 물론 중화학 공업화의 과정도 순조로운 것이 아니었고 1974년과 1975년의 세계공황으로 지지부진하였다. 외국인 기업의 투자자유화 확대 조치도 1970년대 초반에 일정한 증가 이후 다시 감소세로 돌아서는 등 중화학 공업화는 지연되지 않을 수 없었다. 중화학 공업화가 더욱 본격적으로 추진되는 것은 1970년대 중반 이후이다. 특히 세계 경제가 호황으로 접어들고 이른바 '중동 특수'로 호황 국면으로 바뀌면서 본격화되었다. 양적으로 보면 70년대를 거치면서 중화학 공업은 제조업 평균 성장을 웃도는 20.9%의 고성장을 기록하였다. 공업구조에서 중화학 공업이 차지하는 비중도 1970년의 37.8%에서 1979년에는 52.6%로 늘어나 중화학 공업이 생산의 중추를 형성하기에 이르렀다.[11]

그러나 이러한 정부의 개입으로 인한 관치 경제정책은 외적인 경제성장을 이루는 듯 보였지만, 한국 산업의 경제기반을 탄탄히 다져 놓지 않았기 때문에 미국, 일본의 경기 침체에는 속수무책으로 당하는 어려움을 겪게 되었다. 이러한 악순환은 계속되어 급기야 1997년 외환위기 때는 한국 경제가 휘청거리는 어려움을 겪게 된다. 이는 대만 등이 관치경제가 아닌 자율적인 중소기업 위주의 경제기반을 닦은 후에 경제성장을 추구하여 외한위기를 겪지 않은 것에 비교될 만하다. 즉 우리나라는 수출위주의 대기업 경제정책으로 한강의 기적이라는 찬사를 받게 되었지만, 경제기반을 튼튼히 하는 데는 실패하였던 것이다.

---

[11] 박현채 엮음,『청년을 위한 한국 현대사. 1945-1991: 고난과 희망의 민족사』, 250.

2. 1970년대 한국 교회의 민주화 운동

1) 유신헌법 반대투쟁

(1) 유신헌법과 그 배경

미국의 세계 전략과 국제정세 변모의 결과인 반공 이데올로기의 위기와 분단 구조의 이완, 외세의 자본과 저임금 정책에 의한 국내 자본의 해외 유출과 독점 자본의 출현으로 인한 경제위기, 새로운 세력 간의 계급갈등의 위기 속에서 기존의 종속적 재생산 구조를 확대, 심화시키기 위하여 10월 유신이라는 전대미문의 개헌안이 발의되었다. 박정희는 대통령에 당선된 지 1년 6개월 만인, 1972년 10월 17일 오후 7시 "대통령 특별선언"이라는 것을 발표하여 국회해산, 정당 및 정치활동의 중지 등 현행 헌법의 일부 기능을 정지시키고 전국 일원에 비상계엄령을 선포하는 폭거를 단행하였다. 이는 군부를 동원시켜 모든 반대파의 정치활동을 완전 봉쇄시킨 또 하나의 군사 쿠데타임이 분명했다. 겉으로는 "한국적 민주주의의 토착화"를 위해 잠시 헌법 일부의 기능을 정지시키는 것이라지만, 실제로는 장기집권의 틀을 만들자는 데 있었던 것이다. 그러면 유신의 담화문을 살펴보기로 하자.

> 급변하는 국제정세와 남북관계 그리고 국내 정치상황에 효과적이고 능동적으로 대처하기 위해서는 일대 개혁이 필요하다. '한국적 민주주의를 토착화' 할 그 개혁은 정상적인 방법으로는 오히려 혼란만 부추길 뿐이다. 따라서 부득이 하게 약 2개월간 헌법 일부의 혼란을 중지시키는 '비상조치'를 취하지 않을 수 없다. 국회를 해산하고, 정당 및 정치활동을 금지하며, 비상 국무회의가 정지된 헌법의 기능을 담당할 것이다.[12]

---

[12] 임영태, 정진화, 박현희 공저, 『거꾸로 읽는 한국 현대사』, 182.

이렇게 '헌법이 정지'되고 대통령을 위시한 국무회의가 모든 기능을 장악하였다. 비상계엄령이 선포되었으며, 삼권분립의 정신은 정지되었다. 사법부는 권력의 시녀로 전락하고 입법부의 기능도 마비되었다.

유신체제하에서 국회의 권한은 심각하게 약화되었다. 대통령은 국회를 해산할 수 있었지만 국회는 대통령에 대한 탄핵권을 갖지 못하였다. 입법부의 국정감사권이 없어지고 연간 회기가 150일로 제한되었다. 국회의원 3분의 1을 대통령이 추천하여 "통일주체국민회의"가 간선하게 했다. 국회의 기증이 크게 축소되면서 행정부, 특히 대통령에 대한 국회의 예속도가 높아졌다. 사법부에 대해서는 법관임명권을 대통령이 가지고 대법원의 위헌판결권을 헌법위원회에 귀속시켜 그 독립성을 박탈했다.[13]

사법부의 경우도 마찬가지였다. 유신체제 이전까지만 하더라도 사법부는 일정 부분 정부의 전횡을 견제하는 역할을 하였다. 예컨대, 정부가 관심을 갖고 있는 이른바 '시국사건'에서 일부 무죄판결이 내려지는 경우도 간혹 있었다. 유신 이전의 헌법은 법관추천위원회가 대법원장을 제청하고 대통령이 국회의 동의를 얻어 임명하도록 하였다(99조). 그러나 유신헌법에서는 법관추천위원회 제도를 없애고, 대통령이 국회의 동의를 얻어 대법원장을 임명하는 방식으로 바뀌었다. 또한 대법원 판사도 과거에는 대법원장이 법관추천위원회의 동의를 얻어 제청하면 대통령은 이를 곧바로 임명하도록 되어 있었다. 그러나 유신헌법에서는 대법원장이 제청하여 대통령이 임명하는 것으로 바뀌었다.[14] 입법부와 사법부의 기능은 약화되고 행정부의 기능만 살아있을 뿐이었다. 그러면 유신체제가 등장하게 된 배경은 무엇인가? 당시 박정희 정권은 국내외적으로 어려운 환경에

---

[13] 강만길, 『고쳐 쓴 한국 현대사』, 306, 307.
[14] 민주화운동기념사업회, 『한국민주화 운동사 2-유신체제기』 (서울: 돌베게, 2009), 70, 71.

놓여 있었다.

　국내적으로 유신체제를 선택한 첫째 요인은 박정희의 실정을 들 수 있다. 1970년대로 들어서면서 박정희는 심한 인플레이션과 지속적인 국제수지의 약화 및 경기침체로 시달렸다. 1963년부터 1968년까지 한국경제는 고도성장을 경험하였다. 급속한 경제발전과 수출촉진 정책으로 인해 높은 인플레이션이 계속되어 서민들의 생계가 위협받는 일이 생겨났다. 그러던 한국 경제는 1969년부터 심각한 불황에 들어서게 되었다. 불황의 직접적인 원인은 미국이 1968년 달러위기에 봉착하여 한국에 경공업 제품 수입규제 조치를 취하고, 차관의 원리금 상환압박과 동시에 신규차관을 제공하지 않았기 때문이다.[15]

　그러나 보다 근본적인 원인은 무리한 수출지향적인 정책에 따른 재무구조의 악화라고 할 수 있다. 박정희의 수출증대를 통한 외화획득으로 경제성장을 도모하고 국민소득을 올리겠다는 기본방침은 자본재와 중간재의 해외의존도가 심화됨에 따라 한계를 노출했다. 국제수지는 오히려 악화되었고, 적자폭은 갈수록 증대되었다. 외환수입에 대한 원리금 상환 부담률이 1969년 8.9%, 1970년 11.6%, 1971년에는 단기차관을 합쳐 20%, 1972년에는 23%에 이르는 위급한 상황에 도달했다.[16] 따라서 점차 원리금 상환기한이 가까워지면 당연히 재정적인 압박을 갖게 되어 부실한 재무구조는 기업의 도산으로 이어질 수 있는 위험에 노출될 수밖에 없다.

　두 번째, 인플레이션으로 인하여 서민들의 가계가 직접적인 위협을 받게 되고 10년간의 고도성장 과정에서 소외되어 온 농민, 노동자, 도시 빈민 등 서민들의 불만이 높아지면서 '조국 근대화' 구호는 더 이상 힘을 갖기 어려워졌다. 더구나 1970년 11월 서울 청계천 평화시장 앞에서 근로조건의 개선과 노동자가 인간답게 살 권리를 외

---

15 김명배, 『한국 기독교 사회운동사: 민주화와 인권운동을 중심으로 1960-1987』, 116.
16 정해주, 『유신헌법반대운동』, 22.

치며 분신자살한 전태일은 노동자의 단결과 노동조합의 결성을 촉진시키는 시발점이 되었다.¹⁷

세 번째, 10월 유신을 단행하도록 빌미를 제공한 사건은 1972년 사채 동결 사건이라고 할 수 있는 "8·3 긴급경제조치"라고 할 수 있다. 1960년대 중반의 경제호황기에 이어 세계경제가 어려워지자 우리나라의 경제도 큰 영향을 받았다. 70년대 초, 박정희의 호언장담과는 달리 한국경제는 엉망이었다. 외국차관을 가져다 쓴 기업체들이 대규모로 부실기업이 되었기 때문이다. 이미 1969년 5월, 83개 업체 중 45%가 부실기업체로 분류되었다. 이런 상황에서 전국경제인연합회(전경련)는 박정희에게 사채를 동결시켜 달라는 요청을 하였다. 당시 기업들이 쓰는 돈의 30%가 사채였는데, 금리가 연 30% 이상이었다. 1970년대 들어 국내경제가 불황으로 접어들자, 미국이 경제 침체에서 벗어나려고 10%의 수입부가세를 만들어 한국을 비롯한 개발도상국들의 수출에 큰 타격을 주었다. 그 여파로 기업부도가 급증했다. 물가가 뛰고 경제성장률은 1969년 13.8%, 1970년 7.6%, 1971년 8.8%, 1972년 5.7%로 떨어졌다. 사정이 그러한 바 기업들과 운명을 같이하기로 한 박정희 정권은 그 요청을 받아들였다. 사채를 동결하는, 즉 빌린 돈을 떼어먹어도 되는 반자본주의적 조치가 취해졌다.

1972년 8월 3일에 발표된 "8·3 긴급경제조치"의 주요 내용은 8월 9일까지 신고된 기업보유 사채는 앞으로 3년간 갚지 않고 그 후 5년간 월리 1.35%(연리 16.2%)로 분할 상환토록 하며, 정부가 2천억 원을 마련해 기업이 은행에서 빌린 단기 고리의 대출금 중 30%를 연리 8%, 3년 거치, 5년 분할 상환으로 대환해 준다는 것 등이었다.¹⁸

---

17 임영태, 정진화, 박현희 공저, 『거꾸로 읽는 한국 현대사』, 184, 185.
18 강준만, 『한국 현대사 산책, 1970년대편 1권, 평화시장에서 궁정동까지』, 217, 218.
'8·3 긴급경제조치'로 인하여 8월 3일부터 신고된 기업의 사채는 40,677건에 3,456억 원으로 전체 통화량에 약 80%에 이르는 돈이었다. 이로 인해 1972년 7월부터 1973년 6월 당시 박정희 정권이 장기적으로 중소기업의 육성 없이 단기간 동안 중화학 공업을 위주로 한 친재벌정책의 실패를 보여주는 대목이다. 이로 인해 서민경제는 더욱 악화되었으며 박정희는 이를 국가 비상사태로 호도하며 유신을 단행하도록 하였다.

네 번째, 7대 대통령 선거에서 김대중 후보가 예상보다 훨씬 높은 43.6%의 지지율로 박정희 후보를 근소한 차로 추격했기 때문이다. 이에 충격을 받은 박정희는 1969년 두 번에 걸친 대통령 임기가 끝나자 야당과 국민 그리고 일부 여당 국회의원들의 반대에도 무릎 쓰고 3선 개헌을 단행하였다.

다음으로 유신의 외적인 배경에 대하여 살펴보기로 하자.

한국전쟁을 통하여 정착되었던 동북아의 냉전구도가 사라지면서 동서 갈등이 화해의 무드로 변화되었기 때문이다. 베트남전 개입에 따른 후유증으로 경제적인 어려움에 직면해 있던 미국은 "닉슨독트린"(1969. 7. 25)을 통해 한반도 방위에 대한 부담을 줄이고 군비경쟁을 완화하고자 하는 데탕트 정책을 천명했다. 그에 따라 동북아시아에서 중국과 미국, 중국과 일본 간의 관계 개선이 추진되었고, 한반도의 긴장완화도 강구되었다.[19]

이 같은 정세변화에 맞추어 북쪽의 최고인민회의는 김일성 체제를 강화하는 한편, 미군 철수, 남북군 10만 이하로의 감군, 남북 총

까지 수출실적은 전년도 대비 75.6%, 1973년 상반기는 전년 동기보다 91%의 높은 증가율을 기록했다. 1973년 상반기 경상수지는 전년 동기의 적자에서 1억 2천 4백만 달러의 흑자로 반전되었다. 그러나 이로 인해 서민경제는 완전히 무너졌다고 할 수 있는데, 신고 건수 기준 90%에 이르는 소액(건당 300만 원 미만) 사채업자들에게는 큰 피해를 주었다. 당시 서민들 주에서는 자그마한 돈을 가지고 사채를 하던 사람들이 왕왕 있었는데 이로 인해 이들의 삶은 완전 피폐해졌으며, 또 심지어는 자살하는 사람들도 속출하였다. 그리고 큰 부작용 중의 하나로는 위장사채들이 있었다. 당시 사채 신고액 중 약 3분의 1이 소위 위장사채로 가기 기업에 스스로 사채놀이를 하여 기업은 적자로 만들고 기업가만 살찌는 식의 사채도 있었다. 결국 박정희의 민족경제는 말살하고 재벌들의 살만 찌우는 친재벌정책의 단면을 보여주는 정책이다.

19 정해주, 『유신헌법반대운동』, 26.

선거에 의한 통일중앙정부 수립, 남북에서의 정치활동의 자유보장, 과도적 조치로서의 연방제 실시 등을 내용으로 하는 "조국통일을 위한 8항목 구국방안"을 제안했다.(1972. 4. 12)

이 같은 국제정세의 변화에 따라 박정희 정권은 대한적십자사를 통해 "남북이산가족 찾기 운동"을 협의하기 위한 남북적십자회담을 제안했고(1971. 8. 12) 김일성이 이에 응했다. 판문점에 상설 연락사무소가 설치되고 직통전화가 개통되었으며 적십자 예비회담이 몇 차례 개최되었다. 남북요인의 비밀 왕래가 있은 후 마침내 "7.4 남북공동성명"이 서울과 평양에서 동시에 발표되었다.[20]

이러한 국내외의 상황에서 박정희는 정권을 견고히 하고 자신의 영구집권을 강화하기 위해 전례 없이 대통령의 권한이 강화된 헌법을 만들어냈다.

(2) 유신반대 투쟁

유신체제에 대한 저항은 처음 유신헌법의 서슬에 잠시 소강상태를 보였으나 곧 거세게 일어났다. 학생들은 시국선언문을 발표한 뒤 시위에 나섰으며, 한국 언론기자협회는 언론 자유를 수호할 것을 결의하였다. 또 함석헌, 장준하, 천관우 계훈제 등 각계의 민주인사들은 개헌청원운동본부를 발족하여 100만인 서명운동에 돌입하였다.[21] 이에 박정희는 헌법 53조를 바탕으로 국가 비상사태시 대통령의 판단 하에 국민의 기본권을 제한하는 내용을 골자로 하는 긴급조치권[22]

---

20 강만길, 『고쳐 쓴 한국 현대사』, 304, 305.
21 임영태, 정진화, 박현희 공저, 『거꾸로 읽는 한국 현대사』, 188.
22 긴급조치권은 1974년 1월부터 1979년 10월 26일까지 발동되었다. 이 긴급조치는 국가의 안전 보장이나 공공의 안녕질서가 중대한 위협을 받거나 재정적·경제적 위기에 처했을 때 대통령이 국정 전반에 걸쳐서 내리던 특별한 조치를 말하며, 이에 의하여 국민의 자유나 권리의 일부를 제한하거나 정부, 국회, 법원의 활동을 제한할 수 있다. 1호에서 9호까지 긴급조치의 핵심내용은 유신헌법에 대한 부정, 반대, 왜곡, 비방금지, 헌법 개정에 대한 주장, 발의, 제안, 청원금지, 유언비어의 금지, 이러한 금지행위에 대한 보도금지, 그

을 발동하였다.

> 참고 7. 헌법 제53조
> ① 대통령은 천재·지변 또는 중대한 재정·경제상의 위기에 처하거나, 국가의 안전보장 또는 공공의 안녕질서가 중대한 위협을 받거나 받을 우려가 있어, 신속한 조치를 할 필요가 있다고 판단할 때에는 내정·외교·국방·경제·재정·사법 등 국정전반에 걸쳐 필요한 긴급조치를 할 수 있다.
> ② 대통령은 제1항의 경우에 필요하다고 인정할 때에는 이 헌법에 규정되어 있는 국민의 자유와 권리를 잠정적으로 정지하는 긴급조치를 할 수 있고, 정부나 법원의 권한에 관하여 긴급조치를 할 수 있다.
> ③ 제1항과 제2항의 긴급조치를 한 때에는 대통령은 지체 없이 국회에 통고하여야 한다.
> ④ 제1항과 제2항의 긴급조치는 사법적 심사의 대상이 되지 아니한다.
> ⑤ 긴급조치의 원인이 소멸한 때에는 대통령은 지체 없이 이를 해제하여야 한다.
> ⑥ 국회는 재적의원 과반수의 찬성으로 긴급조치의 해제를 대통령에게 건의할 수 있으며, 대통령은 특별한 사유가 없는 한 이에 응하여야 한다.

헌법 53조에도 나와 있듯이 대통령은 국가 안전에 큰 지장이 생길 경우 긴급조치를 행할 수 있으며 이는 사법적 심판이 되지 않는다. 그리고 이는 충분히 위헌의 요지가 다분한 법이다. 그럼에도 정부 여당은 자신의 권력 연장을 위해 위헌요소가 다분한 긴급조치를 충분히 이용하였다. 헌법 53조 4항과 5항에 보면 우선 "긴급조치의 원인이 소멸될 때에는 대통령은 지체 없이 이를 해제하여야 한다"고 되어 있지만 박정희는 긴급조치를 해제하였다가 또 다른 명목으로

리고 위반자에 대해서는 영장 없이 체포 및 최고 사형에 처할 수 있었다.

긴급조치를 발동하는 수법을 썼다. 그리고 5항에 국회의원 과반수의 찬성으로 긴급조치를 해제할 수 있다고 하였지만 대통령이 국회의원 3/1을 임명하는 상황에서 대통령의 뜻을 반대하여 국회의원 과반수가 동의하는 긴급조치 해제는 결코 일어날 수 없는 상황이었으며 또한 실제적으로도 야당의원들이 발의하였지만 여당의원들의 반대로 긴급조치는 결코 해제되지 아니하였다. 이러한 극단적인 유신통치 하에서 민중들은 박정희의 독재에 항거하며 민주화를 갈망하고 있었다.

한편 박정희는 대학생들의 유신헌법 반대 투쟁을 잠재우기 위해 이들을 간첩으로 모는 사건들을 조작하기도 하였다. 1972년 12월 전남대학교에서 유신체제를 비판하는 지하유인물 "함성"지를 뿌렸다는 이유로 관련 인물을 기소하였으며("함성"지 사건), 1973년 5월에는 북의 지령을 받은 간첩단(일명 NH회)이 학원에 침투하여 정부를 비방하는 유인물 "민우"를 제작하여 뿌렸다는 사건으로 고려대 학생들을 구속했다("민우"지 사건). 같은 해 10월에는 고려대 학생 "지하서클 검은 10월단"이 지하유인물 "야생화"를 뿌렸다는 혐의로 제철 등 7명을 구속했다("야생화"사건).[23]

이렇게 박정희 정권은 유신체제를 지탱하기 위해 상당수의 대학생들이나 지식인들을 반국가적인 인물이나 단체, 혹은 간첩으로 몰아갔으며 이로 인해 상당수의 대학생들이나 지식인들이 감옥으로 직행했다.

그러던 중에 김대중 납치 사건이 발생하였다. 1973년 8월 8일 탄압을 피해 일본에서 망명투쟁을 전개하고 있던 전 신민당 대통령 후보 김대중이 중앙정보부 요원에 의해 강제 납치당하는 사건이 발생하였다. 그러나 현해탄에 수장당할 위기에 있었던 김대중 납치 사건은 미국의 개입으로 인해 미수에 그쳤다. 이로 인해 박정희는 일본

---

[23] 서중석, 『사진과 그림으로 보는 한국 현대사』 (서울: 역사문제연구소, 2005), 245.

에 사과는 물론 배상까지 약속했었다. 그리고 이 김대중 납치 사건은 각계각층으로부터 엄청난 파장을 불러일으키며 거센 반발과 저항에 부딪혔다. 1973년 10월 2일 김대중 납치 사건의 진상을 요구하는 서울대학교 문리대 학생회의 시위에 이어 수많은 대학들이 동맹휴학, 시험거부 등의 형태로 12월 초까지 광범위하게 계속되었다. 11월부터는 사회 각계 인사들의 시국선언이 나왔다. 11월 5일 함석헌, 김재준, 김지하 시인 등 15명의 지식인에 의한 시국선언이 나왔다. 장준하는 혼자 크리스마스 이브를 기해 "유신헌법의 민주적 개정을 위한 100만인 서명운동"에 돌입, 불과 열흘 만에 무려 40만 명의 서명을 받았다.[24] 이 서명운동에는 김수환, 함석헌, 천관우, 장준하, 김동길, 계훈제, 백기완, 법정, 김재준, 박두진, 이호철, 백낙준, 김윤수, 김찬국, 안병무, 홍남순 등 각계 인사 30명이 발기인이 된 개헌 청원 100만인 서명운동으로 각계의 뜨거운 지지 속에 시행되었다. 그날 민주 인사들은 서울 YMCA회관에서 모임을 갖고 "개헌청원운동본부"를 발족하고, 백만인 서명운동을 시작한다고 선포했는데, 성명서는 그간 이 일을 주도해 온 장준하가 낭독하였다.

> "오늘의 모든 사태는 궁극적으로 민주주의를 완전히 회복하는 문제로 귀착된다. 경제의 파탄, 민심의 혼란, 남북 긴장의 재현이란 상황에서 학원과 교회, 언론계와 가두에서 울부짖는 자유화의 요구 등 모든 것을 종합하면 오늘의 헌법하에서는 살 수가 없다는 것으로 요약된다."[25]

이 100만인 서명 운동은 서명 열흘 만에 30만 명이 서명에 참여할 정도로 국민의 호응이 높았다.

박정희는 시위를 막기 위해 긴급조치를 발동하였으나 유신헌법

---

24 김형수, 『문익환 평전』 (서울: 실천문학사, 2004), 420.
25 강준만, 『한국 현대사 산책, 1970년대편 2권, 평화시장에서 궁정동까지』 (서울: 인물과 사상사, 2002), 121.

반대 투쟁은 끊이지 않았다. 그래서 결국 박정희는 유신헌법의 찬부를 묻는 또 하나의 국민투표를 실시하여 79.8%의 투표율에 73.1%의 지지를 얻게 되었다.

1973년 2학기 방학을 맞이하여 학생들은 반독재투쟁을 위한 역량을 키워나가는 데 총력을 기울이며 연대투쟁을 준비하기 시작하였다. 그리하여 1974년 3월, 봄학기가 시작되자 3월 21일 경북대학생들을 시작으로 반독재 투쟁은 한층 가열되었다. 3월 28일 서강대학교, 4월 1일에는 연세대학교에서 시위가 벌어졌다. 4월 3일 이화여대생 4,000여 명은 대강당에서 "전국민주청년학생총연맹" 명의의 "민중·민족·민주선언"을 발표하고 시위를 기도하였으나 좌절되고 말았다.

이 전국 민주청년학생총연맹 명의의 "민중·민족·민주선언"은 그 결의사항으로 ① 부패, 특권, 족벌의 치부를 위한 경제정책을 시정하고 부정부패, 특권의 원흉을 처단할 것, ② 서민들의 세금을 대폭 감면하고 근로대중의 최저생활을 보장할 것, ③ 노동악법을 철폐하고 노동운동의 자유를 보장할 것, ④ 유신체제를 폐지하고 구속된 애국인사를 석방하여 참된 민주주의체제를 확립할 것, ⑤ 모든 정보·폭압정치의 원천인 중앙정보부를 해체할 것, ⑥ 반민족적 대외의존경제를 청산하고 자립경제체제를 확립할 것 등 당면한 민주회복과 민중 생존권 보장에 관련된 6개항을 채택, 주장하였다.[26]

이 당시 학생들의 요구는 유신헌법 폐지에 초점이 맞추어져 있으며 노동법 개정 및 근로자들의 최저생계비 보장 등을 요구하였다. 당시 박정희 정권이 얼마나 재벌들을 비호하고 최저생계비에도 못 미치는 근로자 임금을 지불했는지 알 수 있는 부분이다. 이 같은 학생들의 노력에 박정희 정권은 색깔론으로 화답하며 학생들을 불순 불온분자라고 몰아붙이며 긴급조치 4호를 발동하여 집회

---

[26] 박세길, 『다시 쓰는 한국 현대사 2』, 272.

및 시위를 금지하고 이를 어길 시 학교는 폐교 조치를 취할 수 있도록 하였다. 그리고 이어서 "민청학련" 사건을 날조하여 전 세계의 조롱거리가 되었다.

2) 한국 교회의 유신헌법 반대투쟁

(1) 유신헌법과 한국 교회의 대응

유신헌법은 박정희의 실정을 호도하고 자신의 영구집권을 가능하게 하기 위한 수단으로서 사용되었다. 박정희는 대통령에 당선된 지 1년 6개월 만인 1972년 10월 17일 오후 7시 "대통령 특별선언"이라는 것을 발표하여 국회해산, 정당 및 정치활동의 중지 등 현행헌법의 일부 기능을 정지시키고 전국일원에 비상계엄령을 선포하는 폭거를 단행하였다. 겉으로는 "한국적 민주주의의 토착화"를 위해 잠시 헌법 일부의 기능을 정지시키는 것이라지만, 실제로는 장기집권의 틀을 만들자는 데 있었던 것이다.

사법부는 권력의 시녀로 전락하고 입법부의 기능도 마비되었다. 오직 행정부의 기능만 살아있을 뿐이었다. 박정희는 모든 집회 및 시위를 금지하고, 방송 출판의 사전 검열 그리고 대학에 휴교령을 내렸다. 그리고 대통령 직선제를 폐지하고 통일주체국민회의를 조직하여 이 통일주체국민회의가 대통령을 선출하도록 하는 대통령 간선제로 전환하였다. 유신정우회를 신설하여 대통령이 국회의원의 3분의 1을 임명케 함으로써 의회를 대통령 통제 하에 두었다. 나아가 국민에 대한 각종 감시와 통제 기제를 강화하였다.[27]

특별선언이 발표되고 열흘 뒤인 10월 27일 비상국무회의가 소집되어 국회 대신 새로운 헌법개정안을 의결하였다. 대통령 종신제를 기조로 하는 이 헌법개정안은 11월 21일 공포 분위기 속에서 실시된

---

[27] 민주화운동기념사업회연구소 엮음, 『한국민주화 운동사 2-유신체제기』, 19.

국민투표에서 91.9%의 투표율과 91.5%의 찬성으로 통과되었다.[28] 공개적으로 부정투표가 자행되었으며 공무원들은 투표한 내용이 보이도록 종이를 접어 투표함에 넣었다. 심지어 부재자 투표를 하는 군부대에서는 유신헌법에 반대하는 사병들은 투표를 하지 못하도록 중대장이 방해하였다.

이렇게 유신헌법이 통과되자 1971년 대통령 선거가 있은지 일 년 만에 새로운 유신헌법에 따라 1972년 12월 23일 장충체육관에서 통일주체국민회의가 열려 박정희를 제8대 대통령으로 선출하였다. 1971년 대선 때 김대중 후보는 "만일 박정희가 대통령에 되면 박정희는 영구집권을 위한 총통제를 할 것이다"고 말하였는데, 이제 그 말이 현실이 된 것이다. 이후 대통령 직선제가 이루어질 때까지 무려 15년간이나 체육관 선거가 실시되었다. 박정희는 물론 전두환도 체육관에서 대통령에 선출되었다.

서울시내에는 또다시 군대가 진주했지만, 1973년 4월에는 종교단체의 학생 실무자에 의해 민주회복, 언론자유 요구가 제기된 바 있었고, 수많은 지식인과 학생들이 유신체제에 항거하다가 줄줄이 감옥에 갔다.

유신체제에 대한 저항은 처음 유신헌법이 발의될 때에는 그 서슬에 잠시 소강상태를 보였으나 곧 거세게 일어났다. 학생들은 시국선언문을 발표한 뒤 시위에 나섰으며, 한국 언론기자협회는 언론 자유를 수호할 것을 결의하였다. 또 함석헌, 장준하, 천관우, 계훈제 등 각계의 민주인사들은 개헌청원운동본부를 발족하여 100만인 서명운동에 돌입하였다. 서명 열흘 만에 30만 명이 서명에 참여할 정도로 국민의 호응이 높았다.[29] 이에 박정희는 헌법 53조를 바탕으로 국가 비상사태시 대통령의 판단 하에 국민의 기본권을 제한하는 내용

---

[28] 임영태, 정진화, 박현희 공저, 『거꾸로 읽는 한국 현대사』, 184.
[29] 임영태, 정진화, 박현희 공저, 『거꾸로 읽는 한국 현대사』, 188.

을 골자로 하는 긴급조치권을 발동하였다.

　이 긴급조치는 사법심사의 대상이 되지 않았고, 국회는 재적의원 과반수의 찬성을 얻어 긴급조치 해제를 대통령에게 건의할 수는 있지만, 대통령이 그 건의를 수용할 의무는 없었다. 따라서 대통령은 자신이 원하면 언제든지 국민의 자유와 권리를 제약할 수 있었다.[30]

　이렇게 박정희는 긴급조치권을 발동하여 대학생 및 지식인들의 유신헌법 반대 투쟁을 잠재우기 위해 이들을 간첩으로 모는 사건들을 조작하여 상당수의 대학생들이나 지식인들이 감옥으로 직행했다. 1972년 12월 전남대에서 유신체제를 비판하는 지하유인물 "함성"지를 뿌렸다는 이유로 관련인물을 기소하였으며("함성"지 사건), 1973년 5월에는 북의 지령을 받은 간첩단(일명 NH회)이 학원에 침투하여 정부를 비방하는 유인물 "민우"를 제작하여 뿌렸다는 사건으로 고려대 학생들을 구속했다("민우"지 사건). 같은 해 10월에는 고려대 "지하서클 검은 10월단"이 지하유인물 "야생화"를 뿌렸다는 혐의로 제철 등 7명을 구속했다("야생화"사건).[31]

　이 유신 반대투쟁은 1973년 8월 8일에 벌어진 김대중 납치 사건으로 새로운 국면에 들어서게 되었다. 당시 김대중은 탄압을 피해 일본에서 망명투쟁을 전개하고 있었는데, 이런 김대중이 일본 도쿄 팔레스호텔에서 중앙정보부 요원들에게 납치된 것은 1973년 8월 8일 낮이었다. 행방불명이 되었던 그는 납치 129시간 만인 8월 13일 밤 10시 20분경 서울 동교동 자택 앞에 내던져졌다.[32] 당시 현해탄에 수장당할 위기에 있었던 김대중 납치 사건은 미국의 개입으로 인해 미수에 그쳤다. 이로 인해 박정희는 일본에 사과는 물론 배상까지 약속했었다. 그리고 이 김대중 납치 사건은 각계각층으로부터 엄청난 파장을 불러일으키며 거센 반발과 저항에 부딪혔다. 1973년 10

---

30 정해주, 『유신헌법반대운동』, 35.
31 서중석, 『사진과 그림으로 보는 한국 현대사』 (서울: 역사문제연구소, 2005), 245.
32 정해주, 『유신헌법반대운동』, 42, 43.

월 2일 김대중 납치 사건의 진상을 요구하는 서울대학교 문리대 학생회의 시위에 이어 수많은 대학들이 동맹휴학, 시험거부 등의 형태로 12월 초까지 광범위하게 계속되었다. 11월부터는 사회 각계 인사들의 시국선언이 나왔다. 11월 5일 함석헌, 김재준, 김지하 시인 등 15명의 지식인에 의한 시국선언이 나왔다. 장준하는 혼자 크리스마스이브를 기해 "유신헌법의 민주적 개정을 위한 100만인 서명운동"에 돌입, 불과 열흘 만에 무려 40만 명의 서명을 받았다.[33] 이 서명운동에는 김수환, 함석헌, 천관우, 장준하, 김동길, 계훈제, 백기완, 법정, 김재준, 박두진, 이호철, 백낙준, 김윤수, 김찬국, 안병무, 홍남순 등 각계 인사 30명이 발기인이 된 개헌 청원 100만인 서명운동으로 각계의 뜨거운 지지 속에 시행되었다.

학생과 재야를 중심으로 하여 유신반대 투쟁이 벌어지는 동안 한국 교회도 유신반대 투쟁에 돌입하였다. 이는 1970년대 들어 한국 교회가 사회참여에 대하여 진지한 고민을 하는 가운데 생겨난 하나의 산물이었다고 할 수 있다.

진보주의 교회에서는 적극적인 사회참여를 주장하였다. 그들은 고난당하는 예수라는 주제로 한국 교회의 사회참여를 당연시하였다. 그 일환으로 진보주의 교회는 유신체제 반대운동에 적극적으로 동참했던 것이다. 유신체제와 교회의 최초의 갈등은 1972년 12월 13일 한국기독교장로회 전주 남문교회 은명기 목사의 구속으로 나타났다. 1972년 11월경 "남문교회에서 은명기 목사를 준비 위원장으로 유신헌법 반대집회를 갖는다"는 내용의 편지가 돌면서 발단이 된 이 사건은 12월 13일 신도들과 함께 철야기도회를 인도하던 은 목사를 포고령 위반으로 연행, 구속시킴으로써 유신 이후 최초의 성직자 구속사건으로 발전하였다. 이에 한국기독교장로회 교단은 즉시 진상조사에 나서는 한편 1973년 1월 26일 목사의 구속을 교회탄

---

[33] 김형수, 『문익환 평전』 (서울: 실천문학사, 2004), 420.

압이라고 주장하면서 석방을 호소하는 '진정서'를 대통령에게 제출하였다.[34]

결국 은 목사는 징역 8년을 구형받았으나 1973년 11월 14일 집행유예 2년으로 풀려났다. 은 목사의 사건에 이어 1973년 4월 22일에 일어난 남산 부활절 사건이 일어났고, 이 사건과 관련하여 1973년 8월 7일 한국기독교장로회에서는 "신앙사회 선언"을 채택하였다. 이렇게 교회의 유신반대 투쟁은 본격화되었다.

박 정권은 민주화 운동이 범국민적인 개헌 청원 서명운동으로 번지자 "대통령 긴급조치 제1, 2호"를 발표하여 이를 제지하려 하였고, 이 조치에 대하여 한국기독교회 소장 목사들이 도전하여 1974년 1월 17일 구속되었다.[35] 징역 10-15년형을 선고받은 이 사건을 기회로 정부는 교회에 대한 탄압을 본격화하였다. 그럼에도 한국 교회는 이에 굴하지 않고 박정희 정권의 실책과 유신헌법을 폐지하는 내용을 골자로 하는 한국의 민주화를 요구하는 행동을 계속하여 진행하였다.

(2) 남산부활절 예배 사건

1973년 4월에 발생한 남산부활절 예배사건은 교회가 유신반대 투쟁의 일환으로 진행한 대표적인 사건으로 국내외적으로 한국 교회의 인권을 위한 투쟁을 알리는 계기가 되었으며, 유신체제하에서 처음으로 기독교인이 구속된 사건이다. 이 사건은 1973년 4월 15일 부활주일 새벽 5시에 17년 만에 보수주의 교회와 진보주의 교회가 연합하여 함께 예배를 드린 데서 시작되었다. 이때 몇몇 전도사와 청년들은 유신정부를 비판하고 민주회복과 언론자유의 회복을 주장하는 내용이 담긴 "주여 어리석은 왕을 불쌍히 여기소

---

[34] 김명배, 『한국기독교 사회운동사: 민주화와 인권운동을 중심으로 1960-1987』, 128.
[35] 조성수, "한국에서의 교회와 국가와의 관계에 관한 연구," 312.

서. 선혈의 피로 지킨 조국 독재국가 웬 말이냐. 서글픈 부활절 통곡하는 민주주의, 회개하라 때가 가까이 왔느니라. 주님의 날이여 어서 옵소서! 73년 부활주일 새벽에"라는 문구의 전단지 2,000여 매를 제작하여 배포했다.[36]

배포 후 참여했던 사람들은 자신들의 행동을 실패한 투쟁으로 생각하고 자신들의 일에 몰두했다. 그러나 이를 빌미로 6월 29일 박형규 목사와 권오경 전도사, 30일에는 김동완 전도사가 그리고 7월 1일에는 사건관련자 전원이 수도경비사령부에 연행되었다.[37] 당시 연행된 사람들은 대부분 수도권 특수위원회 실무자와 한국기독교학생회총연맹(KSCF) 소속의 학생들이었다.

이렇듯 남산부활절 연합예배사건은 당사자의 주체적 의지에 의해 공세적으로 이루어진 것이 아니라 당국에 의해서 만들어지게 되었다. 과장되고 왜곡된 사건의 내용 발표는 1972년 유신체제 출범이후 신중한 자세를 취하고 있던 교회로 하여금 행동하지 않을 수 없게 하였다. 그리고 교회의 행동은 위장된 평화를 유지하고 있던 유신체제의 허구를 벗기고 그 본질을 폭로하는 힘으로 작용하기 시작하였다. 그리고 보수교회를 제외한 모든 교회가 초교파적으로 정부에 대응하였으며 해외 기독교인들의 참여로 전 세계의 관심을 집중시켰다.

우선 그해 7월 19일 한국 교회 여성연합회와 여신도회 전국연합회가 대통령, 국무총리, 법무부 장관에게 탄원서를 제출하고 구속자를 돕는 운동을 폈으며,「기독교 사상」과「제3의 길」이라는 두 잡지사가 탄원서를 제출하였다. 8월 1일에는 한경직, 백낙준, 김관석 목사와 김옥길 박사 등 교회 지도자들이 국무총리실을 항의 방문하였으며 8월 19일에는 새문안교회에서 대학생들을 중심으로 "박형규 목사를 위한 철야기도회"를 열어 정부의 구속자 석방을 촉구하였다.[38]

---

[36] 한국기독교교회협의회 인권위원회,『1970년대 민주화 운동 I』(서울: 동광출판사, 1987), 256.
[37] 김명배,『한국기독교 사회운동사: 민주화와 인권 운동을 중심으로 1960-1987』, 129.
[38] 한국기독교교회협의회 인권위원회,『1970년대 민주화 운동 I』, 272.

그리고 이튿날 8월 20일 예수교장로회, 감리교 등 6개 교단과 가톨릭, 외국선교사까지 포함하여 "박형규 목사사건 성직자 대책위원회"를 결성하였다. 결국 1973년 9월 27일 정부는 박형규 목사를 보석으로 석방하였다.[39]

이 남산부활절 사건은 박정희의 정치체제를 정비한 직후에 발생한 것으로 최초의 유신반대 운동으로 평가될 수 있다. 또한 이 사건은 목회자들이 대거 운동에 참여하여 1973년 후반 기독교의 민주화 운동을 심화시키는 계기가 되었으며, 한국 교회로 하여금 인권에 관심을 갖게 하는 계기가 되게 하였다.

그래서 그 일환으로 동년 10월 2일 서울대학교 문리대에서 반유신 학생시위가 일어났는데 그 주모자들은 한국기독학생회총연맹에 소속된 기독학생들이었다. 연속해서 11월 5일 천관우, 장준하, 함석헌, 김재준이 중심이 되어 YMCA에서 "민주시국선언"을 했으며, 12월 24일에는 함석헌, 장준하, 천관우, 김동길, 계훈제, 백기완 등 각계 지식인들이 "개헌청원운동본부"를 발족하고 범사회적으로 "개헌청원 100만인 서명운동"을 시작하였다. 이로 인해 유신체제에 대한 저항과 비판이 더욱 격렬해지자 1974년 1월 8일 긴급조치 1호와 2호를 선포하고 서명 운동을 철저히 봉쇄하였다.[40] 그런데 서명운동을 하던 도중 "민주원로회" 사무국장으로 선임된 장준하가 의문의 죽음을 당하였다. 그럼에도 교회는 지속적으로 개헌운동을 시행하였다. 또한 교회는 박정희 정권 통치 하에 많은 인사들이 의문사를 당하거나 구속되는 등 대한민국이 인권의 사각지대에 놓여있는 사실을 알게 되고 인권문제에 대하여 깊은 관심을 가지게 되었다.

그래서 교회는 현재 한국에서 인권이 어떤 상황에 있으며, 구체적으로 어떻게 침해당하고 있는지 알기 위하여 "인권문제협의회 준비

---

[39] 민주화운동기념사업회, 『한국 민주화 운동사 2-유신체제기』, 99.
[40] 김형민, "유신체제 하에서의 인권의식 형성에 미친 기독교의 영향," 「한국개신교가 한국 근현대의 사회문화적 변동에 끼친 영향 연구」, 181.

위원회"를 개최하였다. 그 일환으로 한국기독교교회협의회(NCCK)는 1973년 11월 23일과 24일 양일에 걸쳐 "신앙과 인권"이라는 주제로 협의회를 개최하여 "한국 사회 속에서 한국 교회의 사명이 인권확립에 있음"을 천명한 인권선언을 발표하였다.[41]

이 인권선언문에는 인권을 "하나님이 주신 지상의 가치"로 여기고 인권의 침해가 없는 세상을 만들어 가는 것이 하나님의 역사로 규정하고 있다. 더욱이 이 선언문에는 현재의 상태를 인권이 짓밟히는 상태로 규정하고 인권에 대한 관심을 촉구하고 있다는 점에서 한국 교회의 인권에 대한 관심을 온 국민에게 보여주고 있다는 점에서 의의가 있다고 할 수 있다. 이후 교회는 국민과 노동자들의 인권에 깊은 관심을 기울이며 함께 민중과 함께 하는 교회를 표방하고 있다.

한편 남산부활절 사건으로 인하여 한국 교회는 해외 기독교인의 참여와 세계적인 주목을 받게 되었다. 해외에 나가 있는 교인들이 서신으로 한국 교회를 격려하고 성금도 함께 보내주었다. 한편 세계교회협의회(WCC), 독일교회, 동아시아기독교협의회(EACC), 파키스탄 기독교산업봉사회, 일본교회협의회로부터 격려문이 도착하였고, 미국교회협의회로부터는 박정희 대통령에게 서한이 도착하였다.[42] 이러한 각국의 기독교계의 노력으로 박정희 정권은 큰 부담을 느껴 결국은 구속자들을 형집행정지 내지는 집행유예로 슬그머니 풀어주었다.

---

[41] 김명배, 『한국기독교 사회운동사: 민주화와 인권 운동을 중심으로 1960-1987』, 133.
[42] 조성수, "한국에서의 교회와 국가와의 관계에 관한 연구," 298.
"박정희 대통령 각하, 한국과의 역사적인 유대를 잊지 않는 미국교회협의회 전 기독교계에서는 박형규 목사와 그의 동료들의 구속사건에 대한 보도를 듣고 깊은 관심을 표하는 바입니다. 그들의 기독교적인 신앙과 기독교적인 목적이 그와 같은 슬픈 오해를 초래하여 구속에까지 이르게 되었다고 우리는 믿고 있습니다. 각하의 신중한 상황파악을 호소하며 즉각적인 구제조치를 취해 주시면 감사하겠습니다."

(3) 민청학련과 인혁당 사건

교회의 유신반대 투쟁과 남산 부활절 사건으로 궁지에 몰린 박정희 정권은 학생운동을 탄압하고 교회의 민주화 요구를 불식시킬 국면전환용 카드로 민청학련 사건을 이용하였다. 이 민청학련 사건은 학생과 재야 그리고 교회의 대표적인 인사들을 북한의 사주에 의한 정부 내란 음모로 몰아가기 위하여 조작된 사건이었다.

1973년 말 대규모 유신반대시위의 전국적 확산을 경험한 학생들은 1974년 새 학기에 들어서자 조직적이고 적극적인 반유신투쟁을 전개할 필요성을 느끼고 교류를 하였다. 학생들은 서중석과 나병식을 중심으로 기독교, 가톨릭 등의 종교운동 역량들과 사회민주운동가들과 연대하기 위해 전국 주요대학의 조직을 지니고 있는 전국민주청년학생총연맹(KSCF) 등과 긴밀히 협력하면서 윤보선을 비롯한 재야인사들과 지식인들과도 유대 관계를 가지면서 저항에 참여하였다.

투쟁의 이슈는 "유신헌법 철폐, 새로운 민주헌법 제정"을 핵심으로 해서, 노동 3권 보장, 농민생존권 보장 등 당시 석유 파동 이후 경제적 위기와 민중의 삶의 파탄을 구하는 내용을 담고, 제국주의에 종속·지배당하고 있는 민족의 자주적 요구를 결합시키기로 하였다. 당시 학생운동의 당면과제는 유신파쇼폭압체제를 철폐하고 새로운 민주체제를 건설하는 것이었다.[43]

1974년 2월 하순 전국 대학 간의 역할이 거의 완료되자, 3월 7일 유인태의 집에서 서중석, 유인태, 이철, 나병식, 정문화 등 5명이 모여 현장 지휘와 연락을 분담하였다. 그리고 3월 중순부터는 이근성이 합류하였다. 이 투쟁조직체에 이름을 붙이면 박정희 정권이 반국가단체로 몰아갈 것이므로 이름을 짓지 않기로 하였고, 화염병 등을

---

[43] 정윤광, "반유신투쟁의 전개과정," 「실록 민청학련 2, 4권 2호」(민주화운동기념사업회, 2004), 59.

사용하면 폭동죄를 뒤집어씌울 것이 자명하였으므로 자제하기로 하였다. 1974년 3월 말에서 4월 초 사이에 대규모 시위를 일으키는 데 대부분이 동의하면서, 최초의 선도 투쟁을 3월 11일 한신대에서 하기로 하였다. 사전 계획에 따라 시도된 한신대에서의 투쟁은 성공하지 못하였지만, 경북대에서는 투쟁이 전개되었다.[44]

1974년 4월 3일 10시 전국의 수많은 대학에서 유신헌법 철폐를 위한 집회 시위가 개최되었다. 집회 시위가 어려운 곳에서는 "민중·민족·민주선언"과 "민중의 소리" 등 선전물의 배포가 이루어졌다. 3월 21일 경북대학교, 3월 28일 서강대학교, 4월 1일 연세대학교의 반유신시위에 이어서 4월 3일 전국 각지에서 동시에 터져 나온 반유신투쟁에 정부는 크게 당황하였다. 4월 3일 밤 10시 정부는 긴급조치 4호를 발동 "전국민주청년학생총연맹"에 대한 전면전을 선포하였다. 유신헌법 또는 긴급조치 4호 자체에 반대하거나, 민청학련에 소속되거나 행동하는 자뿐만 아니라 이에 관련된 자를 도와주는 자도 사형에 처한다는 긴급조치 4호를 선포했다.[45]

이 긴급조치 4호는 "전국민주청년학생총연맹"이라는 하나의 단체에 대해 대통령이 비상대권을 발동한 것이다. 학생들이 본격적인 투쟁을 개시하기 이전인 1974년 초반 이미 정보 당국은 전국민주청년학생총연맹 관계자들의 동태를 예의주시하면서 동향을 파악하고 있었던 듯하다. 3월 28일 서강대에서 시위가 일어나자마자 바로 다음 날인 29일까지 서중석 등 수십 명을 검거하였던 것이라든지, 4월 3

---

[44] 민주화운동기념사업회, 『한국민주화 운동사 2-유신체제기』, 128, 129.
[45] 긴급조치 4호의 제1항은 " 전국민주학생연맹(KSCF)과 이에 관련되는 제 단체를 조직하거나 또는 이에 가입하거나, 단체나 그 구성원의 활동을 찬양 고무 또는 이에 동조하거나, 그 구성원과 회합 또는 통신 기타 방법으로 연락하거나, 그 구성원의 잠복, 회합, 연락 그밖의 활동을 위하여 장소, 물건, 금품 기타의 편의를 제공하거나, 기타 방법으로 단체나 구성원의 활동에 직접 또는 간접으로 관여하는 일체의 행위를 금한다." 2항은 "단체나 그 구성원의 활동에 관한 문서, 도서, 음반 기타 표현물을 출판, 제작, 소지, 배포, 전시 또는 판매하는 일체의 행위를 금한다"로 되어 있다. 유인태, "내가 겪은 민청학련 사건," 「실록 민청학련 2, 4권 2호」, 10, 11.

일 전국적 투쟁을 시도한 당일 오후 긴급조치 4호를 발동하였던 것은 이미 유신정권의 일정한 대비가 있었다는 사실을 방증한다.[46]

최고 사형까지도 규정하고 있는 이 긴급조치 4호는 학생들의 수업거부와 시험거부까지도 적극적으로 규제하고 있었다. 이러한 조치를 통해 시간 여유를 확보한 박정희 정권은 4월 25일 폭력으로 국가를 전복하고 공산정권을 수립하려고 하였다는 죄목으로 다수의 기독교인들을 포함한 253명을 군법회의에 회부하여 8명이 형장의 이슬로 사라지는 소위 "민청학련사건"을 조작하였다.[47]

당시 중앙정보부장 신직수에 의하면 "민청학련은 공산계 불법단체인 인혁당 재건위 조직과 재일 조총련계 및 일본 공산당 국내좌파, 혁신계인사가 복합적으로 작용, 74년 4월 3일을 기해 현 정부를 전복하려한 불순반정부세력으로, 이들은 북괴의 통일전선 형성공작과 동일한 4단계 혁명을 통해 노동자 농민에 의한 정권수립을 목표로 했으며, 과도적 정치기구로 민족지도부의 결성을 획책했다"는 것이었다. 또한 민청학련의 배후 주동 인물로 전 인혁당 당수 도예종과 여정남 등의 불순세력, 재일조총련 비밀조직의 망원인 곽동의와 곽의, 조종을 받은 일본 공산당원인 일본인 2명, 기독학생총연맹 간부진 그리고 이철, 유인태 등 주모급 학생운동자와 언론인 유근일 등을 지목했다.[48]

이 사건은 1,024명이 수사 대상이 되었으며 그 중 253명이 군법회의에 송치되었고 학생뿐만 아니라 종교인, 문인, 언론인 및 일본인까지 포함된 초대형 사건이었다. 당시 당국이 발표한 민청학련 사건의 사상적 배경과 투쟁 목표는 다음과 같다.

전국민주청년학생총연맹의 행동총책인 이철을 비롯한 정문화, 유인태,

---

[46] 민주화운동기념사업회, 『한국민주화 운동사 2-유신체제기』, 133.
[47] 이은선, "한국 교회와 정치," 229.
[48] 정해주, 『유신헌법반대운동』, 50, 51.

김병곤, 황인성, 이근성, 나병식, 정윤광, 서중석, 안양로 등 주동자들은 정치사회 사상연구를 빙자하여 각종 공산주의 서적을 탐독하고 배후 인물로부터 수시 공산주의에 대한 교양을 받았을 뿐만 아니라, 북괴 대남방송을 꾸준히 청취함으로써 마르크스 레닌주의 사상에 물들어 그들이 염원하는 이상적인 사회를 건설하기 위하여는 우리나라의 자유민주주의 정치체제를 정면으로 부정하고 이른바 노동정권을 수립하는 길밖에 없다고 결론짓고 본격적인 폭력혁명에 의한 우리 정부 타도를 기도하였습니다.…중략

이들은 4월 3일을 기하여 일제히 봉기하여 시위를 전개한 후 이를 저지하는 경찰 등에게 미리 준비한 화염병을 투척하고 각목 등으로 대항하여 유혈사태를 유발함으로써—정부를 타도하고 정권을 인수하여, 제3단계에서는 반제·반식민지·반매판을 표방하여 노동계급과 통일전선이 형성된 여타 계급과의 이른바 민주연합정부를 수립하고, 마지막 단계에 이르러 노동자 농민에 의한 정부를 수립할 것을 목적으로 하였다.[49]

박정희는 당시 민청학련 사건의 관련자들을 처벌하고 싶었으나 반대여론을 두려워한 나머지 이들을 인혁당 사건과 연관시켰다.[50] 즉, 인혁당 관련자들이 어린 학생들로 하여금 국가를 전복할 목적으

---

[49] 유인태, "내가 겪은 민청학련 사건," 「실록 민청학련 2, 4권 2호」, 15, 16에서 발췌.
[50] 중앙정보부에 의해 조작된 이 인혁당 사건은 1964년 6. 8 운동 당시 인민혁명당 소속이라는 혐의를 받은 26명에게 반역죄를 선고한 사건이다. 중앙정보부는 대학생들의 6.3 한일회담 반대시위를 계기로 인혁당 관계자 도예종 외 41명을 체포하여 이들이 북한의 지령을 받아 학생들의 시위를 배후에 조정하고 사회전복을 노렸다고 발표하였다. 그러나 이 사건을 수사한 담당 검사들이 인혁당 관련 피고인들을 기소하는 것을 거부하자 정보부가 다른 검사들로 하여금 피고인들을 기소케 하자 담당 검사들이 사표를 제출하는 초유의 사태가 일어난 대표적인 고문 수사 사건이었다. 언론에 의해 고문 조작 사실이 터져 나오면서 이 사건은 애초의 연루자 43명중 13명만 유죄판결을 받았고, 도예종에 대한 3년형을 최고로 일단락되었다. 이창훈, "법원의 '인혁당 재건위사건 재심결정'을 바라보며," 「희망세상」, 2006년 2월호, 21.

로 시위를 주도하였다는 소위 "인혁당 재건위 사건"을 발표하였던 것이다.

긴급조치 발표 이후 군법 회의에서 다루어진 이 사건은 재판과정에서 "인혁당 재건위 사건" 관련자(21명)와 민청학련 관련자를 분리해서 진행하였다. 한두 차례의 심문, 한 차례의 구형과 최후 진술, 그리고 선고였다. 판결문은 검찰공소장과 꼭 같은 내용에 형량은 검찰구형과 같이 사형으로부터 15년 징역에 15년 자격정지의 중형이 떨어졌다. "인혁당 재건위 사건" 관련자들을 제외한 민청학련 관련자들은 이후 국방부 장관의 형확정 과정에서 사형이 무기징역으로 낮추어졌다.[51]

박정희는 인혁당 재건위 사건과 관련하여 당시 3년 형을 선고받고 석방되었던 도예종 등 23명을 다시 잡아들여 8명은 사형, 나머지는 무기징역에서 15년형까지 선고했다.

이 민청학련 사건으로 인해 1973년 이후, 활발해지는 정부 비판세력에 대한 정부의 강력한 규제조치가 내려지고 민주화 세력도 많은 타격을 입었는데, 구속된 253명 가운데 기독교계에서도 기독학생 총연맹(KSCF)에서 26명, NCCK에서 20명, 기독교 재단 대학생 17명이 구속되었다.

한국 교회는 사실상 "기독학생 총연맹"에 관련된 사람이 거의 전원 투옥되는 사태에 직면하여, "한국기독교교회협의회"의 이름으로 민청학련 사건에 대한 자체 조사에 착수하고, 정부의 발표에 항의하여 용공이 아니라고 규정하고, 이 사건과 같이 비난을 받고 있었던 도시산업선교의 문제를 놓고 광범위한 교회의 입장을 모으기 위하여 5월에 한국 교회 선교정책협의회를 개최하였다. 교계 지도자 60여명이 참석한 이 모임에서 학원선교와 산업선교는 용공적인 불법 행위가 아니고 한국 교회의 정당한 선교활동이며 전 교회적으로 이

---

[51] 정윤광, "반유신투쟁의 전개과정," 「실록 민청학련 2, 4권 2호」, 69.

들의 선교를 지지할 것과 이 사건에 대한 교회의 입장을 뚜렷이 하였다.[52]

NCCK의 노력과 더불어 기독교장로회 여전도회가 5월 11일 구속학생의 석방을 탄원하는 탄원서를 정부에 올렸고, 13일에는 대한예수교장로회(통합) 교회 소속 7개 노회장들이 모여 구속된 교역자와 학생들에 대한 선처를 요구하는 성명서를 발표하게 되었다. 또한 민청학련 사건으로 지학순 주교가 체포되면서 박정희 정권에 대한 교회의 대응은 가톨릭 교회와 연합하는 새로운 양상으로 변화되었다. 가톨릭에서는 정의구현사제단이 발족되었고, NCCK가 인권위원회를 발족시켜 인권문제에 대해 구체적이고 효과적인 행동을 할 수 있도록 하였다.

이러한 신·구교를 망라한 대책협의와 기도회가 광범위하게 확산되는 가운데, 9월 22일 에큐메니칼 현대선교협의체 중 신·구교 12개의 단체가 명동성당에서 연합기도회를 개최하고, ① 유신체제의 철폐와 민주체제 실현, ② 긴급조치의 원천적 무효와 구속인사의 석방, ③ 언론, 집회, 결사, 보도의 자유보장, ④ 노동 3권의 보장 등을 선언하게 되었고, 이후 이 기도회는 민주회복 운동에 있어 신·구교가 공동의 전선을 펴는 데에 중요한 계기가 되었다.[53]

이러한 교회의 노력에 힘입어 세계학생기독교 운동은 민청학련 사건과 관련하여 조사단 4명을 한국에 파견하여 민청학련 사건이 조작된 것과 그리고 정부 당국자들이 종교의 자유에 대하여 오해하고 있다고 밝혔다. 또한 세계의 인권문제를 다루는 국제 앰네스티(Amnesty International)는 1974년 7월 초, 본부에서 위촉한 버틀러(Buttler)를 한국에 파견하여 민청학련 사건을 비롯해 긴급조치 위반 사건들을 조사케 하고, 그해 9월 8일 정기총회에서 구속 중인 정치

---

52 김상근, "1970년대의 한국기독교 운동,"「기독교 사상」(1984년 11월호), 36, 37.
53 김상근, "1970년대의 한국기독교 운동," 37.

범의 석방을 촉구하였다. WCC 역시 1974년 8월 11-18일 베를린에서 열린 중앙위원회는 한국과 필리핀의 인권상황에 대해서 관심을 기울이면서 양국정부의 구속자 석방과 이를 위해 여러 교회들이 적절한 조치를 취해 줄 것을 촉구하는 성명서를 발표하였다.[54] 이와 같은 국제기구의 노력으로 민청학련 관련 당사자들이 고문에 의하여 공산주의자로 조작되었다는 사실이 전 세계에 알려지자 박정희 정권은 더욱 궁지에 몰리게 되고 국내외의 비판에 휘말리게 되었다.

그해 12월 '인혁당 재건위 사건이 고문에 의한 조작'임을 최초로 알린 조지 오글 목사가 강제출국을 당하였다. 그는 미국 펜실베니아 주 서부에 속한 보수적 감리교 목사로 1974년부터 노동선교에 투신하고 있었다. 1974년 10월의 월례모임에서 인혁당 재건위 사건이 정보부의 조작에 의한 것이라는 폭로를 하였다. 그해 11월 26일 뉴욕 타임즈에 "한국 정부 반체제 인사에게 간첩죄로 사형 선고함," "그 유죄판결은 신빙성 결여," "현 중앙정보부장, 10년 전에 기소치 못한 제1차 인혁당 사건을 재조작"이라는 기사가 실렸다. 이 일 후 출입국관리소는 조지 오글 목사에 대해 추방 절차를 밟기 시작했다. 오글 목사는 앞으로 대한민국의 헌법을 비판하지 않겠다고 표명해야만 한국 체류 허가를 받을 수 있다고 미국 대사관 직원으로부터 전화를 받았다. 그러나 결국 오글 목사는 강제출국조치를 당하였고, 일주일 이내 90명의 한국 교회 지도자들과 60명의 선교사들은 1975년 1월 오글 목사의 추방을 규탄하고 인혁당 피의자에 대해 민간 공개 재판을 요구했다.[55] 그리고 1975년 1월에는 신·구교 주한외국인 선교사 60명이 무죄탄원서를 제출하기도 하였다. 그러나 교회의 이러한 노력에도 불구하고 1975년 4월 8일, 인혁당 재건위 사건에 대한 법원의 상고심 결판에서 예정대로 8명에 대한 사형선고가 내려지

---

[54] 김명배, 『한국기독교 사회운동사: 민주화와 인권 운동을 중심으로 1960-1987』, 161, 162.

[55] 제임스 시노트, 『현장 증인 1975년 4월 9일』 (민주화운동기념사업회, 2004), 230-232.

고 다음날 9일 새벽 4시 55분부터 전격적으로 인혁당 재건위 사형수 8명에 대한 사형이 집행되었다.[56]

이 민청학련 사건은 지금까지 분리되어 있던 기독학생회와 일반 학생들을 하나로 묶어주어 한국 교회로 하여금 강화된 사회운동을 하도록 하는 역할을 하였다. 그리고 또한 당시 지식인들에게 큰 충격과 함께 정권에 등을 돌리는 계기를 만들어 주었다. 결국 민청학련 사건은 박정희의 실정을 전 국민과 전 세계에 알리는 역할을 하였으며 재야를 막론하고 모든 사회운동을 하나로 통합하는 긍정적인 역할을 하였다. 개신교 지도자들과 신부 등이 참여하고 재야인사들이 참여하는 "민주 회복 국민운동"[57]이 결성되었다.

이 "민주 회복 국민운동"의 결성에 이어 1974년 11월 27일에는 야당·종교계·재야·학자·문인·언론계 등 각계 대표 71명이 참석한 가운데 "민주회복국민회의"를 발족시킴으로써 범민주진영의 연대 투쟁을 위한 기구를 창설하는 데 성공하였다. 그리고 이 단체를 기반으로 1976년 '민주구국선언', 1977년 '민주구국헌장' 발표에 이어 1978년 '민주주의국민연합'의 결성, 1979년 '민주주의와 민족통일을 위한 국민연합' 등이 결성되었다.[58] 이 민청학련 사건은 이후의 재야민주화 운동에 불씨를 당기는 역할을 하였다.

---

[56] 이창훈, "법원의 '인혁당 재건위사건 재심결정'을 바라보며,"「희망세상」 2006년 2월호, 21, 22.

[57] "민주회복 국민운동"은 1974년 11월 27일에 기독교 회관에서 결성되어 당시 각계각층을 대표하는 73명의 인사들이 참여하여 다음과 같은 성명서를 발표하였다.
첫째, 민주체제의 회복으로써만이 공산주의를 이길 수 있고, 둘째, 민주체제를 보장하는 헌법으로의 대체가 절대적으로 요청되며, 셋째, 반국가와 반정부는 구별되어야 하며, 자유로운 비판이 보장되어야 하고, 넷째, 도시빈민, 노동자, 농민의 최저 생활을 보장해야 할 것이며, 다섯째, 민주체제가 수립되어야만 한국은 국제적인 고립을 면할 수 있고 여섯째, 민주 회복 국민회의에 참여를 호소한다는 것이다. 김녕,『한국 정치와 교회-국가 갈등』, 255.

[58] 조대영, "1980년대 학생운동의 이념과 민주화 운동의 급진적 확산: 반미주의의 분화와 대중화 전략을 중심으로,"「한국과 국제정치」 21권 4호 (2005년 겨울), 196.

(4) 명동 사건 (3.1 민주구국선언)

1975년 5월 13일 긴급조치 9호 이후 민주화 운동은 잠시 숨을 고르고 있었다. 그러나 기독교계는 1976년 1월 15일 구속자 가족들의 목요기도회를 부활한데 이어 1월 23일에는 개신교와 가톨릭 공동으로 원주에서 신·구교의 분리를 반성하는 의미에서 일치주간을 두고 있는데 이를 맞이하여 1월 23일 원주 원동성당에서 인권과 민주회복을 위하여 '신·구교 합동 일치주간 기도회'가 열렸다. 기도회는 천주교 신부들 다수와 개신교의 문익환, 문동환, 서남동, 조화순 목사와 함석헌 등이 서명한 가운데, 민주인사에 대한 탄압금지와 관료독점자본의 금지, 민중 생존권 보장[59] 등을 골자로 하는 3.1 민주구국선언문의 모체가 되는 '원주선언문'을 발표하였다.

이때 기도회에 참석한 개신교 인사들은 삼일절에 개신교도 천주교처럼 문건을 발표해야겠다는 자극을 받았다. 한편 김대중 전 대통령 후보와 국회의 최다선 원로인 정일형 의원 등 정치권에서도 삼일절에 즈음한 시국선언을 모색하고 있었다. 이러한 상황에서 문익환 목사는 2월 12일 자신이 기초한 선언 문안을 다음날 함석헌 선생에게 동의를 구하고, 다시 동생인 문동환 목사와 상의하여 제자 이해동 목사에게 전달해 55부를 인쇄하도록 하였다.

3·1민주구국선언은 개신교 쪽이 주도했지만, 발표는 명동성당에서 하였다. 1976년 3월 1일 오후 6시, 2천여 신자가 모인 가운데 삼일절 기념미사가 진행되었다. 2부로 나뉘어 진행된 이날 기념미사는 전국에서 올라온 20여 명의 가톨릭 사제들이 공동 집전하고, 신·구교 관계인사가 참석한 가운데 개최되었다. 제1부에서는 강론을 담당한 김승훈 신부가 한국 사회가 당면하고 있는 제반 문제, 즉 유신헌법의 억압성, 사회기강문란, 심각한 경제문제 등을 극복할 수 있도록 기도하였다. 제2부에서는 신·구교 합동기도회가 개최되어 문동

---

[59] 2006년 원주선언 30주년 기념 미사와 성찰 자료집.

환 목사가 설교하였고, 뒤이어 이우정 교수가 윤보선, 김대중, 함석헌, 정일형 등 11명이 서명한 긴급조치의 철폐와, 언론·출판·집회·결사의 자유와 사법부의 독립을 요구하는 '3.1 민주구국선언'을 낭독했다.⁶⁰

> 참고 9. 통일을 위한 민주구국선언
> 이 민족은 또 다시 독재정권의 쇠사슬에 묶이게 되었다. 삼권분립은 이름만 남고 말았다. 국가 안보라는 구실 아래 신앙과 양심의 자유는 날로 위축되어가고 언론의 자유와 학원의 자주성은 압살당하고 말았다. 우리는 이를 보고만 있을 수 없어 여·야의 정치적인 전략이나 이해를 넘어 이 나라의 먼 앞날을 내다보면서 〈민주구국선언〉을 선포하는 바이다.
>
> 1. 이 나라는 민주주의 기반 위에 서야 한다.
> 2. 경제 입국의 구상과 자세가 근본적으로 재검토되어야 한다.
>   현 정부의 국민경제의 수탈을 발판으로 한 수출산업은 74년, 75년 두 해에 140억 불이라는 엄청난 무역적자를 냈다. 그 적자폭은 앞으로 줄어들 가망이 없다. 1975년 말 현재 우리나라의 외채 총액은 57억 8천만 불에 이르렀다.…중략…이대로 나간다면 이 나라의 경제파국은 시간문제다. 사태가 이에 이르고 보면 박 정권은 책임을 지고 물러날 수밖에 다른 길이 없다.
> 3. 민족통일은 오늘 이 겨레가 짊어진 지상의 과업이다.⁶¹

이 구국 선언문에서는 "민주주의는 대한민국의 국시다. 따라서 대한민국의 정통성은 민주주의에 있다. 그러므로 어떤 구실로도 민주주의가 위축되어서는 안 된다"고 명시하고 있다. 그리고 현 정부의 수출정책이 국민경제 파탄과 농촌경제 파탄 위에 세워진 것이므

---

60 민주화운동기념사업회, 『한국민주화 운동사 2-유신체제기』, 219.
61 출처-2006년 원주선언 30주년 기념미사와 성찰자료집

로 재고되어야 한다고 명시하고 있다. 그리고 마지막으로 "'민족통일'은 지금 이 겨레가 짊어진 지상의 과업으로 어떤 개인이나 집단이 '민족통일'을 저희의 전략적인 목적을 위해서 이용한다거나 저지한다면 이는 역사의 준엄한 심판을 면치 못할 것이다"라고 함으로써 민족통일에 대한 교회의 입장을 밝히고 있다.

이와 같이 이 성명서에는 현 정권을 독재정권으로 규정하고 박정희 정권의 퇴진을 요구하면서 긴급조치의 폐지를 강력히 요구하였다는 점에서 진일보한 선언문이라 할 수 있다. 그리고 한일협정으로 인한 경제 입국론이 '유신' 독재체제 성립의 원인이라 인식하고 이를 강렬히 비판하였다는 점에서 시국에 대한 인식이 분명히 드러나 있다. 그러나 그것으로 미사는 조용히 끝났고, 시위도 농성도 없이 다들 집으로 돌아갔다. 일은 다음날 벌어졌다. 국무회의 석상에서 전날 재야인사들이 유신철폐를 주장하는 선언을 발표했다는 보고를 받은 박정희는 펄펄 뛰며 이들을 잡아들이라고 직접 지시했다. 그날부터 관련자들이 하나둘 사라지더니 3월 10일 검찰은 일부 재야인사들이 "민중선동에 의한 국가변란을 획책"했다는 어마어마한 사건을 발표했다.[62]

이 사건으로 김대중, 문익환, 함세웅, 문동환, 이문영, 서남동, 안병무, 신현봉, 이해동, 윤반웅, 문정현 등 11명은 구속수사하였으며, 윤보선, 정일형, 함석헌, 이태영, 이우정, 김승훈, 장덕필, 김택암, 안충석 등 9명은 불구속 입건되었다.

차음부터 정부의 의해 "정부 전복 선동 사건"으로 기획된 이 사건은 각본에 의해 재판이 진행되었고, 화려한 변호인들과 피고인들의 이력이 세간의 이목을 끌었다. 검찰은 민주구국선언의 내용 중 특히 "이 민족은 또다시 독재정치의 사슬에 매에게 되었다. 삼권 분립은 허울만 남고 말았다. 국가안보라는 구실 아래 신앙과 양심의 자유는

---

[62] 한홍구, "3.1 민주 구국선언사건," 「한겨레신문」, 2009년 8월 24일자 기사.)

날로 위축되어가고 언론의 자유와 학원의 자유는 압살당하고 말았다.""유신헌법으로 허울만 남은 의회정치가 회복되어야 한다고 주장한다" 등의 내용을 긴급조치 9호를 위반한 내용들이라고 주장했다.[63]

재판은 1년여에 걸쳐 진행되었고 공판과정에 있었던 구속자들의 진술을 통해 유신체제의 부당성과 기독교의 정치참여 논리가 분명히 밝혀짐으로써 박정희 정권의 통치에 큰 부담을 주게 되었다. 그리고 「뉴욕 타임즈」와 「워싱턴 포스트」 등 해외 언론들이 이 사건에 관심을 가지고 군사독재 정권에서 용감하게 항거한 정치, 종교 지도자들의 재판 과정을 보도함으로 인하여 미국 및 일본 그리고 교황청에서 박정희 정권에게 항의 서한을 보내기도 하였다.

이러한 과정에서 한국의 개신교와 가톨릭은 즉각적인 반응을 보였다. 3월 12일 명동사건 구속자들의 가족이 "구속자 가족협의회"를 재차 조직하여 재판방청과 시위, 기도회를 통하여 지원운동을 국내외로 확산시켰다. 가톨릭에서는 3월 7일, 정의평화위원회는 이 위기를 해결하기 위하여 주교들이 필요한 조치를 취해 주길 요청하는 편지를 주교회의에 보냈다. 3월 15일, 주교회의는 "3.1 민주구국선언을 정당한 국민적 요구"임을 천명하는 성명서를 발표하였다. 3월 26일, 정의평화위원회는 체포된 신부들을 변호할 변호인단을 구성하였다.[64]

그리고 각 학교에서는 선언문이 배포되었다. 한편 개신교의 NCCK는 3월 19일 구속성직자 대책위를 조직하여 활동에 나섰다. NCCK 인권위는 1976년 5월 명동사건의 공판개시와 더불어 대책운동의 일환으로 금요기도회를 시작하였다.[65] 이 기도회로 조남기 목사 등 5명이 연행되기도 하였다.

---

[63] 민주화운동기념사업회, 『한국민주화 운동사 2-유신체제기』, 221, 222.
[64] 김녕, 『한국 정치와 교회-국가 갈등』, (서울: 소나무, 1996), 267.
[65] 한국기독교교회협의회 인권위원회, 『1970년대 민주화 운동 (II)』, 820.

4월 22일 한국기독교장로회 전남노회는 "삼일절 기도회는 그들의 민족적 애국심과 신앙, 양심에 입각한 순수한 종교행위로서의 신앙고백임을 믿는 바이며, 결코 정부전복의 음모가 아님을 확신한다"고 성명서를 발표하였고, 더불어 유신헌법을 철폐하고 민주헌정을 회복하자고 주창하였다.[66]

이 명동사건을 통해 개신교와 가톨릭 지도자들 및 재야 정치인들의 연합은 시민사회의 저항을 위한 구심점을 마련해 주었다. 또한 개신교와 가톨릭이 공조하여 사회참여를 하게 되는 계기를 마련해 주었다. 이후 사안에 따라서 개신교와 가톨릭은 함께 연대하여 독재에 투쟁하게 되었다. 그리고 기독교 내에서는 교회의 예언자적 역할과 선지자적 역할에 대하여 성찰할 수 있는 기회를 마련해 주었다. 또한 이 사건은 후일 '민주주의와 민족통일을 위한 국민연합'으로 이어지게 되어 1970년대 후반의 민주화 운동의 이념적 기반이 되었다는 점에서 큰 의의를 가지고 있다.

이상에서 살펴본 바와 같이 1970년대의 민주화 운동은 학생들과 재야 그리고 교회가 하나가 되어 박정희 정권에 투쟁한 운동이라 할 수 있다. 그 중에서도 학생들의 민주화를 향한 투쟁은 눈물겹도록 절실하고 민족을 사랑하는 마음에서 우러나오는 것이라 할 수 있다.

이런 면에서 1970년대 한국 교회의 민주화 운동은 다음과 같은 특징을 가진다고 할 수 있다.

첫째, 한국 교회는 민중과 함께 살아 숨쉬는 교회를 이루기를 원하였다. 따라서 교회는 노동자, 농민, 도시 빈민들과 함께 민주화 운동에 투신하였던 것이다.

둘째, 민주운동을 효과적으로 전개하기 위해 그동안 동질적이면서 분산되어 있던 부분들이 스스로 조직화를 꾀해 활동하는 사례가 많아졌다. 예를 들면 1974년 3월 천주교정의구현사제단이, 1974년

---

[66] 민주화운동기념사업회, 『한국민주화 운동사 2-유신체제기』, 223, 224.

11월에는 자유실천문인협의회가 결성되었다.[67] 더불어 교회에서도 민주화 운동을 지원하기 위하여 도시산업선교회, 기독학생운동 등 조직들이 탄생하였다.

셋째, 학생들을 중심으로 한 운동이 선두가 되었고, 이후 지식인이나 종교계가 동참하는 형식의 민주화 운동이 많았다는 점이다.

넷째, 진보주의 교회의 현실정치 참여이다. 이들은 한국 사회의 아픔을 함께 인식하고 이 아픔에 동참하였다. 단적인 예로, 1973년의 남산부활절 사건이나 75년 삼일절 명동사건 등이 그 단적인 예이다.

반면에 보수적인 교회들은 정교분리를 이유로 교회의 사회참여를 금하였으나, 오히려 정권에 순응하고 협력하는 행동을 서슴지 않았다. 이들 보수적인 교회들은 1975년 NCCK에 대하여 반대하여 19개 교단대표들로 이루어진 "한국기독교지도자협의회"를 창설하고 이어 광복 30주년 선언문에서 박정희의 긴급조치가 불안정한 정치적 상황 때문에 이루어진 것이라 하면서 명동사건 등에 관련한 정부의 제재는 에큐메니칼 지도자들로 인해 발생한 불가피한 조치였다고 진보적인 교회들을 비판하였다.

다섯째, 1970년대 교회의 사회참여 문제로 인하여 한국 교회는 뜨거운 논쟁을 벌여왔다. 한국기독교장로회는 "1973년 한국 그리스도인 선언"에서 정치적 압박에 대한 저항과 역사참여를 이 땅에 메시아의 나라를 선포하는 길이라고 천명함으로써 사회참여가 신학적으로 정당하다고 주장하였다. 이에 반하여 박정희 정권은 각료들을 내세워 정교분리를 근거로 기독교의 사회참여를 금지하는 발언을 하였다. 우선 1974년 6월 13일 이효상 공화당 의장 서리는 "일반 신도들도 정당에 가입하는 등 정치활동을 할 수 있지만 종교 지도자들은 정치에 관여해서는 안된다"고 자기식의 정교분리론을 편 후 "일

---

[67] 박현채 엮음, 『청년을 위한 한국 현대사, 1945-1991: 고난과 희망의 민족사』, 289, 290.

부 기독교 인사들 가운데 성경보다는 빵을 주어야 한다는 주장을 펴는 사람들이 있는데 이것은 종교 지도자로서는 옳지 못한 태도"라고 하였다.[68] 또한 김동조 외무장관은 선교사들의 사회참여에 대하여 1974년 11월 8일 주한 외국인 선교사들이 입국목적을 위배, 반정부 데모에 앞장서는 등의 사례에 대해 유감의 뜻을 표하고 "이러한 범법 행위가 계속될 때에는 이들에 대한 추방령을 내릴 수 있다"고 말했다.[69] 이 발언이 1974년 11월 9일 「동아일보」에 보도되자 김동조 외무장관은 자신은 모르는 일이라고 부인하였으나, 같은 날 「동아일보」는 김종필 국무총리가 자신을 위한 조찬기도회에서 참석한 450명의 기독 실업인들을 향하여 선교사들이 입국목적에 어긋나게 신자들을 선동하여 가두데모에 나서게 하고 있다고 비난하면서 성경의 야고보서를 인용하여 교역자들이 분수를 지키도록 충고하였다는 사실을 나란히 보도하였다.[70] 그리고 이어서 김종필 국무총리는 로마서 13장을 인용하면서 "교회는 정부에 순종해야 하며, 정부는 하나님이 인정하는 것이다"라고 하면서 교회의 정치적 참여를 처벌할 것을 경고하였다.

그러자 11월 18일 "한국기독교교회협의회"(NCCK)는 "정부가 하나님의 뜻을 거슬러 자신의 권력을 영구화하려 할 때 교회는 그러한 정부에의 협력을 거부할 뿐 아니라 그것에 대항해야 한다"고 성명을 발표하였다. 이 성명이 발표되자, 보수교단 연합체인 한국예수교협의회(ICCC)는 곧바로 "국가가 신앙의 자유를 말살하려하지 않는 한 권력에 순종해야 한다"고 비난하면서 정부에 대해 비판적인 자들이 사회의 혼란을 야기시키고 있다고 주장하였다. 그리고 대한기독교협의회(DCC)도 11월 27일에 성명을 발표하면서 로마서 13장에 수

---

[68] 한국기독교교회협의회 인권위원회, 『1970년대 민주화 운동』 (한국기독교교회협의회, 1987), 498, 499.
[69] 한국기독교교회협의회 인권위원회, 『1970년대 민주화 운동』, 503.
[70] 한국기독교교회협의회 인권위원회, 『1970년대 민주화 운동』, 503.

록된 국가관의 명령은 무조건적이며 예수와 바울도 로마정부에 대항한 적이 없기에 반정부적 입장을 취하는 것은 곧 공산 침략자들에 대한 이적행위라고 단언하였다.[71]

여기서 문제는 옛날 히틀러가 하였던 방식대로 비기독교인인 김종필 총리가 성경을 자의적으로 해석하여 기독교인들로 하여금 독재정권에 순종하도록 하였다는 점이며, 일부 보수주의 교단의 인사들이 이에 적극 동조하였다는 사실이다.

(5) 1970년대 한국의 보수주의 교회의 대사회적 태도

진보주의 교회가 교회의 현실참여를 주장하면서 반정부적인 성향을 보이고 있었던데 비하여, 보수주의 교회에서는 보편적으로 친정부적인 성향을 보이고 있었다. 우선 보수주의 교회의 친정부적인 성향이 드러난 사건은 한일협정이다. 일부 보수주의 교회 목사들은 한일협정 비준에 적극적으로 찬성하는 성명서를 발표하여 학생들과 지식층 그리고 심지어 목회자들에게도 비난을 받기도 하였다.

1965년 8월 10일 김석찬 목사의 "교회가 정치에 간섭함을 반대함," 12일에는 전직 군목 출신 목회자 10명의 공동명의로 "비준 찬·반의 민족적 혼선에서 기독교는 본연의 자세를 지키자," 김동협 목사 등 43명은 "한일회담 비준에 대한 우리 교역자들의 견해"라는 공동성명을 발표하였다. 이들은, "한일 국교 정상화는 그 대원칙에서 전 국민이 원하는 바고, 국민들이 기대하는 바이다." "한일회담 비준 찬성이야말로 바로 남북통일의 전주곡이다." "예배당은 하나님께 예배하는 장소인데, 거기서 정치 강연을 하고 각종의 성명서와 공개장을 채택하는 처사는 예배당의 신성과 근엄성을 상실시키는 일이다" 등의 이유로 교회의 정치참여를 반대하였다. 또 이들은 "가이사의 것은 가이사에게로"라는 구절을 표어로, "우리가 뽑아 세운

---

[71] 연규홍, "1970년대 한국 민주화 운동의 교회사적 근거," 155.

국가 통치자에게 국가사업을 맡기고, 우리 종교인은 우리의 사명인 복음사업의 증인이 되는 것이 국가 민족을 위하는 일이다"라고 그들의 입장을 내세웠다.[72]

이러한 친정부 성향을 가진 일부 목회자들의 행동에도 불구하고 대부분의 교회와 목회자들은 진보주의나 보수주의 구분 없이 한일협정에 반대하였다. 한국의 보수주의 교회들의 친정부적인 성향은 1970년 개헌논쟁에서도 중립을 표방하면서도 박 정권을 지지하는 방향으로 또다시 나타났다. 7월 25일 대통령 특별담화를 통해 종신직 대통을 위한 개헌논의가 공식화되자 보수주의 목사 242명은 성명을 내고 종교는 개헌문제에 중립을 지켜야 한다고 주장하더니, 3일 뒤에 "대한기독교연합" 이름으로 또다시 성명을 발표하고는 "우리들 기독교인들은 개헌문제에 대하여 박대통령의 용단을 환영한다"고 선언했다.[73] 이러한 그들의 행보는 10월 유신이 단행되었을 때에도 지속되었다.

유신헌법이 통과되자 「기독신보」는 "유신헌법의 필요성"이라는 칼럼을 연재하면서 "유신헌법이 한국적 민주주의를 마련하는 토대가 될 것"이라고 변호하였다. 뿐만 아니라 전 총신대학교 총장인 고 김의환 목사는 "한국 교회의 정치참여 문제"라는 글을 통해 교회는 "종교적 문제에 대해서만 정부를 향해 발언할 수 있지 그 외의 모든 정치적 행동은 잘못된 것"이라고 주장하면서 철저한 정교분리의 원칙을 내세웠다. 그는 철저한 정교분리의 원칙 아래 교회가 종교적인 문제 이외의 것에 대하여 정부에 대하여 충고하거나 발언하는 것을 죄악시 하였다. 심지어 교회가 일제 강점기 3.1 운동에 참여한 것은 신학적으로 잘못이라고 비판하였다. 그리고 "교회는 국가를 인정하고 국가의 법질서 아래에 서 있어야 한다. 왜냐하면 국가의 법질서

---

[72] 조성수, "한국에서의 교회와 국가와의 관계에 관한 연구," 289.
[73] 신홍범 정리, 『박형규 회고록, 나의 믿음은 길 위에 있다』 (서울: 창비사, 2010), 161, 162.

도 그 기원이 바로 하나님이시기 때문이다"라고 하면서 교회의 이름으로 정치에 참여하는 것은 신학적으로 잘못된 것이라고 하였다. 그 실례로 일제강점기 교회의 이름으로 3.1 운동에 참가하였기 때문에 한국의 기독교회는 수많은 핍박을 받았으며 특히 신사참배의 강요를 받게 되었다고 하였다.[74]

그런데 이러한 김의환 목사의 견해는 철저한 정교분리의 원칙에 입각한 견해라 할 수 있으며, 정치와 종교를 분리하는 이원론적 태도라고 할 수 있다. 더구나 3.1 운동에 교회가 참여하였기 때문에 이후 수많은 일제의 핍박이 뒤따랐으며, 특히 신사참배의 강요를 초래하였다는 것은 논리의 비약이라고 할 수 있다. 왜냐하면 일제는 자신의 목적을 위해서는 어떠한 수단과 방법을 가리지 않는 열개의 뿔이 달린 짐승 같은 존재(계 13:1-8)이기 때문이다.

한국의 보수주의 교회들은 마태복음 22:21 "가이사의 것은 가이사에게로 하나님의 것은 하나님께 바치라"는 구절을 근거로 정교분리를 주장하고 있다. 그러나 이는 문맥을 고려하지 않은 데서 비롯된 오류라고 할 수 있다.

이 문장은 "가이사의 것은 가이사에게로"라는 절과 "하나님의 것은 하나님께"라는 두 개의 절이 연결된 문장이다. 이 문장은 동등한 두 개의 권세의 공존이 아니라 하나님께 대한 순종이 다른 모든 것보다 앞선다는 것이 암시되어 있다. 이 두 개의 절이 헬라어 접속사 καὶ로 연결된 이 구절의 문장구조는 두 절 중 가이사의 통치권을 인정하고 복종해야 한다는 의미가 아니라 오히려 예수님은 "하나님의 것은 하나님께 바치라"를 강조하는 것이다. 즉, 두 절을 잇는 καὶ는 '그리고'가 아니라 '그러나'로 번역되어야 올바른 번역이 될 수 있다는 것이다. 이런 의미에서 이 구절은 "가이사의 것은 가이사에게, 그

---

74 김의환, "한국 교회의 정치참여 문제," 「신학지남」 1974년 봄호, (서울: 총신대학교 출판부): 27-29.

러나 하나님의 것은 하나님께 바치라"라고 해석될 수 있는 것이다.[75] 다시 말해 이 구절은 비록 가이사에게 세금을 바칠지라도 하나님의 것을 구별하여 드리라는 말씀인 것이다.

이와 같이 한국의 보수주의 교회 지도자들이 내세우고 있는 정교분리에 관한 성경적 근거는 성경의 원문과 문맥을 제대로 파악하지 못한 자의적인 해석이며, 그 내면에는 교회는 선하고 세상은 악하다는 이원론적인 재세례파적 발상에서 비롯된 것이라 할 수 있다.

1970년대의 보수주의 교회의 친정부적 행보는 "국가조찬 기도회"의 개최로 절정에 이르렀다. "국가조찬 기도회"는 1968년 5월 1일 "제1회 대통령 조찬 기도회'로 시작된 이래, 매년 5월 초에 정기적 행사로서 1974년까지 계속되다가 1976년부터 "국가조찬 기도회"로 명칭을 바꾸었다. 김준곤 목사의 주도로 이루어진 이 기도회는 대통령 예찬 일변도의 기도와 지극히 원론적인 설교를 통하여 강력한 일인독재를 구축해가던 박정희 정권에 정당성을 부여해주는 역할을 하였다.[76]

그런데 문제는 "국가조찬 기도회"가 단지 국가의 안녕을 위해 열린 것이 아니라 보수주의 교회와 독재정권과의 야합의 장으로 활용되었으며, 교회가 유신독재와 군사 일인 독재를 지지하고 있다는 선전의 장으로 활용되었다는 점이다.

그리고 이 시대 보수주의 교회는 진보주의 교회의 사회참여에 대한 대응으로 "민족복음화 운동"을 개최하였다. 한경직 목사의 주도로 1973년 "빌리 그래함 초청 부흥집회," 김준곤 목사 주도의 "엑스폴로 74"와 "77 민족복음화 대성회" 등의 민족복음화 운동은 보수주의 특유의 영혼구령 운동의 일환으로 당시 군사정권의 적극적인 지원 하에 수십만의 인파가 동원되는 성황을 이루었다.

---

[75] 김세윤, "예수의 하나님 나라 선포와 그리스도인의 정치적 생존," 『예수와 바울』 (서울: 참말, 1993), 68-70.

[76] 김명배, 『한국 기독교 사회운동사: 민주화와 인권운동을 중심으로 1960-1987』, 408.

3. 1980년대 한국 교회의 민주화 운동

1) 1980년대 한국의 사회적 상황

(1) 신군부의 등장

박정희의 몰락과 더불어 유신은 종결되었다. 박정희는 영구집권을 위하여 10월 유신을 단행하였지만 이미 민심은 박정희로부터 등을 돌린 뒤였다.

유신의 종결로 한국 사회는 민주화에 대한 열망이 가득하였다. 11월 22일 서울대학교 학생들이 유신체제의 완전 철폐를 외치며 조기 개헌을 주장하였다. 그리고 11월 24일 400여 명의 민주인사들은 서울 YWCA 강당에 모여 "통일주체 대의원에 의한 대통령 선출 저지를 위한 국민선언"을 발표하여 거국 중립내각 구성과 조기총선을 요구하였다(일명 YWCA 위장 결혼 사건).[77]

이와 같은 민주화에 대한 열망으로 당시 국무총리였던 최규하 대통령에 당선된 직후 3김 씨의 정치복권을 허용하고 국민의 여망이던 대통령 직선제를 약속하는 등 헌법 개정을 하려고 하였다. 대통령은 그의 자문위원들에게 "긴급조치 9호 아래서 구속된 정치수감자들을 풀어줄 수 있는 가능성에 대해 조사할 것과 수감되고 제명된 학생들을 회복시킬 것"을 명하였다. 그래서 긴급조치 9호는 1979년 12월 7일에 대통령에 의해 폐지되었다. 그때 자택 감금되었던 김대중을 포함하여 68명의 정치수감자들이 석방되었다.[78]

그러나 이러한 노력도 잠시 뿐이었다. 이미 권력을 쥐고 있었던 당시 보안사령관 전두환과 9사단장 노태우 그리고 김복동 등 "신군

---

[77] 서중석, 『사진과 그림으로 보는 한국 현대사』, 306.
[78] Wi Jo Kang, *Christ and Caesar in modern Korea: A History of Christianity and Politics*, 서정민 역, 『한국 기독교사와 정치』 (서울: 한국기독교역사연구소, 2005), 177.

부"의 등장으로 제동이 걸렸다. 전두환과 신군부 인사들은 박정희 암살 사건을 조사한다는 명목으로 12.12사태를 일으켜 당시 계엄사령관 정승화를 보안사령부 취조실로 연행하였다. 그리고 무력으로 정국을 장악하였다.

1980년 신군부는 5월 전국에 비상계엄령을 선포하였다. 정국이 혼란한 틈을 타 5월 17일 계엄사령부는 김종필과 이후락 등을 부정축재혐의로, 김대중과 문익환 등을 소요조종혐의로 연행했다. 이날 밤 국무회의는 찬반토론 없이 18일 자정을 기해 비상계엄 선포지역을 전국일원으로 변경한다고 발표했다. 그와 함께 정치활동 정지, 언론·출판·방송 등의 사전 검열, 각 대학 휴교 등을 골자로 한 계엄포고 10호를 발표했다.[79] 결국 이런 비상조치들은 광주민주화 운동을 촉발하는 계기가 되었던 것이다. 철저히 신군부에 의해 기획되고 국무회의는 꼭두각시 결의기구로 전락해 버린 상태에서 전두환과 신군부는 거칠 것이 없었고 광주민주화 운동을 촉발하는 계기가 되었다.

(2) 1980년대 한국의 사회적 상황

1980년대 한국의 사회적 상황에서 주목할 만한 점은 반미 감정의 증가이다. 1980년 신군부의 광주학살을 묵인한 배후로 미국이 거론되자 민중들 사이에서는 반미 감정이 확산되고 있었다. 광주민주화 운동 이후 학생들과 기독교 공동체 지도자들은 정부에 대하여 광주민주화 운동에 대한 재조사와 시민들의 잔혹한 죽음에 관한 사죄를 요구하였다. 또한 기독교 지도자들은 광주민주화 운동과 관련한 미국의 역할에 대해 의구심을 품기 시작하였다. 왜냐하면 한국전쟁 이후 한국의 방위는 미국이 전시 작전권과 평시 작전권을 쥐고 있었기 때문에 미국의 승인 없이는 쿠데타나 군대 이동이 불가능하였다. 이

---

[79] 서중석, 『사진과 그림으로 보는 한국 현대사』, 309.

런 상황에서 일어난 12. 12 쿠데타와 광주 학살은 미국의 개입 내지 묵인이 있었을 것으로 판단한 당시 대학가와 재야 지도자 그리고 기독교 지도자들 사이에서는 반미 감정이 고조되었다.

1980년대 한국의 사회의 두 번째 특징은, 불법 정치자금의 확보와 친인척 비리가 정치적 쟁점으로 부각되었다는 점이다. 불법 정치자금이나 정치인의 친인척 비리는 한국의 역사 저변에서 면면히 이어져 온 부조리이지만, 이것이 정치적인 큰 문제로 부각되기 시작한 것은 박정희 정권 때부터이다. 박정희 정권은 방대한 액수의 차관을 도입하는 과정에서 얻은 리베이트와 대기업에서 정기적으로 받은 정치 기부금 등으로 막대한 불법 정치자금을 만들어, 지지세력을 확보하고 반대세력을 회유함으로써 자신의 정권을 유지했을 뿐 아니라 야당의 반정부 활동을 무력화시키는 데 사용하였다. 그런데 그런 수법을 전두환도 답습하였다. 대기업으로부터 기부금을 받거나 특정기업에 혜택을 주어 반대급부로 많은 불법 정치자금을 받아냈다.[80] 이런 방식으로 신군부 세력이 저지른 비리는 상상을 초월할 정도였다.

세 번째 특징은 1980년대 한국 사회는 산업화 과정에서 나타나는 부작용이 심각하였다. 이러한 상황에서 한국 교회는 사회 참여에 대한 입장 차이로 인해 보수와 진보 간에 대립하면서 효과적으로 대응하지 못하였다. 특히 보수교회는 도시화의 결과로 농촌인구가 대거 도시로 이주하는 변혁 속에서 전도를 강조하며 개교회의 성장과 부흥에 치중하고 있었고, 진보교회는 인권과 사회정의에 관심을 갖고 현실참여운동을 전개하였으며, 민주화를 위한 나름대로의 진통을 겪으며 국가를 상대로 힘겨운 투쟁을 하고 있었다.[81]

마지막으로 1980년대 한국 사회는 오랫 동안 군부 독재 하에 있던

---

[80] 한배호, 『자유를 향한 20세기 한국 정치사』 (서울: 일조각, 2008), 358.
[81] 박응규, "한국 교회의 정치참여에 대한 역사적 고찰과 평가," 203.

한국 정치가 표면적으로는 민주화된 모습을 보였다는 점이다. 과거에 통치자의 비리로 얼룩졌던 대통령 간선제를 벗어나 1986년 6.29 직선제 개헌의 쾌거를 이루어 당시 정권교체에 대한 민중들의 열망을 현실화 할 수 있는 절호의 기회를 맞이하였다. 당시 김대중, 김영삼은 유력한 야권 후보였는데, 민주통일민중운동연합(1985년 조직, 약칭 민통련)은 10월 13일 범국민 대통령 후보로 김대중을 지지한다고 성명했다. 이때부터 김대중 후보를 지지하는 민주민족운동 세력을 "비지"(비판적 지지의 약자)라고 불렀다. 일부 민주민족운동 세력은 후보가 단일화되지 않으면 대통령 선거에서 결코 이길 수 없다고 주장하면서 후보 단일화를 촉구했다.[82] 그러나 1980년 4월 이미 야권 단일화에 실패한 양김 씨는 또다시 야권 단일화에 실패하여 민중들의 가슴에 못을 박았다. 그리고 12월 16일 치러진 13대 대통령 선거에서 결국 노태우가 당선함으로써 군부독재가 합법적으로 이어지는 불행한 결과를 맞이하였다.

그리고 이어진 총선에서 한국 역사상 초유의 여소야대 현상이 빚어져 한국은 민주화에 한 걸음 더 가까워지는 듯 보였지만, 1990년 국민의 민의를 무시한 3당 합당으로 인해 오히려 민주화 세력의 분열을 초래하는 등 급격한 정치지형의 변화를 보였다.

2) 광주민주화 운동과 교회의 대응

(1) 광주민주화 운동의 배경

광주민주화 운동의 배경은 유신 이후 억눌렸던 민주화에 대한 민중의 열망에서 비롯되었다. 유신 이후 교회는 "앞으로 전개될 정치 발전의 절차나 헌법 개정의 내용은 신앙과 선교의 자유가 완전히 보장되며 인권과 사회정의를 구현할 수 있도록 예언자적인 사명을 다

---

[82] 서중석, 『사진과 그림으로 보는 한국 현대사』, 332, 333.

할 것이다"라고 천명[83]하면서 부단히 민주화 운동에 힘을 쏟았으나 민주화는 아직 요원한 듯 보였다.

1979년 12.12 사태 이후 전두환이 정권을 탈취하려는 것에 반대하는 학생운동이 불길같이 일어나자 1980년 4월 많은 대학에 휴교령이 내려지면서 대학가의 저항운동은 고조되었다.

이에 김대중을 비롯한 재야인사들이 '민주화추진국민 선언'을 발표하기에 이르렀고, 서울에서 5월 16일부터 9개 지역 대학의 2만 명 이상의 학생 대표자들이 횃불을 들고 시위하면서 계엄령의 종식을 강력히 주장하였다. 학생들은 만일 정부가 계엄령을 철폐하고, 민주화를 위한 약속을 이행한다면, 그들은 곧 시위를 멈출 의사를 가지고 있다고 분명히 밝혔다. 그래서 서울대학교, 고려대학교 등, 서울시내 26개 대학 총학생회장단들은 15일 밤 12시부터 고려대학교 학생회관 3층에 모여 최근의 학생운동에 관해 16일 상오 7시까지 7시간 동안 철야회담을 갖고 16일부터 정상회담에 들어가기로 결의했다.[84]

이에 대하여 군부는 5월 17일 밤, 군인들은 대중 내란 음모라는 명목으로 가톨릭 신부 및 목사, 교수, 학생들을 포함하여 수백 명을 체포 연행하였다. 이때 김대중도 큰 아들과 더불어 신군부에 연행되었는데, 전두환은 미리 작성한 치밀한 계엄 시나리오를 가지고 김대중 내란 음모 사건을 조작하여 김대중을 비롯한 37명을 체포하였고 수많은 인사들이 김대중과 내란음모와 관련하여 엄청난 고문을 당하였고 일부는 고문에 못 이겨 거짓 자백을 하기도 하였다.

두 번째 광주민주화 운동의 배경은 지역 불균형에 의한 전라도 지방의 차별화를 들 수 있다. 우선 인사정책에 있어서 전두환은 박정

---

[83] 김수진, 노남도, 『어둠을 밝힌 한국 교회와 대각성 운동』 (서울: 쿰란 출판사, 2007), 315, 316.

[84] 「부산일보」, 1980년 5월 16일, 『5.18 광주민주화 운동자료총서』 (광주광역시 5.18사료 편찬위원회, 2010), 278.

희 시절부터 존재하던 영남 우대 정책을 계속 진행하였다. 전두환은 자신의 지지기반인 TK사단을 중용하였다. 그래서 영남 출신들은 파격적으로 대우받고 이북 출신들 또한 상당히 대우받은 데 반해 호남 출신들은 완전히 소외되었고 서울, 경기, 충청 출신들도 별로 좋은 대우를 받지 못하였다.[85]

또한 박정희 정권으로부터 시작된 전라도 지방에 대한 차별 정책으로 전라도 지방에는 제대로 된 산업시설도 없었다. 이는 지역경제의 악화를 불러왔다. 그래서 1980년대에 들어서서 생활고에 시달리던 수많은 전라도 출신의 사람들이 서울 등 대도시로 몰려드는 상황이 발생하였던 것이다. 그러면 아래의 도표를 통하여 기업의 편중 실체를 파악해보기로 하자.

도표 1. 500인 이상 대공장의 지역별 분포 추이(광업, 제조업)[86]

지역＼연도	1966년	1973년	1981년
서울	49(30.6%)	163(31.7%)	123(19.6%)
부산	23(15.6%)	83(16.2%)	88(14.0%)
경기	14(8.8%)	98(19.1%)	153(24.4%)
강원	21(13.1%)	29(5.7%)	24(3.8%)
충청	17(11.6%)	28(6.2%)	44(7.0%)
전라	11(6.7%)	16(5.6%)	36(5.8%)
경북	8(5.0%)	42(8.1%)	63(10.0%)
경남	15(9.4%)	43(8.3%)	96(15.3%)

위 도표를 보면 1960년대에 비해 1970년대부터 1980년대로 갈수록 서울과 경기, 경남북, 부산에 편중되기 시작하여 그 격차가 갈수

---

[85] 김영택, 『5월 18일, 광주』, 112.
[86] 박현채 엮음, 『청년을 위한 한국 현대사. 1945-1991: 고난과 희망의 민족사』, 313.

록 심화되어, 결국 대부분의 기업들은 서울과 경기 부산, 그리고 경남·북에 집중되는 것을 알 수 있다. 반면에 전라도 지방은 여타 지역에 비해 기업들이나 공장들이 거의 없다는 점이다. 이러한 지역 불균형과 호남 차별이 광주민주화 운동의 동인이 되었다.

(2) 광주민주화 운동과 교회의 대응

1980년 광주민주화 운동은 전두환을 중심으로 하는 신군부의 집권과정에서 생겨난 비극적인 사건으로서 한국 현대사의 대표적인 민주화 운동이다. 이 광주민주화 운동에서 보여준 광주시민의 고독한 투쟁과 희생은 1980년대 민주화 운동의 내적 동인이며, 한국 사회가 민주화로 가는 결정적인 역할을 하였다고 할 수 있다.

광주민주화 운동은 광주 시내에 주둔하고 있던 계엄군의 강압적인 진압으로부터 비롯되었다. 당시 전북 금마에 주둔하고 있던 신군부의 정예부대인 7공수여단이 5월 17일 저녁 10시경 광주에 투입되었다. 17일 자정 전남대에 진주한 33대대는 아무 것도 모른 채 교내에 있던 학생들을 무차별로 폭행하였다. 다음날 아침 7시 휴교령을 모르고 등교하던 학생들이 교문으로 들어가려다 군인들에게 집단적인 폭행을 당하였다. 이러한 소식이 전해지자 학생들이 정문에 모여들었다. 오전 10시, 2백 명이 모이면서 용기를 얻은 학생들이 공수부대의 학교 점령을 비난하면서 구호를 외쳤다. 33대대장 권승만 중령의 공격명령과 함께 무자비한 공격이 시작되었고 학생들은 피투성이가 되었다. 같은 시각 광주교육대학교와 조선대학교, 전남의학대학교에도 비슷한 상황이 벌어졌다. 학생들은 이 소식을 시민들에게 전하기 위해 스스로 도청 앞으로 행진했다. 이즈음 김대중 체포 소식이 전해졌으나 아직 시위대가 형성되지는 못하였다.[87]

---

[87] 민주화운동기념사업회 편, 『6월 항쟁을 기록하다』 1권 (민주화운동기념사업회, 2007), 102, 103.

그럼에도 1988년에 열린 국회 광주민주화 운동 청문회에서 광주민주화 운동의 최초의 진압 현장지휘관인 제7여단 권승만 중령은 "시위대원들이 건물 옥상까지 올라가 부대원들에게 수없이 돌을 던져 저를 포함한 거의 모든 부대원들이 부상을 당했고 이를 진압하는 과정에서 몸싸움이 벌어져 상호 다친 사람들이 많이 생겼다"고 주장하였다.[88] 그러나 주민들의 실제 증언은 이와는 달랐다. 공수부대가 '과잉진압'을 하는 과정에서 무자비한 진압과 살상행위로 인하여 광주민주화 운동은 시작되었다. 이는 광주민주화 운동이 사전에 계획된 민주화 운동이 아니라 공수부대의 무자비한 진압과 살상행위 그리고 5월 20일에 비롯된 계엄군의 발포 명령으로 인하여 시민항쟁으로 발전되었다는 것을 보여주는 증거이다.

그렇다면 광주에서 폭력적 진압이 자행된 이유는 무엇일까? 광주시민들을 자극하여 보다 큰 규모의 저항을 불러일으키기 위해 공수부대의 과잉 폭력이 행사되었다고 보는 것은 사태를 단순화할 우려가 있다. 과잉진압을 선택한 신군부의 행위는 저항의 유발과 그 응징의 차원에서 이루어졌다기보다는 신군부의 의해 소요 조종 혐의로 구속된 김대중으로 인해 광주 지역의 저항이 타 지역보다 더욱 강하게 야기될 것이라는 우려에서 비롯된 측면이 크다고 할 수 있다.[89]

실제로 광주민주화 운동에서 "김대중 석방"의 구호가 많았으며, 또한 신군부는 김대중을 광주민주화 운동의 배후 세력으로 지목하고 최고 사형까지 언도한 상태였다.

학생시위에서 민중항쟁으로 변한 광주민주화 운동은 5월 20일 2

---

[88] 제144회 국회 『5.18 광주민주화 운동 진상조사 특별위원회 회의록』 제20호, 1988년 12월 20일. 권승만 증언, 김영택, 『5월18일, 광주』 (서울: 역사 공간, 2010), 275에서 재인용.

[89] 정해구, 김혜진, 정상호, 『6월 항쟁과 민주주의』 (민주화 운동연구총서 역사편 1, 민주화 운동기념사업회, 2004), 34.

백여 택시 운전사들의 차량시위를 계기로 노동자, 도시빈민, 회사원, 점원 등이 폭넓게 참가하여 쇠파이프와 각목 등으로 '무장'한 폭력저항으로 변해갔다. 정부쪽에서는 최규하 정부와 신현확 내각이 물러났고, 현지 계엄군 내에서는 광주 지방의 향토사단과 따로 투입된 공수부대 사이에 '지휘체계의 이원화'가 빚어졌다.[90]

계엄군에서 시민들을 향하여 발포하며 수많은 사상자가 발생하였음에도 불구하고 언론은 광주에 대하여 아무런 보도 없이 태연히 오락프로를 내보내고 있었다. 이에 시민들은 두려움에 떨면서도 더욱 더 단결하여 자정 무렵 금남로에는 20여만 명의 시민이 집결했다. 광주는 하나의 고립된 섬처럼 외부와 철저히 차단되어 외부로 통하는 시외전화마저 두절되었고, 광주 외곽지역은 철저히 차단당하였다.

광주가 고립된 상황 속에서 공수부대의 발포가 본격화되자 시위대원들은 광주 인근의 화순경찰서에서 무기를 탈취하고, 또 다른 젊은이들은 장성, 영광, 담양, 보성, 무안은 물론 강진, 해남, 완도, 곡성, 구례까지 쫓아가 무기를 확보하여 광주로 돌아오기도 하였다. 한편 22일 오후 2시부터 1만여 명의 시민들이 목포역 광장에 모여 '제1차 민주헌정 수립을 위한 시민 궐기대회'를 열었다. 해남에서는 21일 낮 12시 반 삼산면 대흥사에서 박충하 해남청년회의소 회장 등 11명이 긴급이사회를 갖고 시위를 벌이기로 결의한 가운데, 오후 3시 무렵 3,000여 명의 읍민들이 해남읍 성내리 교육청 앞 광장에 모여 성토대회를 가진 다음 시가시위에 들어갔다.[91] 이렇듯 광주외곽이 철저히 차단된 가운데서도 광주민주화 운동의 파급효과는 광주 주변으로 퍼져나갔다.

---

[90] 강만길, 『20세기 우리 역사』, 333. 당시 광주에는 공수부대와 향토사단인 31사단이 있었으나 31사단이 광주시민과 합세할 것을 두려워 한 군지도부는 31사단을 무장해제 시키고, 31사단장은 보직이 해임되었다. 실제로 31사단은 계엄확대 선포 때에는 시내로 투입되었다가 공수부대의 만행이 극에 달하자 군지도부에 반발하였다.

[91] 민주화운동기념사업회, 『한국민주화 운동사 3-서울의 봄부터 문민정부수립까지』 (서울: 돌베게, 2010), 13-17.

한편 이런 혼란스러운 상황에서 사태의 해결을 위하여 광주지역의 시민들은 민주인사들로 알려진 신부, 목사, 변호사, 교수 등 20여 명을 중심으로 "5·18수습대책위원회"를 구성하였으며, 학생들 중심의 "학생수습대책위원회"와 "일반수습대책위원회"도 출범하였다. 민주인사나 교회 지도자들을 중심으로 구성된 수습위에서는 주로 계엄당국과의 대화나 건의, 협의 등을 맡았고 학생 중심의 수습위에선 대민 업무를 맡아보았다. 이렇게 지식인들과 교회를 중심으로 적극적으로 나섰으나 신군부의 대량학살을 위한 작전계획을 바꾸지는 못했다. 왜냐하면 신군부가 집권야욕을 성취하기 위해 수단과 방법을 가리지 않았기 때문이다.

광주민주화 운동 때 희생된 숫자는 수천 명에 이른다. 그러나 전두환 정권은 광주 희생자에 대하여 처음에는 50여 명이라고 말하다가 1980년 6월 1일 자 신문에 나온 계엄사의 발표에는 광주민주화 운동 희생자를 민간인 144명, 군 22명, 경찰 4명이라고 공식발표하였다. 그리고 "이번 사태의 동기가 대부분 젊은 대학생인 시위대와 저지에 나선 젊은 군인들이 혈기왕성한 나머지 서로의 감정이 폭발한데다 이성으로 상상할 수 없는 지역감정이 불을 지른데 있다"고 하였다.[92]

이렇듯 전두환 정권은 광주민주화 운동의 원인을 젊은 혈기로 인한 우발적 사건, 지역감정 등으로 왜곡하면서 사망숫자까지도 조작하였지만, 수년 뒤 광주민주화 운동 청문회 당시 사망 숫자 등 진실이 일부 드러났다. 그러면 당시 광주민주화 운동에 대하여 교회는 어떻게 대처하였는지 살펴보기로 하자.

광주민주화 운동 과정에서 교회의 참여는 적극적이었다. 광주 기독교회를 비롯해서 광주 기독청년회, 광주 기독농민회, 광주 YMCA, 광주 YWCA 회원 모두가 참여하여 민주화 운동의 대열에

---

[92] 「조선일보」, 1980년 6월 1일, 『5.18 광주민주화 운동자료총서』 (광주광역시 5.18사료편찬위원회), 610.

참가하였다. 그때 광주 기독교계에서는 5월 19일 교역자들이 광주 제일교회에 모여 기도회를 갖고, 이어서 광주 5·18수습위원회를 조직하고 발 빠르게 움직였다.

이 수습위원회에는 광주지역의 목회자들과 가톨릭 신부 그리고 재야인사 등이 참석하였다. 수습방안을 둘러싸고 두 갈래로 갈라졌다. 부지사를 중심으로 한 수습대책위원회는 재야인사들과 무기회수, 계엄군에 대한 시민의 요구사항 등에서 크게 입장 차이를 드러냈다. 한쪽에서는 무조건 무기를 반납해야 한다는 입장인 반면, 재야인사들은 조건부 반납을 주장했다. 조건부 반납이란 광주시민을 폭도라고 주장하는 정부의 태도에 변화가 있어야 하고, 구속된 학생과 시민을 당장 석방시켜야 한다는 것이었다.[93]

광주교회 교인들은 일반 시민, 시민군, 공수부대 군인들을 위로하였다. 공수부대원들이 총칼을 휘두르고 지나간 자리마다 시신들이 널려 있었다. 수습위원들은 손수레를 동원하여 길거리에 널려있는 시신 400여 구를 도청 옆 상무관에 옮기고 400여 개를 구입하여 그곳에서 유족들의 입회하에 시신이 확인되는 대로 입관예배를 인도하고 확인되지 않는 시신은 유족이 올 때까지 관을 덮지 않고 기다리고 있었다.[94]

이와 같이 교회는 5·18사태의 평화적 해결을 위하여 적극적으로 노력하였으나, 신군부는 이러한 교회의 노력을 외면하고 오직 광주시민학살에만 열을 올리고 있었다. 교회는 인도적인 의미에서의 지원뿐 아니라 사적으로는 계엄군들에 의해 쫓기는 시민, 학생들에게 먹을 것과 숨을 곳을 제공하기도 하였다.

한편 광주민주화 운동을 위한 기도회가 도처에서 열렸다. 인혁당

---

[93] 이대의, "1980년 광주: 10일간의 민주공동체,"「기억과 전망」10호, 2005년 (민주화운동기념사업회), 29.
[94] 김수진, 노남도,『어둠을 밝힌 한국 교회와 대각성 운동』(서울: 쿰란 출판사, 2007), 322.

사건 이후 매주 열리게 된 목요기도회가 광주를 위하여 기도회를 가졌고, 광주 시내의 교회는 물론 범교회 차원에서 광주를 위한 기도회가 열렸다. 5월 25일 주일 오후 12시 30분부터 목포역 광장에서 기독교인 6백여 명이 참석한 가운데 열린 "목포시 기독교 연합회 비상구국 기도회"에서는 "광주시민혁명에 대한 목포지역 교회의 신앙고백적 선언문"을 채택하고 집회에 참석한 군중들에게 배포하였다. 이 선언문에서 교회는 광주민주화 운동을 "군벌독재를 구축하려는 적과의 의로운 투쟁"이라고 규정하고, "광주탄압 주동자 색출"과 "김대중을 비롯한 민주인사의 즉각적인 석방," "언론계의 반성촉구" 등을 요구하였다.[95]

이 기도회는 광주민주화 운동이 벌어지는 시점에서 전국 그리스도인들에게 광주민주화 운동의 성격과 진상을 처음으로 공개한 의미 있는 기도회라고 할 수 있다. 감리교 선교국은 6월 9일부터 한 주간을 기도주간으로 정했으며, 전주에서는 전주 시내 전 교회가 초교파적으로 참여하는 기도회를 6월 8일 완산교회에서, 2천여 명의 신도들이 참석한 가운데 가졌다. 이 기도회에서 대한예수교 장로회 합동 측의 서은선 목사는 "예레미야의 눈물"이라는 제목으로 설교하였다.[96]

이렇게 광주민주화 운동에 대한 기도회가 도처에서 열리는 동안, 기독교 학생들은 광주민주화 운동의 진실을 전 국민들에게 알리는 데 주력하였다. 5월 25일 기독교 장로회 소속의 한빛교회 대학생부 회원들은 광주민주화 운동의 진상을 국민에게 알리는 유인물을 만들어 미아리 대지극장 앞에서 모의하던 중 경찰에 적발되어 한빛교회 전도사인 박윤수를 비롯하여 조인영, 김광수, 김지용 등이 계엄포고령 위반

---

[95] 김명배, 『한국기독교 사회운동사: 민주화와 인권운동을 중심으로 1960-1987』, 209, 210.

[96] 김흥수, "5월 광주항쟁에 대한 기독교인들의 종교적 반응," 「한국기독교와 역사, 제 5호」, 166.

으로 구속되었고, 5월 29에는 고려대학교 기독학생회 16명이 안태용의 집에 모여 회합 중 경찰이 급습하여 "8백만 서울시민에게 고함"이라는 광주민주화 운동 유인물이 발견되어 16명 전원이 연행되고 이 중 안태용과 임장철이 구속되는 사건이 발생되기도 하였다.[97] 다음날인 5월 30일 서울 형제교회 신자이자 기독교 대한 감리회 청년회 전국연합회와 한국기독교청년협의회(EYCK)의 농촌 분과위원장이던 서강대학교 학생 김의기가 "동포에게 드리는 글"이라는 제목의 유인물을 살포하고 서울의 기독교회관에서 투신자살했다. 같은 해 6월 2일에는 김의기의 장례식장에서 유서를 인쇄하여 살포한 감리교신학대학교 학생 장석재가 구속되었다. 6월 9일에는 성남 주민교회 청년회 회원이자 성남 한울야학 출신인 노동자 김종태가 신촌 이화여자대학교 입구에서 유신잔당 퇴진, 계엄령 해제, 구속인사 석방 등을 요구하는 내용의 성명서를 뿌리고 분신자살했다.[98]

그러나 한국 교회의 청년들의 이러한 노력에 비하여 광주민주화 운동 초기에 한국 교회는 신군부의 강압적인 통치에 눌려 별다른 대응을 하지 못하였다. 심지어 일부 보수교회에서는 광주민주화 운동이 용공, 불순분자들의 소행으로 비롯된 것이라는 정부의 발표대로 광주민주화 운동의 책임자 처벌을 요구하기도 하였다. NCCK 인권위원회는 광주민주화 운동이 끝나고 한 달이 지난 6월 28일에야 현 시국에 대한 입장을 표명하기 위해 인권위원회와 교회와 사회위원회를 소집코자 하였으나 그 마저도 당국의 불허로 성사되지 못했다. 다만 7월 7일 NCCK 인권위원회의 조남기 위원장과 이경배 사무국장이 전두환 합동수사본부장을 면담하여 연행자의 소재 확인과 가족면회의 허용, 구속자의 석방 등의 현안 논의와 같은 소극적인 방법으로 광주민주화 운동에 반응하였다.[99] 이러한 이유 중 중요한 요

---

[97] 한국기독교교회협의회 인권위원회 편, 『1980년대 민주화 운동, VI』, 824.
[98] 민주화운동기념사업회, 『한국민주화 운동사 3-서울의 봄부터 문민정부수립까지』, 497.
[99] 김명배, 『한국기독교 사회운동사: 민주화와 인권운동을 중심으로 1960-1987』, 215.

소는 전두환 정권이 위험인물들로 판단한 사람은 사전에 김대중 내란 음모 혐의로 대부분 구속하였기 때문이다.

이러한 개신교의 활동에 이어 가톨릭에서도 광주민주화 운동에 대하여 적극적으로 대처하였다. 광주민주화 운동 수습과정에 있어서 윤공희 대주교의 보고를 받은 김수환 추기경은 5월 23일 명동성당에서 있은 강론에서 광주민주화 운동에서 희생당한 영령들을 위로하였다. 그러나 얼마 후 1980년 7월 10일, 서울교구의 오태순, 양홍, 김택암, 안충석, 장덕필 신부들과 명동성당에서 노동 상담을 맡고 있던 정양숙 수녀가 체포되어 심문을 받고 광주사건에 대한 '거짓 소문'을 퍼뜨렸다고 체포되었다.[100]

이렇게 가톨릭은 광주민주화 운동에 적극적으로 나서 국내적으로는 광주민주화 운동을 쟁점화시켜 광주시민들의 인권을 지키기 위해 노력하였고, 대외적으로는 광주의 진실을 전 세계에 알리는 역할을 하였다.

이 광주민주화 운동에서의 광주 지방을 중심으로 한 교회의 참여는 무력사용을 자제하고 저항하였다는 점에서 그 정당성과 의의를 찾을 수 있다. 그리고 당시의 광주시민의 고독한 투쟁과 교회의 참여는 1980년대 신군부의 등장으로 수면 아래로 가라앉았던 교회의 사회 참여를 활성화시켰으며 교회의 단결을 불러 일으켰다. 광주민주화 운동으로 인하여 발생한 엄청난 희생은 1980년대 민주화 운동의 내적인 동력으로 자리 잡게 되었고, 신군부정권 타도에 범국민적으로 결집시키는 정서적 근간이 되었다. 또한 광주민주화 운동은 운동에 적극적으로 참여하지 않은 사람에게도 강한 영향을 미쳐 하나의 세대적 수치심과 책임의식의 공감대를 만들었다.[101] 그리고 자신의 이익을 위하여 때로는 독재정권을 지지하기도 하고 때로는 인권

---

[100] 김녕, 『한국 정치와 교회-국가 갈등』, 300.

[101] 조대엽, "1980년대 학생운동의 이념과 민주화 운동의 급진적 확산: 반미주의의 분화와 대중화 전략을 중심으로," (『한국과 국제정치』, 21권 4호, 2005년. 겨울), 199.

문제를 들고 나와 독재 타도에 앞장서는 듯한 미국의 이중적인 태도에 대해 각성하는 계기가 되었고, 미국은 더 이상 우리의 우방이 아니라는 의식을 가지게 되는 계기가 되었다. 이런 의미에서 광주민주화 운동은 반독재 투쟁에서 반미주의로 확산된 민주화 운동으로 평가할 수 있다.

그러나 이러한 노력과는 정반대로 일부 교회의 보수적인 인사들은 조찬기도회를 통하여 집권자들을 광주시민을 보호한 용사들로 미화하는 적극적인 친정부적인 행태를 보이기도 하였다.[102] 1980년 8월 6일 한경직 목사를 포함, 20여 명의 교회 지도자들은 서울 롯데호텔에서 전두환 일행이 참석한 가운데 "전두환 상임위원장을 위한 조찬기도회"를 가졌다. 참석자들은 나라와 겨레, 그리고 교회를 위해 기도했지만, "일찍이 군문에 헌신해서 훌륭한 지휘관으로 나라를 방위하는데 충성을 다하게 하신" 것에 대해 그리고 "최근에 이렇게 어려운 시국에 또한 국보위 상임위원장의 막중한 직책을 맡아서 여러 해 동안 사회 구석구석에 만연돼 있는 모든 사회악을 제거하고 정화하는 운동에 앞장설 수 있게 해주신" 것에 대해 하나님께 감사하는 기도도 드렸다. 그리고 전두환이 8월 27일 통일주체국민회의에서 대통령에 당선되자 다시 한 번 전두환 대통령 취임 축하 조찬기도회를 가졌다. 이 기도회는 9월 30일 아침 신라호텔에서 1,300여 명의 교회 지도자들이 참석하였다.[103] 이러한 일부 목회자들의 행태는 하나님의 이름을 망령되이 부르고 불의한 정권에 저항할 것을 주장하는 칼빈의 정치사상에 위배되는 행위라 할 수 있다.

---

102 1980년 8월 17일에 열린 이 조찬기도회에서 한경직 목사가 설교하고 정진경 목사는 전두환을 위한 기도, 김인득 장로는 '국군장병을 위한 기도'를 하였다. 이 기도회에 참석한 인사들로는 강신명, 박치순, 김윤식, 신현균, 장성칠, 김준곤, 김창인, 지원상 등이 있었다.
103 김홍수, "5월 광주항쟁에 대한 기독교인들의 종교적 반응," 167, 168.

(3) 광주민주화 운동 이후 교회의 민주화 운동

광주민주화 운동 이후 한국 교회는 광주민주화 운동의 진상을 요구하는 한편, 그 추모 열기를 계속적으로 이어가려고 노력하였다. 또한 광주학살을 묵인한 미국의 행동에 책임을 물어야 한다는 견해도 대두되기 시작하였다.

광주학살에 대한 미국의 책임론은 점차적으로 반미감정으로 확산되어 현실적으로 부산 미문화원 방화사건으로 나타났다. 1982년 3월 18일, 한 보수적인 장로교 신학생인 문부식과 그의 친구인 김현장이 문화센터 도서관에 소이탄을 놓아두어 불타오르게 하였다. 빌딩의 1층은 다 타버렸고, 도서관에서 공부하던 한 학생은 갇혀 있다가 죽었다. 당시 가톨릭의 최기식 신부는 이 사건의 용의자인 학생들을 보호하면서 이를 함세웅 신부와 논의하고 그리고 이 사건을 김수환 추기경에게도 보고하였다. 그러자 김수환 추기경은 학생들이 자수할 의향이 있다는 사실을 전두환에게 말하면서 선처를 요구하였다. 그러자 전두환은 만일 학생들이 자수하면 법적인 보호를 할 것이고 국민에게 알리지도 않겠다는 약속을 하였다.

그러나 전두환은 이 약속을 헌신짝처럼 버리고 범인들에게 은신처를 제공했던 천주교 사제 최기식을 포함하여 한 명의 신학생과 16명의 다른 학생들이 체포되었다. 피고인들에 대한 재판이 82년 8월에 있었다. 문부식과 김현장에게 사형선고가 내려졌다. 문씨의 부인은 종신형을 선고받았다. 그리고 최기식의 아버지는 3년형을 받았다.[104]

---

[104] Wi Jo Kang, *Christ and Caesar in modern Korea: A History of Christianity and Politics*, 서정민 역, 『한국기독교사와 정치』, 183.
부산 미문화원 방화사건은 광주학살에서의 미국의 책임을 묻기 위해 시작되었으나 정권의 보도 축소 및 용공조작, 불의의 희생자 발생 등으로 국민들의 호응을 얻지 못하였다. 그러나 정부는 이 사건을 불순세력의 사주로 왜곡하여 문부식에게 사형을 선고했고, 범인 은닉혐의로 대립하던 가톨릭에서 광주항쟁의 진상 문제를 확대할 것을 염려하여 슬그머니 꼬리를 내리며 우야무야 되고 말았다.

이 사건은 본래 의도와는 다르게 용공좌경 세력에 의한 방화라고 왜곡되었다. 당국과 언론은 부산 미문화원 방화사건의 원인과 의미는 배제한 채 방화 자체의 폭력성과 이념적 좌경성에 초점을 맞추어 보도하기에 급급하였다. 그러나 문부식의 재판과정에서 나온 방화의 목적을 살펴보면 "광주사태에 책임이 있는 미국의 처사에 한국국민으로서 정당한 응징을 하기 위함이었다"[105]고 되어 있다.

이에 한국 교회는 부산 미문화원 방화사건의 진상 규명을 위한 노력을 전개하였다. 4월 13일 서울 새문안교회에서 부활절 예배를 보고 나온 백여 명의 개신교 신도들은 30분간 반정부 시위를 벌였고, 19일 혜화동 성당에서는 4.19혁명 22주년 기념강연회 끝에 2,000여 명의 신도와 대학생들이 가두시위를 벌이기도 하였다.[106] 4월 15일 지학순, 박형규, 공덕귀 등 한국 교회사회선교협의회 관련 인사 42명의 이름으로 "부산 미문화원 방화사건에 대한 우리의 견해"라는 성명이 발표되었다. 이 성명에서 이들은 방화사건의 발생원인과 배경으로 미국이 광주시민학살을 용인하고, 그 후 한국인에 대한 모욕적 언사를 서슴지 않거나 불평등한 경제정책을 유지한 데 있음을 지적하고, 정부와 언론이 자신들의 소리만을 일방적으로 강요하지 말고 침묵하고 있는 국민과 교회의 소리를 듣고자 노력할 것을 권유하면서 최소한의 국민적 화해를 위한 조치를 촉구하였다.[107]

정부는 이 성명에 대하여 교회의 소리에 귀를 기울이기는커녕 오히려 정교분리를 내세우며 그리고 로마서 13:1을 근거로 정부에 대한 무조건적인 순종만을 강요하였다. 그리고 이 성명서를 발표한 인권위원회 위원장 박형규 목사를 비롯하여 사회선교협의회 총무인

---

[105] 조대엽, "1980년대 학생운동의 이념과 민주화 운동의 급진적 확산: 반미주의의 분화와 대중화 전략을 중심으로," 207.
[106] 김영택, 『5월 18일, 광주』, 620.
[107] 민주화운동기념사업회 편, 『6월 항쟁을 기록하다』 2권 (민주화운동기념사업회, 2007), 238, 239.

권호경 목사 등 11명을 연행하여 이들의 좌경성을 조사하였다.

부산미문화원 사건에 이어 1982년 5월 18일 광주 YWCA회관 강당에서 광주 NCC와 기장 전남노회 교회와 사회위원회, 광주 EYC의 공동주최로 "2주기 광주 5.18 추모예배"가 열렸다. 2,000여 명의 신자와 유족, 시민들이 참여한 예배가 끝난 후 1,000여 명이 항쟁의 현장인 도청 앞 분수대까지 행진을 시도하다 18명이 연행되고, 이 가운데 기장 전남노회 교회와 사회위원회 총무 김경식 목사, 광주 EYC 회장 김영진, 성공회대학교 신학생을 비롯한 학생 두 명 등, 네 명이 구속되었다. 5.18 기념예배 사건에 이어 그해 8월 1일에는 강신석 목사의 도움을 받아 광주 무진교회에서 "5.18 부상자회"가 결성되었으며, 사무실은 광주 YWCA회관 내에 개설되었다.[108]

이에 자극을 받은 전두환 정권은 1983년 5월 16일에는 광주항쟁 3주기 추모예배에 참석하려던 문익환, 박형규 목사를 비롯하여 함석헌, 이문영, 이해동 등을 가택 연금하였다. 그럼에도 교회는 고난 받는 예수를 자처하고 전두환 정권에 항거하였다. 고난당한 형제들을 위하여 추모예배 및 기도회가 개최되었다. 그 일환으로 광주에서는 5월 18일 1천여 명의 시민과 교인이 한빛교회에 모여 5.18 추모예배가 열렸고, 서울에서도 5월 19일 오후 6시 기독교 회관 2층 강당에서 "광주의 희생자와 고난 받는 형제를 위한 예배"를 드렸다.

정치권에서는 5.18 광주민주화 운동 3주기를 맞이하여 김영삼 전 신민당 총재가 국민에게 보내는 성명서를 발표하고 무기한 단식에 들어갔다. 그러나 이 같은 사실을 외신은 보도하고 있었으나 국내언론은 일체 보도하지 않았다. 이에 NCCK 인권위원회는 결의를 거쳐 박형규 위원장과 이문영 부위원장으로 하여금 5월 30일 서울대병원으로 김영삼 전 총재를 방문하여 면담토록 했다. 그리고 다음날인 5월 31일 함석헌 선생, 문익환 목사, 이문영 교수, 예춘호 선생, 홍남

---

[108] 민주화운동기념사업회, 『한국민주화 운동사 3-서울의 봄부터 문민정부수립까지』, 499.

순 변호사 등 5인이 나라의 전면적 민주화를 주장하는 "긴급민주선언"을 발표하고 인권위원회 사무실에서 단식농성을 하였다. 그러자 이날 오후 수백 명의 사복 기관원들이 기독교 회관 8층과 9층을 점령하고, 단식농성 중인 사무실로 난입해 다섯 분을 각기 관할서로 강제 연행하여 조사한 후 6월 17일까지 18일 동안이나 가택 연금하는 사태가 발생하였다. 이들은 선언문에서 "학원에서 밀어 올리는 국민의 민주열망이 한 정치인 김영삼으로 하여금 무기한 단식투쟁에 돌입하게 했으며, 우리도 국민의 일원으로서 단식으로 국민의 뜻을 모으고자 한다"고 단식행동의 취지를 밝히고, 양심범의 즉각 석방, 비민주적 악법철폐, 학원자율화, 언론의 자주독립성 회복 등 8개 항을 요구하였다.[109]

이러한 교회의 민주화에 대한 노력은 인권위원회 주최로 진행되었으며, 주로 80년 5월에 일어난 광주민주화 운동에 대한 진상규명과 더불어 정치적 자유를 요구하였다. 인권위원회는 통치 권력에 의한 폭력과 인권유린에 대하여 시한부 농성과 단식으로 순교의 각오로 저항하였다.

이미 주지하고 있는 바와 같이 1970, 80년대 독재 권력은 자신의 권력을 연장하기 위하여 반대세력을 구금 또는 폭행, 고문을 자행하는 등 인권유린을 자행하였다. 한국에서 이렇게 인권이 유린되는 상황에서 미국은 오히려 한국의 군사정권을 세계에서 인권이 잘 지켜지는 나라 중 하나로 평가하였다. 이는 미국이 평소에는 인권을 외치며 자유민주주의의 수호자로 자처하지만 자신의 이익을 위하여 한국의 군사정권을 지지하였기 때문에 가능한 일이었다.

사실 1980년대 한국의 민주화 운동은 외부의 지원이 전혀 없는 인권의 사각지대에서 진행된 것이기 때문에 더욱 의미가 깊다. 그리고 교회가 이 민주화 운동에 앞장 선 것은 고난 받는 예수의 모

---

[109] 민주화운동기념사업회 편, 『6월 항쟁을 기록하다』 2권, 242, 243.

습이었으며 민중과 함께하는 교회의 선교적 차원에서 비롯되었다고 할 수 있다. 이 교회의 모습은 1984년 기독교 운동에서도 여실히 드러난다.

전두환 정권은 1983년 12월 제적학생 복교 조치 및 해직 교수의 복직을 허용하는 '학원자율화' 조치가 취해지고, 이어 학내에 투입된 경찰도 철수하게 되었다. 이미 1982-83년을 거치면서 나름대로 복구되고 있던 학생운동은 이를 계기로 본격적으로 강화되기 시작했다. 1984년 상반기의 학생운동은 우선 복교 대책 운동으로 출발하여 학원민주화 운동으로 발전하였다.[110]

이러한 여건 속에서 기독교 운동도 그간 분산되어 있던 역량을 보다 적극적으로 조직화하고, 민주화 투쟁을 더욱 확산시켜 나갔다. 기독학생의 경우, KSCF는 1984년 1월 27일 YMCA 다락원에서 기독학생대회를 가졌고, 이를 기반으로 10월 4일에는 임시학생총회를 부활시켰다. EYC 역시 7월 19일부터 20일간 매포 수양관에서 중앙위원과 지구대표자들이 모여 에큐메니칼 운동의 지역 정착을 위해 새로운 노력을 경주할 것을 결의하면서 에큐메니칼 운동 지역 정착 선언을 채택하고, 운동의 지역화에 매진하였다. 목회자들의 경우도 7월 10일 대전 가톨릭농민회관에서 목회자정의평화실천협의회를 출범시켜 가구 교단과 지역에서 앞장서 복음을 몸으로 실천하고자 하는 선각적 목회자들의 조직화에 나섰다. 이와 동시에 인권위원회 역시 그간의 사업이 사건의 사후대책에 머물고 있다는 점을 중시하여 사건예방과 인권침해의 구조적 원인을 제거하고, 인권운동에 앞장서자는 방향에서 지역 인권사업의 활성화와 조직화에 역점을 두었다.[111]

이러한 교회의 노력은 독재정권에 대한 반폭력 시위에서도 여실

---

110 박현채 엮음, 『청년을 위한 한국 현대사. 1945-1991: 고난과 희망의 민족사』, 364.
111 민주화운동기념사업회 편, 『6월 항쟁을 기록하다, 2권』, 246, 247.

히 증명된다. 시위대에 대한 정권의 폭력진압은 변함이 없었고, 이로 인한 경찰의 투석으로 실명당한 학생도 발생하였다. 그럼에도 기독청년들은 광주항쟁이 있었던 5월을 평화행진의 달로 정하고 각 교단의 선교부는 물론 감신, 연신, 장신, 한신, 서울신학대학교에서 반폭력 투쟁 선언을 하게 되었다.

이러한 노력은 간디의 비폭력저항 운동을 모티브로 삼았으며, 교회의 참 모습을 보여주는 좋은 계기가 되었다. 그리고 학생들의 시위에도 상당한 영향을 미쳐 학생들이 평화시위를 하려는 노력을 하게 하였다.

교회는 1985년 2.12 총선에 적극 참여하여 투표로 정권을 바꾸고자 하는 노력도 감행하였다. 1984년 11월 30일 김대중, 김영삼을 제외한 84명이 해금되자, 이들 해금자들은 "민주화추진협의회"를 결성하여 1984년 12월 총선에 적극 참여할 것을 선언하였다. 여기에 민한당 소속 10명이 집단 탈당하자, 이를 토대로 새로운 야당인 "신한민주당"을 창당하였다. 교회는 2.12 총선을 맞아 NCCK를 중심으로 공명선거운동을 전개하였다. NCCK 김소영 총무는 1985년 1월 8일 연두기자회견을 통하여 "NCCK의 교회와 사회위원회가 오는 2월 총선을 앞두고 선거에 대한 협의회를 준비하고 있다면서 공명정대한 선거가 이루어지도록 예언자적 사명을 해야 한다고 말하고, 만일 부정선거가 행해진다면 강력히 이에 대항할 것"이라고 말했다. 2월 1일에는 개신교회와 가톨릭의 성직자를 중심으로 청년, 재야, 농민, 노동단체 등이 "민주제도쟁취 국민운동대회"를 조직하고 "민주제도쟁취 국민선언"을 발표하였다. 이어 2월 5일에는 가두시위에 돌입하였다.[112] 이러한 교회의 노력과 독재정권에 환멸을 느낀 온 국민들의 정권교체의 열망으로 2.12 총선은 84.2%의 높은 투표율을 보인 가운데 신민당은 서울에서 국회의원 전원이 당선되는 등 대도시

---

[112] 김명배, 『한국기독교 사회운동사: 민주화와 인권운동을 중심으로 1960-1987』, 246.

에서 압승을 거두었다. 전체적으로 민정당 148석(지역구 87석, 전국구 61석), 신민당이 67석(지역구 50석, 전국구 17석), 민한당 35석(지역구 26석, 전국구 9석), 국민당 20석(지역구 20석, 전국구 5석)으로 신민당은 창당된지 3주 만에 제1야당으로 등극했다.[113] 이후 민한당으로 당선된 국회의원들이 속속 신민당에 합류하여 5월 9일 야권통합이 이루어졌다.

이렇게 교회는 광주민주화 운동 이후에도 정권의 탄압에 맞서 예언자적 목소리를 내며 정치 지형에도 많은 영향을 미쳤다. 교회의 지도자들은 정권에 의해 자행되고 있는 인권 침해를 보면서 교회의 참모습은 민중과 함께 하는 것이라 생각하였다. 그래서 교회는 전국에 인권침해 사례를 보도하며 민주화 운동 과정에서 벌어지는 인권탄압을 부각하고 더 이상 인권탄압이 벌어지지 않기를 노력하였던 것이다.

3) 6월 민주항쟁과 교회

(1) 6월 민주항쟁의 배경과 박종철 고문치사사건

6월 민주항쟁은 1987년 6월 제5공화국 군부종식을 위해 전국적으로 일어난 민주화 운동을 의미한다. 이 6월 항쟁은 짧게는 1987년 6월 10일의 국민대회로부터 6월 26일 평화대행진 기간까지를 말하지만, 넓게는 그해 1월의 박종철 군 고문사건과 4.13 호헌조치의 기간까지 확대할 수 있다. 왜냐하면 박종철 고문사건과 4.13 호헌조치에 대한 직선제 개헌 투쟁이 6월 항쟁의 직접적인 원인이기때문이다.

6월 민주항쟁의 배경에 대하여 설명하려면 그 직간접적인 요인을 살펴보아야 하는데, 이는 세 가지로 말할 수 있다. 우선 첫 번째로는 사회구조적인 차원이다. 6월 항쟁 발생에 가장 커다란 영향을 미

---

[113] 민주화운동기념사업회, 『한국민주화 운동사 3-서울의 봄부터 문민정부수립까지』, 235.

친 거시적 사회변화의 효과는 산업화의 효과일 것이다. 사실 박정희 정권의 개발독재는 억압을 통한 독재이기도 하지만, 다른 한편 일반 국민들에게 경제 발전을 위해 일정기간 동안 민주화의 유예가 불가 피한 것으로 받아들여졌던 잠정적 독재의 성격도 없지 않았다. 따라서 산업화의 결과 국민의 생활수준이 일정 수준에 이르게 되었을 때 경제발전을 위한 독재의 논리는 더 이상 그 설득력을 잃게 된다.[114]

이러한 의미에서 전두환 정권의 독재는 그 어떤 논리로도 합리화 시킬 수 없는 지경이었다. 이미 개발이 이루어진 상태에서 더 이상 산업화의 구상에 대한 설명은 국민들에게 설득력이 없어졌다.

다음으로 정권적 차원에서, 전두환 정권의 권위주의 체제는 그 정당성 결여로 장기적으로 유지되기 어려웠다. 전두환 정권은 그 출범 당시부터 정당성을 결여하고 있었다. 그것은 신군부 세력의 권력 장악이 당시의 일반 대중의 민주화 기대에 반하여 12.12 및 5.17의 불법 쿠데타를 통해 이루어졌을뿐 아니라, 그 과정에서 이에 저항했던 광주시민에 대한 야만적인 살상행위가 수반되었기 때문이다.[115] 이에 국민들의 민주화에 대한 요구는 끊임없이 이어졌으며, 이제는 학생들뿐만이 아니라 일반 국민들이 참여하는 수준으로까지 발전한 것이다.

세 번째로 변화에 대한 국민의 바람을 들 수 있다. 전두환 정권이 집권한지 5년 동안, 경제의 파탄과 전두환 일가의 비리로 인하여 국민들은 5공화국에 염증을 느끼고 있었다. 이에 국민들은 군사정권을 종식시킬 새로운 변화를 요구하게 되었다. 이에 재야 민주화 운동 세력은 통합된 운동세력인 "민주통일민중운동연합"(민통련)을 조직하고 연합운동을 벌였다. 이들 민통련은 평화적인 민족통일을 지향하면서 사회의 비민주적인 요소를 제거하고 노동자가 권익을 보장

---

[114] 정해구, 김혜진, 정상호, 『6월 항쟁과 민주주의』, 106.
[115] 정해구, 김혜진, 정상호, 『6월 항쟁과 민주주의』, 107.

받는 세상을 만들기를 꿈꾸었다.[116]

함석헌, 김재준, 지학순, 홍남순 등이 고문으로 있고 문익환 목사가 의장인 민통련은 창립 두 달도 안 돼 맞이한 5월 광주민중항쟁 5주년을 맞아 광주항쟁을 공개적 역사현장으로 끌어냈다. 그리고 민통련은 기관지인 "민중의 소리"를 통하여 1985년 5월 23-5월 26일까지 있었던 5개 대학 73명의 대학생들의 미국문화원 점거농성 소식을 전하면서 학생들의 "우리는 왜 미문화원에 들어가야만 했나"라는 성명서도 전문 게재했다. 민통련은 또 1985년 5월 10일 "레이건 미대통령에게 보내는 공개서한"을 보내 역대 미국정권들의 한국 군사독재정권들에 대한 지지와 후원을 비판하고 레이건 정권이 군사독재정권의 남북대화를 지원할 것이 아니라 한국 민중이 주체가 되는 통일논의를 지지하라고 촉구했다.[117]

민통련의 등장은 우리나라의 민주화 운동에 일대 전환점을 가져왔다. 앞에서 살펴본 바와 같이 민통련은 재야 민주화 운동세력을 통합하여 정국에 강력한 민주화 운동을 추진하였다. 1985년 2.12 총선의 승리와 재야의 연합으로 정국이 야권에 유리하게 돌아가자 신민당에서는 개헌 논의를 본격적으로 시작하였다.

전두환은 1986년 1월 16일 국정연설에서 1988년 평화적 정권교체가 끝난 1989년이 되어서야 개헌을 논의하겠다고 밝힘으로써 임기내 개헌불가의 입장을 밝혔다. 그러나 2월 4일 서울대학교에서 15개 대학 1천 명이 모여 "파쇼 헌법 철폐 투쟁 대회 및 개헌 서명 운동 추진본부 결성식"이 개최되었고, 12일에는 신민당과 민추협 공동으로 1천만 개헌서명운동을 전격적으로 개시하기로 하였으며, 3월 5일에는 민통련이 가맹 23개 단체와 각계 민주 인사 303인의 이름으로 "군사 독재 퇴진 촉구와 민주헌법 쟁취를 위한 범국민 서명 운동

---

[116] 민주화운동기념사업회 편, 『6월 항쟁을 기록하다』 2권, 335, 336.
[117] 민주화운동기념사업회 편, 『6월 항쟁을 기록하다』 2권, 336.

선언"을 발표하였다. 3월 17일에는 신민당과 재야가 "민주화를 위한 국민 연락 기구"를 구성하기로 하였다.[118] 이런 일련의 과정 가운데 개헌논의가 활발하게 이루어지고 있었다.

마지막으로 고문정국에 대한 한계를 들 수 있다. 전두환은 체제를 유지시키기 위하여 수많은 반체제 인사들과 운동권 학생들을 구속하여 이들의 입막음하려 하였다. 이 체제 유지를 위해 전두환 정권은 자신의 임기말을 고문정국으로 이끌었다. 이 과정에서 발생한 사건은 부천에서 일어난 성고문 사건과 박종철 군 고문치사 사건이었다.

1985년 봄, 서울대학교 의류학과 4학년에 재학 중이던 권인숙은 경기 부천시 소재 가스배출기 제조업체에 '허명숙'이라는 친지의 이름으로 위장 취업하였다. 이듬해 6월 4일 권인숙은 주민등록증을 위조한 혐의로 부천경찰서에 연행되었다. 관련 사실을 거리낌 없이 시인했으므로 그 다음엔 문제가 될 부분이 없었다. 그런 그녀에게 6일 새벽과 7일 심야, 두 번에 걸쳐 조사계 형사 문귀동은 5.3 인천사태 관련자의 행방을 추궁하면서 차마 입에 담지 못할 언어폭행과 고문을 자행했다. 자신의 성기를 고문의 도구로 쓰면서 등 뒤로 수갑이 채워진 저항불능 상태의 여성을 모독하고 유린하고 협박했다. 공권력의 추악한 타락상은 조영래 변호사 등이 작성한 고발장에 의해 삽시간에 전국에 알려졌다. 그러나 검찰은 7월 16일 수사결과에서 권인숙이 성적불량자, 가출자이며 급진좌경사상에 물들어 혁명을 위해 성적 수치심까지 이용하는 거짓말쟁이라고 매도했다.[119]

이 부천경찰서 성고문 사건은 전두환 정권의 극악성과 도덕적인 타락을 보여주는 한 대목이었다. 이 사건은 권인숙의 끊임없는 노력으로 사실이 드러나면서 문귀동이 구속되어 실형을 받는 것으로 종결되었다. 하지만 이 사건을 바라본 국민은 전두환 정권에 환멸을

---

[118] 박현채 엮음, 『청년을 위한 한국 현대사. 1945-1991: 고난과 희망의 민족사』, 369, 370.
[119] 민주화운동기념사업회 편, 『6월 항쟁을 기록하다』 3권 (민주화운동기념사업회, 2007), 12, 13.

느끼게 되고 크게 분노하였다.

개헌 요구와 학생들의 민주화를 위한 시위 그리고 부천경찰서 성고문 사건까지 터지자 전국 각 대학에서 교수들의 시국선언이 잇따랐다. 이 교수들의 시국선언은 1986년과 1987년에 걸쳐 진행되었는데, 이들 교수들은 민주화를 위한 요구는 마침내 "민주화를 위한 전국교수협의회"라는 단체를 탄생시켰다.

이 교수들의 시국선언은 전두환 정권을 궁지에 몰아넣기에 충분하였다. 그러한 와중에 1987년 1월 14일 발생한 박종철 고문치사사건은 6월 항쟁의 직접적인 단초를 제공하였다. 서울대학교 학생 박종철이 연행된 것은 1987년 1월 13일이었다. 연행 사유는 민주화추진위원회 사건으로 수배 중이던 박종운 군의 소재를 찾기 위한 참고인 조사였으나, 다음날 아침 박종철은 고문으로 인하여 질식사하였다.

1월 15일, 박종철의 죽음은 취조를 받던 학생의 죽음으로만 신문에 보도되었다. 또한 취조를 맡았던 경관 두 명을 체포했다는 보도도 났다. 동아일보는 1월 17일자 1판부터 박 군의 시체를 처음 본 중앙대학교 부속병원 내과 의사 오연상과 부검에 입회한 한양대학교 부속병원 박동호의 증언을 사회면에 상세히 보도했다.[120] 치안본부장은 처음에는 쇼크사로 강하게 주장하였으나 더 이상 쇼크사로 위장할 수 없게 되자 강민창 치안본부장은 19일 조한경 경위와 강진규 경사를 특정범죄가중처벌법 위반혐의로 구속했다고 발표했다. 20일 전두환 대통령은 박종철 고문사건에 대해 유감을 표시하고 내무부 장관과 치안본부장을 경질했는데, 내무부 장관에는 뜻밖에도 정호용을 기용했다.[121]

그러나 이 사건은 이렇게 무마된 것이 아니라 교계뿐만이 아니라 사회 곳곳에 큰 충격과 전두환 정권에 대한 민중들의 폭발을 가져왔

---

120 김영택, 『5월 18일, 광주』, 632.
121 민주화운동기념사업회, 『한국민주화 운동사 3-서울의 봄부터 문민정부수립까지』, 280.

다. 1987년 2월 7일 "고 박종철 군 추모대회"와 3월 3일 "고문추방 민주화 대행진"이 열릴 예정이었으나 경찰이 이를 원천봉쇄하자 시민 학생들은 경찰의 저지를 뚫고 시위를 벌였다. 그러나 이에 질세라 전두환 정권은 국민들의 개헌요구를 묵살하고자 서울 올림픽의 성공적인 개최를 위해 올림픽까지 개헌논의를 중단하는 것을 골자로 하는 4.13 호헌조치를 발표하였다.

이 호헌조치는 일부 관제언론과 단체들의 적극적인 찬성에도 불구하고 대다수 국민들의 반발을 불러일으켰다. 1986년에 이어 이번에도 고려대학교 교수 30명이 4월 22일에 "개헌문제에 관한 우리의 견해"라는 성명서를 발표하였고, 이후 광주가톨릭대학교, 서강대학교 교수들이 시국선언을 하였고 또한 여러 대학교수들이 지난해에 이어 1987년에도 개헌에 관한 교수들의 시국인식을 분명히 하였다. 이렇게 교수들의 시국선언문 뿐만 아니라 대학과 대학원생들의 시국선언도 잇따랐다.[122]

이렇듯 6월 민주항쟁은 사회구조적인 배경과 전두환 정권의 정당성 결여와 변화에 대한 국민들의 바람이 만들어낸 역사의 전환점이었다.

(2) 6월 민주항쟁과 교회의 대응

박종철 고문 사건은 종교계의 비상한 관심을 모았다. 박종철 부모가 독실한 불교신자인 것도 작용해 불교계 청년과 승려들이 1987년 1월 21, 22일에 추모 및 항의 법회 등을 가졌다. 새문안교회, 영락교회, 구세군 강남영문, 대한기독교감리회 등 비교적 보수적이면서도 영향력 있는 개신교 교회에서도 추모예배 또는 성명서 발표가 있었다. 반향은 천주교에서 가장 컸다. 유신체제에 강력히 맞서 싸운 천

---

[122] 민주화운동기념사업회 편, 『6월 항쟁을 기록하다』 3권 (민주화운동기념사업회, 2007), 147.

주교정의구현사제단을 비롯해 천주교사회운동협의회, 천주교정의 평화위원회 그리고 각 성당에서 추도미사를 갖거나 항의 성명을 발표했다.[123]

이 박종철 군 고문치사사건의 추모 열기는 자연스럽게 1987년의 6월 민주항쟁으로 연결되어 그해 5월 18일 전국 62개 대학에서 경찰 추산 2만 2천여 명의 학생들이 추모시위를 벌였고, 그날 밤 6시 30분 명동성당에서는 천주교정의구현전국사제단에 의해 특별하게 준비된 "광주민주항쟁 제7주기 미사"가 열렸다. 이날 미사에는 2천 명의 신자와 민주인사들이 참석하였다. 사제단은 이 미사를 통해 "박종철 군 고문치사사건의 진상이 조작되었다"는 성명을 발표하였다.

이때 김승훈 신부는 박종철을 고문하여 사망에 이르게 한 진짜 범인은 경위 황정웅, 경사 반금곤, 경장 이정호로서 그들이 현재 경찰 신분을 유지하고 있다고 지적하고, 사건의 조작을 담당하고 연출한 사람은 치안본부 대공수사 2단장 전석린 경무관, 유정방 경정 등이라고 밝혔다. 그리고 강민창 전 치안본부장이 사건은폐 및 범인조작에 개입한 흔적이 확실하다고 밝혔다.[124]

이 사제단의 진상조사 발표는 국민들에게 엄청난 파문을 불러일으켰다. 고문에 직접 가담했던 황정웅 경위와 반금곤, 이정호 경장이 구속된 데 이어 범인 축소 조작에 가담했던 박처원 치안감과 대공수사 2단의 유정방 5과장, 박원택 5과 2계장이 추가로 구속되었다. 그러나 이 정도로는 어림도 없었다. 사태의 심각성을 깨달은 전두환 정권은 5월 26일 노신영 국무총리, 장세동 안기부장, 정호용 내무부장관, 서동권 검찰총장 등에 대한 문책 인사를 단행하였다.[125]

현 정부의 측근 인사를 해임하는 강력한 인사 조치에도 불구하고 국민들의 분노는 시들어지지 않았다. 5월 27일 민통련과 통일민주

---

[123] 민주화운동기념사업회, 『한국민주화 운동사 3-서울의 봄부터 문민정부수립까지』, 283.
[124] 민주화운동기념사업회, 『한국민주화 운동사 3-서울의 봄부터 문민정부수립까지』, 299.
[125] 임영태, "제5공화국," 『대한민국 50년사 2』 (들녘, 1998), 180.

당이 주축이 되어 광범위한 민주세력을 묶어세운 "민주헌법쟁취 국민운동본부"가 탄생하게 되었다. 국민운동본부는 2천 2백 명에 이르는 대규모 발기인으로 발족되었다. 여기에는 양심수 가족 308명, 가톨릭 253명, 기독교 270명, 불교 160명, 정치인 213명, 노동자 39명, 농민 171명, 문학·예술·교육자 155명, 빈민 18명, 민통련 35명, 기타 지역 대표로 구성되었다. 고문은 김수환 추기경, 문익환 민통련 의장, 함석헌, 김대중, 김영삼 등 5인이 맡았다.[126]

이들 발기인 2,196명중 150명은 "민주헌법쟁취 국민운동본부" 발기인 대회를 열면서 6월 10일 "박종철 군 고문살인조작 범국민규탄대회"를 개최하기로 결정하였다. 즉 6.10 항쟁의 발단이 되는 집회를 대규모로 계획한 것이다.

한편 반대로 6월 10일 노태우를 민정당 대통령 후보로 선출하려는 "민정당 제4차 전당대회 및 대통령 후보 지명대회"가 잠실체육관에서 열렸다. 그러나 같은 시간 서울을 비롯한 전국의 22개 도시는 24만 명의 민중이 참여한 가운데 "호헌철폐," "독재타도," "미국반대"라는 구호를 외치며 대규모 군중집회가 열렸다.[127]

사태가 긴박해짐에 따라 이제까지 '조용한' 접촉을 모색해왔던 미국은 공개적으로 한국 사태에 개입하기 시작하였다. 19일에는 레이건의 친서가 전두환에게 전달되었다. 20일 더윈스키 국무차관의 방한, 23일에는 한국문제의 실무 책임자인 시거가 급히 내한했다. 이 과정에서 미국의 태도는 "군부개입을 반대하고 한국사태가 평화적으로 해결되어 민주발전이 이룩되기 바란다"는 것이었다.[128]

사실 6월 항쟁에서 주최측인 국민운동본부는 6월 10일의 국민대회만을 기획하고 있었으나, 민중들은 정권의 퇴진은 물론, 정권교체까지 염두에 두어 주최측과 큰 견해차를 보였다. 이에 전두환 정권

---

[126] 박세길, 『다시 쓰는 한국 현대사. 3』 (서울: 돌베게, 1992), 179.
[127] 박세길, 『다시 쓰는 한국 현대사. 3』, 180.
[128] 박현채 엮음, 『청년을 위한 한국 현대사, 1945-1991: 고난과 희망의 민족사』, 374, 375.

은 민주화의 요구를 무력으로 강제 진압하는 것에 큰 부담을 느껴 대통령 직선제 수용들을 골자로 하는 8개항의 6.29 선언문을 발표하였다.

이 6월 항쟁이 일어나기 전 직선제 개헌 요구와 이어지는 부천서 성고문 사건과 그리고 박종철 고문 치사사건이 발생하여 6월 항쟁이 본격화되는 기간 동안 교회는 민중들과 함께 숨을 쉬고 동고동락을 함께하는 모습을 보여 주었다. 교회는 1차적으로 대다수 민중들의 염원대로 직선제 개헌 투쟁에 돌입하였다. 1986년 2월 목회자들의 개헌서명에 이어 한국기독교교회협의회(NCCK)는 3월 14일 민주헌법 실현을 위한 "시국선언문"을 발표하였다.[129]

NCCK의 시국선언문은 많은 한국 교회들이 본격적으로 개헌논의에 동참한 일대 계기가 되었고, 이어 가톨릭의 직선제 개헌에 대한 시국선언문의 동기부여가 되었다고 할 수 있다. 그리고 기장과 감리교 등 NCCK 가맹교단을 비롯하여 비가맹교단인 예장(개혁)에서도 조속한 개헌과 양심수 석방을 촉구하는 성명서를 발표하였다. 여기서 예장(개혁)은 보수적인 교회로 지금까지 정권에 대하여 침묵내지는 암묵적 지지를 표해온 교단으로서는 이례적으로 시국선언에 동참하였다.

이와 같이 직선제 개헌 요구에 이은 부천경찰서 성고문으로 인하여 교회는 지금까지의 침묵적인 자세를 버리고 본연의 예언자적인 사명을 감당하려고 하였다. 부천서 성 고문사건이 터지자 NCCK는 즉각 성명을 발표하고 반독재 민주화 운동에 나설 것임을 천명하였다. 1987년 1월 16일 NCCK 고문—폭력대책위원회는 위원장 김상근 목사의 이름으로 성명을 발표하고 박 군 사망 진상규명과 고문수사 근절을 위한 각계 합동 위원회 구성을 제의하였다. 이어 1월 20일 예장(통합) 소속 목사 20명은 인권위원회 사무실에서 박 군의 죽음

---

[129] 김명배, 『한국기독교 사회운동사: 민주화와 인권운동을 중심으로 1960-1987』, 251.

을 추모하는 철야예배를 드렸고, 다음날 예장(통합)총회와 인권위원회는 "하나님의 형상을 모독하는 고문은 즉각 종식되어야 한다"는 성명을 발표하였다.[130] 이후 23일 감리교가 5개 연회 감독명의의 성명서를 발표하였다.

이어 발표되는 정부의 호헌조치에 대해서도 교회의 반응도 분명하였다. 4·13 호헌조치가 발표된 다음날, 한국기독교교회협의회와 전국목회자 정의평화실천협의회는 즉각 성명을 발표하고 현 정권의 즉각적인 퇴진만이 민주화를 취할 수 있다면서 4·13 호헌조치에 대한 기독교 성직자의 입장을 천명하였다. 4월 17일에는 기독교대한감리회 선교자유수호대책협의회의 "군부독재정권의 영구집권 음모" 폭로 및 규탄성명이 발표되었고 4월 21일부터 NCCK 인권위원회 및 23개 지역 인권위원회는 직선제 개헌을 위한 서명을 전개하였다.[131]

이렇게 6월 항쟁이 본격적으로 일어나기 전부터 교회는 정국에 민감하게 대응하면서 민중들의 편에 서서 활동하였다. 그리고 6월 민주화 항쟁이 발생하자 교회는 온 국민과 더불어 민주화 운동에 참여하였다. 6. 10 대회가 성공적으로 진행되자, 정부는 6.10 대회와 관련하여 '국민운동본부' 박형규 목사를 비롯한 핵심 간부 13명을 포함, 전국에서 220명을 체포하였다. 6.10 대회 준비과정에서 연세대 이한열 군의 최루탄 피격사망에 분노한 국민들의 민주화에 대한 요구에 노태우 차기 대통령 후보가 4.13 조치에 대한 정치일정을 고수하면서도 부분적인 양보와 대화용의를 밝혔으나 민주당과 "국민운동본부"를 비롯한 야권은 이를 즉각 거부하고 즉각적인 개헌과 군부 퇴진을 요구하였다.

계속되는 전두환 정권의 폭압적인 정치와 그리고 젊은 청년들의

---

[130] 김명배, 『한국기독교 사회운동사: 민주화와 인권운동을 중심으로 1960-1987』, 259.
[131] 김명배, 『한국기독교 사회운동사: 민주화와 인권운동을 중심으로 1960-1987』, 263.

희생에 진보적인 교회는 물론 교회의 사회참여에 소극적이던 보수 교회에서도 민주화와 전두환 정권의 퇴진을 요구하였다. 교회는 시국성명과 기도회 그리고 시위를 병행하였다. 한국기독교장로회는 6월 16일 "6. 10 국민대회"에 대한 성명서를 발표하여 정부는 국민의 민주화 요구에 즉각적으로 순응할 것을 요구하였다. 또 6월 22일 예장(통합) 주최로 새문안교회에서 2,500명이 참석한 가운데 "나라를 위한 기도회"가 열렸다. 그리고 성공회에서도 26일 "나라를 위한 특별 미사"를 열어 정부에 민주화를 요구하였다.[132]

이러한 한국 교회의 6월 민주화 운동에 있어서 특이한 점은 그동안 시국문제에 무관심한 것으로 보였던 보수적인 교회에서도 반정부 투쟁에 동참하였다는 점이다. 그중에서도 대표적인 보수주의 신학교인 총신대학교와 고신대학교 학생들의 시위는 전두환 정권의 폭압성이 얼마나 도에 지나쳤는지를 잘 보여주는 대목이다.

사실 총신대는 1980년 봄 서울에서 민주화 운동에 적극적이었다. 비록 전두환 정권의 폭압적인 통치와 보수적인 교단의 분위기에 주춤하였으나, 1985년을 5.18 광주민주화 운동 기념식을 계기로 더 이상 침묵하지 않고 예언자적인 행동을 시작하여 교회의 반민주-반민족-반민중적 과오를 자성할 것을 요구하였다. 또한 총신대학교 학생들은 광주민주화 운동의 진상규명과 더불어 전두환 군사정권의 퇴진을 요구하였다. 이러한 분위기는 1987년 6월 항쟁에서도 지속되었다. 교회의 반민주-반민족-반민중적 과오를 자성하라는 총신대학교 학생들의 시위와 함께 예장(합동)은 6월 22-27일을 시국타개를 위한 기도주간으로 설정하고, 지 교회별로 담임교역자의 지도 아래 금식 또는 작정기도회를 매일 개최하였다. 총회장 안중섭 목사는 교단산하 전국교회에 보낸 서한에서 자유민주주의적 정치발전, 삼권

---

[132] 김명배, 『한국기독교 사회운동사: 민주화와 인권운동을 중심으로 1960-1987』, 267-269.

분립의 정상기능, 지방자치제 전국실시, 인권침해방지, 군부와 경찰의 정치적 중립, 구속자 석방, 고문철폐, 단군신화의 사실화 방지, 음란비디오 억제 등 다양한 주제를 내걸었다. 6월 23일에는 기독교대한성결교회는 성결회관에서 구국 기도회를 열고 가두시위를 벌였으며 대한예수교장로회 고신측도 부산에서 6월 18일과 19일 비상노회를 열고 4.13 조치의 철회와 언론자유, 인권 탄압중지 등을 결의하고 시국연합집회에 적극 참여하기로 결의하였다.[133]

사실 총신대학교와 예장(합동) 및 고신측의 대국민 성명서와 시국연합 집회 등 보수주의 교회의 사회참여는 정권에 큰 타격을 주었으며 한국 교회의 사회운동에 보수교단이 참여하는 계기로 작용하였다.

보수교단의 참여가 돋보인 것은 5월 24일 오후 3시 광주 도청 앞 광장에서 열린 기도회에서였다. 광주기독교선교자유수호위원회(회장 개혁측 김재현 목사, 총무 성결교 방철호 목사)가 주관한 이 기도회는 원래 YMCA 체육관에서 열릴 예정이었으나 경찰의 원천봉쇄로 노상에서 기도회를 드리게 되었다. 기도회를 마친 후 5만 군중들은 가두를 행진하며 시위를 벌였다. 이날 발표된 성명에는 보수교단 소속 목회자 298명을 포함한 14개 교단 534명이 서명하였다.[134]

사실 그동안 보수주의 교회에서는 정교분리의 원칙을 내세워 사회참여를 터부시하고 심지어는 일부 목회자들을 중심으로 친정부적인 성향을 보여 왔었던 것이 사실이다. 그러나 총신대학교를 비롯한 고신대학교는 보수교단의 신학교임에도 불구하고 사회의 부조리와 군사정권의 잘못된 행동에 대하여 저항하였다. 그리고 이에 자극을 받은 교단 대표자들은 더 이상 현 정권이 하나님의 말씀과는 너무 동떨어진 행동을 계속하고 일반 민중들을 핍박하며 정권 차원에서 행하여진 비리가 너무도 극심하였기 때문에 분연히 일어서서 교

---

[133] 김주한, "6월 민주항쟁과 기독교," 「한국개신교가 한국근현대의 사회문화적 변동에 끼친 영향연구」 (서울: 한국신학연구소, 2005), 211.
[134] 김주한, "6월 민주항쟁과 기독교," 211, 212.

회의 예언자적 역할을 감당하고자 하였던 것이다. 결국 신학생들의 역사의식과 신앙양심이 잠자던 기성세대의 양심을 깨운 것이라 할 수 있다.

6월 민주화 항쟁은 광주민주화 운동과는 달리 전국적으로 일어난 민주화 운동으로 직선제 개헌 쟁취에 큰 소득을 얻었다. 그러나 이러한 성과는 미국과 군부정권의 음모, 또한 야권분열로 인하여 민주정부 수립이라는 30년만의 정권교체의 기회를 놓쳤다. 이후 군부정권의 모략에 휘말린 김영삼이 3당 합당에 동참하게 되어 진정한 의미에서의 민주정부 수립은 98년에 이루어졌다. 그러면 6월 항쟁의 공과와 6월 항쟁에 참여한 교회의 사회참여의 의의를 살펴보기로 한다.

첫째, 6월 민주항쟁은 온 국민이 30년 가까이 지탱되어 온 독재정권에 종지부를 찍고 민주화적인 정부 수립을 요구하는 정치적 자유를 온몸으로 추구하였다는 데 그 의의가 있다. 사실 전두환 정권이 권력을 연장하기 위하여 4.13 호헌조치를 내걸었지만 민중들의 힘을 꺾을 수는 없었다.

둘째, 교회를 중심으로 한 민주세력(민통련)은 대통령 선거에서 야권단일 후보를 이루어 진정한 정권교체를 이루려고 하였으나 김대중, 김영삼 두 대선후보들의 개인적인 욕심으로 인하여 실패하고 말았다.

셋째, 6월 항쟁 기간 동안 교회는 운동조직화와 네트워크 형성의 주요 공간으로 기능하였다. 이 시기의 사회적 저항은 국가권력의 통제가 상대적으로 덜 미치는 해방의 공간인 교회에서만 조직화 될 수 있었다. 교회는 시국 대토론회, 나라를 위한 기도회, 철야농성, 침묵시위, 촛불행진, 금식기도회 등 다양한 저항운동을 전개하여 성직자들과 성도들뿐만 아니라 일반 시민들도 참여할 수 있는 시위 공간 및 지도력을 발휘하였다.[135]

---

[135] 김주한, "6월 민주항쟁과 기독교," 「한국개신교가 한국근현대의 사회문화적 변동에 끼친 영향 연구」, 214.

넷째, 보수주의 교회의 사회참여를 들 수 있다. 1980년대 중후반에 들어서면서 복음주의 계열의 보수주의자들은 로잔언약을 통하여 사회문제에 깊은 관심을 가지게 되었다. 1980년대 한국의 정치, 경제적 상황에서 사회참여의 신학적 정당성을 찾고 있던 복음주의자들의 눈을 열어준 신학적 개념 가운데 가장 포괄적이고 파장이 큰 것은 '하나님 나라'에 대한 새로운 이해였다. 한국의 보수교회는 1980년대를 지나면서 전두환의 군사독재 횡포가 점점 더 심해지는 가운데 정교분리, 전도, 반공 등의 논리에 기대어 사회참여를 하지 않는데 대한 신학적 명분을 찾고 있었다. 그러나 시대의 요청을 느끼면서도 진보적 신학에 기초한 참여이론과 방법에 동조할 수 없었던 일부 보수 기독교인들은 현실에 대한 참여를 동시에 보장하는 이론을 하나님 나라의 개념에서 얻을 수 있었던 것이다.[136]

이렇듯 한국의 보수교회는 지금까지의 정교분리, 전도, 반공 등의 논리에 기대어 사회참여를 하지 않는데 대하여 반성하고 교회의 예언자적인 직분을 다하려고 노력하였다. 이러한 현상은 기존의 정교분리, 민족복음화, 반공 등과 같은 이론은 더 이상 국민의 심성을 달랠 수 없으며, 또한 지금까지의 정교유착의 행태가 민중들로 하여금 교회에 반목하게 할 수 있다는 위기의식에서 나온 것이다. 이러한 의미에서 한국의 보수주의 교회는 진정한 의미에서의 칼빈주의 정치사상을 실현할 수 있는 계기를 마련하게 된 것이라 할 수 있다.

한국의 민주화에 대한 미국의 역할이다. 미국이 한국의 민주주의를 억제했는가 아니면 증진시켰는가를 놓고 의견이 갈린다. 전자를 지지하는 이들은 미국이 자국의 이익을 위해 이승만의 민간독재정권과 박정희, 전두환, 노태우로 이어지는 역대 군사정권을 지지했다고 주장한다. '80년 광주'는 미국이 얼마나 한국 민주주의에 무관심할 뿐 아니라 저해세력인지를 잘 보여주었다는 것이다. 미국은 한

---

[136] 류대영, 『한국 근현대사와 기독교』 (서울: 푸른 역사, 2009), 303, 304.

국에서 민주주의를 발전시키기는커녕 억제하는 데 관심을 보였다고 평가한다. 이는 한국이 민주화가 될수록 대미관계에서 보다 자주적인 입장을 취할까 두려워할 것이라는 전망으로 이어진다. 후자는 미국이 한국에 민주주의라는 이념과 제도를 이식시켰을 뿐 아니라 한국의 허약한 신생민주주의가 뿌리내리고 성장하도록 물심양면으로 또 정치계 안팎에서 진실된 노력을 기울였다고 본다.[137]

---

[137] 정일준, "안보와 자유 그리고 민주주의: 한국에서 전쟁과 평화 그리고 통일의 상호관계," 「6월항쟁 23주년 기념학술대토론회, 탈냉전과 한국의 민주주의」, 107.

3장_
1970, 1980년대 한국 교회의 노동 및 농민운동

한국 교회의 민주화 운동은 4.19 민주화 혁명 이후 박정희 정권이 들어선 이후 본격화되어 1970년대와 1980년대를 지나오면서 절정에 다다랐다. 한국 교회는 이후 민주화 운동은 물론 노동 및 농민운동에 적극적인 역할을 하였다. 이는 가난하고 억눌린 자를 위한 교회의 사명을 다한 것이라 할 수 있다.

그런데 한국 교회의 노동 및 농민운동이 본격화 된 것은 한국의 산업화가 본격적으로 진행된 1970년대부터라고 할 수 있다. 물론 1970년대 한국 교회의 노동운동의 모체라 할 수 있는 도시산업 선교회가 1960년대 후반에 설립되었지만, 그 설립 목적은 복음전파를 위한 것이었다. 그러다가 한국의 산업화에 희생되는 노동자들을 보면서 이들을 위해 본격적으로 노동운동에 나선 것이라 할 수 있다. 역시 농민운동의 모체인 가톨릭 농민회와 기독교 농민회도 이러한 상황에서 1970년대에 조직되었다.

따라서 본 장에서는 1970, 80년대의 한국 교회의 노동운동과 농민운동을 연구하기 위하여, 우선 한국의 산업화의 과정에서 나타난 노동자들의 현황과 실태를 살펴본 후 그리고 한국 교회의 노동운동과 농민운동에 대하여 살펴보기로 한다.

1. 1970년대 한국 교회의 노동운동과 농민운동

1) 1970년대 노동 현황과 전태일 사건

(1) 노동 현황과 노동자들의 실상

1970년대 박정희 정권의 지상과제는 조국근대화라는 명목이었다. 그는 경제성장을 위해서는 노동자들의 희생을 바탕으로 한 수출만이 살 길이라고 생각하였다. 이를 위해 박정희는 한국노동자들의 값싼 임금과 장시간 노동을 십분 활용하였다.

실례로 전 산업의 주당 노동시간은 1970년 51.6시간, 1975년 50시간, 1980년 51시간으로 점증하는 추세를 보였다. 특히 생산직 노동자는 1978년의 경우 월간 260시간으로 전문기술직이나 관리직의 평균 노동시간이 각각 217시간과 216시간이었던 것에 비해 여전히 장시간 노동이 유지되었다.[1]

또한 임금수준을 살펴보더라도 생산직은 사무관리직의 절반에도 미치지 못하였다. 실제적으로 1975년 사무관리직 평균임금이 54,095원인데 비해 생산직 임금은 25,494원, 1977년 사무관리직이 103,668원이라면 생산직은 46,639원[2]에 불과하였다. 더구나 성별, 학력별 임금은 극심한 차이를 보이고 있다. 대부분 여성 노동자의 임금수준은 남성노동자에 비해 절반에 불과하였다. 1975년 중졸 이하 남자의 임금이 41,910원이라면, 여성 중졸 이하는 21,829원, 1979년 남자 137,536원이라면 여성 중졸 이하는 70,060원이었다. 그리고 대졸 이상 여성은 205,895원으로 세배에 가까웠다.[3]

이러한 현상은 계속되는 가난과 실업으로 여성들까지 일터로 나

---

1 민주화운동기념사업회, 『한국민주화 운동사 2-유신체제기』, 517.
2 민주화운동기념사업회, 『한국민주화 운동사 2-유신체제기』, 519.
3 민주화운동기념사업회, 『한국민주화 운동사 2-유신체제기』, 519, 520.

오게 되었기 때문이다. 이들 저학력 여성들은 한국 사회의 노동임금 저하에 일정부분 역할을 하였다. 1970년대 전체 노동인구의 30%에 해당하는 60만 명의 여성들이 제조업에 고용되었으며, 전체 섬유 노동자 가운데 83%가 여성이었다.[4] 이들 여성들은 거의 하루 16시간의 노동에 한 달에 한 번의 휴가 그리고 공장 기숙사에서 잠을 자면서 거의 노예처럼 일을 하였다. 따라서 1970년대 한국 경제는 이들 노동자들의 희생으로 이루어진 것이다.

두 번째, 한국의 노동현실에서 중요한 부분은 외국자본의 유입이다. 박정희는 외국자본의 유치를 위해 그들에게 큰 혜택을 주었다. 이중에서 차관은 남한에 유입된 외국자본 중에서 절대적인 비중을 차지하는데, 구체적으로 말해 1959년에서 1975년 사이에 들어온 외국자본 총액 89억 8,830만 달러 중 약 9할 정도가 차관이었다. 차관은 1960년대 이후 나타난 고도경제성장 정책에서도 결정적인 역할을 담당하였다고 볼 수 있다.[5]

차관유치와 외국 자본의 유치를 위해 박정희는 공장부지의 마련과 고용에 필요한 추가자금을 지원하였다. 이같은 자금의 조달은 재정지원과 은행대출에 의해 이루어졌는데, 이는 조세부담의 가중과 물가상승으로 이어져 일반 민중에게 큰 부담으로 다가갔다.

세 번째, 값싼 노동력과 관련하여 농촌인구의 도시유입을 들 수 있다. 1970년대 국가의 거의 모든 자원들이 수출지향 산업들에 치중되어 있었기 때문에 농업은 가장 큰 피해를 입을 수밖에 없었다. 농수산업은 광업과 제조업과 같은 다른 산업들보다 뒤쳐질 수밖에 없었다. 그 결과, 광업과 제조업은 1962-69년 동안 17.9%의 연평균 성장률을 보인 반면, 농수산업은 그 기간 동안 연평균 성장률이 단지 4.4%에 불과했다. 제3차 5개년 계획(1972-76)에는 연평균 성장

---

[4] 브루스 커밍스, 『브루스 커밍스의 한국 현대사』, 김동노, 이교선, 이전준, 한기욱 역 (서울: 창비, 2006), 528.
[5] 박세길, 『다시 쓰는 한국 현대사 2』, 162, 163.

률이 농수산업은 6.2%, 광업과 제조업은 21.9%였다.[6] 이로 인하여 1960년대부터 매년 350,000에서 400,000만 명 정도의 농촌인구가 도시로 이동하였다.

도표 2. 서울과 수도권 인구[7]

	1960	1966	1970	1973	1975
전체 인구층	24,989	29,193	31,466	33,202	34,707
서울 인구(비)	2,445 (9.8)	3,803 (13.0)	5,536 (17.6)	6,290 (18.9)	6,889 (19.9)
수도권 인구(비)	5,194 (20.8)	6,911 (23.7)	8,894 (28·3)	9,960 (30.0)	10,929 (31.50)

위의 도표 2에서도 알 수 있듯이 한국의 농촌 인구는 1960년대 경제 개발 계획에 의해 시작된 탈 농촌화로 급격히 줄어들게 되었다. 이 결과로 도시인구는 1965년부터 1973년 사이에 연평균 6.5%라는 세계에서 유례를 찾아보기 힘든 속도의 증가율을 보였다. 이러한 도시인구의 증가는 도시 내부의 자연적인 인구증가(2.2%)보다 이농(4.3%)으로 인한 것이었다.[8] 이러한 이유에는 미국의 잉여 농산물이 한국에 유입되면서 지속적으로 하락된 농수산물 가격도 큰 요인으로 작용하였다.

미국의 잉여 농산물로 인한 전반적인 농산물 가격의 하락은 농사 포기로 이어져 수많은 농촌 인력들이 도시의 노동자들로 탈바꿈하는 현상이 생겨났다. 또한 농산물 가격의 하락과 재배 작물의 제한으로 농가부채가 꾸준히 발생해 농민들의 적자가 지속되었다.

이 시기의 급격한 도시화 및 공업화에 따라 공장 및 택지, 도로용

---

6 김녕, 『한국 정치와 교회-국가 갈등』, 231.
7 출처: 한국개발연구원(KDI), 1976, 김녕, 『한국 정치와 교회-국가 갈등』, 232.
8 민주화운동기념사업회, 『한국민주화 운동사 2-유신체제기』, 516, 517.

지의 수요 확대로 농지가 잠식되고 농지 개간이 저조하였다. 경지면적의 감소로 비농업 부분의 고용증대와 농업 취업인구 비율의 저하에도 불구하고 고질적인 영세경영은 해소되지 않았다. 농가 호당 평균 경지면적은 약 1정보의 수준을 넘어서지 못한 것이다. 정부의 농업조사에 의하면 소작 내지 임차농은 1960년대 전체 농가호수 중 26.4%에서 1970년에는 33.5%로 증가했고 소작지의 규모는 1960년에서 전체 농지면적의 12%이던 것이 1970년에는 17.2%로 증가했다.[9]

그리하여 이 시기 한국 사회의 빈부격차는 극에 달하였으며 도시 빈민들의 숫자가 최대로 증가하였다. 이들 노동자들은 아무리 노력해도 절대빈곤에서 벗어나지 못한다는 절망감에 사로잡혀 있는 경우가 허다하였다.

(2) 전태일 사건

전태일 사건은 1970년대 한국 교회의 노동운동에 있어서 하나의 기폭제로 작용하였다. 전태일 사건 이전까지만 하여도 한국 교회의 노동운동은 전무하였다고 해도 과언이 아니기 때문이다. 그러다가 전태일 사건의 발생 이후 한국 교회는 새롭게 노동운동에 관심을 기울이기 시작하였다.

전태일 사건 이전, 한국 교회는 주로 민주화 운동과 인권운동에 관심을 기울였으나 전태일 사건을 계기로 한국 교회는 노동운동에 깊은 이해를 가지고 교회의 여러 단체들이 노동운동에 투신하였다. 따라서 전태일 사건을 이해하는 것은 1970년대 한국 교회의 노동운동을 이해하는 데 있어서 필수적이라 할 수 있다.

1970년 11월 13일에 일어난 노동자 전태일의 분신자살은 "한강의 기적"이면에 숨은 잔인한 인권유린을 상징한다. 당시 전태일이 속해

---

[9] 강만길, 『고쳐 쓴 한국 현대사』, 430.

있던 청계천 평화시장의 노동현장은 모든 사람들을 질식시킬 만큼 잔인한 거대한 닭장 같은 고도 착취 작업장이었다. 영세한 봉제공장이 1천여 개나 밀집되어 있는 평화시장엔 2만 7천여 명의 노동자들이 일하고 있었는데, 이들은 대부분 가난한 농촌 가정 출신이고 대개 14세에서 24세의 젊은 여성들이었다. 소규모 의류제조업자들이 3, 4층의 창고에 약 4피트 높이로 마루를 깔고 이용할 수 있는 공간에는 작업대 하나, 재봉틀 한 대, 젊은 여자 한 사람을 집어넣는 것이 보통이었다. 먼지, 쓰레기, 면직물 입자 등이 제대로 된 통풍시설도 없는 이 조그만 공간을 날아다니곤 했다.[10] 이들 노동자들 중 약 80%가 미싱사와 견습공(시다)으로 일하는 여성노동자들이었다. 어린 여공들은 아침 8시에 미싱대에 앉으면 낮 1시 점심시간이 되어서야 잠시 허리를 펼 수 있었고, 앉은 자리에서 도시락을 먹고 다시 작업에 들어가 밤 10시나 11시가 되어서야 미싱대에서 일어나는 고된 노동을 되풀이 하는 것이 그들의 일상이었다. 철야를 위해 주인아저씨가 사다준 '잠 안오는 약'을 먹고 억지로 밤을 새운 다음날에는 팔다리가 제대로 펴지지 않고 눈만 멀뚱멀뚱한 산송장이 되기 일쑤였다.[11]

전태일이 1970년도에 조사한 바에 의하면, "재단사 100% 전원이 신경성 소화불량, 만성위장병, 신경성 기타 병의 환자," "미싱사 90%가 신경통 환자임. 위장병, 신경성 소화불량, 폐병 2기까지," "평화시장 종업원 중 경력 5년 이상 된 사람은 전부 환자이며 특히 신경성 위장병, 신경성 류머티즘이 대부분"[12]이라고 하였다.

지금의 관점에서 보면 3D 업종 중 하나로 외국인 근로자들도 하지 않을 일들을 그 시대 소년, 소녀, 청년들은 최저 생계비 5분의 1에도 못 미치는 임금을 받고서도 죽지 못해 일하는 실정이었다. 그

---

[10] 브루스 커밍스, 『브루스 커밍스의 한국 현대사』, 530.
[11] 김기선, 『시대의 불꽃 1-전태일』 (서울: 민주화운동기념사업회, 2003), 78.
[12] 강준만, 『한국 현대사 산책, 1970년대편 1권』, 96-100.

럼에도 이들이 이런 대우를 받고 일을 했던 것은 당시가 실업자 600만 명 이상인 시대였기 때문에 노동자들은 울며 겨자 먹기 식으로 일을 했던 것이다. 업주들은 이를 교묘히 이용했고 당국은 오히려 이를 방조 내지는 업주들 편에서 노동자들을 핍박하였다. 이는 비단 청계천 평화시장 내의 상황만은 아니다. 영등포 공단에 위치한 방림방적의 경우 평화시장보다는 상황이 나은 측에 속하였으나 1970년대 6,000명의 노동자 중의 여성 노동자들은 80% 정도였으며 임금도 최저생계비의 5분의 1에 불과하였다.

이렇게 비참한 노동현실을 개선하고 노동자도 인간답게 살기 위해 전태일은 피나는 노력을 하였다. 그러나 청계천 평화시장의 노동조건은 달라지지 않았다. 전태일은 자신이 공장에서 노동조건을 결정할 수 있는 위치에 서게 되면 달라질 것이라고 생각해 재단사가 되었다. 재단사가 된 전태일은 노동자의 편에 서서 일을 했지만 노동조건은 역시 개선되지 않았다. 그리하여 전태일은 동료들을 조직하여 평화시장의 비참한 노동현실을 알리고 힘 있는 기관에 호소하기도 하였다. 그러나 힘 있는 기관은 전태일의 호소에 귀를 기울이기는커녕 기만하고 감시하는 데 급급했다. 전태일은 노동자를 보호하기 위해 만들어진 근로기준법이 있다는 것을 알고 근로기준법을 지키게 하는 일에 혼신의 노력을 기울였다. 그러나 근로기준법은 노동자에게는 지켜지지 않는 장식에 불과했다.[13]

이러한 상황에도 불구하고 전태일과 노동자들은 시정을 원하는 진정서를 10여 차례나 냈지만 번번이 묵살당하였다. 언론도 받아주지 않았으며 시위를 하면 잡아들이기 일수였다. 이런 현실은 언론에 보도되기는커녕 외면당하였다. 그러던 중 전태일은 1970년 10월 6일 노동청장 앞으로 "평화시장 피복제품상 종업원 근로개선 진정

---

[13] 민종덕, "1977년 9월 9일 청계피복노조 결사투쟁사건," 「기억과 전망 7호」, 2004년 여름호(민주화운동기념사업회, 2004), 180.

서"를 제출하였는데, 뜻밖에도 이것을 노동청 출입기자가 10월 7일 「경향신문」에 "골방서 하루 16시간 노동"이라는 제목으로 보도하였다. 사회면 톱기사로 보도된 이 기사로 노동청과 기업주는 관심을 보이는 척 하더니 곧 외면하였고 오히려 경찰이 가세해 노동자들을 더욱 통제하려 하였다.[14]

출구가 막혀있는 그런 절망적인 상황에서 전태일이 택할 수 있는 유일한 길은 자신을 불살라 사회에 충격을 주는 극단적인 방법밖에는 없었다. 그래서 당시 23세의 전태일은 11월 13일 근로조건 개선을 요구하며 온몸에 석유를 뿌리고 불을 질러 자살하였다.

그러나 전태일의 의로운 죽음은 당시 사회에 큰 방향을 불러일으켰다. 정부와 당국은 이 사건을 축소, 왜곡시키며 빨갱이에 물든 청년의 죽음이라는 식으로 몰고 갔으나 젊은 노동자들은 비장한 각오로 이 죽음을 받아들였으며, 모든 양심세력들에게는 노동현실에 대해 적극적인 관심을 갖도록 유도하였다. 그에 따라 곳곳에서 노동자들의 저항이 전례 없이 전개되었다.

단적으로 전태일의 분신 직후인 1971년에는 노동쟁의가 전년도에 비해 10배가 넘는 1,656건을 기록하였다. 이와 함께 한국노총 아래에서의 무기력한 노동운동에 대한 비판이 활발하게 일어났고, 노동문제라면 보도조차 기피하던 신문, 방송 등 보도기관도 매일 노동문제에 대한 보도, 특집기사, 논설을 실었다.

가장 강렬한 반응을 보인 집단은 학생들이었다. 추모식, 집회, 시위가 연이어 개최되었고, 휴교령 속에서 철야농성, 투신자살기도, 분신자살 기도, 조사단 파견, 단식농성, 시국선언문 채택 등이 겨울방학 직전까지 계속되었다. 11월 25일에는 기독교인들이 신·구교 합동으로 전태일 추모예배를 가졌는데, 이날 추도사에서 "우리 기독교인들은 여기에 전태일의 죽음을 애도하기 위해 모인 것이 아니라 한

---

[14] 강준만, 『한국 현대사 산책, 1970년대편 1권』, 101.

국 교회의 나태와 안일과 위선을 애도하기 위해 모였다"고 하였다.[15]

이 전태일 사건은 노동운동이 새로운 전기를 맞이하는 계기로 작용하였다. 그래서 1970년대 중반까지, 노조원의 수가 증가하기 시작하여 1978년에는 일백만 명에 이르렀다. 학생들, 지식인층과 가톨릭노동청년회 및 개신교의 도시산업선교회와 같은 기독교 단체들의 지지와 격려를 받으면서 노동자들은 점점 자기 주장을 적극적으로 할 수 있게 되었다.[16]

사실 노동문제는 박정희 정권 초기부터 늘 안고 있었던 문제였으나 당국의 철저한 압박으로 늘 외면되었다. 그리고 기관의 철저한 감시를 받고 있는 상황에서 언론은 이 문제를 꺼내지도 못하였고, 야당은 야당의 기능조차 못하는 무능한 상태로 오직 정치투쟁에만 몰두하였다. 결국 전태일 사건은 이 모든 것이 합작하여 만들어낸 사회의 무관심에 대한 폭발이었던 것이다.

2) 1970년대 한국 교회의 노동운동과 농민운동

(1) 1970년대 한국 교회의 노동운동

1970년대 박정희의 노동정책은 단결권(파업권)이나 단체교섭제도를 사실상 부인하는 특별법이 제정되었다는 데 특징이 있다. "외국인 투자기업의 노동조합 및 노동쟁의에 관한 임시특례법"(1970.1.1)과 "국가보위에 의한 특별조치법"(제9조 197.12.27)이 그것이다. 이러한 특별법에 의해 종래의 노동관계 제법은 가장 핵심적인 정책수단의 측면에서 그 기능이 정지되었으며, 단지 이러한 특별법의 보완적인 노동입법으로 그 지위가 전락하였다.[17]

---

[15] 박세길, 『다시 쓰는 한국 현대사 2』, 224, 225.
[16] 김녕, 『한국 정치와 교회-국가 갈등』, 234.
[17] 김삼수, "박정희 시대의 노동정책과 노사관계," 『개발독재와 박정희 시대』, 이병천 엮음, (서울: 창비, 2003), 189, 190.

물론 박정희는 1971년 1월 17일 연두기자회견에서 전태일의 죽음을 염두에 두고 노동문제를 거론하였으며, 신민당 대통령 후보 김대중은 1월 23일 연두기자회견에서 "전태일 정신의 구현"을 선거공약으로 내놓았다. 그러나 박정희의 기자회견은 단지 순간의 위기를 모면하려는 이벤트에 불과하였다.

그 단적인 예가 국가비상사태의 선포이다. 1970년 11월 25일 조선호텔 이상찬의 분신기도, 1971년 2월 한국회관(음식점) 김차호의 분신기도, 8월 신진자동차 노조 900여 조합원과 가족 1천여 명의 대규모 파업농성, 9월 한진상사 파월 노동자 400여 명의 대한항공 빌딩 옥상 방화 농성 등 노동자들의 저항이 거세지자 박정희 정권은 국가비상사태를 선포하고(1971년) "국가보위에 관한 특별조치법"[18]을 공포하여 헌법에 보장된 노동 3권 중 단결권을 제외한 단체교섭권과 단체행동권을 크게 제한하였다. 이제 노동조합은 자율적으로 쟁의를 제기한 권한을 잃었고, 모든 쟁의와 교섭은 관계공무원에 의해 조정되도록 규정되었다.[19] 이런 조치들은 '유신 이전의 유신'이었으며, 즉각 산업노동자의 파업과 독립적인 노조들을 압살하는 데 활용되었다.

한편 박정희 정권은 노조자체를 없애기 위해 어용노조를 내세워 교묘하게 노동운동을 방해하였다. 1970년대 초의 이런 혹독한 탄압에도 불구하고 노동자들은 계속 조직화를 해나갔다. 또한 노동자의 저항과 노동 운동이 발전해 나갔다.

---

[18] 1971.12.27 법률 제2312호로 제정되어 1981.12.17 법률 제3470호 [국가보위에 관한 특별조치법 폐지법률]로 폐지되었다. 비상사태 아래서 국가의 안전보장과 관련되는 내정·외교 및 국방상 필요한 조치를 사전에 효율적으로 신속하게 취함으로써 대한민국의 안전을 보장하고 국가보위를 확고히 함을 목적으로 제정된 법률로, 국가비상사태의 선포(2), 국가비상사태의 해제(3), 국가동원령(5) 등 전문 12조와 부칙으로 되어 있으며, 부칙 제2조에 의해 1971.12.6.자로 선포된 "국가비상사태선언"은 법 제2조에 의하여 선포된 것으로 본다고 규정하고 있다.

[19] 강만길, 『고쳐 쓴 한국 현대사』, 495.

한국 교회는 전태일 분신 사건 이후로 노동운동에 대하여 적극적인 관심과 협력을 해나갔다. 이러한 움직임은 "크리스챤 사회행동협의체"의 사회정의 실현 출전 대회에서 현실화되었다. 크리스챤 아카데미, 기독교 도시산업선교회, 수도권도시선교위원회, 가톨릭학생총연합회, 가톨릭노동청년회 등 13개 단체가 참여한 이 출전 대회에서, 교회는 "바야흐로 극도에 달한 불평등과 부자유, 숨 막히는 억압과 빈곤이 선량한 근로자, 농민, 소시민의 생활을 무서운 절망으로 몰아 넣어 버렸고 권력과 금력과 기술의 결함으로 형성된 소수 특권층의 부패와 새로운 사치와 방탕이 인간의 양심과 도덕을 송두리째 타락시키고 말았다"는 선언문을 발표하였고, 13개 조항의 결의문을 발표하였다.[20]

이러한 한국 교회의 행동은 진보적인 교회와 가톨릭을 중심으로 이루어졌지만 한국 교회가 가난한 자와 억눌린 자를 위하여 적극적으로 나섰다는 점에서 큰 의미를 지닌다고 할 수 있다. 위에서도 알 수 있듯이 노동운동은 개신교에서는 주로 도시산업선교회를 통하여 그리고 가톨릭에서는 가톨릭 노동청년회를 중심으로 하여 이루어졌다. 이 기독교 단체들은 주로 노동자 회원을 모집하여 노동운동에 대한 교육을 실시하고 노동조건 개선활동을 지원하는 한편, 노동문제를 사회 여론화하여 해결하려는 활동을 펴나갔다. 이 단체들은 민주노조의 결성과 교육 및 단체 행동을 적극 펴 나갔다.

이렇게 1970년대 한국 교회는 노동자들의 의식변화를 통하여 노동문제에 대하여 사회여론을 환기시키고 노동자들의 권익에 앞장섰다. 그리고 민주노조의 결성에 적극 지원해 나갔다. 그러나 이들은 초기 노동운동답게 권력과의 투쟁보다는 노동자들의 삶의 질과 노

---

[20] 송건호, "기독교의 사회참여-70년대를 중심으로," 「기독교 사상」 (1984년 11월호), 25.
1. 모든 교회의 성직자와 지성인들은 억압된 민중의 편에서 사회정의 실현을 위해 싸우라. 2. 국민의 진정한 양심의 소리를 법과 질서를 핑계로 억압하지 말라. 3. 공포의 정보통치를 즉각 중단하고 신성한 국군을 학원자유 탄압의 도구로 사용하지 말라.

동환경 개선에 초점을 맞추어 일을 진행하였다.

(2) 청계피복노조

청계피복노조는 전태일의 뜻을 이어받은 청계천 평화시장 일대의 공장 노동자들이 세운 노동조합이다. 1970년 당시 평화시장 일대는 대한민국의 기성복 70%이상을 제공하는 의류제공 밀집공장으로 한 공장마다 10-30개의 소규모 노동자들이 모인 지역으로 약 2만 명에 이르고 있었다.

그럼에도 이 청계천 평화시장 일대의 노동조건은 너무 열악하여 노동자들은 인간 이하의 대접을 받고 있었다. 전태일의 사건이 있었지만 그것도 잠시 이들 노동자들은 환기시설이나 위생조건이 갖추어지지 않은 채 이전처럼 하루 12시간 이상의 노동에 시달리고 있었다. 유신정권은 대중들의 생존권 투쟁에 기폭제가 된 전태일 분신사건의 상징인 청계피복노조에 대해 교활하고 폭력적이면서 집요한 탄압을 자행했다. 유신정권의 노조탄압은 우선 청계피복노조에서 전태일의 이름이 영원히 사라지도록 기도했다. 중앙정보부는 전태일 일기를 소지하거나 읽는 것 자체만으로도 불순한 행위로 몰아붙이고 전태일 사진을 게시하거나 소지하지 못하도록 탄압했다.[21]

이러한 분위기 가운데 애초 전태일 분신사건이 발생하였을 때 사회적으로 문제시되었던 노동조건들도 원점으로 돌아가게 되었다. 단체행동권이 없는 상태에서 단체협약만을 통한 노동조건의 근본적인 개선은 기대하기 어려웠다. 그러나 청계피복 노동자들은 노동조합이라는 상층부 조직 틀을 유지하면서 하부 조합원들이 투쟁을 조직해 실질적인 노동조건을 개선하고 노동운동의 자주성을 지켜나가는 방법을 구사했다. 전태일의 어머니인 이소선 여사와 하부조합원

---

[21] 민종덕, "1977년 9월 9일 청계피복노조 결사투쟁사건," 「기억과 전망 7호」 2004년 여름호, 182.

이 중심이 되어 투쟁 조직을 이끌어 내어, 1975년 노동시간 단축을 관철시키고 이어 1976년 임금인상 투쟁, 시다 임금직불제 관철 등을 성사시켰다.[22]

그러나 1977년 7월 2일, 회사의 경비절감을 이유로 폐수시설이 가동되지 않은 채 배수관 청소를 하던 협신피혁의 노동자 민종진이 유독가스에 질식되어 사망한 사건이 발생하였다. 이 사건으로 "노동자들을 더 이상 죽음으로 몰아넣지 말라"는 동료들의 항의농성이 시작되었고 "노동 3권과 근로기준법 준수" 등을 요구하는 평화시장, 동일방직, 반도상사, 인선사 등 3백여 명의 노동자들의 연좌농성과 시위, 그리고 경찰의 폭력적 해산으로 이어지게 되었다.

이 시위사건으로 42명이 연행되어 온갖 욕설과 고문을 당한 뒤 석방되었다. 7월 15일 전태일의 모친인 이소선이 장기표 공판정에서 소란을 피웠다는 이유로 7월 22일 구속되었고 평화시장의 노동자들을 교육시키고 피복노동자들의 권익옹호를 위한 활동을 해왔던 청계노동교실을 무기한 폐쇄하는 사건이 발생하였다.

9월 9일 청계노조는 이소선이 징역 3년을 구형받고 두 달 가까이 노동교실을 경찰이 강탈, 폐쇄하자 이소선의 석방과 노동교실을 되찾기 위한 결사선언을 발표하고 노조원 2백여 명이 노동교실에 모이기로 했다. 오후 1시경, 경찰의 제지를 뚫고 노동교실을 점거한 53명의 노동자들이 농성을 시작하자 경찰 수백명이 노동자들을 강제로 연행하려 했다. 이에 노동자들이 3층에서 뛰어내리거나 할복하거나 동맥을 절단하는 등 목숨을 건 격렬한 싸움이 밤 10시까지 계속되었다.

이 사건으로 53명 전원이 연행되었고 5명이 구속, 9명이 구류를 받게 되었다. 한 노동자의 억울한 죽음에 대한 노동자들의 항의로

---

[22] 민종덕, "1977년 9월 9일 청계피복노조 결사투쟁사건," 「기억과 전망 7호」 2004년 여름호, 183.

시작된 청계노조의 목숨을 건 결사투쟁은 정부당국의 노동기본권 보장을 요구하는 노동운동에 대한 탄압을 단적으로 보여준 사건이라 할 수 있다.

이를 계기로 노동자들과 민주화 투쟁 지식인 세력간의 연대강화가 다시 한 번 제기되었고 함석헌, 윤보선, 지학순 등 각계각층의 지도자 20명이 "평화시장 인권문제협의회"를 결성, 노동자들의 인간적인 삶을 가로막는 억압적인 악법철폐와 특권경제 폐지를 위한 투쟁을 궐기하는 "한국노동인권헌장"을 채택, 발표하게 되었다.

(3) 동일방직 사건과 YH 사건

교회의 지원으로 활성화된 노동운동의 대표적인 사건은 바로 1978년 인천 동일방직 노동자들의 노동운동이다. 동일방직은 전체 1,300명의 노동자 중 1,000명 이상이 여성이었다. 그들의 작업은 위험했고 노동시간은 길다. 또한 임금은 낮았고, 보수도 없이 초과 근무를 해야 하는 것이 보통이었다.

이에 도시산업선교회의 감리교 여성 목사인 조화순 목사의 지도 아래, 여성 근로자들은 여성이 노조를 이끌게 함으로써 노동조건을 향상시키겠다고 하였다. 여성노동자들은 1972년 한국 최초로 여성 지부장인 주길자를 선출해 민주노조의 모습을 보여주었다. 3년 후 임기가 끝난 후 회사는 1975년 말부터 여성위원장을 심복 남성 노동자로 바꾸기 위해 유권자들을 회유하려 하였다.[23]

조화순 목사는 1966년 동일방직에 취업하여 노동자들과 함께 생활하면서 선교활동을 벌이고 있었다. 그녀는 취업기간 동안 여성노동자들과 함께 생활을 하면서 민주노조의 필요성을 인식하였다.

민주노조가 건설되자 회사측은 노조간부에 대한 해고, 매수, 사표 강요, 부서이동 등의 방법을 동원하여 탄압하였고, 1977년 2월 대의

---
[23] 김녕, 『한국 정치와 교회-국가 갈등』, 269, 270.

원 선거를 앞두고 노골적으로 노조를 파괴하려고 하였다. 회사측은 비교적 쉽게 회사의 입장을 대변할 수 있는 남자 조합원들을 이용하여 이들이 대의원이 되도록 적극 지원하였고, 대의원이 된 남자 조합원들은 몇 달 간이나 정기 대의원회를 무산시키면서 집행부에 대한 불신임을 시도했다.[24]

소위 똥물 사건이라고 불리는 민주노조 결성 와해공작에서 본부 노조 행동대원들과 회사측이 공모를 하여 투표장에 들어서는 여공들을 잡아다가 입과 가슴에 닥치는 대로 똥을 집어넣고 "똥이나 처먹으라"하고 소리를 지르며 폭행을 가하였다. 그러자 노조원들은 1977년 3월 10일 노동절 기념행사에서 국무총리가 대신 대통령 축사를 낭독하는 자리에서 "동일 방직 문제 해결하라, 노동 삼권 보장하라, 아무리 가난해도 똥은 먹고 못살겠다"하며 100여 명이 시위를 벌였다.[25]

이러한 문제의 배경에는 사측에 의해 고용되거나 회유된 어용노조가 있으며 이들을 배후에서 조정하는 회사와 그리고 이들을 적극 지원하는 행정당국이 있었다. 이들에 의해 동일노조 사태는 더욱더 악화되었다.

사태가 이에 이르자 지부장 이영숙은 노조원들의 단결을 호소하는 유인물을 배포하게 되었고 당국은 이를 핑계로 이영숙을 경찰에 연행하였다. 이러한 가운데 업주는 1977년 7월 23일 사법부의 협조를 얻어 자신들에게 순종하는 대의원 24명만으로 회의장의 문을 자물쇠로 걸어 잠근 채 회사의 앞잡이인 고두영을 신임지부장으로 선출하였다. 이에 노조원 200여 명은 노조사무실 앞에서 철야농성에 돌입하였고 다음날엔 농성자가 800여 명으로 늘어났다. 회사가 노

---

[24] 이수원, "우리는 똥을 먹고 살 수 없다!-동일방직 사건," 「희망세상 29호」 (민주화운동기념사업회, 2005년 2월 호), 25.

[25] 추송례, "노동운동 탄압피해자: 동일방직 노동자 탄압사건," (부마민주항쟁 26주년 정신계승대회 "증언대회" 박정희 통치기의 국가폭력 사례, 2005년 10월 16일), 31.

조 사무실과 기숙사의 수도와 전기를 모두 끊어버린 악조건 속에서도 "이영숙 지부장을 석방하라," "회사는 자율적인 노조 활동에 개입하지 말라," "7. 23 대회는 무효다" 등을 외치며 농성을 계속하였다. 농성 3일째인 7월 25일 전투경찰이 농성장에 진입하여 노조원들을 해산시키기 시작하였다. 경찰의 무자비한 폭력에 맞서 노조원들은 노동조합을 지키기 위해 저항하였으나 약 30분 만에 경찰에 의해 완전 진압되었고 72명이 연행되었다.[26]

이듬해 2월 21일 노조 대의원 선거를 앞두고 회사측은 "동일방직 노동조합 정상화 투쟁위원회"라는 단체를 조직하여 노조원들에게 도시산업선교회와 노조집행부를 용공단체로 중상모략하였다. 그리고 회사측에 매수된 남자들이 여자 노동자에게 강제로 똥물을 먹이는 일까지 발생하였다. 노동자들이 강제로 해직당하는 상태에서 1978년 3월 10일 여성 노동자 76명은 "근로자의 날"을 기념식에 시위를 하며 명동성당에서 단식농성에 들어갔다.

여기에 자극을 받은 전국의 많은 교회와 성당에서 "고난 받는 노동자를 위한 기도회"가 열렸고 인천 탑동성당 신부 김병상을 위원장으로 강원용, 문익환, 백낙청 등 사회 저명인사들은 "동일방직사건 긴급대책위원회"를 구성하였다. 그러나 이들의 노력에도 불구하고 124명이 무더기로 해고하였다. 회사는 못이기는 척 타협을 하고 뒤로는 노동자들을 해고하였던 것이다. 이는 배후에 중앙정보부가 강력하게 개입하였기 때문이다. 왜냐하면 여성노동자들에게 인분을 먹이고 또 이들을 해고하게 한 것도 중앙정보부였기 때문이다.[27]

동일방직 노조의 활동에 힘입어 많은 노동운동들이 발생하였다. 일명 YH노조 사건으로 1979년 8월 9일 YH무역의 여성노동자 187

---

26 이수원, "우리는 똥을 먹고 살 수 없다!-동일방직 사건," 25.
27 강준만, 『한국 현대사 산책, 1970년대편 3권, 평화시장에서 궁정동까지』, 150-157.

명이 사기성 폐업에 항의하여 야당인 신민당사 4층을 점거하고 벌인 항의농성 사건이다. YH 무역은 1966년 장용호에 의해 설립된 가발 수출업체로 1970년에는 12억 7,000여만 원의 순이익을 낼 정도로 번창하였으나, 무리한 사업 확장과 경영부실로 1974년에는 은행부채가 6억 원으로 불어날 정도로 사세가 기울었다. 게다가 도급제를 기초로 하였던 극심한 노동 강도와 저임금으로 인해 노동자들의 불만은 점차 높아져 가고 있었다. 특히 숙련공과 비숙련공의 임금격차는 노동자들의 불만을 가중시켰다.[28] 이러한 상황에서 1975년 LA에 살던 사주가 이윤을 미국으로 빼돌리면서 회사가 급격히 축소되었다. 이에 갈 곳이 없던 노동자들이 노조 결성을 시도하였으나 회사측은 폐업신고로 맞섰다. 세 차례의 노조결성 시도가 있었으나 실패하고 말았다. 이에 노조원들은 농성 장소를 얻고자 물색하던 끝에 산업선교회, 기독청년들과 접촉해 상의하여 신민당사로 농성장소를 옮기게 되었다.

그러나 YH의 신민당사 농성사건은 농성 3일 만에 경찰이 고가 사다리차 2대, 물탱크차 2대, 조명용 소방차 2대가 불을 비추며 1천명의 정·사복 경찰을 동원하여 강제 진압하였다. 이 사건으로 인해 당시 신민당 총재인 김영삼 전 대통령과 국회의원 10여 명이 구타를 당하는 불상사가 발생하였다.[29]

위에서 살펴본 바와 같이 1970년대 한국 교회 노동운동은 주로 노동자들의 생존권과도 직결되어 있는 노동자들의 처우개선에 초점이 맞추어져 있었기 때문에 조직화된 노동운동과 전문적인 노동운동가도 존재하지 않았다. 또한 생존권 문제에 주로 투쟁의 초점이 맞추어져 있었기 때문에 정권타도와 같은 정치투쟁의 구호도 전혀 없었다. 이는 아직까지 한국의 노동운동이 교회의 지원 아래 개별조직으

---

28 민주화운동기념사업회, 『한국민주화 운동사 2-유신체제기』, 544.
29 최순영, "70년대 말 노동운동의 외침-YH," 「기억과 전망」 2003년 여름호 (서울: 민주화운동기념사업회), 157.

로 움직이는 바람에 단일화되지 못하였으며, 주로 노동운동이 생존권 문제에 국한하였기 때문에 정권의 탄압에 쉽게 무너질 수밖에 없는 한계가 있었기 때문이다. 그러므로 1970년대 박정희 정권은 노동운동을 말살하기 위하여 집중적으로 교회를 탄압하기에 이르렀던 것이다.

3) 1970년대 한국 교회의 농민운동

(1) 1970년대의 농민정책과 농촌현실

1970년대 농민들은 노동자들과 더불어 인권의 사각지대에 놓여있었다. 박정희의 경제개발 5개년 계획의 여파로 수출주도형 개발과 저임금, 저가 농산물 정책, 농축산물 수입 등으로 농가경제가 극도로 위축되었으며 농가의 부채가 상승되어 농민들은 소작농으로 전락하게 되었고, 따라서 농업생산 기피 현상이 뚜렷하게 증가하였다.

구체적인 증거로 1965년 농가인구는 1581만 2천명 전체 국민의 절반을 넘는 55%였으며 농가 호수는 250만 7천호, 경지면적은 225만 6천 정보였다. 따라서 농가 1호당 경지면적은 3천 평(1정보)도 못 되는 2천 7백 평인데, 그중 약 1/5 정도는 남의 땅이다. 이렇게 좁은 논밭에 농가 1호당 평균인구 6.3명의 생존이 달려 있는 것이다. 이런 한국의 농업과 농민의 모습을 "가족노작적 영세 소농형 절대빈곤" 상태라고 말한다.[30]

이러한 상황은 1970년대에 들어서도 별반 달라진 것이 없었다. 오히려 도시화가 가속화되면서 농촌의 인구는 도시로 유입되고 농촌의 해체를 불러일으키는 결과가 되었다.[31] 이에 대한 결과는 70년대

---

30 민주화운동기념사업회 편, 『6월 항쟁을 기록하다』 1권 (민주화운동기념사업회, 2007), 366.
31 이농현상에 대한 실례로 1960년 농가인구는 전체인구의 58·3%였는데 이농현상으로 인해 1975년에는 35.5%까지 감소하였다. 1960년대 박정희 정권의 경제개발 5개년 계획의

식량부족 현상으로 나타났다. 1970년에는 식량자급률이 80%를 넘어섰으나, 1970년대 10년 동안에는 43.2%로 감소하였으며, 농가인구는 총인구대비 44.7%(1471만 명)에서 25.8%(999만 명)로 줄어들었다.[32]

1970년대의 절망적인 농촌 상황은 적절한 농민의 토지와 농산물 가격을 실현시키고자 하는 열망으로 분출되었다. 이러한 농민들의 관심을 한 곳으로 집결시키는 역할을 교회가 담당하였던 것이다.

(2) 한국 교회의 농민운동

1970년대 박정희 정권의 장기집권이 현실화되어 국내정치가 유신체제로 전환된 이후 박정희 정권은 독점재벌과 밀접하게 유착되어 내적으로는 독점자본주도로 기층 민중들의 수탈을 강화하고, 외적으로는 저임금 저곡가 중심의 수출제일주의를 표방했다. 따라서 노동자, 농민들의 삶은 더욱 피폐해져만 갔다. 더군다나 저곡가 정책으로 인해 농촌의 현실은 더욱 빈곤해져만 갔으며, 식량의 대외의존도 또한 높아졌다.[33]

이러한 농촌의 현실을 타개하고자 가톨릭 농민회와 기독교 농민회가 창설되었다. 가농(가톨릭 농민회)은 1966년에 탄생한 한국가톨릭농촌청년회가 그 출발이었고, 가톨릭농촌청년회는 초기의 협동적 농업, 농촌활동 생활개선 및 모범활동, 협동적 사업의 한계를 인식하고 1972년보다 대중적이고 전국적인 조직운동으로 발전한다. 이후 가농은 약 20년 동안 한국농민운동의 주축을 이루며 농

여파로 수출을 장려하고 저임금, 저곡가 정책으로 많은 농촌의 젊은 일꾼들이 도시로 진출하면서 1960년대 중반부터 70년대 중반까지 약 700만 명이 농촌을 떠난 것이다.

32 이창한, "1970-80년대의 농민운동과 '전국농민회총연맹' 창립,"「기억과 전망」제24호 (서울: 민주화운동기념사업회, 2011년 여름호), 304.

33 1970년 국내의 식량 자급률은 80%를 넘어섰으나, 1970년대 10년 동안에는 43.2%로 감소되었으며, 농가인구는 총인구 대비 44.7%(1,471만 명)에서 25.8%로 줄어들었다. 이창한, "1970-80년대의 농민운동과 '전국농민회총연맹' 창립," 304.

촌사회의 민주화는 물론 전체사회의 민주화 운동에 주요 역량으로 활약한다.³⁴

농민 운동에 대하여 가톨릭이 먼저 출발하였다면 개신교에서는 1976년 강원용 목사가 이끄는 크리스챤 아카데미의 농민 프로그램, YMCA 연맹의 농촌개발 사업 그리고 기농(기독교 농민회)이 1978년 전남기독교농민회로 출발하여 1982년 전남, 전북, 경북, 충북 기독교 농민회로 확대·발전하면서 가농과 함께 1980년대 생존권 투쟁과 민주화 운동에 연대하였다.³⁵

1970년대 한국 교회의 농민운동에 있어서 중요한 역할을 담당한 "크리스챤 아카데미"는 1970년대 농민운동의 질적 변화에 중요한 역할을 담당했다. 1974년 후반부터 시작한 농민교육은 독일 기독교 원조기관의 도움을 받아 본격적으로 농민교육을 실시했다. 교육 내용은 농업문제의 구조적 인식, 농민문제의 구체적 해결 방안, 개인의식, 사회 인식, 역사 인식을 높여 운동가로서 자기 의지를 굳히는 것 등이었다. 1974년 하반기부터 1979년 3월까지의 크리스챤 아카데미의 교육에는 총 21기에 걸쳐 800여 명이 참여했다. 이 교육은 초창기 농민운동가를 양성하는 데 많은 역할을 했다.³⁶

"크리스챤 아카데미"에 이어 "YMCA 농촌사업"이 재개되었다. YMCA는 해방 후 정체성 혼란을 겪다가 1960년대 후반에 들어 운동성을 회복하고 사회적 책임에 대해 새롭게 각성하기 시작하였다. 한국 YMCA는 1971년 대구에서 열린 제21차 전국대회에서 사회개발 사업에 참여하기로 결의하고 이 실천 방안으로 "사회개발특별위원회"를 구성하였는데, 사회개발특별위원회는 제22차 전국대회(1974년)에서 "사회문제위원회"로 개편되었다. 사회문제위원회는 농촌에 일정한 수준의 사회운동을 형성할 목적으로 "YMCA 농촌사업안"을

---

34 민주화운동기념사업회 편, 『6월 항쟁을 기록하다』 1권, 367, 358.
35 송건호, "기독교의 사회참여-70년대를 중심으로," 31.
36 이창한, "1970-80년대의 농민운동과 '전국농민회총연맹' 창립," 305, 306.

작성하였다.³⁷

이렇게 교회가 적극적으로 노동자, 농민 운동에 적극적으로 참여한 이유는 1970년대 교회의 사회참여적인 신학이 제시되었고 이에 따른 실천적 방향으로서 교회는 사회적인 약자인 노동자, 농민에게 귀를 기울였기 때문이다.

이 시기 농민운동에서 주목할 점은 관료의 횡포에 대한 저항과 농민의 권익신장 및 자주성 확대를 위한 투쟁이다. 유신정권은 경제성장과 자본축척을 위해 독점자본을 옹호하면서 농민들의 이해에 반하는 농업정책을 폈다. 농업정책을 현장에서 집행하는 지방행정기구와 농민사이에 마찰은 불가피했다. 당시 농민운동 조직은 이러한 문제점들을 해결하는 데 투쟁의 총력을 기울였다.

1970년 중반부터 농민들의 권익보장 요구투쟁은 지역적으로 수해 피해 보상운동, 공장부지매입에 따른 보상운동, 봄보리 종자 보상, 일반 벼 묘판 짓밟는 강제 농정에 대한 항의 투쟁, 경사지 담배 경작 금지 등 다양했다. 정부의 억압적 농업 정책과 농협의 반농민적 사업에 대한 농민들의 저항은 새마을 운동이라는 미명하에 실시된 강제노역 거부투쟁, 농협출자금 상제수납거부투쟁, 1976년 함평에서 시작된 고구마 피해 보상 투쟁, 1978년 태풍 피해 보상투쟁, 오원춘 농민 납치사건을 둘러싼 농민운동 탄압에 대한 저항투쟁, 가농 춘천연합회 임원에 대한 긴급조치 위반 구속을 쟁점으로 한 전국적 항의투쟁 등으로 나타났다.³⁸

이러한 투쟁 가운데 교회의 역할이 두드러지게 나타난 대표적인 농민운동이 바로 함평 고구마 사건으로 1978년 5월까지 3년에 걸쳐 전개되었다. 이와 함께 1978년 경북 영양군에서는 정부로부터 분할 받은 감자씨가 싹이 트지 않는 바람에 농민들이 780만 원의 손해를 입는 사건이 발생하였다. 이때 이를 항의하는 농민 오원춘이 납치되

---

37 민주화운동기념사업회, 『한국민주화 운동사 2-유신체제기』, 636.
38 이창한, "1970-80년대의 농민운동과 '전국농민회총연맹' 창립," 305.

었다. 박정희 정권은 오원춘과 신부 등을 긴급조치 9호 위반으로 구속하였다. 그런데 문제는 오원춘은 기자회견에서 기관의 납치가 있었다고 말했으나 오히려 고문으로 오원춘을 협박하고 회유하였다. 그리고 결국 법정에서는 오원춘이 협박에 못 이겨 횡설수설하는 일이 있었다.[39]

이 사건에 대하여 한국 교회 사회선교협의회는 11월 17일자 성명에서 "문제의 핵심인 농업경제 시책의 실패, 농협의 어용화 등은 은

---

[39] 오원춘 사건은 1979년 8월 10일자 사회면 톱기사로 각 신문에 보도되었다. 당시 사건에 대한 경북도경의 발표는 "가톨릭 농민회 안동교구 연합회 이사이자 경북 영양군 청기면 분회장인 오원춘은 그해 5월 5일부터 21일까지 포항, 울릉도 등지를 개인적으로 여행했음에도 불구하고, 모 기관원에게 납치돼 폭행 감금 또는 감시 받았다고 허위사실을 유포했으며, 천주교 안동교구청의 정호경 신부는 안동교구장 두봉 주교의 명에 의해 오씨 납치 사건을 조사, 유인물을 작성하면서 정부가 농민 부흥을 짓밟고 농민을 천시하여 정당한 농민운동을 탄압하여 민주주의를 말살하려 한다는 등의 현실적으로 있을 수 없는 왜곡된 성명문을 멋대로 날조 전파하여, 이들 두 명과 짓밟히는 농민운동이란 유인물을 배포한 안동시 거주 정재돈을 긴급조치 9호 위반으로 구속, 검찰에 송치했다"라는 요지의 발표였다. 도경은 "오원춘이 납치 사건을 조작 유포한 것은 여자관계로 가정불화가 일어나 현실도피적인 심리에서 비롯된 것"이라고 밝혔다.
그러나 가톨릭 농민회와 천주교의 설명은 달랐다. 우리는 사건의 배경을 정확히 알아야 한다. 1978년 당시 경북 영양군 청기면 농민들은 군 및 농협에서 공급한 감자를 심었으나 싹이 나지 않아 농사를 망쳤다. 함평 고구마 사건 해결 소식을 접한 가농 청기분회 농민들은 즉각 피해 농민들과 함께 대책을 논의하여 피해상황을 조사하여 당국에 피해보상을 요구하였다. 그러나 관과 농협은 갖은 방법으로 피해 농민들을 외유 내지 협박하였다. 그 결과 농민회원이 아닌 농민들은 중도에 권리포기를 하였으나 회원농민들의 끈질긴 활동과 안동교구 사제단의 지원으로 생각보다 빨리 피해액 전액을 보상받았다. 그러나 사건의 발단은 1979년 4월 26일 이런 감자피해 보상사례가 게재된 농민회 소식지「파종」이 배달 도중 일부가 도난당하고, 이 보상 활동에 앞장섰던 청기분회장 오원춘이 바쁜 농사철에도 불구하고 여러 날 행방불명이 된 데서 비롯되었다. 농민회와 교회가 오원춘의 고백을 통해 기관원에 의한 납치 폭행사실을 공식적으로 알게 된 것은 납치에서 돌아온 지 20일이 지난 6월 13일이었다. 당시 오원춘은 간헐적으로 지인들에게만 납치사건을 말했을 뿐, 교회에 고백하기까지 상당한 위험을 느꼈다고 성당에서 양심선언까지 했다. 천주교 안동교구에서는 이 사건을 덮는다면 농민사목과 농민운동의 포기를 뜻하는 것이고, 농촌교구인 안동교구의 사활과 직결된다고 판단하여 사실을 알리는 "짓밟히는 농민운동"이라는 문건을 천주교정의구현사제단 조직을 통하여 7월 17일 전국에 일제히 폭로했다. 이로 인하여 정호경, 함세웅 신부 및 오원춘, 정재돈, 서경원 등 농민회 간부들의 구속사태가 이어졌고 도시산업선교회는 YH 사건으로 그리고 천주교는 오원춘 사건으로 탄압을 받았던 것이다.

폐하고 오원춘 납치 조작 사건을 재판이란 형식을 빌어 유죄시하여 농촌의 복음화와 민주화, 협동운동에 기여한 가톨릭농민회운동을 저지 내지 탄압"[40]했다고 말했다.

박정희 정권은 노동자, 농민에 대한 교회의 대응에 민감하게 반응하면서 이들 단체들을 용공으로 조작하는 일을 서슴지 않고 하였다. 이러한 탄압에 직면하여 교회는 선교의 영역을 지키기 위해 전교회적으로 산업선교를 수호하기 위한 운동을 전개하였다. 사회선교협의회와 감리교, 예장통합 그리고 NCCK 등에서 산업선교를 용공으로 탄압하는 데 항의하는 성명서를 잇달아 발표하고 도시산업선교를 공산당으로 몰아가는 행위 등을 중지할 것을 요청하였다.

그러면 이 당시 교회의 농민운동의 방향을 살펴보기로 하자. 우선 교회는 농민들이 어려운 환경을 극복하기 위해 의식화와 조직화에 힘을 집중하였고, 농촌의 민주화를 위하여 조합장 선출을 주민들의 투표로 이루어지도록 노력하였다.

이렇듯 당시 교회는 사회의 어두운 곳을 비추는 등불과도 같은 역할을 하였다. 물론 1970년대, 한국 교회는 양분되어 보수주의 교회에서는 노동자들에 대한 정부의 핍박에 침묵내지는 사회의 안녕을 위하여 이들 좌익, 용공 세력을 철저히 발본색원해야 한다는 발언도 하였다. 또한 도시산업선교회 등을 용공단체로 매도하기도 하였다. 이러한 사실로 비추어 볼 때, 이는 교회에 대한 정부의 핍박에 보수주의 교단이 앞장 선 결과가 되었으며, 이후 정권이 교회를 핍박하거나 간섭하는 빌미를 제공하기도 하였다.

반면 진보주의 교회에서는 민주화와 노동문제에 깊은 관심을 가지고 있었다. 그래서 이들 진보주의 교회의 움직임을 살펴본다면, 1970년대 초, 중반까지는 노동운동과 농민운동이 노동자, 농민들의 처우개선과 근로조건에 초점이 맞추어져 있었다면 1977년을 기점으

---

[40] 김정남, "법정에서 진실을 밝히겠다: 변호사를 울린 오원춘 재판," 「생활성서」 2002년 4월호, 48.

로 하여 노동자, 농민운동은 정치투쟁적인 성격으로 변화되어 갔다. 이러한 현상은 교회가 자신의 본 목적인 영혼구원보다는 정치 투쟁에 몰입하는 부작용을 낳기도 하였다.

2. 1980년대 한국 교회의 노동운동과 농민운동

1) 한국경제와 노동자들의 실상

(1) 한국경제의 현황

1980년대의 한국경제의 특징은 다음과 같은 네 가지로 생각할 수 있다. 첫째, 1980년대 한국경제의 특징은 국가 독점 자본주의 체제의 확립과 특정 기업의 자본 편중이라고 할 수 있다. 1980년대 초반을(1980-82년) 불황과 축적구조의 위기가 폭발적으로 나타난 시기라고 한다면, 중반은(1983-85년) 국가권력에 의한 축적 조건의 재편이 폭력적으로 시행된 이후, 수출의 증대를 위한 각종 지원정책으로 불황의 기조가 유지되는 속에서도 수출증가와 국제 수지 적자폭 감소가 나타나고 특히 도매 물가 및 소비자 물가가 현저한 안정세를 보이는 시기라 할 수 있다. 한편 후반기(1986-89년)는 경제의 양적 팽창이 지속되다가 원화절상과 개방이 본격화에 따라 산업구조의 조정이 모색되는 시기라 할 수 있다.[41]

이와 같이 전두환 정권이 처음 등장한 1980년 당시, 국내 경제는 국제유가의 상승과 국내 불황으로 인하여 최악이었다. 그래서 경제성장률은 -5.4%, 도매물가는 44.2%나 폭등하였다. 이러한 가운데 공장 가동률은 1979년 82%에서 74%로 떨어졌고, 그에 따라 휴폐업과 대량해고 사태가 빈번해지면서 공식적인 실업률이 1979년

---

41 박현채 엮음, 『청년을 위한 한국 현대사, 1945-1991: 고난과 희망의 민족사』, 331.

3.8%에서 5.0%로 상승하였기 때문이다.⁴² 이런 상황에서 전두환 정권은 출발부터가 어려웠다. 그런데 전두환은 이러한 난국을 헤쳐나가기 위해 부실기업 정리와 대기업으로의 자본편중으로 이어지는 경제 재편을 서둘렀다.

둘째, 1980년대 한국경제의 특징은 경제안정화 정책이라고 할 수 있다. 1970년대 중반 이후 중화학 공업 부문에 대한 과잉 중복 투자에 따른 모순과 세계경제의 공황으로 한국 경제는 위기에 직면하였다. 이 위기를 극복하기 위한 방편으로 전두환은 노동자들을 탄압하고 서민들의 생활을 희생시켰다. 이는 결과적으로 중산층을 몰락시키고 절대 빈곤층으로 서민들을 몰아넣는 결과를 낳게 되었다.

셋째, 1980년대 한국경제의 특징은 노동생산성의 향상과 노동자들의 생활 파탄이라고 할 수 있다. 당시 한국경제는 저유가와 국제적인 저금리 현상으로 차관에 대한 이자부담이 줄어든 상태였다. 이와 같은 대외적 여건의 호전과 더불어 노동생산성이 실질 임금 상승률을 계속 상회함으로써 제조원가 하락에 결정적인 기여를 하였다.

이러한 유리한 조건에서 전자와 자동차 산업을 필두로 수출이 급격히 늘어났다. 자동차의 경우는 3저 호황기 동안 연간 100% 수출 신장률을 기록하였다. 이러한 수출에 힘입어 한국경제는 무역흑자를 기록하여 1986년 42억 달러에서 1987년 76.6억 달러, 1988년 114.5억 달러로 최고치를 기록하게 되었다. 그에 따라 외채 또한 줄어들었다. 1985년 468달러를 기록했던 총 외채는 1986년 445달러, 1987년 356달러, 1988년 312달러로 줄어든 것이다.⁴³

그러나 반대로 임금상승은 거의 없었던 반면에 노동시간은 확대되어 노동자들의 고통은 더 심화되었다. 기업은 막대한 이윤을 재생

---

42 박세길, 『다시 쓰는 한국 현대사 3』, 112.
43 박세길, 『다시 쓰는 한국 현대사 3』, 121.

산과 고용에 투자한 것이 아니라 부동산 매입에 적극 투자하게 되었다. 이로 인하여 부동산 가격이 상승되고 그리고 이는 물가 상승과 주택 가격의 상승, 전, 월세 가격의 급등으로 이어져 노동자들의 생계비를 압박하였다. 이는 도표 3에 잘 나타나 있다.

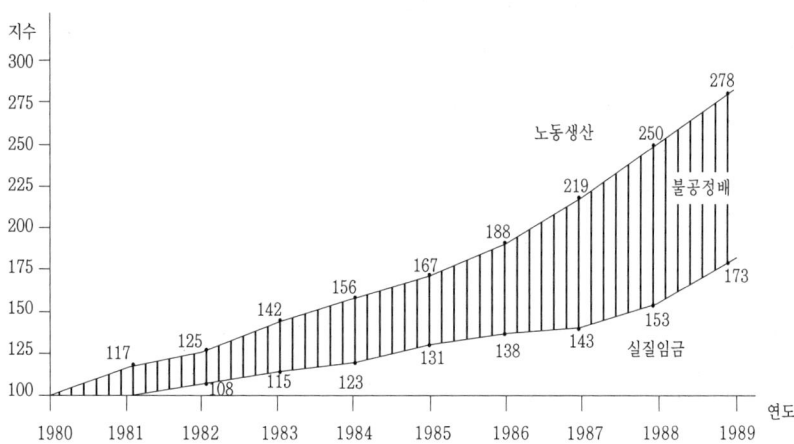

[도표 3] 실질 임금 및 노동 생산성 추이(전산업)[44]

위의 도표 3에서 알 수 있듯이 이는 노동자들의 작업량에 비하여 실질 임금을 하락시키는 역할을 하였다. 예를 들어 1980년 노동생산성과 임금이 100이라고 하였을 때, 1981년에는 임금 100에 노동생산성은 117을 기록하고 있다. 그리고 1985년도에는 노동생산성이 188에 비하여 임금은 131을 기록하고 있다. 또한 89년에는 노동생산성이 278로 85년도에 비하여 47% 이상 증가한데 비하여, 노동임금은 173으로 85년도에 비하여 32% 증가하는 데 그쳤다. 즉 노동생산성의 증가율에 비하여 노동임금의 증가율은 저조한 편이었다. 그러나 1980년대 당시의 물가 상승률을 감안할 때 노동생산성에 비하

---

44 「한겨레신문」, 1989. 10. 9일, 박세길, 『다시 쓰는 한국 현대사 3』, 118에서 재인용.

여 임금은 제자리 수를 기록하고 있는 것을 알아야 할 것이다.

마지막으로, 농축산물 수입자유화와 농가경제의 악화 등이다. 1985년에 들어서면서 미국은 무역적자 해소를 위해 농산물 수출을 강화하는 신통상정책을 시행하고 무역보복조치 조항을 두었다. 그래서 미국은 한국에 대해 1988년 말까지 사료의 원료가 되는 곡물에 대한 수입 쿼터제를 폐지하고, 1991년 1월까지 쇠고기, 오렌지 등 고가치 농산물과 밀, 옥수수 등 대량구매 농산물을 3단계에 걸쳐서 수입 자유화를 요구했다. 이에 정부는 1989년까지 3년간 농축산물 243개 품목을 수입 자유화한다고 발표하여 한국의 농축산물 수입개방은 크게 확대되었다. 여기에는 미국이 개방을 요구한 119개 품목 중 62개 품목이 포함되어 있었다.

이와 때를 같이하여 정부는 1988년 양곡관리법을 개정하여 수매가격, 수매량 결정에 국회의 동의를 얻게 하고 수매가격 결정에 각계각층이 참가하는 양곡유통위원회의 의견이 반영되게 했다. 그러나 정부의 양곡수매 정책은 생산 정책과는 분리된 채, 농민의 이해관계보다 물가정책 차원에서, 또 정치적 상황에 따라 결정되었다. 결국 이러한 정책은 농가부채가 늘어나는 현상을 가져왔다.[45]

위에서 살펴본 것처럼 1980년대 우리 노동자들은 최저생계비에도 못 미치는 임금을 받으면서 오직 기업의 노예로 전락해 버렸으며, 정부의 잘못된 농촌정책으로 한국의 농촌경제는 파탄지경에 이르렀다. 따라서 노동자들이 작업환경 개선이나 처우개선을 요구하면 기업이나 정부는 무력으로 이를 짓밟을 생각만 하였으며, 농민들의 정당한 생존권 역시 무력으로 짓밟으려고만 하였던 것이다.

(2) 노동자, 농민들의 생활

1980년대 한국의 노동자들의 생활은 저임금과 고물가의 이중고에

---

45 강만길, 『고쳐 쓴 한국 현대사』, 445-448.

시달렸다고 해야할 것이다. 1970년대와 마찬가지로 수출지향적 산업은 근로자의 저임금을 기본으로 하고 있다. 더구나 1979년에 일어난 제2차 오일쇼크는 한국경제를 자본주의 불황으로 몰아넣고 있었다. 그래서 1979-1982년까지 자본의 가치구성 상승과 이윤의 하락으로 이어졌다. 그러자 전두환 정권은 출범하면서부터 기존의 대외 지향적 축적을 강화하는 방향으로의 좀 더 안정적인 축적 조건 정비에 착수하게 되는데, 그것은 다름 아닌 경제안정화 정책이었다. 1980년대 초반 축적위기의 대응책으로 "경제안정화 정책"은 중화학 공업 투자 조정, 부실기업 정리 등 독점적 대자본에 대한 '특혜적 지원'과 노동법 개악 및 노동운동 탄압에 입각한 노동통제의 강화와 실질 임금의 동결, 농산물 가격 통제 등 '생산 및 분배 과정에서의 민중 수탈'을 심화시키는 것이었다.[46]

이렇듯 전두환은 한국경제의 불황을 부실기업 정리 및 노동자들의 임금동결, 노동운동의 탄압과 그리고 영세 농민들의 농산물 가격의 집중 관리 등으로 타결하려고 하였다. 이로 말미암아 한국의 노동자들의 생활과 농민들의 생활은 비참한 지경에 빠지고 말았다. 이는 1986년 구로 동맹 파업의 도화선 역할을 하였던 대우 어패럴의 임금 수준과 작업환경을 보면 쉽게 이해가 될 것이다.

> 당시(1986년)의 임금 수준은 양성공 초임이 일당 2,040원, 본공 초임이 일당 2,400원(남녀 평균 임금은 기본급 2,850원)이며, 노동자 2,114명 가운데 56.7%인 1,200여 명이 기본급 10만 원을 받고 있었다. 작업장은 환풍기나 통풍시설은 고사하고 여름이면 실내온도가 37-40도까지 치솟아 노동자들은 땀으로 목욕을 한 듯 옷이 흠뻑 젖었으며, 겨울이면 난방시설이 없어 동상환자가 속출했다. 현장 관리자들은 여성노동자들에 대한 욕설·폭행, 히프나 종아리를 만지는 희롱과 멸시를 빈번하게

---

[46] 박현채 엮음, 『청년을 위한 한국 현대사, 1945-1991: 고난과 희망의 민족사』, 337.

저질렀다. 만일 어떤 노동자가 개인 사정으로 잔업이나 철야를 하지 않겠다고 하면, 관리자들은 "잔업이 싫으면 사표를 쓰라"면서 잔업을 강요하여, 정상 노동시간으로 되어 있는 10시간 이외에 하루 2-8시간의 잔업과 철야(월평균 80여 시간)을 강제로 시켰고, 110시간씩 잔업 철야를 하는 경우가 많았다.[47]

이는 비단 1980년대 대우 어패럴의 문제가 아니라 1980년대 대다수 한국의 노동자들의 삶이었으며 한국경제의 한 단면으로 보면 될 것이다.

2) 1980년대 한국 교회의 노동운동과 농민운동

(1) 노동운동의 방향과 한국 교회의 노동운동

1980년대 전두환 정권은 박정희 정권이 했던 방식대로 노동운동을 탄압하여 한국의 노동운동은 고사 직전에 있었다. 1980년 6월 1일 출범한 국가보위비상대책위원회(약칭 국보위)는 노동운동을 전면 금지하고 노동운동에 대한 대대적인 탄압에 나섰다. 그 방향은 기존 어용간부 청산과 민주노조파괴, 노동관계법 개악을 통한 제도적 통제 강화였다. 또한 신군부 정권은 1980년 12월 31일 노동관계법을 전면 개정하고, 노사협의회법을 새로이 제정 공포하였다. 그리고 곧바로 민주노조들을 파괴하기 시작하였다. 이에 민주노조들은 온 힘을 다해 저항하였다. 신군부정권은 청계피복노조에 대해 1981년 1월 6일 해산명령을 내리고, 전투경찰을 동원하여 노조사무실을 패쇄하였다.[48]

이렇게 신군부의 무자비한 노동운동의 탄압으로 인하여 1980년대

---

[47] 박세길, 『다시 쓰는 한국 현대사 3』, 117, 118.
[48] 민주화운동기념사업회, 『한국민주화 운동사 3-서울의 봄부터 문민정부수립까지』, 711, 712.

노동쟁의는 1982-1983년 2년 동안 45건에 불과하였고, 1984-1986년에는 각각 28건, 32건, 25건으로 수적으로는 늘어났지만, 총 130건 가운데 쟁의행위가 한 건도 없을만큼 그 강도는 극히 약했다. 노동쟁의의 원인은 임금인상이 85건으로 가장 많았고, 그 다음으로는 단체협약 관련 29건, 상여금 8건, 기타 8건의 순이었다.

노사분규는 1981년 186건, 1982년 88건으로 급속히 감소하였다가, 1983년 98건, 1984년 113건, 1985년 265건, 1986년 276건으로 매년 증가하였다. 이들 노사분규의 원인을 살펴보면, 임금체불이 278건으로 전체의 27.1%가 되고, 임금인상 194건(18.9%), 근로조건 개선 175건(17.1%), 해고 78건(7.6%) 휴폐업과 조업단축 49건(4.8%), 부당노동 행위 39건(3.8%)의 순이었다.[49]

이러한 상황에서 1980년대의 노동운동은 대학생들의 노동운동에로의 투신과 노학연대 등 두 가지 방향에서 일어났다. 정권의 무자비한 노동탄압에 맞서 대학생들은 노동현장을 직접 체험하여 열악한 노동현황을 고발하고 노동운동을 회생시킬 목적으로 학교를 일시 휴학하고 위장취업하였다. 이들 위장 취업한 학생들은 12시간 노동에 잔업까지 온몸으로 직접 체험하면서 한국의 노동자들의 실태를 뼈저리게 경험하게 되었다. 이렇게 학생들이 노동운동에 투신하면서 자연스럽게 노학연대가 일어났다. 이들은 한국 사회 민주변혁의 주체는 노동자 농민 이라는 사실을 잘 인식하고 있다. 이에 따라 학생운동의 방향도 1980년대에는 노학연대투쟁이 새로운 전략으로 채택되었다.

학생운동의 의식화 과정 프로그램에 공활(공장 활동)과 농활(농촌 활동)이 필수과목이 되었고 노학연대투쟁이 학생운동의 주요한 목표로 자리잡게 되었다. 그리고 수많은 학생들이 학생운동을 끝내고

---

[49] 민주화운동기념사업회, 『한국민주화 운동사 3-서울의 봄부터 문민정부수립까지』, 714, 715.

또는 아예 학생신분을 포기하고 노동현장으로 갔다. 그 수가 얼마나 되는지는 아무도 정확하게 말하지 못한다. 1986년 노동부는 위장취업자 수를 373개 업체 699명으로 집계했다. 그러나 1천여 명 이라고 하기도 하고 3천여 명이라고도 하고 1만여 명이라고 하는 등 논자에 따라 차이가 있다.[50] 하지만 노동현장에서 단기간의 노동현장에 투신한 학생들의 숫자까지 포함한다면 훨씬 더 많았을 것으로 생각할 수 있다.

그러므로 이들 노동운동가들이나 위장 취업한 대학생들은 정권과 악덕기업주들에게는 눈에 가시같은 존재일 수밖에 없었다. 전두환 정권은 이들로 인하여 새롭게 노동운동이 부활될 것을 두려워하여 철저히 이들을 탄압하였다.

학생들의 노동운동에로의 헌신은 1980년대 교회의 노동운동에 커다란 영향을 미쳤다. 교회는 학생들의 적극적인 참여와 조직화된 노동운동으로 노동자들의 현실과 실상을 여론에 알리는 홍보전과 그리고 노동운동을 단위 조합화하는 운동을 동시에 전개하였다.

1970년대 교회의 노동운동이 주로 노동자들의 생존권을 위한 투쟁의 방편으로 노동조합 설립 등에 앞장 선 반면, 그 근본적인 문제인 정치권력과의 투쟁은 회피하였다. 따라서 1980년대 한국 교회의 노동운동은 1970년대의 한계를 극복하고자 민주노조 등 민주세력과의 연대 속에서 정권과의 정치적 투쟁도 마다하지 않았다. 그리고 노동조합의 설립에 앞장서서 노동자들이 스스로 자신의 권익을 위하여 투쟁할 수 있는 기반을 마련하는 데 앞장섰다.

과거 교회의 지원에만 의지하여 자체역량이 부족하였던 노동자들은 기독학생연합(KSCF)의 소속 학생들과 도시산업선교회의 적극적인 지원 속에 소모임을 통해 스스로를 단련시켜 나갔다. 그리고 스스로를 단련한 노동자들은 개악된 노동조합법을 개정하는 데

---

[50] 민주화운동기념사업회 편, 『6월 항쟁을 기록하다』 1권, 322, 323.

총력을 기울였다. 노동자들은 1984년부터 전두환 정권의 유화정책에 힘입어 교회와 학생연합 그리고 민주세력과 연합하여 노동운동의 부활을 위해 노동조합법 철폐를 강하게 주장하였다.

우선 과거 선도적인 노동운동의 부활은 1983년 말 블랙리스트 철폐운동으로부터 시작되었다. 그리하여 12월 26일에는 "민주노동 운동자 블랙리스트 철폐 대책위원회"가 결성되었다. 또한 1984년 3월 10일에는 노동운동 과정에서 해고되었던 선진 운동 노동가들이 모여 "한국 노동자 복지 협의회"를 결성하였다. 이 조직은 노동운동의 구심점을 마련하고자 하는 한편, 특히 1984년 하반기에 노동법 개정운동을 활발히 전개하였다. 이와 더불어 "청계피복 노조 복구 대회"가 개최되었고, 9월 19일과 10월 12일에는 "청계피복노조 합법성 쟁취 대회"가 개최되었다.[51]

여기 "청계피복노조"는 교회와 학생과 민주세력이 연합한 대표적인 노학연대의 표상이었다. 이들 청계노조 노동자들은 노조가 해산된 이후 평화시장 주위에 있는 형제교회, 제일교회, 시온교회, 초원교회, 경동교회 등의 노동 야학생들을 중심으로 비밀리에 청계모임 등을 조직했다. 이들은 노동법 등을 학습하면서 의식화 작업을 강화해 나갔다.

이렇게 꾸준히 성장해가던 노동운동은 1987년 6.29선언 이후 힘을 모아 최대 규모의 노동자 대투쟁을 일으켰다. 87 노동자 대투쟁은 제조업, 특히 현대엔진, 현대미포조선, 현대중공업 등 울산현대그룹의 중공업 대기업 사업장에서 촉발되어 전국, 전산업, 전규모에서 전개된 최대의 대중투쟁이었다. 그리고 지역별 파업 발생건수와 참가자 수를 보면, 공단이 밀집한 부산, 경남 등 영남권과 서울, 인천, 경기 등 수도권은 물론, 전라, 충청, 강원, 제주에 이르기까지 전

---

51 박현채 엮음, 『청년을 위한 한국 현대사, 1945-1991: 고난과 희망의 민족사』, 365.

국의 모든 지역에서 파업이 전개되었다.[52] 처음 6. 29 이후 성남시 택시노동자들의 파업과 그리고 버스노조, 그리고 광산노동자들의 투쟁에 이어 1987년 7월 5일 울산현대엔진노조가 결성이 되면서 전국적인 노동자 대투쟁으로 이어졌다. 이처럼 전국적으로 이어진 노동자 대투쟁은 민주노조의 결성으로 이어졌다. 비록 전두환 정권의 강압적인 탄압이 이어졌지만, 지속되는 노동자들의 투쟁으로 월평균 명목 임금이 1988년에서 1992년 사이에 44만 6,000원에서 86만 9,000원으로 연평균 17.6%의 인상률을 보였다. 또한 노동시간은 매년 단축되는 추세를 보였다. 1986년 현재 노동시간은 연간 2,734시간, 월간 227.8시간, 주당 52.5시간으로 세계에서 가장 길었다. 그런데 1992년 현재 노동시간은 연간 2,478시간, 월간 206.5시간, 주당 47.5시간이었다.[53]

이렇듯 1980년대 노동자들은 교회를 중심으로 학생 및 민주세력과 서로 연합하여 활동하는 형태로 변화하였다. 그리고 자체적으로 역량을 키운 노동자들은 자체적으로 노조를 결성하였으며 이 노조들이 서로 힘을 합쳐 자신의 힘을 외부로 표출하였다.

(2) 한국 교회의 농민운동

1980년대 한국 교회의 사회운동은 농민운동을 통하여 절정에 도달했다고 볼 수 있다. 왜냐하면 1970년대와 1980년대 한국경제가 중화학공업 위주로 재편되면서 상대적으로 농업이 상당부분 감소했다고 할지라도, 한국경제의 20% 이상을 차지하고 있었기 때문이다.

1980년대의 농업은 1978년에 등장한 수입 자유화 조치로 인해 개방농정이 현실화되면서 시작되었다. 그러므로 1980년대 한국 교회

---

[52] 민주화운동기념사업회, 『한국민주화 운동사 3-서울의 봄부터 문민정부수립까지』, 358.
[53] 민주화운동기념사업회, 『한국민주화 운동사 3-서울의 봄부터 문민정부수립까지』, 749, 750.

의 농민운동은 1970년대 말 개방농정으로 인한 외국 농축산물의 대량으로 수입개방되면서 한국의 농촌이 파탄지경에 이르게 된 데서 비롯되었다. 1970년대 한국 교회의 농민운동은 농민이 주체가 되지 못하고 교회가 주체가 된 상태에서 농민이 참여하는 형태가 되었지만, 1980년대 농민운동은 농민들이 주체가 되는 형태로 자리 잡게 되었다. 이는 점차적으로 농민들이 자신들의 삶의 처지와 그리고 정부의 무분별한 해외 농축산물 수입으로 인한 농촌 죽이기가 가속화되자 삶의 투쟁의 일환으로 일어난 것이라 할 수 있다.

1970년대 말부터 비교우위론이니 개방농정이니 하며 외국 농축산물이 대량수입되더니 1986년 양담배 수입으로 상징되는 한·미 통상협상의 타결로 상품·자본·서비스 시장이 본격적으로 개방되어 수입개방률은 91.5%에 이르게 된다.

그 후 새로운 세계무역 질서를 만든다는 명분 아래 진행된 우루과이라운드 다자간 협상의 시작은 초국적 자본이 국경을 무너뜨리고 마음대로 돈벌이를 할 수 있는 세계무역기구(WTO)라는 강력한 신자유주의 세계질서를 구축한다.

이렇듯 1980년대 한국의 농업·농민상황은 안으로는 농업경시, 밖으로는 수입개방이라는 이중고 속에서 농가부채가 빠르게 늘면서 과거의 절대빈곤 상태와는 질적으로 다른 상대적 빈곤상태에 허덕이게 된다.[54]

더군다나 설상가상으로 서울에 대부분의 인구가 유입되면서 한국의 경제가 집중되어 있었다. 1988년 국세징수의 40%, 예금대출의 약 60%가 서울에서 이루어지고 있었다. 이렇게 서울에 대한민국의 인구와 경제가 집중되면서 서울에 인구를 빼앗기는 지방도시에는 농촌인구가 유입되는 악순환이 계속해서 벌어지고 있었다. 1988년 한 해 동안의 이농인구는 무려 1백 36만 명에 이르러, 농가인구의 총

---

[54] 민주화운동기념사업회 편, 『6월 항쟁을 기록하다』 1권, 375.

인구에 대한 구성비는 17.3%(183만 호)로 줄어들었다. 서울(1.8%), 인천(3.0%), 경기(1.5%) 등 수도권과 부산(0.6%), 대구(1.0%), 광주(2.2%)등 대도시의 유입인구는 늘어난 반면, 상대적으로 낙후된 농촌지역이 많은 전남(-4.2%), 전북(-2.8%), 강원(-3.1%), 충북(-2.5%)등 기타 도(道) 지역은 모두 감소했다.[55]

이렇게 1980년대 서울을 비롯한 대도시에 한국의 경제가 집중되면서 농촌의 공동화가 진행되고 그리고 이와 더불어 농촌의 부채도 점점 증가하게 되었다.

한편 도시산업선교회가 노동운동에 전념하는 대신 가톨릭 농민회(약칭 가농)에 뒤이어 설립된 기독교 농민회(약칭 기농)는 1970년대부터 양적, 질적인 성장을 경험하면서 양대 기층 민중조직의 위상을 갖는다. 이 당시 가톨릭 농민회는 마을현장의 일상적 협동활동과 권익실천활동, 즉 현장의 경제협동사업과 민주화 활동을 기본으로 하면서 농협 민주화와 쌀생산비 보장 운동을 전개하였다. 이에 비하여 기독교 농민회는 역량이 가톨릭 농민회에 비하면 미약하였기 때문에 가톨릭 농민회와 협조하여 농민운동을 하였다. 따라서 1980년대의 농민운동은 가톨릭을 비롯한 교회의 농민운동가나 지도자들이 주도하면 농민들은 이에 호응하며 합세하는 정도였으며 아직은 자체적인 운동의 역량을 지니고 있지는 못하였다.

이제 본격적으로 민주화의 꿈을 지니면서 교회의 지도자들과 농민들은 활발한 농민운동을 전개하려고 하였다. 물론 이러한 배경에는 한국의 농촌현실이 1970년대부터 하루가 다르게 변화하는 데도 불구하고 1980년대 초반에는 민주화에 대한 환상으로 농민들이 낙관적인 생각을 가지고 있었기 때문이며, 아직은 전두환 정권의 속성을 제대로 파악하지 못하였기 때문으로 분석할 수 있다.

---

[55] 강준만, 『한국 현대사 산책, 1980년대편 4권 광주학살과 서울올림픽』(서울: 인물과 사상사, 2003), 33.

그 결과 농민운동은 "민주농정실현 전국농민대회"(1980. 4. 11)와 "헌법 및 농림법 공청회"(4. 17) 등을 개최하여 농업관련 법률의 개정을 요청하는 수준에 머물 수밖에 없었다. 5월 19일에 예정된 민주농정실현 전남농민대회를 통해 가두시위까지 벌일 계획이었으나 이 역시 광주민중항쟁이 터지면서 취소되고 말았다.

그 직후 광주의 무장 시민군들이 전남 일원을 돌며 궐기를 촉구하는 상황이 벌어졌고, 상당수의 농민들이 호응하였으나, 정작 농민단체의 조직적인 궐기는 없었다. 단지 광주에서의 피의 항쟁을 총격 속에서 지켜보기만 했을 뿐이다.[56]

이렇듯 전두환 정권 앞에서 농민과 교회 지도자들은 힘을 발휘할 수가 없었다. 1980년대 초기 가톨릭과 교회의 지도자들이 농민들을 대상으로 교육을 실시하려고 하였지만 당국의 삼엄한 감시 속에서 성공할 수 없었다. 그러나 외국의 농축산물이 무분별하게 수입되자 농민들은 분연히 일어나 수입개방 저지투쟁에 앞장섰다. 비록 교회 안에 있는 농민운동가들의 지도와 계몽 덕택이기는 하였지만, 스스로 한국의 농민들이 분연히 전두환 정권에 맞서 투쟁하기 시작한 것이다.

이와 같이 1970년대 교회에 전적으로 의존하던 농민운동은 예전과는 달리 농민들의 자발적인 참여와 노력으로 더욱 활성화되었다. 그 결과 1980년 신군부의 등장으로 말살지경에 이른 농민운동은 1982년 부당농지세 납부거부운동과 더불어 다시 기지개를 켜기 시작하였다. 그리고 1983년 농협조합장 직선제 1백만 서명운동으로 대오를 재정비하고, 1985년의 소몰이 시위 투쟁, 1986년 미국 농축산물 수입개방저지투쟁을 전국 수십 개 지역에서 동시다발로 전개하는 동력과 대중성을 확보하였다.[57]

---

56 박세길, 『다시 쓰는 한국 현대사 3』, 153, 154.
57 민주화운동기념사업회 편, 『6월 항쟁을 기록하다』 1권, 375.

농지세는 땅에 작물을 심어 얻은 이익금에 부과되는 일종의 소득세로서 도시근로자의 근로소득세와 비교할 수 있다. 그런데 농지세는 농사비용과 생산비를 제외한 순소득에서 평균생활비를 제외한 나머지 금액에서 부과되어야 하는데 전두환 정권에서 공무원들은 자신의 임의대로 농지세를 거두어들였다. 이에 가톨릭 농민회를 필두로 기독교 농민회는 이를 거부하기로 하였다. 1980년 들어 음성지역 고추재배 농민들은 부당농지세 시정대책위원회를 조직하고 1981년부터 고추생산비 조사활동과 농지세 자진신고 및 이의신청 활동을 벌였다.

전두환 정권은 농민들의 정당한 요구를 계속 탄압하였다. 이에 대응하여 농민들은 1982년 3월 부당농지세 시정농민대회를 개최하였다. 농민들의 절실한 상황에 먼저 가톨릭 농민회가 포문을 열고 기독교 농민회가 적극지원 하였다. 농민 2천여 명이 서명에 참석하고 1천 5백 명이 성당에 운집하여 대회를 개최하자 정부당국은 후퇴하여 결국 1984년 정기국회에서 농지세법이 개정되었다.

이에 더 나아가 가톨릭 농민회를 필두로 기독교 농민회가 후원하여 농협조합장 100만인 서명 대회를 열었다. 가농은 농협민주화 추진위원회를 구성하고 1983년 7월 27일 각 도연합회별로 1백만인 서명운동 추진 결의대회를 개최, 8월 1일부터 농협조합장 직선제 실시 서명운동을 개최하였다. 농민들은 물론이거니와 이 땅의 민주화를 열망하는 모든 사람들의 지지와 동참 속에서 서명운동은 범국민적으로 추진되었다. 교회와 교회단체들의 적극적인 관심과 후원 가운데 1백만 서명운동은 전국적으로 확산되었다.[58]

이러한 교회의 노력에 힘입어 농협조합장 직선제 운동은 각 정당의 관심과 민주세력의 동참 속에서 상당부분 양보를 얻어냈다. 이 농협조합장 직선제 운동을 필두로 농민회는 운동역량을 확충하여

---

[58] 민주화운동기념사업회 편, 『6월 항쟁을 기록하다』 1권, 378.

자립의 기틀을 마련하였다. 즉 농민운동을 가톨릭이나 교회가 주도하여 농민들이 동참하는 것이 아니라 농민들을 끌어주는 형태로 전환 되었다.

그러나 농민들의 삶의 질은 더욱 악화되었다. 전두환 정권은 1983-84년도에 들어서서 정치적인 유화조치와 함께 경제적으로는 시장개방을 적극 추진하였다. 그러나 개방농정은 남한의 전통적인 복합영농체계, 즉 쌀과 한우를 양축으로 하는 농업 작목체계가 동요되는 계기로 작용하였다. 농산물 수입 자유화 조치, 우르과이 라운드 협상, 농업구조조정 등은 개방농정과 수입개방이 전제임과 동시에 수입개방의 전면화를 통한 남하농업의 토대와 자주 독립적 기반을 약화시키려는 미국의 수미일관된 농업 지배전략의 마무리 술책이다. 즉 군사적 강점과 식량수급 장악 등 우리민족의 생존과 직결된 약한 고리를 잡아 영원한 동북아 전진기지를 구축하려는 것이다.[59]

이 개방농정의 여파로 인하여 외국농산물이 적극 수입되어 양파, 마늘, 고추, 돼지, 소 값 등이 연쇄적으로 폭락하였다. 따라서 심지어 농민들이 실의에 빠져 자살하는 일이 속출하고 결국 농민들의 투쟁이 본격화되었다.

농민들의 적극적인 투쟁은 바로 1984년 9월에 열린 함평·무안 농민대회로부터 시작되었다. 이 농민대회는 농민들이 주관하고 교회가 적극 후원하고 동참하는 최초의 운동이라는 점에서 농민운동의 새로운 장을 열었다고 할 수 있다.

함평·무안 농민대회는 이 지역의 소득원인 양파와 고구마에 대한 정부의 부당한 정책에서 시작되었다. 양파의 경우, 그동안 부당한 농지세제에 따라 실제 소득액보다 훨씬 높은 세금을 내오던 차였다. 그런데 1983년에 양파를 밭에서 그냥 갈아엎을 정도로 똥값이 되었을 때는 보상 한 푼 없던 당국이, 1984년에 양파시세가 다소 좋아지

---

[59] 정현찬, 「농민과 통일」 (조국 광복 60년, 4월 혁명 45주년 논집, 2005), 145.

자 을류농지세를 과중하게 부과한 것이다. 고구마의 경우, 그동안 정부 당국에서는 매년 생고구마를 수매해 왔는데, 농축산물 수입이 확대되면서 고구마 대체용인 당밀의 수입이 늘자 1984년부터 생고구마 수매를 중지하겠다고 나선 것이다.[60]

농민들의 어려운 현실을 인식한 기독교 농민회와 가톨릭 농민회 등 농민회 회원들은 보다 대담한 투쟁이 필요하다는 사실을 깨닫게 되었다. 그래서 "함평·무안 농촌문제 대책위원회"를 구성하였고, 3개월에 걸친 치밀한 준비가 진행되었다. 그 결과 함평과 무안의 농민 700여 명은 1984년 9월 2일 농가부채탕감과 전두환 방일반대 학살 정권타도를 내걸고, 양파 농지세 과중부과 철회, 고구마 전량수매 보장, 농축산물 수입 중지 등을 내걸고 가두시위에 나섰다.[61]

이 함평·무안 농민대회에서 처음으로 반정부 투쟁 구호가 등장하였다. 농민들이 농업현황이 정치문제와 연결되어 있다는 사실을 인식하고 농민문제를 정치문제와 연결시켜 해결하려고 하였기 때문이다. 다음으로 이 함평·무안대회는 비록 기농과 가농 소속의 농민회원들이 주축이 된 대회였지만, 지금까지의 교회가 주관한 농민대회가 아니라 농민들이 스스로 농민대중의 투쟁력을 가감 없이 보여준 대회라 할 수 있다.

한국 교회는 함평·무안 농민대회의 대중성에 힘입어 소 값 하락 피해보상이라는 농민대회에 관여하였다. 전두환 정권의 부도덕성과 비정통성은 미국을 비롯한 많은 국가들의 표적이 되어 전두환 정권을 표면적으로 지지해 주는 대신 무차별적인 통상 압력을 벌였다. 특히 1983년 미국 레이건 정권의 끈질긴 수입개방 요구가 계속되어, 1983년 당시 한국의 농민은 외국쌀의 재고로 인해 쌀을 팔지 못하는 피해를 입었는데도, 정부는 미국으로부터 22만 톤의 쌀을 수입했으

---

[60] 한국기독교농민회총연합회, "함평 무안 농민대회,"「현실과 전망」제1권, 272, 박세길,『다시 쓰는 한국 현대사 3』, 155에서 재인용.
[61] 박세길,『다시 쓰는 한국 현대사 3』, 156.

며, 1984년에는 25만 톤을 수입하였다. 또한 외국으로부터 수입해 오는 농축산물은 1985년 현재 3백여 가지가 훨씬 넘어서게 되었다. 이 가운데 소는 농가의 가장 중요한 부업으로 모든 농민이 희망을 걸고 있는 것임에도 쇠고기는 물론 살아 있는 소까지 수입하여 국내 소 값은 급격히 하락했다. 제5공화국이 들어선 이후 5년간 무려 20만 7천 마리의 소가 수입되었다. 이로 인해 소 사육 농민들은 1마리당 평균 70-80만원씩 적자를 보아 2백만 축산농가가 총 2조 4천억 원의 손해를 보았다.[62] 여기서의 문제는 한때는 정부가 저리로 융자까지 해주면서 소 사육을 적극 권장하였지만 외세의 압력에 굴복하여 농민대책도 없이 폭력으로 농민들의 항의를 잠재우려 하였다는 것이다.

이렇듯 전두환 정권이 농민들의 피해를 감수하면서까지 미국이 시키는 대로 개방농정을 택할 수밖에 없었다. 그러나 이로 인하여 많은 농민들이 빚더미에 올라 야반도주하거나 자살하는 사태가 일어났다.

1985년 1월~3월 가농(가톨릭 농민회)의 도입 육우 피해조사 실태에 이어, 4월 22일에는 기농(기독교 농민회)에서 150여 명이 "전봉준 장군 90주기 추모식 및 미국농축산물 수입개방요구 규탄대회"를 마치고 미 대사관에 진입을 시도하며 시위를 벌이기도 하였다. 가농과 기농의 적극적인 활약은 농민들의 의욕을 더욱 불태울 수밖에 없었다. 각지의 농민들은 정부에 적극적으로 항의하며 시위에 돌입하였다. 그리고 6월 12일 춘천의 농민들이 소입식 자금 상환통고에 소 피해보상을 요구하며 소 반납을 결의하고, 영농 후계자 80여 명이 도청에서 소 값 폭락에 항의하며 도지사 면담을 요구, 축산단체 연석회의를 개최하였다.

마침내 농사일이 한가해진 여름에 접어들자 이른바 "소몰이 싸

---

[62] 민주화운동기념사업회 편, 『6월 항쟁을 기록하다, 1권』, 383.

움"으로 불리는 "소 값 하락 피해보상투쟁"이 전국 각지로 확산되었다. 이 싸움에는 20여 개 군에서 총 2만여 명의 농민들이 참가하였는데, 전북 진안군에서는 1천여 명의 농민들이 대규모 투쟁을 벌일 정도였다.[63]

전국을 휩쓸었던 소 값 하락 피해보상투쟁은 같은 해 9월 23일 전주에서의 "외국 농축산물 수입반대 전국농민대회"를 끝으로 일단락되었다. 이 대회에는 민주통일운동연합 등, 재야 단체와 그리고 기농을 비롯한 기독교 단체들이 함께 참여한 가운데 일단락되었다. 종합자료에 의하면, 가농 집회시위 농성 횟수 48회(시위 농성 31회), 소시장 유인물 살포 15회, 전국단위 성전홍보물제작배포 14회, 도 단위(연합회) 선전홍보물 13회, 군 단위(협의회) 선전홍보물 24회, 마을단위(분회) 홍보물 5회, 기농 집회시위농성 8회, 일반 농민시위 서명건의 등 6회, 시위에 동원된 농민 총 수는 2만여 명, 시위 중 연행자는 419명, 부상자는 29명, 구류는 6명이 받았으며, 2명이 기소되었다가 석방되었다.[64]

이렇듯 1980년대 교회는 농민들의 곁에서 삶의 애환을 함께 나누었다. 이러한 노력에 힘입어 뒤늦게나마 전두환 정권은 소입식 자금 상환연기 등 10여 차례에 걸쳐 행정적인 조치를 취하게 되었고, 외국의 쇠고기 수입에 신중을 기하게 되었다. 그러나 근본적으로 전두환 정권의 비정통성과 부도덕성을 알고 있는 외국이 전두환 정권을 지지하는 대신에 무차별적인 통상압력을 가하였으므로 전두환 정권은 울며 겨자 먹기 식으로 이들의 통상압력을 받아들일 수밖에 없었다. 그러므로 이러한 시기에 교회의 역할은 절대적일 수밖에 없었던 것이다. 주로 가농과 기농에 의하여 주도된 농민운동은 이제 1987년부터는 농민의 자체 역량을 키우고 이들 농민들이 스스로 문제의식

---

[63] 박연섭, "80년대 농민운동의 비판적 고찰,"『해방 40년의 재인식 II』(돌베개, 1986), 307.
[64] 민주화운동기념사업회 편,『6월 항쟁을 기록하다』1권, 384.

을 느끼고 정부에 적극적으로 대처하는 운동 방식으로 탈바꿈 되었다. 그 결과 1987년 2월 26일 전국 15개 지역의 자주적 농민회가 모여 "전국 농민회"가 결성되기에 이르렀다.

4장_
1970, 1980년대 한국 교회의 통일운동

한국 교회는 민주화 운동과 노동운동과 더불어 통일운동에서도 헌신적인 노력을 하였다. 물론 박정희와 전두환 두 정권이 많은 통일노력을 기울인 것은 사실이지만, 이는 단지 정권을 유지하기 위한 수단으로 행하여진 것이다.

한편 1970, 1980년대의 정부 주도가 아닌 민간 주도의 통일운동은 교회라고 할 수 있다. 그리고 이 통일운동이야말로 한민족의 하나 됨을 염원하는 진정한 통일운동이라고 할 수 있다. 따라서 우리가 1970, 1980년대 한국 교회의 사회운동에 있어서 통일운동은 주요한 사회운동 중의 하나라고 할 수 있다.

그럼에도 불구하고 우리는 1970년대 이후의 통일운동에 있어서 정부의 통일노력을 과소평가할 수는 없다. 왜냐하면 1970년대까지 한국 교회가 반공논리에 사로잡혀 있고, 또 한편으로는 오직 민주화 운동에만 전념하고 있을 때, 북한의 통일논리에 맞서서 우리 정부가 행한 통일노력은 한국 교회가 새롭게 통일운동을 전개할 수 있는 하나의 원동력으로 작용하였기 때문이다.

이러한 상황에 비추어 볼 때 남북한의 통일논리와 우리 정부가 행한 통일노력은 한국 교회의 통일운동을 연구하는 데 있어서 중요한 단초를 제공한다. 따라서 한국 교회의 통일운동에서는 1970년대 이전의 한국 교회의 통일운동이 어떠한 방향을 가지고 전개되었는지, 다음으로는 1970년대 남북한의 통일운동과 그리고 1970년대 한국 교회의 통일운동에 대하여 연구하고자 한다.

그리고 다음 개요 2-2) 1980년대 한국 교회의 통일운동에서도 우선적으로 남북한의 통일논리와 운동에 대하여 살펴본 후에 1980년대 한국 교회의 통일운동에 대하여 살펴보는 식으로 연구를 진행하고자 한다.

1. 1970년대 한국 교회의 통일운동

1) 1970년대 남북한의 통일운동 – 정부 주도의 통일운동

(1) 1970년대 이전의 한국 교회의 통일운동

4.19 이전의 이승만 정부의 통일론은 북진통일론으로 요약될 수 있다. 그리고 이러한 통일론은 한국 기독교인들의 적극적인 동조를 이끌어 냈다. 왜냐하면 당시 이승만 정권과 기독교인들은 아주 밀접한 밀월관계를 형성하고 있었던 '정·교 유착기'라고 할 수 있었기 때문이다. 또한 6.25 당시 교회의 피해는 이루 말할 수 없었다. 6.25 동란 중에 희생된 교역자가 약 408명, 전소(全燒)된 교회당 1,373개, 반소(半燒)된 교회당 666개나 되었다. 이로 인하여 교회는 휴전을 반대하는 데 심정적으로 적극적이었다. 그래서 6.25 전쟁 중인 1950년 12월 27일 대한예수교 각 교파 연합신도대회는 유엔사무총장과 트루만 대통령 및 맥아더사령관에게 메시지를 보내어 휴전을 반대한다는 뜻을 분명히 나타냈다. 그런데 이 북진통일론의 밑바닥에는 공산주의를 이겨야 한다는 '승공통일론'과 '신앙의 자유'를 획득해야 한다는 명분도 깔려 있었다.

정전 협정론이 제기되었을 때, 1951년 7월 12일 부산에서 열린 신도대회는 "신앙의 자유를 위하여 여하한 고통과 희생이 있다 하더라도 공산세력을 국경선 외로 몰아내고 한국 남북통일의 완전독립을 지향하여 일로매진할 것을 굳게 결의"[1]하였다. 기독신자들은 1953년 6월 15일 세계 교회와 아이젠하워 대통령에게 휴전반대 성명서를 보내는 등 강도 높게 휴전을 반대하였다. 교회는 결말 없는 휴전협정을 반대하며 자연적으로 북진통일론을 지지하기에 이르렀다. 따라서 이 시대 한국 교회의 통일론은 정부의 통일론을 따라하는 것이었으며, 반공 콤플렉스에 사로잡혀 있었다고 할 수 있다.

휴전 후 정부의 통일론은 북진통일론과 유엔 감시하의 남북총선거에 의한 통일론으로 정리되었다. 전자가 대내용으로서 국민들의 반공의식을 부추기는 역할을 감당했다면, 후자는 대외용 혹은 명분용으로 활용되고 있었다. 기독교계도 '북진통일론' 단계에 머물러 있었다. 1950년대 중기에 진보정당 계열이 '북진통일론' 대신 '평화통일론'을 내세웠던 것을 생각하면, 민족의 화해와 서로간의 용서를 먼저 추구했어야 할 기독교계가 이 단계에 머물렀던 것은 통일문제에 관해서는 진보정당 의식 수준에도 미치지 못했음을 의미한다.[2] 그러나 4.19 민주항쟁 이후 한국인의 통일론은 1950년대의 승공통일론이라는 이데올로기에서 탈피하게 되었다. 4.19 이후 크게 변한 일반 대중의 평화통일 의식이 정부의 통일 의식보다 훨씬 앞지르고 있었다.

옛날 조봉암 중심의 진보당이 "남북 총 선거에 의한 평화통일안"을 제시하자 이승만 정권은 그것이 국시(國是)에 어긋난다는 명목으로 조봉암을 처형하였다. 그러나 4.19로 인하여 장면 정권은 "유엔 감시 하 남북한 총선거를 통한 평화적 자유 민주 통일안"을 유엔 총회에 제시하였다. 즉 유엔 감시 하에 남북 총 선거를 실시하여 통일을 하되, 남한 체제에 의한 통일안을 제시하였던 것이다.

---

[1] 김양선, 『한국기독교 해방 10년사』 (대한예수교장로회총회 종교교육부, 1956), 140.
[2] 이만열, "한국 기독교인의 통일운동" (2005, 성서 한국대회 선택특강), 2.

물론 이 제안은 보수와 진보 양 진영으로부터 신랄한 비판을 받았지만, 이승만 정권의 승공통일론보다는 진일보한 것이라 할 수 있다.

한편 4.19 후 정치활동이 가능해진 진보진영의 정치세력은 장면 정권과는 다른 적극적인 통일론을 제기하기 시작하였다. 1960년 9월 30일 사회대중당, 한국 사회당, 혁신동지 총동맹, 천도교, 유교회, 민주민족 청년동맹, 통일 민주 청년동맹, 4월 혁명 학생연합회 등 애국적이고 민주적인 정당·사회단체들은 함께 손을 잡고 "민족자주통일 중앙협의회"(민자통)를 결성하고 다음과 같은 통일방안을 제시하였다.

> 자주·평화·민주의 원칙 아래 ① 즉각적인 남북정치협상, ② 남북 민족 대표들에 의한 민족통일 건국 최고위원회의 구성, ③ 외세를 배격, ④ 통일 협의를 위한 남북대표자 회담 개최, ⑤ 통일 후 오스트리아식 중립 또는 영세 중립을 택할 것이냐 또는 다른 형태를 택할 것이냐를 결정해야 한다.[3]

이 "민족자주통일 중앙협의회"(민자통)의 통일방안은 7. 29 총선의 참패를 교훈 삼아 나온 통일안이지만, 지금까지의 통일방안보다 훨씬 구체적이며 외세의 압력이나 무력 지향적이 아닌 민족의 자주적인 의지에 의한 평화적인 통일방안이었다.

"민자통"은 구체적인 통일방안으로서, 제1단계로 민간단체의 교류와 서신왕래 및 경제, 문화 교류, 제2단계로 남북 두 정권 사이의 통일적 견지에서의 경제발전계획 및 통일 후의 제반 예비사업 진행, 제3단계로 민주주의적 선거방법의 제정과 제반 자유의 보장 및 자유선거 등을 제시하였다. 그리고 장면 정권이 체결한 "한미경제협정"

---

[3] 박세길, 『다시 쓰는 한국 현대사 2』, 95.

(1961. 2. 8) 반대 운동, 반공법·데모규제법 반대 운동과 함께 추진하였다.[4] 그런데 이러한 통일논의는 갑작스럽게 분출되었다 기보다는 오랫동안 민중의 가슴 속에 있는 응어리진 실체들이 터져 나온 것이라 할 수 있다. 왜냐하면 이러한 통일론은 2년 전 조봉암의 진보당이 제시한 평화통일론이 재현된 것이라 할 수 있기 때문이다.

일단 물꼬가 트인 통일논의는 무서운 기세로 확산되기 시작하여 대학생을 중심으로 한 청년층의 통일론이 나오게 되었다. 1960년 11월 초 서울대학교 학생들은 "민족통일연맹"을 결성함으로써 학생들의 통일운동을 위한 발판을 마련하였으며, 곧이어 1960년 12월 6일 "사회대중당" 위원장 김달호는 대학교수, 학생, 정당인, 언론인, 법조인 등으로 구성된 남북한 시찰단의 교환을 제의하였다. 이듬해 1961년 5월 3일 서울대학교 민족통일연맹은 남북학생회담과 학생친선체육대회 등 남북 학생간의 다방면의 교류를 제의하였다. 이 제의는 전국의 학생들로부터 폭넓은 호응을 얻게 되었다. 그 결과 전국의 19개 대학이 참여하는 "민족통일 전국학생연맹"이 결성되기에 이르렀고 연맹을 즉각적으로 5월 이내에 판문점에서 남북학생회담의 개최를 요구하고 나섰다. 이와 함께 민자통은 남북학생회담이야말로 조국통일의 서막이라고 하며 적극적인 환영 의사를 밝혔고 사회당은 학생 회담과 발마추어 남북정당, 사회단체회담의 개최를 주장하였다.[5]

그러나 이러한 통일론은 감상적인 통일방안으로 현실성이 뒷받침되지 않은 통일론이라 할 수 있다. 그럼에도 불구하고 이러한 움직임은 민주주의와 함께 민족자주운동의 일환이라 할 수 있다. 즉 외세를 배격한 민족자주적인 통일운동으로 자유를 향한 갈망이 통일운동으로 전개되었다는 점에서 의의가 있다. 그러므로 4.19 민주혁

---

[4] 강만길, 『20세기 우리 역사』 (서울: 창작과 비평사, 2004), 284.
[5] 박세길, 『다시 쓰는 한국 현대사 2』, 96, 97.

명은 억압으로부터의 자유와 간섭으로부터 벗어나고자 하는 민중의 자유의지가 민주화와 통일운동으로 분출되었다고 할 수 있다.

이렇게 사회적으로는 활발한 통일논의가 이루어지고 있었지만 한국 교회의 반공주의적 통일노선은 아직도 유지되고 있었다. 1966년에 한국기독교 반공연맹이 창립되고 1967년 10월에 아시아 기독교 반공대회가 10개국 150여 명의 대표가 참석한 가운데 열렸던 것은 그 증거이다. 그리고 한편으로는 공산주의자들과의 평화적 대결을 전제로 하고 이 대결에서 승리하려면 자유와 인권을 보장하고 사회정의를 이룩해야 했기 때문에 군사정권 하에서의 기독교 운동세력은 민주화와 인권수호에 노력을 기울였다. 이것은 말하자면 승공을 위한 선(先) 민주화를 의미했다. 이 주장이 다시 민주화를 위해서는 통일을 이룩하지 않으면 안 되겠다는 논리로 발전하지만 아직은 그런 단계에 이른 것은 아니었다.[6]

(2) 남북한의 통일정책

박정희 정권이 들어서면서 통일에 대한 논의는 수면 아래로 가라앉았다. 박정희는 정권을 잡자마자 반공 정책을 시행하면서 이전의 민간 중심의 통일논의를 용공으로 몰아붙였다. 그리고 "선 건설 후 통일"이라는 원칙을 내세웠다. 그래서 1964년 1월 10일 대통령 연구교서에 나타난 정부의 통일 정책은 ① 유엔을 통한 자유민주주의 원칙에 의한 통일, ② 실지 회복에 의한 통일, ③ 통일을 위한 제반 문제에 대비하기 위한 연구와 태세의 정비 등이었다.[7] 그리고 각계에서 통일논의가 재연되고 있던 그해 11월 29일 국회는 국토통일방안에 관한 결의안을 채택함으로써 유엔감시 하의 남북자유 총선거에 의한 자유민주주의 통일을 재확인하였는데, ① 유엔 감시 하에

---

[6] 이만열, "한국기독교 통일운동의 전개과정," 『민족통일을 준비하는 그리스도인』, 이만열 외 10인 공저 (서울: 두란노, 1995), 41, 42.

[7] 심지연, 『남북한 통일방안의 전개와 수렴』 (서울: 돌베개, 2001), 277.

남북한 토착인구 비례에 따라 자유선거를 실시하여 국토를 통일한다. ② 선거 감시단은 자유선거를 실시하는 유엔회원국 중에서 선임되어야 한다. ③ 통일된 한국의 민주주의를 위협하는 통일방안은 일체 배제된다[8] 는 내용이었다.

그러나 이러한 정부의 통일론은 엄밀한 의미에서 통일을 방해하는 통일방안이었다. 왜냐하면 위의 내용 중 남북한 인구비례에 의한 총 선거는 2공화국 수립 후 만든 "유엔 감시 하 남북한 자유총선거"를 수정한 것인데, 그것도 현재 남한의 인구가 많기 때문에 절대적으로 남한에 유리하게 작용하게 하였으며, 유엔의 감시에 의한 자유선거 역시 북한으로서는 받아들이기 힘든 통일방안이었기 때문이다. 박정희가 집권한 계기가 되는 5.16 쿠데타 혁명공약 1조가 "반공을 국시의 제일로 한다"이며, 이후 '반공법'을 발표하여 민주세력을 중심으로 한 통일논의를 용공으로 몰아붙인 정부로서는 억지로 마련한 통일방안이었다.

반면에 북한의 통일방안은 현재의 정치 체제를 그대로 인정하는 선에서 출발하여 서서히 경제, 문화 등을 하나로 통합해 나가는 통일방안을 제시하였다. 이 시기에 김일성 정권은 북한지역을 '민주기지'로 하는 남한지역에 대한 혁명적 통일론을 견지하다가 4.19의 폭발로 남한지역의 '혁명역량'을 인정하고 남한 '지역혁명론'으로 전환했다. 그리고 "당분간 남북조선의 현재 정치제도를 그대로 두고 조선민주주의인민공화국 정부와 대한민국 정부의 활동을 보존하는" 것을 기본원칙으로 하여 두 정부의 대표로 구성되는 "최고민족위원회"를 조직하고 주로 "남북조선의 경제. 문화 발전을 통일적으로 조절"하는 것을 핵심내용으로 하는 "남북연방제통일안"을 제기하는 양면정책으로 나아갔다(1960. 8. 15).[9]

소위 "고려연방제"라고도 불리는 이 통일방안은 분단의 상황을

---

[8] 김경웅, 김동수 외 3인 공저, 『통일문제 이해 2000』 (국토통일원, 2000), 82, 83.
[9] 강만길, 『고쳐 쓴 한국 현대사』, 357.

인정하는 1국가 2체제 통일방안으로 연결되는데, 이는 이후 김대중의 통일방안과도 의미가 통하는 통일방안이었다. 그러나 당시 박정희 정권시대에는 분단을 고착화하는 통일방안이라고 하여 일고의 가치가 없는 것으로 매도되었다. 더구나 박정희는 1966년 들어 '통일논의는 70년대 후반에' 가서 하자는 발언과 함께 경제건설이 우선되어야 할 과제라고 발표하였다. 이러한 상태에서 사회단체이던 교회이던 간에 민간 중심의 통일논의는 이루어질 수가 없었다.

(3) 남북한의 통일 노력

박정희 정권에 의해 중단된 통일논의는 외부적인 요인에 의해 갑작스럽게 급물살을 타면서 남북한 평화정착과 통일에 대한 논의로 이어졌다. 1960년대의 냉전시기를 지나 1970년대 들어와 남북화해 분위기가 조성되었는데 이것은 자의적인 노력으로 이루어진 것이 아니라, 외부의 충격에 의해 이루어진 것이었다.

첫째, 유엔에서는 1960년대를 통해 아시아. 아프리카 신생회원국의 증가로 제3세계의 영향력이 커졌다. 그 결과 1960년대 후반에는 유엔의 북한 정권 불법화 정책이 무너지고 남북한 동시 초청안이 가결될 추세로 나아가고 있었다. 둘째, 1970년에 들어와 닉슨 독트린(1969년)의 구체화 일환으로 주한미군 철수가 발표되면서 또 하나 추진된 정책이 남북화해 정책이었다. 이는 미국이 중국과의 평퐁외교를 통해 관계정상화를 이루고 있는 것에 대한 반응이라고 할 수 있다. 이 남북화해 정책은 1970년의 8.15 선언, 1971년의 남북이산가족 찾기 회담 제의(8월 12일), 1972년의 7.4 남북공동성명으로 이어졌다.[10]

우선 1970년 "평화통일의 기반조성을 위한 접근 방법 구상"이라는 제목의 8.15 선언은, '북괴'가 무장공비 남파 등 무력을 통한 대

---

[10] 정성한, 『한국기독교 통일운동사』 (서울: 그리심, 2006), 203.

한민국 전복을 기도하지 않겠다는 선언을 한다면 남북한에 가로놓인 인위적인 장벽을 단계적으로 제거해 나갈 획기적이고 보다 현실적인 방안을 제시할 용의가 있다는 것과, '북괴'가 유엔의 한국 통일을 위한 노력과 그 권위를 인정한다면 유엔에서 이루어지는 한국문제 논의에 '북괴'가 참석하는 것을 반대하지 않겠다는 것, 그리고 서로 선의의 경쟁을 하자는 것 등으로 구성되어 있다. 이때 「크리스챤 신문」은 사설을 통해 이 선언문의 요약과 함께 "8.15 선언은 북괴의 위장된 평화통일에 정면으로 도전하는 '참된 평화통일'로 북한에 대한 남한 역량의 절대적 우위를 증명하고 국제정세의 변화에 슬기롭게 대처한 것이다"는 사설을 실었다.[11]

당시 세계정세는 분단된 두 개의 한국을 인정하는 것이었다. 따라서 남한은 남한대로, 북한은 북한대로 화해의 손짓을 쓸 수밖에 없었다. 그래서 먼저 남한이 먼저 북한에게 적대행위를 포기하면 통일 노력을 이어가겠다는 발언을 하였고, 북한의 김일성 정권도 1971년 8월 6일 남한의 집권당인 민주공화당을 포함한 모든 정당과 협상할 용의가 있다고 하였다. 이에 대한 화답으로 남한 정부는 남북적십자회담을 제의하였고, 북한이 이에 적극적으로 응하면서 남북적십자회담이 이루어졌다.

이런 화해 분위기로 인해 남북 적십자 첫 예비회담이 9월 20일 판문점에서 개최되었다. 예비회담이 계속되는 동안 7.4 남북공동성명이 발표되었고 그 여파로 적십자 회담도 급진전되었다. 적십자 회담을 서울과 평양에서 번갈아 개최하는 문제, 판문점을 통한 쌍방의 왕래 절차, 체류기간과 회담일정, 교통·통신 수단의 보장, 회담의 운영 형식, 상대방 인원에 대한 편의 제공, 참가 인원수 및 회담 날짜 등에 완전 합의하고 제1차 본회의가 1972년 8월 29일 평양에서 개최되었다.[12]

---

[11] 「크리스챤 신문」, 1970년 8월 22일, 정성한, 『한국기독교 통일운동사』, 204에서 참고.
[12] 강만길, 『고쳐 쓴 한국 현대사』, 359.

이렇듯 화해 분위기는 비록 외적인 영향에 의하여 진행된 노력이었을지라도 그 성과는 예상보다 컸으며, 이로 인해 남북한의 공동성이 논의되었고, 남북통일에 대한 의식이 전 국민들에게 각인되었다.

남북적십자 회담의 여파는 곧바로 7.4 남북공동성명으로 이어졌다. 당시 박정희는 비밀특사로 중앙정보부 부장 이후락을 평양에 파견하였다. 이후락은 박정희의 친서를 들고 김일성을 면담하여 남북대화에 대한 합의를 이끌어냈다. 그리고 1972년 5월 29일 북한의 김일성 동생인 김영주 부장을 대신한 박성철 부수상 일행이 서울을 방문했다. 그리고 그 해 7월 4일 남과 북은 자주적 평화통일을 골자로 하는 3가지 항목의 성명서를 발표했다. 그 결과 합의서에 나와 있는 대로 남북에 제기되어 있는 문제를 해결하기 위해 평양과 서울에 직통전화를 설치했고, 합의된 원칙에 기초한 통일문제 해결을 위한 "남북조절위원회" 설치에 합의하였다. 그리고 남북조절위원회가 설립되어 그 1차 공동위원장 회의가 그해 10월 12일 판문점 '자유의 집'에서 개최되었다. 그러한 노력도 잠시 남과 북은 체제 연장을 위해 남북대화를 이용하였고 그로 인해 남북 사이는 골이 더 깊어져 갔다.

남한이 유신체제를 유지하고, 북한이 '사회주의 헌법'을 제정한 직후에도 2차 공동위원장위원회가 평양에서 11월 2일 개최되었다. 이 2차 공동위원장회의에서는 "남북조절위원회 구성 및 운영에 관한 합의서"를 발표하였다. '합의서'에 의한 조절위원회의 기능은 다섯 가지였고, 그야말로 민족의 주체적, 평화적 통일을 달성하기 위한 준비기관의 역할을 감당하기에 충분했다.

첫째, 합의된 조국통일 원칙에 기초하여 나라의 자주적 평화통일을 실현하는 문제를 협의 결정하며 그의 실행을 보장한다.
둘째, 남북의 정당·사회단체 및 개별적 인사들 사이의 광범위한 정치적 교류를 실현할 문제를 협의 결정하여 그의 실행을 보장한다.

셋째, 남북사이의 경제, 문화, 사회적 교류와 힘을 합쳐 같이 사업하는 등의 문제를 협의 결정하며 그의 실행을 보장한다.
넷째, 남북 사이의 긴장상태를 완화하며 군사적 충돌을 방지하고 군사적 대치상태를 해소하는 등 문제를 협의 결정하며 그의 실행을 보장한다.
다섯째, 대외활동에서 남북이 공동보조를 취하며 단일민족으로서 민족적 긍지를 선양하는 문제를 협의 결정하며 그의 실행을 보장한다.[13]

사실 이 '합의서'에 나타난 대로 둘째 항목의 정당 및 사회단체의 교류와 다섯째 항목의 대외 활동에서 남북이 보조를 맞추는 정도의 사항만 잘 지켜졌어도 남북관계는 이전의 어떠한 남북대화를 위한 시도보다도 가치 있는 통일의 밑걸음이 되었을 것이다. 그러나 처음부터 민중이 배제되고 오직 정부 당국자에 의해 주도된 통일노력은 한계가 존재할 수밖에 없었다. 왜냐하면 남북한 당사자들에게는 통일이라는 민족적 과제보다는 정권 유지와 체제 안정이 우선적인 과제였기 때문이다. 이는 이후 벌어진 행보에서 잘 드러나고 있다.

남북조절위원회는 '유신헌법'에 의해 박정희가 8대 대통령으로 당선된 후에도 서울과 평양을 왕래하면서 개최되다가 1973년 6월 12일 서울에서 3차 회의가 열렸다. 그리고 얼마 후 박정희는 남북한 불간섭·불가침, 유엔 남북한 동시 가입 불반대, 이념이 다른 국가에 대한 문호개방 등을 내용으로 하는 "평화통일 외교정책선언"(6.23 선언)을 발표하였다.

이 선언문이 발표되자 야당인 민주통일당은 두 개의 한국을 인정하고 분단을 영구화할 위험이 있다고 반대성명을 발표하였다. 그리고 이틀 후인 6월 25일, 김일성은 당중앙위원회 정치위원회 확대회의에서 남북이 따로 유엔에 들어가는 것은 민족을 영원히 둘로 갈라놓는 것이, 남한 인민들을 영원히 미제의 식민지 노예로 남아 있게

---

[13] 강만길, 『고쳐 쓴 한국 현대사』, 362, 363.

하려는 반민족적인 주장이라고 비난했다.[14]

김일성은 재차 1972년 11월 2일 평양에서 열린 제2차 공동위원장 위원회에서 합의된 5개 방침을 이행할 것을 남한측에 촉구하였다. 그리고 두 달 후인 8월 28일 오후 북한은 정규방송을 중단하고 중대방송이라는 예고 하에 남북대회 중단을 선언하였다.[15]

이는 김대중 납치 사건과 관련 있는 이후락과 이를 사주한 박정희와는 더 이상 남북대화를 할 이유가 없다는 이유에서였다. 이로 인하여 결국 '조절위원회'의 기능은 완전히 중단되었고 남북한은 이전의 대치 상태로 되돌아갔다. 이후 남북한은 서로 체제의 우월성과 평화통일방안에 대하여 공방전만 펼치는 소모전만 계속하였다. 그러다가 1979년 남과 북의 논의 구조만으로는 문제의 해결이 불가능하다고 판단한 북한이 북미 평화협정 체결을 제의한 데 대하여 한미 양국은 1979년 7월 1일 공동성명을 통해 남북한과 미국이 포함된 3자 대화를 개최하자고 제의했다. 그러나 북한은 한반도 문제를 해결하려면 남북 사이에 풀어야 할 문제가 따로 있기 때문에 3자 회담은 비현실적이라고 거절하였다.[16]

2) 1970년대 한국 교회의 통일운동

(1) 보수주의 교회 중심의 통일 운동

1970년대의 통일 운동은 일방적으로 정부의 주도 하에 이루어졌으며 민간 위주의 통일 운동은 허용되지 않았다. 이는 통일문제를 체제 안정에 이용하려는 의도에서이다. 이런 연유로 1970년대 한국교회는 통일에 대한 별다른 노력을 기울일 수가 없었으며, 이때까지

---

[14] 심지연, 『남북한 통일방안의 전개와 수렴』, 66, 67.
[15] 심지연, 『남북한 통일방안의 전개와 수렴』, 67.
[16] 심지연, 『남북한 통일방안의 전개와 수렴』, 74, 75.

만 하여도 통일에 대하여 아직 반공의 울타리에서 벗어나지 못했다.

1960년대와 1970년대를 넘어서면서 민주화 운동은 교회의 주요 과제로 떠올랐지만 통일에 대한 논의는 미약하여 아직은 이데올로기 대립 수준을 벗어나지는 못하였다. 그러나 1972년 7.4 남북공동성명이 발표되면서 교회는 큰 충격에 빠져 조심스럽게 통일논의를 시작한 것으로 보인다.

사실 7.4 남북공동성명이 발표되고 이때 발표된 7.4 남북공동성명 내용 중 제3항은 "사상과 이념을 초월하여 민족적 대단결을 도모한다"라고 명시하여 한국 교회는 큰 충격을 받았다. 이제껏 반공주의를 지켜오던 교회는 당혹감을 느꼈고, 한국의 분단 상황에서 한국 교회는 선교적 사명을 감당해야 한다는 자각운동이 일어나기 시작했고 여러 형태의 통일을 위한 궐기대회나 기도회 등이 산발적으로 개최되기 시작하였다.

그러므로 1970년대 한국 교회의 통일논의는 오히려 1950년대와 1960년 4.19 민주혁명 당시 민간주도의 통일논의에 한창 미치지 못하는 것으로 생각할 수 있으나, 이는 박정희 정권이 민간주도의 통일논의를 좌익 세력으로 치부하였고 용공분자로 취급하였기 때문일 것이다. 그래서 당시 교회의 통일논의는 신중론과 적극론으로 나뉘어져 있다고 할 수 있다.

이중 신중론의 대표적인 인물은 피란민 출신의 목회자인 김창인 목사와 한경직 목사라고 할 수 있다. 이들은 주일설교를 통하여 북한의 실상을 알리는 데 힘쓰며 북한의 통일논의에 경계심을 드러냈다.

당시 한경직 목사는 8.15 해방 26주년 주일설교에서 '남북이산가족 찾기 운동'에 대하여 신중한 접근이 필요하다고 하였다. 그는 '6.25도 체험하지 못한 젊은이'들도 많고, 아직도 북한 동포들이 해방 받지 못한 상황에서, '이산가족 찾기 운동'이 성공하기 위해서는 '북한 집권자들과 공산당들의 민족적 양심'이 반드시 회복되어야 한다고 하였다.[17] 북한의 대남 적화통일 야욕을 버리지 않는 한 위장된 평화 전술일 수 있다는 취지에서였다. 이러한 움직임은 대체적으로 보수적인 교회와 실향민 출신의 목회자들이 주도하였다. 이들은 이북에서 북한 공산당의 이중성과 핍박, 6.25 전쟁이라는 초유의 전쟁 사태를 경험하였기 때문이다. 그러나 7.4 남북공동성명의 발표로 인하여 한국 교회는 반공에만 의존해 온 상태에서 새로운 패러다임의 전환을 시도하였다. 그 첫 징후는 「기독공보」의 1972년 7월 8일자 사설에 잘 나와 있다.

> 개화 이래로 오늘날까지 우리 민족사 창조에 앞장서 온 기독교는 이제 오늘 우리가 처한 민족사의 전환기에 있어서도 오히려 새로운 통일 민족사 창조에 앞장서야 할 줄 안다. 그러므로 교회는 우선 대북한 적대적 태도를 지양할 때가 왔다. 대북한 적대적 태도를 버리고 북한의 주장에 귀를 기울이고 이에 대하여 최대한의 이해와 노력을 아끼지 말아야 할 줄 안다. 이 길만이 그들을 복음적으로 얻게 될 첩경일 것이다.[18]

여기서 "대북한 적대적 태도 지양"이라는 용어는 반공을 국시로 하는 한국 사회에서는 용납될 수 없는 충격적인 발언이었으며, 더구나 "북한의 주장에 귀를 기울이고"라는 말은 이전에는 용인될 수 없었던 주장일 수밖에 없었다.

당시 「기독공보」의 사설은 한국 교회의 변화된 대북자세를 잘 반영해주고 있었고, 정부에서도 문제 삼지 않았다. 이와 더불어 적극론이 힘을 얻고 있었다. '적극론'은 작금의 한반도 상황을 '긴장완화'와 '평화공전'의 과정에 있으며, "7.4 남북공동성명"은 남북한이 상호 부분적이나마 공식기구를 인정한 것이라고 인식한다.[19] 이러한

---

[17] 정성한, 『한국기독교 통일운동사』, 208.
[18] 정성한, 『한국기독교 통일운동사』, 210.
[19] 정성한, 『한국기독교 통일운동사』, 213.

인식은 비록 지금은 서로 다른 체제 하에 있지만 원래 한민족이었기 때문에 서로의 발전과 노력에 의하여 해소될 수 있다는 믿음에서 비롯된 것으로 보인다.

(2) 진보주의 교회 중심의 통일 운동

1970년대 진보주의 교회를 중심으로 한 통일운동은 시작단계였기 때문에 상대적으로 미약할 수밖에 없었다. 이들 진보주의 교회는 1970년대 유신체제에 저항하며 사회정의를 외쳤으나 냉전의 이데올로기를 탈피하지는 못했다. 그러면서도 한국 교회의 통일논의에 있어서 진보주의 교회들은 보수주의자들의 신중론에 비하여 적극론을 펴고 있었다. 따라서 진보주의 교회들은 남북대화에 적극적으로 응할 것을 요구하면서도 한편으로는 남북대화를 명분으로 남한의 관심을 통일로 돌려 민주화 운동을 탄압하지 말라는 경고도 동시에 하였다.

이는 "민주수호 국민협의회"의 성명서와 "한국기독교장로회의 성명서"에 잘 드러나 있다. 7.4 남북공동성명이 발표된 그 이튿날 김재준 목사가 대표로 있는 기독교인과 재야 지식인들로 구성된 "민주수호국민협의회"는 남북사이의 긴장완화를 위한 교류의 개시는 지지하나 민중의 참여가 보장되지 않은 통일논의는 소용없는 것이라고 경고하였다. 이 공동성명은 "정부의 비상사태 선언과 선량한 시민들의 눈과 입과 귀가 가려진 가운데 이루어진 것"이라고 하면서, 평화통일을 위한 남북간 긴장상태의 완화와 교류의 개시, 조국통일을 위한 민중 참여의 전제, 민중의 자유의사 표현을 억압하는 특별조치법, 국가보안법, 반공법 및 기타 관계법령의 폐기 또는 수정 등을 주장하였다.[20]

이에 보조를 맞추기라도 하듯 1972년 7월 11일에 발표된 한국기

---

[20] 이만열, "한국기독교 통일운동의 전개과정," 『민족통일을 준비하는 그리스도인』, 43.

독교장로회 소속의 '교회와 사회위원회'에서는 7.4 남북공동성명에 대한 교회의 입장을 발표했는데, 그 내용은 "우리나라의 국기(國基)인 민주제도와 자유정신을 억제해서는 안되며 저해함이 없어야 하고," "우리는 금후에 논의되는 모든 통일논의와 협약, 체결 등은 국민적 총의를 밟아야 하고"라고 되어 있다.[21]

위의 성명서의 내용을 살펴보면 당시 한국의 진보주의 교회의 입장과 통일론을 이해할 수 있다. 진보주의 교회는 이러한 정부 주도의 통일논의가 국민적 합의하에 이루어져야 한다는 것과 민주주의를 훼손해서는 안 된다는 입장을 가지고 있었다. 왜냐하면 7.4 남북공동성명이 남북한의 체제 연장을 위한 수단이 될 수 있기 때문이다.

다음으로, 당시 한국의 진보주의 교회가 민주화 운동에 전념하고 있는 나머지 한국 교회의 통일에 대한 입장이 확고히 성립되어 있지 못하며 그리고 아직까지는 반공주의를 넘어서지 못한 것으로 생각할 수 있다.

이러한 상태에서 1970년대 한국의 진보주의 교회는 선 민주화, 후 통일론을 주장할 수밖에 없었다. 예를 들어, 박형규 목사는 "하나님 나라를 선포하는 교회는 지상의 어떠한 정치체제도 과도적인 미완성으로 것으로 간주하기에, 60년대 이후 서구에서 진행된 기독교와 마르크스주의자와의 대화를 인정하면서 북한의 사상체계와 용어를 배워야 한다. 그러나 더 시급한 것은 남한 교회의 자기혁신으로서 교회가 남한의 불의한 현실을 고발하고 중산계급의 안이한 현세주의와 내세주의의 보호령에서 탈출하여 가난한 자와 눌린 자의 친구가 된다면 공산주의는 극복할 수 있을 것"이라고 보았다. 또한 문익환 목사는 "이때 우리가 공산주의와 대결하기 위해서는 부익부 빈익빈의 부조리를 과감하게 해결하면 경쟁에서 공산주의자들을 앞설

---

[21] 「크리스챤 신문」, 1972년 7월 11일자 신문.

수 있을 것"이라고 말했다.²²

위의 내용을 통해 알 수 있는 사실은 민주화에 대한 과제로 인해 아직까지는 교회가 통일의제까지 생각할 여유가 없었고, 우선 남한 사회에 인권과 사회정의가 실현되어야 공산주의자 문들과 통일의 대화가 가능할 것으로 보았다는 점이다.

그런데 이러한 교회의 우려대로 7.4 남북공동성명이 남북의 체제를 강화하기 위한 수단으로 이용했다는 것이 증명되었다. 남한은 10월 유신을 통해서 1인 장기집권체제를 마련하였고, 북한도 또한 사회주의헌법을 통해 유일체제를 정립했던 것이다. 이를 간파한 기독교인들은 공동성명 1년 후에 해외에서는 7.4 남북공동성명이 민중이 진정으로 원하는 통일을 이룩하는 계기가 되도록 해야 한다고 촉구하였다. 그리고 교회는 유신체제의 정착으로 남북대화가 중단되는 상황에서도 통일논의에 적극성을 보였다. 1974년 초, 기독교청년협의회 회원 약 3천여 명은 "통일을 기원하는 예배"를 드린 후 가두데모를 감행하였다. 유신체제 하에서 상상할 수 없는 일이었다.

이후 1976년 1월 23일 원주에서 열린 "신·구교 합동 일치주간 기도회"에서 신·구교 목회자들과 사제들은 "분단된 조국의 재통일을 위한 민족적 존엄과 화해의 정신에 입각한 자주외교를 펴야 한다." "한반도에서의 핵전쟁은 어떠한 일이 있어도 방지되어야 한다"는 내용의 성명서를 발표하였다. 그리고 이에 자극을 받은 재야인사와 기독교인들은 1976년 3월 1일 명동성당에서의 '3.1 민주구국 선언문'에서 "민족통일은 지금 이 겨레가 짊어진 지상의 과업으로 어떤 개인이나 집단이 '민족통일'을 저희의 전략적인 목적을 위해서 이용한다거나 저지한다면 이는 역사의 준엄한 심판을 면치 못할 것이다."는 내용으로 통일을 전략적인 목적으로 사용하지 말 것을 경고

---

22 박형규, "한반도의 미래와 교회의 선교자세," 「기독교 사상」 1971년 9월호, 44-48, 문익환, "남북통일과 한국 교회," 「기독교 사상」 1972년 10월호, 55, 조순, "1980-1990년대의 기독교 통일운동의 그 이론적 기반 및 쟁점들," 「한국개신교가 한국근현대의 사회·문화적 변동에 끼친 영향 연구」(서울: 한국신학연구소, 2005) 221, 222에서 재인용.

하며 자주적인 통일 의지를 보였다.[23]

사실 1970년대 진보주의 교회의 이러한 행보는 당시로서는 파격적인 행보였다. 그러나 이 역시 1960년대와 마찬가지로 교회는 아직 반공의 논리에서 벗어나지 못하였으며 통일에 대한 첫걸음마를 띠었다고 할 수 있다.

이렇듯 1970년대 진보교단을 중심으로 한 적극적인 통일론은 이후 1980년대의 남북한 종교회의 등 에큐메니칼에 기초한 통일론으로 이어지고 있다. 그리고 보수교단을 중심으로 한 신중론은 1980년대 이후 '북한선교'를 중심으로 통일운동으로 발전하였다.

2. 1980년대 한국 교회의 통일운동

1) 남북한의 통일론 비교

(1) 남북한의 통일론

1980년대 전두환 정권은 이전의 정권과는 달리 통일문제에 있어서는 많은 업적을 달성하였다. 1982년 1월22일 전두환이 국정연설을 통해 내놓은 "민족화합 민주통일방안"은 남북한 상호간에 신뢰를 회복하고 민주적인 통일을 이룰 것을 제의하는 것이었다.

구체적인 방법으로 첫째, 남북 양쪽의 민의를 대변하는 대표들이 참가하는 민족통일협의회의를 구성하고, 둘째, 이 협의회에서 민족·자유·복지·자주의 이상을 추구하는 통일 민주공화국을 실현하기 위한 통일헌법 초안을 마련하고, 셋째, 이 초안에 대해 남북한 전 지역에서 민주적 방식에 의한 자유로운 국민투표를 실시해 확정·공포하

---

[23] 송영대, "한반도 통일에 대한 기독교적 대안," 한기총 교회발전위원회 세미나, 2000년 3월 31일.

고, 넷째, 이런 과정을 거쳐 확정된 통일 헌법이 정하는 바에 따라 총 선거를 실시해 통일국회와 통일정부를 구성함으로써 통일국가를 이룩한다는 것이다.[24]

이러한 "민족화합 민주통일방안"은 북한의 통일방안과 서로 화합할 수 있는 새로운 통일방안을 제시하였다는 면에서 긍정적인 평가를 받을 수 있다. 또한 1989년 6공화국의 "한민족공동체 통일방안"이나 1991년 김대중의 "공화국연합제", 1994년 김영삼 정권의 "민족공동체 통일방안"의 원형을 제공하였다는 면에서도 의의가 있다고 할 수 있다.

이러한 긍정적인 면과는 달리 그 이면에는 통일을 먼 훗날의 문제로 돌리고 현 체제하에서 서로 교류를 하자는 현실론을 제기함으로 말미암아 분단을 고착화시키려는 음모라고도 의심할 수도 있다.

한편 남한의 통일방안이 나오기 전인 1980년 북한에서는 "고려연방제"라는 통일방안을 발표하였다. 이 통일방안은 1980년 10월 노동당대회에서 김일성 정권이 내세운 통일의 원칙으로, '자주'(주한미군 철수), '평화'(미국과의 평화협정 체결), '민족대단결'(남한 내 공산주의 활동보장)의 3개 항을 제시, 남한에서 이른바 '자주적 민주정권', 즉 연공(공산)정권 수립을 기본 목표로 하고 있다.

이 고려연방제는 한반도를 연방형태로 통일하자는 것으로, 남북이 지금까지 있던 정부를 그대로 둔 채 고려민주연방공화국이라는 연방정부를 더 세워 한 민족, 한 국가에 두 개의 정부와 체제를 만들자는 방안이다. 이를 위한 시정방침은 열 가지로 다음과 같다.

> 첫째, 고려민주연방공화국은 국가 활동의 모든 분야에서 자주성을 확고히 견지하고 자주적인 정책을 실현해야 한다.
> 둘째, 나라의 전 지역과 사회의 모든 분야에 걸쳐 민주주의를 실시하며 민족의 대단결을 도모해야 한다.

---

24 심지연, 「남북한 통일방안의 전개와 수렴」, 374-377.

셋째, 고려민주연방공화국은 북과 남 사이의 경제적 합작과 교류를 실시하며 민족경제의 자립적 발전을 보장해야 한다.

넷째, 고려민주연방공화국은 과학, 문화, 교육 분야에서 북과 남 사이의 교류와 협조를 실현한다.

다섯째, 북과 남 사이의 교통과 체신의 연결,

여섯째, 노동자 농민을 비롯한 근로 대중과 전체 인민들의 생활 안전 도모,

일곱째, 북과 남 사이의 군사적 대치상태 해소,

여덟째, 해외에 있는 조선 동포들의 민족적 권리와 이익을 옹호하고 보호해야 한다.

아홉째, 두 지역 정부의 대외 활동을 통일적으로 조절해야 한다.

열째, 통일된 국가로서 세계 모든 나라들과 우호관계를 발전해야 한다.[25]

북한의 이러한 고려연방제는 단계적·점진적 통일과 중간 단계에서 2체제 2정부 유지, 선 민족사회 통합 후 제도 통일, 남북한 협의체 구성 등에서 한국의 '남북연합' 통일방안과 공통점을 가지고 있으나, 연방을 구성하되 외교권·군사권은 남북 양측이 갖자는 북한의 주장은, 외교권과 군사권을 독자적으로 행사하는 상황에서는 연방 구성이 불가능하고 무의미하다는 한국의 입장과 차이가 있다.

이렇듯 1980년대의 통일방안은 서로 양측의 입장만 확인하는 수준에서 일단락되었으나 이후 김대중 정권이 들어선 이후 남북한은 각자 서로의 입장뿐만 아니라 상대방의 입장에서 서로의 통일방안을 검토할 수 있는 공간을 마련하였다.

(2) 남북한의 통일 노력

1970년대 화해의 세계정세는 1980년대에 들어서면서 미·소간의

---

[25] 심지연, 『남북한 통일방안의 전개와 수렴』, 367-373.

군비확대로 새로운 대결이 예고된 가운데 형성된 '신 냉전'은 그대로 한반도에 적용되었다. 미국 카터 대통령에 의해 추진되었던 주한미군 철수가 중단되었다. 민주당의 카터 대통령 이후에 들어선 미국의 공화당 레이건 행정부는 대소 강경정책을 주도하며 파란을 일으켰다. 레이건 행정부의 대소 강경정책이 전두환 정부에 미친 파장은, 첫째, 한·미·일 군사동맹의 강화, 둘째, 박정희 정부가 추진했던 '부분적 긴장'의 해소 등이다.

1976년부터 시작된 팀 스피리트 훈련은 1983년부터는 방어용에서 공격용으로 방향이 전환되어 남북한은 새로운 긴장상태를 유지하게 되었다. 이러한 와중에 발생한 1983년의 KAL기 폭파사건과 아웅산 테러사건은 남북한을 극도의 긴장관계로 몰고 가기에 충분하였다.

그러나 이러한 강경기류는 미국의 대통령 레이건의 재선과 소련의 고르바초프가 1985년에 집권하면서 해빙기류로 바뀌었다. 1984, 85년 남북대화와 6. 29선언은 이러한 국제정세의 미묘한 바람에 많이 좌우되었던 것이다. 그러나 이러한 화해노력은 한반도의 통일을 위해 나온 것이 아니라 단지 체제유지를 위한 방편으로만 사용되었다. 그리고 엄밀히 말해서 1984년의 남한의 수해 때 북한의 수해지원이 한반도의 해빙에 중요한 전기를 마련하였다는 것이다.

북한은 1984년 남한의 큰 수해에 쌀, 의약품, 시멘트 등의 수재민 구호물자 제공을 제의하고, 남쪽이 이를 수락하여(1984. 9. 14) 물자 수송이 이루어졌다. 또한 쌍방에 의해 경제회담, 국회회담, 적십자회담, 고위급정치회담, 외무장관회담 등이 계속 제의되고 체육회담과 경제회담이 몇 번씩 열리기도 하였으나 남한의 팀 스피리트 훈련으로 인하여 중단되었다.[26]

이러한 남북한의 통일노력은 남한에서는 광주민주화 운동을 무력

---

26 강만길,『고쳐 쓴 한국 현대사』, 379.

으로 진압한 것에 대해 실추된 이미지를 만회하기 위한 요인과 북한도 테러국가라는 오명을 벗기 위한 서로의 필요에 의해 이루어진 것이라 할 수 있다.

이후 1980년대 후반, 전례 없는 민간차원의 통일운동이 전개되었다. 88서울 올림픽 남북한 공동개최 문제와 관련, 전대협이 '6.10 남북 학생회담'이 추진하였다. 이에 노태우 정권은 1988년 7월 7일 "민족자존과 통일번영을 위한 특별선언"을 발표하였다. 이 "7.7 선언"은 민족구성원 전체가 참여하는 사회, 문화, 경제, 정치 공동체를 이룩할 것을 요청하면서 여섯 가지 방안을 제시하고 있다.

그것은 첫째, 남북 동포간의 상호교류 적극 추진 및 해외동포의 자유로운 남북왕래, 둘째, 이산가족의 서신왕래 및 상호 방문 적극 추진, 셋째, 남북 간 교역의 민족 내부교역 간주, 넷째, 민족경제의 균형적 발전 및 우방의 북쪽에 대한 비군사적 물자교역 불반대, 다섯째, 국제무대에서의 민족 공동이익을 위한 협조, 여섯째, 북쪽의 자본주의국가와의 관계개선 협조 및 남쪽의 사회주의 국가와의 관계개선 추구 등이었다.[27]

이 '7.7 선언'은 민간의 통일운동을 정부의 단일창구로 끌어들이려는 목적이 있었지만 이후 1989년 9월 11일 "한민족 공동체 통일방안"의 모티브가 되기도 하였으며 남북 간의 긴장완화에 긍정적으로 작용하였다.

2) 1980년대 한국 교회의 통일운동

(1) 보수주의 교회를 중심으로 한 통일운동 - 북한선교

1980년대부터 한국 교회는 지금까지의 선 민주화 후 통일정책에서 적극적인 통일운동으로 전환하였다. 이중 보수교단의 통일운동

---

[27] 강만길, 『고쳐 쓴 한국 현대사』, 380.

은 선교차원에서 이루어진 북한선교를 추진하고 있었다. 당시 한국 교회에는 북한은 붕괴되어야 할 괴뢰집단이라는 인식이 팽배해 있었다. 그 이유 중 하나는 북한이 종교를 인정하는 이유에 대하여 "북한은 교인들이 스스로 신자라고 하며 명백히 드러나게 한 뒤 필요하면 일제히 처단하고 잡아들일 수 있기 때문에 기독교를 허용하고 있다. 그러나 다른 공산국가들이 예배드리도록 제한적으로 허용하고 있음에도 불구하고 북괴는 그것마저 허용하지 않고 종교에 대한 말살정책을 감행하고 있다"[28]는 인식 때문이다.

대체적으로 북한선교는 "북한 공산정권은 타도되어야 하며 붕괴되어져야 하지만, 북한에 있는 2천만 동포에게는 자유와 복음을 심어주어야 한다"는 생각에서 출발하였다. 따라서 이 시기 북한선교는 북한에 직접 선교사를 파송하는 것이 아닌 제3국을 통해 북한에 성경책과 복음을 전하는 것이었다. 당시 중국과 구소련과의 외교관계가 성립되어 있지 않은 상태에서 주로 미국 등 제3세계를 통하여 북한에 복음을 전파하려고 하였다.

이 북한선교회는 1971년부터 실향민 목회자인 김창인, 정석홍 목사와 백인빈 장로 등이 북한선교에 헌신을 다짐하고 활동하던 중 1974년 "씨앗선교회"를 발족하여 북한선교의 첫발을 디디게 되었다. 그리고 이후 1977년 4월 29일 충현교회에서 "북한선교창립기념대회"를 개최하고 "북녘 땅에 잃은 형제, 복음으로 다시 찾자"라는 슬로건을 앞세우고 북한선교에 앞장서게 되었다. 이 북한선교는 공산주의자들을 사상적으로 붉은 예수로 물들이자는 의미를 지니고 있었다. 그리고 "우리가 이 북한을 선교하지 않으면 우리는 이 북한 때문에 다같이 망하고 말겠기에 우리의 생존권을 걸고 북한선교를 하지 않을 수가 없는 것이다." 이 생존권은 북한 '공산정권'이 가장 싫어하는 남한 기독교인들의 생존권이다. 이것은 북한선교가 주

---

[28] 정일오, "북한의 교회와 선교방향," 「기독교 사상」(1980. 6), 69.

창하는 '선 복음화 후 통일'의 논리로 귀결된다.[29]

이러한 한국 교회의 대북선교관은 북한에 대한 배타적인 성격을 기본으로 하고 있다. 이들은 우선 북한에 복음을 전파하면서 북한을 민주화시키는 것을 목표로 하기 때문에 각 개인에게 복음을 전파하는 선교의 형태를 띠고 있다. 이러한 선교의 일환으로 이들은 제3세계를 경유하여 북한주민들에게 성경을 보급시키는 행동을 하고 있다. 이후 중국이 개방된 이후에는 중국을 통하여 북한에 성경을 보급시키며, 한편으로는 탈북자들을 대상으로 복음을 전파한 후 이들을 다시 북한에 잠입시키는 일을 하고 있다. 이러한 결과로 2000년대에는 북한의 수많은 지하교회들이 성장하고 있으며, 북한당국은 이들을 두려워하여 이들 지하교회들을 발본색원하는 작업을 하고 있는 중이다.

한편 북한선교나 통일문제는 비단 한국 교회 뿐만이 아니라 해외동포들과 교회에서도 큰 관심이었다. 그리고 이는 미국과 같은 해외동포들은 미국 시민권을 가지고 북한주민들이나 교회인사들을 직접적으로 접촉할 수 있는 장점이 있었고, 또 이미 진행되고 있었기 때문에 더 실질적이고 진보적인 방안이었다. 1980년대 들어 미국을 중심으로 한 해외교포들의 북한 방문과 함께 '조국통일을 위한 북과 해외동포·기독자간의 대화'가 계속되고, 미국 교회 지도자들의 북한 방문 등으로 해외에서 남북교회 지도자 간의 만남 및 교류가 빈번해지자 미국 장로교는 1983년 6월에 자매관계에 있는 한국 장로교회에 '북한선교'에 대한 관심을 공식 문서로 보내왔다. 이 문서는 한국 교회 선교 100주년을 회상하고 해방 후 북한지역 교회의 박해 상황 및 한국전쟁으로 인한 북한 교회의 실질적인 소멸을 지적하고 있다. 그러나 지난 30년간 아시아에 많은 변화가 나타나 중국에서 교회가 다시 문을 열고 두 곳에 신학교가 개교되는 등의 새로운 역사가 일어났는데, 이 같은 성령의 역사가 북한에도 일어나기를 바란다는 내

---

29 정성한, 『한국 기독교 통일운동사』, 241.

용이었다.³⁰

이 문서에는 하나님이 오래전에 북한 땅에 뿌려진 복음의 씨앗이 성장하도록 교회로 하여금 선교적 사명을 주신 것을 확신하며, 이산가족문제를 해결하기 위하여 선교적인 차원에서 협력하자는 것과 남·북간의 긴장 해소를 위하여 선교적 차원에서 기여하자는 내용이었다. 그러나 당시 한국의 보수교회는 '북한선교'를 핑계로 '북한의 공산주의적 그리스도인'과 정치적 협상을 하려는 시도 아니냐는 의혹의 눈길을 보냈고, 결국 무시되었다.

미국 장로 교회의 북한선교 협력 제안에 대한예수교장로회(통합)는 1983년 9월 제68차 총회에서 미국과 한국 교회가 북한선교 문제를 공동으로 추진하자는 원칙을 세웠지만, 미국 장로 교회가 추진한 '북한선교'에는 냉담한 반응을 보였다.

이에 위기의식을 느낀 한경직 목사를 주축으로 국내 20여 보수교단과 기관단체 소속 목회자와 평신도 2백여 명이 서울 영락교회에서 "한국기독교총연합회"(한기총)를 창립하였다. 한기총은 1988년 2월 29일 "한국기독교교회협의회"가 발표한 "민족의 통일과 평화에 대한 한국기독교회선언"³¹(88선언)에 대한 반발과 문익환 목사의 방북 사건을 계기로 등장하면서 통일운동에 나서게 되었다.

한경직 목사는 한기총 개회예배 설교를 통하여 "오늘날의 우리 사회는 사상의 혼란, 노사 간의 갈등, 학원분규 등으로 무법 상태가 되는 등 극도로 불안한 상태"라는 강조 아래, "이때에 한국의 개신교

---

30 정성한, 『한국기독교 통일운동사』, 245.
31 "88선언"은 한반도 분단이 세계 초강대국들의 동서 냉전체제의 대립이 빚은 구조적 죄악의 결과이며, 남북한 사회 내부의 구조악의 원인이라고 밝히고 있다. 따라서 한국 교회도 분단과정에 침묵, 외면 내지는 정당화한 죄악을 회개해야 한다고 천명하고 있다. 이러한 상황에서 우리가 이루어야 할 통일은 흡수통일이 아니라 쌍방 간의 상호체제인정을 바탕으로 하는 평화공존 및 공존속의 경제교류와 협력을 통한 평화정착임을 말하고 있다. 또한 남북한 정부당국은 민중의 참여를 바탕으로 통일논의를 전개해야 하며 민주화를 위한 노력을 지속해야 한다고 말한다. 더불어 남북한은 정전협정 대신 주변 4국이 참여하는 평화협정을 체결할 것을 촉구하고 있다.

가 하나로 단결해 이 사회와 나라를 구하는 일에 총궐기해야 한다."
고 역설하였다.32

이렇게 북한을 주적으로 생각하는 보수주의 교회의 통일운동은 공산주의와의 직접적인 대화는 북한으로 하여금 적화통일의 빌미를 제공할 수 있다는 생각에서 신중하였다. 한기총의 통일에 관한 관점은 북한의 붕괴로 인한 흡수통일을 기대하고 있다. 그래서 이들의 통일운동은 '민족 통일' 후 '북한을 복음화'하는 것으로 상정하고 있다. 이들은 현재 6.25 전쟁으로 인하여 소실되었던 북한 교회 3,000여 개를 재건하기 위한 기금 마련을 위하여 총력을 기울이고 있다. 그러다가 1980년대 말 동구권의 붕괴로 인하여 자유화 바람이 불어 공산권 선교가 가능해지자 중국과 동구권을 통하여 북한의 지하교회 설립에 최선을 다하고 있다. 이후 최근에는 북한의 식량난으로 북한의 붕괴 가능성이 점쳐지고 있는 상황에서 탈북자들을 중심으로 복음을 전하여 다시 이들을 선교사로 북한에 역으로 파송하는 방법을 쓰고 있기도 한다.

(2) 진보주의 교회를 중심으로 한 통일운동

1970년대 진보주의 교회의 선 민주화, 후 통일의 논리는 1980년 광주민주화 운동을 계기로 전환되었다. 적대적인 분단구조 하에서는 국가안보를 내세운 군사독재가 근절될 수 없으며 참다운 민주주의를 실현할 수 없다는 것을 인식하게 되면서 군사독재정권을 지원해온 미국의 역할을 비판하고 분단 극복과 통일에 대한 관심이 고조되기에 이른 것이다. 그리하여 민주화 운동과 통일운동을 분리해서 볼 수 없고 민주화를 위해서도 통일을 이룩하지 않으면 안 된다는 인식이 서서히 확산되기 시작하였다.33 그래서 한국기독교교회협의

---

32 정성한, 『한국 기독교 통일운동사』, 294.
33 박성준, "1980년대 한국 기독교 통일운동에 대한 고찰," 「신학사상」 71집(1990년 가을),

회는 민족분단 고착화에 대한 죄를 고백하고 이를 극복하기 위해 적극적으로 통일운동에 나설 것을 다짐하였다. 이러한 다짐은 진보교단 내의 통일 심포지움과 그리고 해외거주 기독교인들을 중심으로 한 남북 그리스도교인들의 만남으로 결실을 맺게 하였다.

1981년 6월 서울 아카데미하우스에서 "분단국에서의 그리스도의 고백"이란 주제를 가지고 "제4차 한독교회협의회"를 개최하였다. 그들은 공동결의문에서 분단국가의 통일이 곧 교회의 과제임을 언급하면서 "양국의 분단은 역사적으로 각기 다른 세력과 발전관계에 의해 형성되었다. 우리는 자유와 정의가 보장된 평화스러운 통일을 바라는 민중의 열망 속에서 양국교회에 주어진 책임을 느끼며 교회가 이에 참여한다는데 의견을 모았다"고 언명하였다.[34]

이 대회를 통해 남한 교회 내 통일문제를 다루는 기구를 신설할 것이 제안되었다. '한국기독교교회협의회'는 1982년 제31차 총회에서 "통일문제연구원 운영위원회"를 특별위원회로 신설하기로 결의하고, 각 교단대표 12명과 전문위원 4명으로 운영위원회를 구성하였다. 그러나 '한국기독교교회협의회'는 1983년 3월 21일- 3월 23일까지 '통일문제협의회'를 개최하려다 당국의 저지로 연기되었다. 그리고 또 다시 5월에 다시 '통일문제협의회'를 재개하려다 정부당국의 방해로 유산되기도 하였다. 이때 당국은 여러 기관을 통해 강사를 협박했으며, 참가예정자들에게 일방적으로 모임취소를 통고하는 등 온갖 방해공작을 자행하였다.[35] 이와 같은 정부의 지속적인 방해공작에도 불구하고 '한국기독교교회협의회'는 1985년 '통일문제협의회'를 개최하였다.

한편 이 '한·독 교회협의회'와 함께 한국의 통일운동에 계기가 된 하나의 모임이 1981년 오스트리아 빈에서 개최되었다. "조국통일을

958.
[34] 이만열, "한국기독교 통일운동의 전개과정," 『민족통일을 준비하는 그리스도인』, 50.
[35] 한국기독교교회협의회 편, 「1980-2000 한국 교회와 평화통일운동 자료집」, 483.

위한 북과 해외 동포·기독자간의 대화" 제1차 모임이 오스트리아 빈에서 북측 대표 5명과 해외동포 및 기독교인 13명이 참가하여 1981년 11월 13일 열렸다. 이 모임은 한반도에서의 기독교와 공산주의 그간의 대립을 반성하는 공동의 성명서를 발표하였다.

이 공동성명에서 특이한 사항은 "주한미군 철수와 남북한 유엔 동시가입의 반대와 교차승인 반대" 그리고 그동안의 "정전협정을 평화협정"으로 전환하고 중립적인 연방제 통일안을 창설할 것을 주장하고 있다.[36] 이러한 주장은 종래의 북한의 주장을 상당부분 수용하고 있으며, 또한 김일성의 오스트리아의 방식대로의 중립적 연방제 통일안을 무비판적으로 수용하고 있는 것으로서 해외에 거주하는 기독교인들의 의식수준을 엿볼 수 있는 대목이다.

그런데 여기서 한 가지 집고 넘어가야 할 사항은 이 회의에 참석한 북한 대표단의 발언이었다. 회의 후에 국제기자 회담에서 북한은 5천 명의 기독교 신도가 5백 개의 가정예배 처소에서 예배를 드린다고 발표했다. 놀라운 뉴스였다. 그 대화가 해마다 중립국에서 계속되었다. 대화의 열매는 대단하였다. 북에서 성서와 찬송가가 출판되었고, 교회당이 건설되었고, 해외에서 기독교 대표단이 연속해서 평양을 방문하였다. 그리고 북에 미국의 대표단이 여러 번 방문하여 세미나를 발표하는 기회가 있었다.[37]

물론 종교의 자유가 보장되지 않고 또한 가정교회가 발각되면 처벌을 받는 상황에서, 북한에 가정교회가 존재한다는 발언은 그 진위의 진실성에 문제가 있을 수 있다. 어찌 보면 과장되었거나 아니면 북한 당국의 의도적인 발언일 가능성이 높다. 그러나 중요한 점은 이로 인하여 북한 교회와 세계 기독교 단체들 간에 수많은 대화가 이루어지고 있었다는 사실이다.

---

[36] 한국기독교교회협의회 편, 『1980-2000 한국 교회와 평화통일운동 자료집』, 26.
[37] 선우학원, 『한국의 민주화와 통일운동』, 201.

오스트리아 빈에서의 모임에 이어 1982년 12월 3-5일까지 핀란드의 헬싱키에서 제2차 조국통일을 위한 북과 해외동포, 기독자간의 대화가 열렸다. 이때 발표된 공동성명에서는 주한 미군 철수와 이남에서의 군사파쇼독재를 철폐하고 민주화를 실현하여야 한다는 내용을 골자로 하는 5개항 13개 실천사항을 결의하였다. 1, 2차 공동성명과 "해외 동포들에게 보내는 호소문"에서 그 성향이 드러났듯이, 참석자들은 남한의 민주화를 주장하는 혹은 반정부적 성향을 가진 해외교포들과 북한이 고위관료, 목사가 자리를 함께 했다. 이 회의에서는 북측의 주문에 따라 김일성 부자에 대한 비판에 신중한 반면 '미 제국주의' 비판, 미군 철수 및 한국의 민주화에 대해 집중적으로 논의했던 것으로 보인다. 그러나 북한선교의 자유나 북한의 현실에 대해서는 논의하지 않았다.[38]

이렇듯 당시 한국이 군부독재로 인하여 언론 및 집회의 자유가 현실정치에서는 보장되어 있지 않은 상태에서 1980년대 진보주의 교회를 중심으로 한 통일운동은 주로 국내에서보다 해외에서 활발하게 이루어졌다. 그러나 남한정부에 대해서는 비판적이면서도 북한의 정권에 대해서는 우호적이었던 해외 거주 동포들의 성향으로 인하여 상당부분 수용될 수 없는 위험한 발언이 나온 것은 균형 잡힌 통일운동이라고 하기는 힘들 것이다.

이 해외동포들을 중심으로 한 통일운동과 더불어 세계교회와의 연대 속에서 이루어진 통일운동이 있다. 1984년 10월 29일에서 11월 2일까지 세계교회협의회(WCC) 국제문제위원회(CCIA)는 일본 도잔소에서 "동북아시아의 평화와 정의협의회"를 개최하고, "한반도의 평화와 통일"을 위하여 세계교회가 공동으로 노력할 것을 제안하였다. 즉 이 대회에서 '한반도의 평화와 통일문제'가 해외교회들 사이에서 공론화되는 계기가 되었던 것이다. 여기서 한국 교회는 북한

---

[38] 이만열, "한국기독교 통일운동의 전개과정," 『민족통일을 준비하는 그리스도인』, 49.

과의 접촉에 대하여 세계교회협의회에 다음과 같은 건의서를 제출하였다.[39]

> 첫째, 세계교회협의회는 아시아 기독교교회협의회와 협력하여 방문 혹은 다른 접촉 형태를 통해 북한에 있는 교회, 기독교인들과 일반 사람들과의 관계개선을 촉진시킬 것을 탐구해야 한다.
> 둘째, 세계교회협의회는 아시아 기독교교회협의회와 협력하여 가능한 한 남북한의 기독교인들이 대화로 만날 수 있는 기회를 마련하도록 한다.
> 셋째, 여러 교회들은 북한을 방문할 계획이나 북한 방문 결과를 세계교회협의회나 아시아 기독교협의회에 긴밀하게 서로 알리고 나누어야 한다.

이 건의서에는 남북한의 기독교인들이 함께 모일 수 있는 만남의 장을 마련할 것을 촉구하고, 한국 교회가 취급해야 할 과제물로 ① 이산가족에 대한 인도주의적 관심, ② 통일논의에 대한 대중적 참여, ③ 다른 상황, 즉 사회주의 국가 내에서 생활하고 증거 하는 경험을 가진 교회들의 지속적인 대화, ④ 적대의식의 회복, ⑤ 여성과 청년의 참여증대, ⑥ 군비 경쟁의 저지 등을 지적하였다.[40]

이 도잔소 회의를 통하여 한국 교회는 분단을 극복하고 남북 간의 신뢰를 회복하기 위해서는 무엇보다도 북한 교회에 대한 인식을 확대하며 분단구조의 틀에서 벗어나야 가능하다는 것을 인식하고 남북교회의 만남이 지속되어야 한다는 점을 깨닫는 계기가 되었다. 비록 이 회의에서 북한의 대표단은 참석하지 못하였으나 분단으로 나뉘어진 교회가 하나의 교회로 회복되는 중요한 경험을 제공하였다.

이 '도잔소 협의회'의 결과는 두 가지 방향에서 나타났다. 그 첫 번째는 1985년 2월의 한국기독교교회협의회(NCCK) 주최의 "한국

---

[39] 한국기독교교회협의회 편, 『1980-2000 한국 교회와 평화통일운동 자료집』, 41.
[40] 정성한, 『한국기독교 통일운동사』, 269.

교회 평화통일"과 '세계교회협의회' 소속 임원들의 북한 방문이다.

우선 NCCK는 1985년 2월 34차 총회에서 '한국 교회의 평화통일 선언'을 발표하였는데, 여기서 민중 주체의 평화통일이 곧 분단극복과 통일운동의 주류가 되어야 할 것을 분명히 하였다.[41]

이 실천선언문에서 교회는 이 땅의 통일문제는 집권세력의 전유물이 아니라 전 민족이 공유하여야 할 문제임을 밝히고 있으며, 통일은 민주적이고 정의로워야 한다고 말하고 있다. 이렇게 한국 교회의 통일운동은 분단의 극복을 위하여 남북의 교회가 함께 풀어나가야 한다는 인식을 하게 되었다.

두 번째로 '도잔소 협의회'의 결과가 한반도의 분단 극복과정에 기여한 또 하나의 사건은 '협의회' 이후 1년 만에 이루어진, '세계교회협의회'(WCC)에 대표단의 첫 북한 방문이었다(1985. 11. 11-19). 이 대표단의 북한방문이 남긴 최대의 결과는 북한의 기독교인들(가

---

41 조순, "1980-1990년대의 기독교 통일운동의 그 이론적 기반 및 쟁점들," 225. "한국 교회 평화통일선언 실천문"
1) 통일문제는 집권세력의 전유물이어서는 안 될 것이다. 평화의 염원은 약한 자, 가난한 자, 눌린 자, 곧 민중이 가장 깊이 탄식하고 갈망하는 민중의 현실이기 때문에 민중 주체의 통일과 평화통일이 곧 분단극복과 통일운동의 주류가 되어야 할 것이다.
2) 남북의 양 정부는 자체의 집권연장을 위한 지배이념으로서 통일에의 길을 저해해서는 안 된다. 양 정부는 또 정권차원의 선전에만 급급하여 국민의 판단을 오도하고 알아야 할 정보를 차단하거나 은폐해도 안 된다.
3) 이 땅의 민주화와 정의로운 사회를 위한 한국 교회의 열망은 그것들이 곧 분단극복과 통일에의 초석이요, 또한 통일의 궁극적 목표가 민주적이고 정의로운 사회임을 인식한다. 그러므로 이 평화를 지향하는 통일운동은 민주적이요 정의로워야 한다. 그러므로 민주·정의·통일·평화는 하나님 나라 실천운동의 좌표가 되어야 할 것이다.
4) 우리는 하나님 나라 평화에 대한 신앙에 기초하여 한국 교회가 분단의 극복과 통일에 주체적으로 참여할 의무와 권리 그리고 자유가 있음을 천명한다. 민중의 고난의 현장에 참여하여 하나님의 사랑과 정의를 증언해 온 우리는 강대국에 의한 민족분단을 해결 못한 책임이 우리에게도 있었음을 고백하고 회개함과 동시에 분단극복에의 주체적 참여가 곧 하나님 나라 평화에로 나아가라는 명령임을 고백하고 이 분단의 극복과 평화운동을 위하여 우리는 한국 교회가 공개토론의 장이 되도록 할 것이다. 우리의 평화통일운동이 맹목적인 하나님 나라 운동이 되지 않기 위하여 '한국 교회의 평화백서'를 제정할 것을 결의한다.

정 교회)을 공식적으로 확인시켜준 것이었다.[42]

'세계교회협의회' 임원의 북한 방문은 북한의 교회의 실체를 세계에 알린 역할을 하였을 뿐만 아니라 이후 세계교회들의 한반도 평화통일에 대한 관심을 집중시키는 역할을 하였다.

이렇게 WCC 총회가 남북의 통일에 관하여 적극적으로 노력하는 일환으로 북한교회를 방문한데 이어, 1986년 1월 22일과 23일 양일에 걸쳐 예장(통합)과 기장, 미국 장로 교회의 대표가 모여 한국의 통일문제에 관한 협의회를 가졌다. 이런 노력의 결과로 동년 4월 18-5월 3일 미국교회협의회 대표단 10명이 남한과 북한을 공식 방문하였다.

이후 동년 9월 2-5일 스위스 글리온에서 WCC 국제문제협의회가 주최한 '평화에 대한 기독교적 관심의 성서적, 신학적 근거'에 관한 세미나에서 남북한 대표들의 공식적인 만남이 이루어졌다. 이 회의에는 조선기독교 연맹 대표단 5명과 NCCK 대표 6명이 동시에 초청되어 함께 성만찬을 나누며 분단 40년을 극복하고자 하는 많은 노력

---

[42] 정성한, 『한국기독교 통일운동사』, 272, 273. 당시 WCC 국제부장 코시와 동부차장 에리히 바인가르트너(Erich Weingartner)는 북한을 방문하여 그곳의 기독교도와 정부 인사 등을 만나고 남포, 개성, 판문점 등을 비롯한 여러 곳을 방문하였다.
11월 17일 코시, 바인가르트너는 기독교도 연맹의 임원들과 만나고 평양시내에서 이른바 '가정교회'에 참여하여 예배를 드렸다. 그 예배는 어느 아파트에 사는 한 가정에서 드렸고 교인은 중년남자 4명과 여자 4명의 8명이었다. 교도연맹의 설명에 의하면 북한에는 약 10,000명의 기독교인(개신교)이 전국에, 주로 평안, 황해도 지역에 흩어져 있다고 한다. 약 500여 개의 고정 가정예배소가 전국에 있으며 평양에만 40-50개 처소가 있다고 한다. 이 대부분은 본래 장로교, 감리교 교인들이라고 한다. 가톨릭교도는 약 800명으로 추산되는데 그들은 각각 가정예배를 드리고 있는 것으로 알려졌다. 목회자는 분단 전에 안수를 받은 분이 아직도 10명이 시무하고 1972년 이래 교도연맹이 3년간의 신학교육을 거쳐 안수한 목사가 20명이 있다고 한다.
기독교도 연맹은 새로 번역한 신·구약성서와 찬송가를 출판했다. WCC 직원들은 한국기독교교회협의회가 보낸 여섯 권의 찬송가를 교도연맹에 기증하고 새로 출판된 신·구약성경을 선물로 받아왔다. 북한 정부당국자들과의 토의는 주로 동북아시아에 있어서의 평화와 정의의 문제에 집중되었으며 그들은 한국의 평화적 통일을 강조하고, 남한에 있는 미군의 공격적 자세에 대한 공포를 피력하였으며 한반도에 있어서의 긴장완화와 군축의 중요성을 설명했다.

들이 있었다.

이러한 노력의 결과로 동년 11월 6일에 있었던 미국교회협의회 총회에서는 한반도의 분단에 직접 개입한데 대한 죄책 고백과 통일을 위한 치유와 노력을 미국교회의 선교과제로 천명한 "한반도의 평화와 통일"이라는 정책 성명을 채택하였다. 그리고 그 후속 작업으로 1989년 4월23-26일까지 "조선, 한국의 평화통일을 위한 협의회"가 열렸다. 이 협의회에서 "한반도 평화통일을 위한 화해의 캠페인 선언서"가 발표되었고, 그해 12월 미국 장로교회 제198차 총회는 "한반도의 화해와 통일에 관한 결의문"을 채택하였다.[43]

한편 한국 교회는 한국 교회 나름대로 한국기독교교회협의회 제37차 총회에서 총대 전원의 기립 박수 속에 "민족의 통일과 평화에 대한 한국 기독교회의 선언"(88 선언)을 발표하게 되었다.

이 선언문에는 남북 이산가족의 상봉을 정례화 하고 남북 상호 비방 금지, 민족의 동질성 회복을 위한 교류의 지속화를 주장하고 있다. 그리고 민족 자주성의 실현을 위하여 남북 간의 협상이나 회담에서 주변 강대국의 간섭을 배제하고 남북한의 상호 이익을 위하여 공동으로 노력할 것을 주문하고 있다.

그래서 이만열 교수는 이 88 선언의 의미를 다음과 같이 높이 평가하고 있다.

> 첫째, 한국기독교계에 미친 영향과 관련, 이 선언은 남한의 기독교계가 그동안의 통일논의를 최초로 종합, 정리한 것으로 기존의 통일운동에 의미를 부여하고 새로운 운동방향을 제시하는 척도의 구실을 하였으며, 통일논의의 물꼬를 터 주었다. 둘째, 한국 통일운동사에 미친 영향과 관련, 이 선언은 민간에 의해 이룩된 최초의 본격적인 통일선언으로 동년 여름 노태우 대통령의 '7.7 통일정책 선언'을 도출해 내는 데 혹은 그 정책

---

[43] 박종화, "한반도 통일을 위한 남북교회의 실천," 『남북교회의 만남과 평화통일 신학』(서울: 한국기독교교회협의회 편, 1990), 36-42.

선언을 앞당기는 데 큰 역할을 하였으며, 1991년 남북 사이에 채택된
'남북기본합의서'도 이 선언의 내용을 담고 있다. 셋째, 세계기독교회와
관련, 이 선언은 세계교회로 하여금 남한의 기독교인들이 온갖 어려움
속에서도 정의와 평화와 화해를 용감히 증거해 왔다는 사실을 주목하고
분단국의 화해와 같은 구체적인 기독교 운동과의 연대라는 새로운
지평을 열어갈 수 있게 하였다.[44]

이만열 교수의 평가에서도 드러나듯이, 88 선언은 민간에 의해 이
루어진 최초의 평화통일 선언으로 1970, 80년대의 남북 간의 대결
을 청산하고 미래의 평화통일을 향한 새로운 전기를 마련해 주고 있
다고 할 수 있다.

이러한 가운데 1989년 남북을 뒤흔들 사건이 일어났다. 그것은 바
로 문익환 목사의 방북사건이었다. 문익환 목사는 북경을 경유해 항
공편으로 평양에 도착하여 봉수교회의 부활절 행사와 장충성당의
주일 미사에 참석하였다. 그리고 그는 4월 3일까지 평양에 머물면서
김일성 주석과 두 차례 회담을 갖고 4.2 "남북공동 성명서"를 발표
하였다.[45] 그의 방북은 한국 교회 '기독교 통일운동'의 차원이라기보
다는 '전국민족민주운동연합' 고문이라는 직함이 보여주듯 한국 사
회 진보적인 통일운동의 일환으로 볼 수 있다.

그는 김일성 주석과의 만남을 통해 자신의 '3단계 연방통일안'을
제시하였다. 1단계로서 남북연합(유엔외교의 단일화), 2단계 연방국
가(남북자치정부), 3단계 도 단위의 세분화된 연방제의 방안이다. 그
리고 이 결과를 당시 허담 조국평화통일위원회 위원장과의 공동성
명을 통해 공개하였다. 여기서 통일의 원칙으로 "민주는 민중의 부
활이요, 통일은 민족의 부활이니만치 이 둘은 분리될 수 없는 일체"
이며, "통일에 관한 남북간 대화의 창구는 널리 개방되어야 하며, 당

---

[44] 이만열, "한국기독교 통일운동의 전개과정," 62-64.
[45] 김형수, 『문익환 평전』 (서울: 실천문학사, 2004), 679-734.

국자들 사이의 독점에 맡기지 않으며 통일이 평화적으로 이루어질 대 연방제는 거치지 않을 수 없는 경로인데, 이의 실시는 단번에 할 수도 있고 점차적으로 할 수도 있다"는 것을 제시하였다. 또한 제 4항에서 "통일은 누가 누구를 먹거나, 누가 누구에게 먹히지 않는 공존의 원칙에서" 이루어져야 한다는 내용이 북한의 제안으로 포함되어 있다.[46]

문익환 목사의 방북에 대하여 한국 교회 진보주의 교회들의 반응은 정부 당국이 그의 방북을 "정치적으로 악용"하고 있고, 언론 역시 그를 "공산주의자인양 매도"하는 사태에 항의하고, 오히려 문익환 목사의 방북이 "조국통일 운동의 새로운 전기"를 이룰 것이라는 지지 내용을 발표하였다.

지지 성명서들의 내용을 보면, 문익환 목사의 방북은 ① '7.4 남북공동성명' 및 노태우 대통령의 '7.7 선언'의 정신에 따른 것이므로 그를 실정법(국가보안법) 위반 혐의로 구속한 것은 부당하고, ② 민족의 통일 열망을 안고 분단의 장벽을 허물고자 한 것으로서 NCCK 통일선언을 구체적으로 실천한 예언자적 행동이며, ③ 한반도의 통일운동을 한 단계 높이고 성숙시키는 계기이므로, 그를 정권 안보적 차원에서 이용하지 말고 민간 차원의 대북교류를 개방하라는 내용 등이다.[47]

이 문익환 목사의 방북은 이후 임수경의 방북과 지금까지 통일운동에 무관심하였던 가톨릭 교회의 통일운동 노력을 촉진시키는 계기가 되었다. 사실 문익환 목사의 방북은 정권 연장을 획책하고 있던 정부에게 큰 충격을 안겨 준 사건이었다. 그리고 보수교회에서는 이 사건을 마치 일개 철없는 친북 좌파적인 행동이라고 비난하였다. 그러나 이 문익환 목사의 방북은 외세에 의해 금 그어진 한반도

---

[46] 전재성, "동아시아 냉전체제와 한국민주주의: 6월 항쟁과 북방정책", 「탈냉전과 한국의 민주주의, 6월 항쟁 23주년 기념 학술대토론회, 2010」, 54.
[47] 정성한, 『한국 기독교 통일운동사』, 291, 292.

의 비극을 맨몸으로 저항하는 순수한 의지의 노력으로 평가해야 할 것이다. 그리고 이러한 행동이 이후 남북정상회담 개최의 밑걸음으로 작용하였으며, 지금까지의 정부차원에서의 대북관계를 민간차원으로 다변화시키는 계기로 작용하였다는 점에서 평가를 받을 만하다. 단지 보수주의 교회가 친북좌파적인 행동이라고 평가한 내용은 아직도 냉전적 사고방식에서 벗어나지 못한 안타까운 일이라고 해야 하겠다.

지금까지 살펴본 보수주의 교회의 통일 운동과 진보주의 교회의 통일운동은 그 목표와 행동이 크게 다르다는 것을 알 수 있으며, 그 간격이 점점 더 벌어지고 있음을 직감할 수 있다.

보수주의 교회는 주로 민족통일과 공산권 선교에 많은 관심을 기울이고 있었다. 이들은 주로 북한의 실상 알리기와 북한의 지하교회, 공산권 기독교인들에 대한 정보를 제공하는 데 주력하고 있었다. 그러나 보수주의 교회를 중심으로 한 통일운동은 북한의 실상을 남한의 민중들에게 바른 정보를 제공하며 북한의 실정을 알려준다는 점에서는 긍정적 작용을 하고 있음에도 불구하고, 자칫 북한 교회의 실상을 대내외에 알려줌으로써 북한 지하교회 성도들의 안전을 방해할 수 있다는 점에 있어서 섣부른 행동이라고 할 수 있다. 또한 자칫 북한을 자극하여 오히려 저들로 하여금 발악하게 할 수 있는 빌미를 제공할 수 있다는 것을 염두에 두어야 할 것이다.

한편 NCCK를 중심으로 한 진보주의 교회의 통일운동은 지금까지의 정부주도의 통일운동을 민간차원으로 다양화시킨다는 점에서 긍정적으로 작용할 수 있다. 그러나 무조건적인 북한당국과의 대화 및 북한교회와의 교류는 자칫 북한 정권으로 하여금 한국 교회의 통일 운동이 자신들의 체제를 우월 수단으로 삼는 계기가 될 수 있다는 점에서 좀 더 신중하게 하여야 할 것이다.

5장_
칼빈의 정치사상이
한국 교회의 사회운동에 미친 영향

1970, 80년대 한국 교회의 사회운동은 대체적으로 진보주의 교회를 중심으로 이루어졌다. 그러다가 1986년 보수주의 교단을 중심으로 한 보수주의 신학교에서 자성적인 대정부 시국선언을 중심으로 서서히 사회운동을 하게 되었다. 이는 예언자적 사명을 다하는 교회의 참된 모습을 회복하는 것이라 할 수 있다.

본 장에서는 한국 교회, 특히 칼빈주의 사상을 계승한 교회가 사회운동(사회참여)에 대하여 이념적으로 어떠한 입장을 지니고 있었는지 그리고 어떠한 단체들이 적극적인 사회참여를 실현하였는지에 대하여 살펴보며, 이와 함께 어떠한 사람들이 사회참여에 대하여 적극적으로 나섰는지 고찰하고자 한다. 그리고 사회운동에 대하여 적극적인 단체들과 인물들에 대하여 그들의 활동을 중심으로 하여 살펴보고자 한다.

1. 사회운동(사회참여)과 한국 교회의 관계

1) 사회운동에 대한 한국 교회의 입장

(1) 사회운동에 대한 보수주의자들의 견해

우리가 사회참여를 말할 때 '사회'는 교회 밖을 의미하며 교회 밖의 영역은 곧 세상을 일컫는다(고전 5:12,13 참조). 우리는 이 문제를 논하기 위해 세상의 속성을 명확히 이해해야만 한다. 세상이 인간들의 삶을 누리는 영역으로 주어진 하나님의 선물인 공간이냐, 아니면 궁극적으로는 하나님의 심판의 대상이 되며 구속사적 특별한 목적을 두고 있느냐에 대한 이해가 있어야 한다. 즉 이 세상은 천국의 침노의 대상(마 11:12. 참조)이며, 천국과 세상은 상호 화합과 조화를 이루는 관계가 아니라 대립적 관계에 있으므로 그 경계가 명확함을 이해해야 하는 것이다.[1] 성경에는 이 지구가 인간들의 삶을 이루기 위한 하나님의 축복의 장소가 아니라 하나님의 구속사역을 이루기 위한 공간으로 말하고 있다. 또한 요한계시록 8, 9장에서는 결국 이 세상은 종말의 때에 심판 당할 것을 말하고 있다.

이러한 맥락에서 교회의 사회참여에 관한 문제를 이해하기 위해서는, 우선 성경이 이 세상을 무엇이라고 말하며 그리고 그리스도인은 이 세상을 살아가면서 어떠한 자세로 임해야 하는지를 알아야 할 것이다. 이를 위해서 먼저 선결되어야 할 과제는 교회와 국가와의 관계인데, 교회와 국가의 관계의 유형에 대하여 김홍수 교수는 다음과 같이 분류하고 있다.

① 종교국가

종교국가는 종교가 국가보다 우위에 있으면서 종교적 목적을 위해서 국가를 이용하는 형태로서 여기에 해당하는 경우는 중세서구 시대이다.

② 국가종교

종교국가가 정치공동체로부터의 종교공동체의 자율과 독립에서 출발했다면, 국가종교는 정치의 종교 간섭에서부터 그 골격이 형성되기 시작하였다. 이 국가 종교를 가진 나라에서 종교는 관용의 상

---

[1] 이광호, "개혁파 신학의 사회참여-신비의 침묵을 통한 교훈," "cafe.daum.net, 부흥과 개혁"에서.

태에 머문다. 관용의 경우 종교공동체는 국가의 권위에 의해서 존재하도록 허용된다.

③ 교회와 국가의 배타적 관계

콘스탄티누스적 그리스도교 세계의 거부. 이러한 경우는 대체적으로 재세례파들 중에서도 온건적인 경우에 해당하는 교회와 국가의 엄격한 분리에서부터 비롯된다. 요컨대 이들 재세례파의 분리론은 교회와 국가의 단순한 분리가 아니라 양 영역의 무관계를 뜻하는 것이었다.

④ 오늘날의 정교분리 형태

오늘날의 대부분의 민주적인 국가들은 정교분리의 형태를 따르고 있는데, 이는 1791년 미국 헌법 수정 1조가 제정되고 나서 이루어졌다고 할 수 있다. 이는 교회에 강요된 것이 아니라 교회 자체가 그 원칙을 주장한 것이다. 이러한 형태는 교회와 국가의 영역을 구분하고 국가를 세속적인 영역으로 인정하는 형태로서, 국가는 교회의 영적인 일에 간섭하지 않으며 단지 보호를 한다는 것이다. 또한 교회는 국가의 일에 간섭하지 않는 즉 교회와 국가의 어느 정도의 긴장관계를 의미하는 형태이다.[2]

이 네 가지 중 보수주의 교회는 네 번째의 정교분리를 받아들이고 있다. 전술한 바와 같이 보수주의 교회들은 미국 선교사들에 의해 들어오게 된 정교분리의 형태를 오늘날까지 유지하고 있다. 이들 선교사들은 조선에서의 선교활동을 원활히 하고자 하는 목적에서 만들어진 정교분리를 조선에 이식하였다.

그런데 이 정교분리론은 해방 이후 미국 근본주의의 신앙적 유산을 지니고 있던 한국 교회에 수용되었고, 대부분의 보수주의자들이 정교분리의 원칙에 의해 교회의 사회참여를 금하고 있다. 이들은 교회는 교회의 나름대로 그 영역이 있으며 국가는 국가의 고유 영역이

---

[2] 김홍수, "교회와 국가 관계의 역사적 유형," 「신학사상 59집」(1987), 820-833에서 참조.

있다고 생각한다. 지금의 교회와 국가라는 기관은 천성의 모형으로 완전한 것은 아니다. 완전한 모형은 바로 천상의 교회이다. 세상의 교회는 그리스도께서 재림하실 때까지 영혼구원에 책임이 있으며, 국가는 교회의 신앙에 간섭하지 말며, 교회의 신앙과 영혼 구원의 사업을 보호해야 한다고 말한다. 또한 교회는 국가의 일에 간섭하지 말아야 하며 국가의 안전을 위해 기도해야 한다.

그렇다고 이들 보수주의자들이 사회적인 책임을 무시하는 것은 아니다. 그들은 하나님과 인간과의 관계, 즉 수직적인 관계를 우선 순위에 두고 다음으로 인간과 인간과의 수평적인 관계를 말하고 있다. 그래서 보수주의를 대표하는 학자인 고 김의환 교수는 개인변화 다음으로 사회적인 책임을 말하고 있다. "복음은 하나님과 죄인과의 영적 관계를 가장 문제시 한다. 그러나 그 복음을 듣는 죄인이 사회성을 지닌 존재인 까닭에 복음의 사회적 차원을 등한시 할 수 없다"고 하였다. "하나님을 향한 사랑은 수직성만으로 그치지 않고 항상 이웃을 향한 수평적 사랑으로 연락된다. 아버지의 뜻이 하늘에서 이룬 것 같이 땅위에서도 이루어지는 곳에 '하나님의 나라'가 임한다. 이 하나님의 나라의 수직성만을 강조할 때 개인복음(personal gospel)으로 떨어지고, 평면성만 강조할 때 사회복음(social gospel)으로 전락된다." 그러나 성경에 의하면, "먼저 죄를 회개하고 하나님의 속죄의 사랑에 의하여 새로워지는 영적변화를 가르치고, 다음에 사회적 책임의 중요성을 강조한다. 이 순서의 변위는 허락지 않는다." 그러므로 교회의 이름으로 정치적 현실에 참여하는 것은 있을 수 없는 일이라고 한다.[3]

고 김의환 교수의 주장에서 나타난 것처럼 보수주의 신학자들과 목회자들은 복음으로 새롭게 변화된 인간들이 이후에 사회적 책임에 나설 것을 주문하고 있다. 따라서 그들은 개인구원을 우선시하여

---

[3] 유동식, 『한국 신학의 광맥』 (서울: 도서출판 다산글방, 2003), 307.

그리스도인의 사회적 책임은 상대적으로 등한시하는 모습을 보여주었다. 그러나 문제는 1970, 80년대 일부 보수주의 목회자들이 사회문제에 대한 침묵의 차원을 넘어서서 정권에 밀착하여 정권의 행태를 비호 내지는 노골적으로 찬양하였다는 데 있다.

두 번째, 영적인 것과 세상적인 것을 명백히 구분하고자 하는 이원론적인 성향이다. 이들 한국의 보수주의 교회들은 정치적 문제에 대하여 교회는 중립을 지켜야 한다고 말한다. 육신, 물질, 현세를 무시하고 영혼, 정신, 내세를 존중하는 헬라철학의 영향을 받은 이원론적 복음주의자(보수주의자)들은 내세에 영혼의 구원을 얻는 것만이 중요한 일이기 때문에 현세에 관계된 일들은 무시해야 한다고 생각했다. 그들은 사람들이 물질적, 외적 여건에 관심을 가지는 이유가 믿음이 없기 때문이라 느낀다. 이들의 '구원'은 전적으로 내세적인 개념으로 죽은 후에 영혼이 천당에 가는 것을 의미한다. 그러므로 현세적 의미는 전혀 없다. '하나님의 나라'도 그들에게는 오직 내세의 천당을 의미한다.[4]

오직 내세를 지향하는 이들의 신앙에 정치나 사회적인 구원은 덧없는 것이며 썩어질 현세적인 것이다. 이 세상은 불의한 세상으로 그리스도인은 오직 기도와 전도로 한 영혼이라도 더 구원하는 것이 더 가치 있는 것으로 판단한다.

세 번째, 한국의 보수적인 칼빈주의자들은 이 땅이 복음화가 되면 자연적으로 사회의 구조적인 문제들은 사라질 것이라고 낙관하면서 개인구원을 먼저 내세우고 있다. 그 결과 한국 교회는 1970년대와 1980년대를 지나오면서 급속도의 교회성장을 이룰 수 있었지만, 그럼에도 불구하고 사회의 구조적인 문제들은 오히려 증가하고 있었다.

네 번째, 류대영 교수는 친미 반공주의를 들고 있다. 한국인들은

---

[4] 양낙흥, 『개혁주의 사회 윤리와 한국 교회』, 175, 176.

전통적으로 미국선교사의 영향을 많이 받았으며 이로 인하여 미국적 토양의 기독교를 전수받았던 것이 사실이다. 여기에다 6.25를 거치면서 미국의 개입으로 공산화되기 직전의 한국을 구했다는 고마움이 친미주의로 흐르게 되었다. 여기에는 북한의 압정에 못 이겨 월남한 개신교 지도자들의 반공주의가 함께 어우러져 친미 반공주의를 형성하게 되었던 것이다.

일본의 반공정책 때문에 일제강점기 동안 사회주의 세력과 크게 충돌할 일이 없었던 교회는 해방 직후 북한 지역을 장악해가던 사회주의, 공산주의 세력과 충돌했다. 일제에 순응하고 자본주의적, 비민중적이었던 북한 교회는 반봉건, 반제국주의를 표방한 사회주의 세력과 충돌하지 않을 수 없었다. 대부분의 교회 지도자들은 사회주의와 기독교를 조화시킬 수 없었고, 미국과 자본주의가 지배하는 남쪽으로 "대탈출"을 감행하였다.[5]

당시 탈출한 개신교 지도자들 중, 1970년대와 1980년대 대형교회를 이루었던 김창인 목사와 한경직 목사 등이 친미 반공주의를 이끄는 대표적인 주자였다. 이들 피란민 출신의 목회자들은 북한 치하에서 뼈아픈 고생을 하였기 때문에 북한을 적그리스도로 표현하였고, 남북이 대치하는 상황에서 자연스럽게 친정부적인 사회참여의 그룹을 형성하게 되었다.

이렇게 정교분리 원칙과 이원론적인 성향으로 인하여 영혼구원을 우선시하며 친미 반공주의자들인 보수주의 교단의 목회자들은 사회참여에 대하여 소극적으로 행동하였던 것이다.

(2) 사회운동에 대한 복음주의자들의 견해

이러한 보수주의자들의 친정부적인 행태를 비판하며 사회에 대한 교회의 책임 있는 역할을 주장하는 부류들이 있다. 이들은 복음주의

---

[5] 류대영, 『한국근현대사와 기독교』 (서울: 푸른 역사, 2009), 368.

자들로서 한국 교회는 사회의 아픔에 함께 동참해야 하며 정권에 대해서도 예언자적, 선지자적 역할을 감당해야 한다고 주장하고 있다.

이들 한국의 복음주의자들은 '성경의 절대 권위'를 받아들이고 '삼위일체, 그리스도의 양성, 대속적 죽음, 육체적 부활, 역사적 재림'과 같은 근본 교리는 물론, '인간의 전적 타락, 그리스도를 통한 구원, 성령의 중생, 내주, 성화 사역' 등 역사적 정통 신앙을 따르고 있다. 그러나 교회의 사회적 책임과 관련하여 "우리는 성경의 교훈에 따라 하나님 나라를 실현하려는 하나님의 명령에 순종하여 사람과 문화를 변혁시키는 것이 교회의 책임임을 믿는다"고 언급하고 있다. 이 신앙고백은 지금까지 한국 교회, 특별히 보수적인 교단에서 거의 다루지 않았거나 소홀히 다루었던 부분이다. 사회적 문화적 책임을 천명한 이 복음주의 선언은 한국의 복음주의 지도자들의 신학이 미국의 복음주의자들의 신학과 본질적으로 차이가 없음을 보여주는 것이다.

이렇게 한국 교회의 보수주의자들이 교회의 대 사회적 책임을 강조하기 시작한 것은 바로 '하나님 나라'에 대한 새로운 개념이 한국 교회에 소개 된 이후라고 할 수 있다. 조지 래드(George E. Ladd), 헤르만 리델보스(Herman Ridderbos), 게할더스 보스(Geerhardos Vos), 안토니 후크마(Anthony Hoekema) 등으로 대표되는 복음주의 신학자들은 죽어서나 갈 수 있는 피안의 세계로 이해하였던 한국의 신학자들에게 하나님 나라에 대한 새로운 개념을 안겨주었다. 구체적인 해석에서 조금씩 다르긴 하지만 이들은 하나님의 나라가 근본적으로 하나님의 주재권이 실현되는 영역이라고 정의했다. 따라서 하나님 나라는 하나님이 창조한 모든 세계와 미래를 포함한 모든 시간 속에 구체적으로 실현되는 것이다. 여기서 특히 강조되는 것은 하나님 나라의 역사적인 성격이었다. 예수는 하나님의 나라가 '이미' 이 땅에 임하였고(마 12:28; 눅 17:20), 그 완전함은 미래에 올 것이라 가르쳤다

(눅 12:31f; 마 13:43).⁶

복음주의자들의 모임인 '한국복음주의협의회'가 처음으로 사회 참여를 적극적으로 시작한 것은 1986년 5월이었다. 1986년 3월 17일 NCCK 시국 대책위 산하에 '민주 헌법 실현 범 기독교 추진위원회'가 결성되고 직선제 개헌을 위한 서명 운동에 돌입하자, 복음주의협의회(당시 회장 정진경 목사)는 5월 12일 "현 시국에 대한 복음주의자들의 제언"을 발표하였다. 이들은 이 성명서에서 정부에 대해서는 "신뢰받는 정부가 되기 위해서는 입법, 행정 과정의 잘못을 솔직히 시인하고 헌법과 노동 관계법 등 특정 단체에 유리하도록 되어 있는 법률은 하루 빨리 고칠 것," "언론 자유의 억제와 편파적 보도의 조속한 시정" 등을 강조하였다. 또한 민주화 운동 세력에 대해서는 "민주화와 사회정의를 위한 야당의 고통과 노력은 인정하나 사회를 불안케 하지 말 것," "노동자의 경제 개발에 대한 공헌과 학생들의 정치적 민주화와 사회 정의 실현을 위한 노력은 이해하고 계속되어야 하나 불순 이데올로기에 이용당할 수 있다는 사실을 잊지 말라"고 주장하였다.

이 성명서의 전체적인 내용은 자신들의 과제를 기독교인들의 신앙과 생활이 개인과 교회를 넘어 사회의 "모든 영역 안에 구체적으로 나타나게 하는 포괄적 개혁운동을 일으키는 것"이라고 한 대목에 잘 요약되어 있다. "물리적 힘을 이용하여 정치에 영향을 끼치는 행위"는 교회가 해서는 안 될 정치적 행위이지만 모든 기독교인들이 "정치, 사회, 경제 활동에 종사하며 기독교적 삶의 이념을 그 활동 현장에 반영, 구현시켜야 한다는 것"이다.⁷

이와 같은 복음주의자들의 성명서에는 과거 한국 교회의 보수주의자들의 대 사회관에 대한 통렬한 자기성찰이 들어있다고 할 수 있

---

6 류대영, 『한국근현대사와 기독교』, 304, 305.
7 류대영, 『한국근현대사와 기독교』, 310, 311.

다. 그러면서도 1970, 80년대의 한국 교회의 진보주의자들이 교회의 예언자적, 선지자적 사명을 넘어서서 물리적 힘에 호소하는 행위를 동시에 비판하였다. 즉 이들의 성명서에는 사회변혁의 주체는 인간이 아닌 예수 그리스도가 되어야 한다는 기독교적 세계관을 내면에 품는 것이다.

이어 '한국복음주의협의회'는 1986년 12월 15일 정기총회를 열고 적극적인 사회 참여를 선언하였다. 이들 복음주의자들의 사회관은 두 가지로 요약할 수 있다. 첫째, 칼빈의 잘못된 관리들에 대한 비폭력적 저항 운동이고, 둘째, 아브라함 카이퍼의 하나님의 영역주권이다. 먼저 칼빈은 "만일 왕들의 횡포를 억제하라고 임명된 백성들의 관리들(magistratus popularis)이 있다면 그들이 자기들의 의무에 따라서 왕들의 맹렬한 방종에 저항하는 것은 결코 반대하지 않는다"고 밝힌다. 또 다른 저항의 가능성은 통치자가 하나님의 뜻에 반하는 일을 명할 경우이다. 칼빈은 "통치자들에게 복종하여야 하지만 그렇다고 해서 하나님을 향한 순종에서 벗어나는 일이 있어서는 절대로 안 된다"고 단언한다.

한편 화란의 칼빈주의 신학자이자 총리를 역임한 아브라함 카이퍼는 세상적인 영역과 교회의 영역을 구분하면서도 이 두 영역에 있어서의 하나님의 주권을 강조하고 있다. 카이퍼에 의하면 주권이란 말은 ① 내가 그 대상을 만들었고, ② 그 대상이 내게 속하며, ③ 그 대상에 대한 규범을 내가 주었고, ④ 그 대상과 그 대상을 만든 모든 요소들이 다 내게 복종할 때에만 적용할 수 있는 말이라고 한다. 그러므로 하나님이만이 주권자이시다. 영역주권이란 하나님의 피조계의 모든 영역에서 하나님이 주권자이심을 표현하는 말이다.[8]

그런데 영역주권이라는 말에서 중요한 것은, 이 영역에 위임된 권한은 그 영역에서만 한정된다는 것이다. 물론 정상적이고 전면적인

---

[8] 이승구, 『개혁신학에의 한 탐구』 (서울: 웨스트민스터 출판부, 1995), 75.

영역간의 상호작용이 있을 수는 있으나, 어떤 영역에서의 권위는 오직 그 영역 내에서만 사용되어야 한다는 것이다. 그러나 여기서 한 가지 잊지 말아야 할 것은 교회가 신령한 역할을 하나 그 신령한 교훈을 반드시 신자 개개인이 자신의 구체적인 삶의 영역에서, 하나님이 주신 은사에 따라 활용해야 한다는 것이다. 또한 만일 국가가 하나님의 명령에 위반되는 입법이나 행정을 할 때 제도적인 교회(instituted Church)는 반드시 하나님의 규례를 보호하고 국가로 하여금 이런 것을 의식해야 한다. 그러나 정치와 종교가 분리될 수 있다는 말은 아니다, 인간의 모든 삶의 영역은 결코 종교적인 것과 분리되어 있을 수는 없다. 다만 하는 일의 범위가 제한적이어야 한다는 말이다.[9]

복음주의자들은 종래의 이원론적인 정교분리 원칙을 비판하고 원래의 칼빈주의 정신으로 돌아가 모든 역사와 우주의 통치자이신 하나님의 주권을 인정하여 교회의 적극적인 대 사회적인 책임을 다하고자 노역하였던 것이다.

(3) 사회운동에 대한 진보주의자들의 견해

한국기독교교회협의회로 대표되는 진보주의 교회에서는 사회참여 문제에 대하여 처음부터 적극적으로 나서고 있다. 그러나 진보주의 교회가 처음부터 사회참여에 앞장 선 것은 아니었다. 일제치하에서는 신사참배에 적극적으로 참가하며 일본의 어용 교회로 존재한 진보적인 교회는 해방 후 신사 참배의 회개 문제가 대두되자, 이들 교회들은 일제치하 당시 조선에 신학이 확립되지 않았기 때문에 신사참배를 신학적인 문제로 끌고 가는 것은 잘못된 것이라며 말을 하기도 하였다. 그러다가 이들 교회가 사회적인 문제에 관심을 가진 계기는 1963년 한일협정 반대 투쟁에 가담하면서부터이다. 그

---

9 이승구,『개혁신학에의 한 탐구』, 76.

들은 이후 1972년에 마련된 유신헌법이 삼권분립도 축소되고 개인의 권한도 존중되지 않는 등 영구집권의 야심을 드러낸 반민주적, 반인권적 독재헌법임이 증명되자 이에 교회의 이름으로 적극적인 대응에 나서기 시작하였다. 그리하여 1973년 말에 제안되어 1974년 4월 11일에 조직이 완료된 NCCK 산하의 인권위원회라는 공식기구가 출범하게 되었다. 이 단체는 정부의 반인권적인 탄압에 대하여 한국 교회를 공식적으로 대표하는 인권운동의 창구의 역할을 하게 되었다.

이때부터 한국 교회에서는 진보주의적인 교회와 보수주의적인 교회를 중심으로 사회참여에 대한 열띤 공방이 이루어졌다. 이들은 주로 정치신학의 입장에서 대정부 투쟁을 전개하였고 개인구원과 사회문제를 보수계와 격론하게 되었다. 이 양자택일의 문제는 매우 민감한 문제로 심지어 교단의 분열을 초래하기도 하였다. 김재준, 박형규, 서광선, 한완상, 서남동 등 진보적 신학자들은 교회가 정치기구는 아니나 교인들은 정치적 삶을 살아야하는 사람들이므로 분명한 정치적 입장이 있어야 한다고 주장하며 교회가 개인 구원만이 아니라 사회 구원에도 관심을 가져야 한다고 주장한다. 이에 대하여 보수교계의 학자들은 교회가 사회구원을 위해서 노력해야하는 것은 2차적이며 1차적인 교회의 사명은 복음전파를 통한 개인구원이라고 주장한다.[10]

위의 논쟁에서도 드러나듯이 한국 교회 진보주의자들이 사회참여에 앞장서는 배경은 그들의 분명한 신학적 기반에 의거하고 있다. 전반적으로 보수주의 성향의 신학자들이 예수 그리스도의 신성을 강조하고 예수 그리스도의 십자가 사건을 속죄사역과 연관하여 생각하고 있는 반면, 진보적인 성향의 신학자들은 예수 그리스도의 신적인 면보다는 인간적인 면을 더 부각시키고 있다. 그리고 예수 그

---

[10] 서중석, "유신체제와 민주화 운동" (역사적 접근), 5.18 20주년 기념 강연.

리스도의 구원사역을 단지 영혼의 구원에만 국한시키지 않고 사회적인 억압으로부터의 구원으로도 이해하고 있다. 그러므로 사회적, 정치적 참여는 인간구원의 행위에 속한다고 한다.

"오늘과 같이 거대한 조직사회에 있어서 개인의 영향력이 얼마나 미약한 것인지는 재론할 여지가 없다. 그런고로 사회에 영향을 주고 악을 견제할 수 있는 조직적 노력이 필요하다. 그러므로 교회가 사회적, 경제적, 정치적 문제에 대해 발언한다면, 그것은 종교적인 입장에서 인간구원을 성취해 나가는 과정에서 불가피적으로 일어나는 사건이다"[11]라고 진보주의자들은 주장한다. 이런 면에서 그들은 예수 그리스도의 십자가를 정치적 사회적으로 이해하려고 애쓰고 있다.

그들은 이 인간 예수는 전우주적이고 초월적인 '구원사'(salvation history)를 '이 역사 속에서의 구원'(salvation in history) 사업을 통하여 이루시려고 노력했던 그리스도이시라고 말한다. 그러므로 이 땅에서 예수의 구원사업이 미래의 완전한 구원에 잇대어지지 않으면 안된다는 것이다. 왜냐하면 우주적 구원사만을 주장하게 되면 내세적 초월적 구원관에 집착하게 되고, 반대로 이 세상적 구원만을 주장하게 되면 이 세상적 이데올로기의 수준에 머물게 되기 때문이다. 그런데 예수는 이 두 가지 구원을 연결시켜주는 가교 역할을 해낸 분이다.[12]

결국 NCCK의 예수 그리스도의 구원사역을 바라보는 관점이 바로 이들의 사회참여에 대한 입장이라고 할 수 있다. 이는 곧바로 삶의 문제와 연결되어 있기 때문에 그들은 현 시대의 아픔은 사회적인 구조적인 문제로 인하여 발생하는 것으로 보고 예수 그리스도의 구원을 이 시대에 이루어야 할 과제로 보고 있는 것이다. 이러한 그들의 태도는 종종 정권을 쥐고 있는 자들과 큰 대립과 마찰을 빚어 왔

---

[11] 유동식, 『한국 신학의 광맥』, 307, 308.
[12] 고재식, 『사회선교와 기독교 윤리』 (서울: 대한기독교서회, 1991), 43-48.

던 것이 사실이다. 1970년대 인권 운동과 산업선교에 뛰어들었던 NCCK는 박정희 정권과 큰 마찰을 빚어 왔으며 문익환, 박형규 목사 등이 구속되기도 하였다. 그리고 1980년대 들어서서 광주민주화 운동 등 사회적인 암흑기에 사회 정의를 외치며 노동자들과 시국 사범들과 함께 해 오며 그들은 독재 정권과 그 하수인들에게는 가시와 같은 존재였다.

이상에서 알 수 있듯이 이들 NCCK의 사회 참여에 대한 입장은 다음 두 가지로 요약할 수 있다.

첫째, 사회적 약자와의 연대이다. 이들은 사회적인 불평등 상황에서 소외되는 계층인 사회적인 약자와의 연대를 늘 주장하고 있다. 보수주의자들이 죄에 대한 해방을 개인적인 죄에 국한하고 있는 데 비하여, 이들 진보주의자들은 사회구조적인 악으로부터의 해방을 말하고 있다. 그리하여 교회의 사명은 인간들이 사회의 구조적인 악으로부터 해방되는 데에 깊은 관심을 가져야 한다는 것이다.

둘째, 민족주의와 국가주의의 극복이다. 이 민족주의와 국가주의는 얼핏 보면 좋은 의미로 들일 수 있지만, 한편으로는 독재의 이데올로기를 대변해 주는 말이기도 하다. 즉 지금까지 우리는 민족주의와 국가주의를 내세워서 가진 자의 편을 들었으며 또한 통치 이데올로기로 전환되면서 국민들을 통치에 복종케 하는 수단으로 사용되기도 하였다. 이런 의미에서 NCCK는 민족주의와 국가주의가 통치 수단으로 전락되는 것을 막는데 주력하고 있다.

그러나 NCCK의 적극적인 사회참여는 한국 사회에 있어서 긍정적인 역할도 하였지만 교회의 역할을 너무 정치적인 문제로 끌고 가면서 인간의 영혼 구원의 문제에 대해서는 등한시하는 부정적인 면도 존재하였던 것도 사실이다.

2) 사회운동에 적극적으로 동참한 단체들

1970년대부터 한국의 칼빈주의 교회에서 사회문제에 적극적으로 나선 단체들은 주로 진보주의 진영에 속한 단체들이라고 할 수 있다. 그러다가 1980년대 중반부터 서서히 보수진영(주로 복음적인 단체들)에 속한 많은 학자들과 학생들을 중심으로 사회문제에 관심을 가지고 접근하기 시작하였다.

이런 사회참여적인 형태의 단체들로는 진보 진영에서는 '한국기독학생운동'과 '도시산업선교회' 등이 있으며 보수진영에서는 '기독교윤리실천연대'와 '기독교학문연구회' 등이 있다.

진보 진영의 단체들은 1970년대부터 이 땅의 민주화와 노동문제에 관심을 가지고 적극적으로 민주화 현장과 노동현장에 가담하였다. 따라서 이들은 당시 정권의 집중적인 감시를 받으며 투옥과 고문을 당하기도 하였다.

반면 보수적인 진영의 단체들은 1980년대 후반기부터 하나님의 주권을 이 땅에 실현시키기 위한 일환으로 사회적인 문제에 대하여 예언자적이고 선지자적인 역할을 감당하였다. 그러면 이제부터 이들 단체들에 대하여 살펴보기로 하자.

(1) 한국기독학생회

한국의 민주화 운동에서 주요한 역할을 한 '기독학생운동'은 1896년 서재필 박사의 주도로 형성되어 온 학생운동 기관이다. 학생 운동 기관들은 처음에 YMCA, YWCA, 기독학생연합회(KSCF)등이 설립되었다. 그러던 중 '한국기독학생운동'은 1948년 KSCF의 창립으로 하나 됨의 성과를 거둔다. 그러나 1955년 KSCF의 난지도 총회를 기점으로 소위 보수와 진보 진영으로 양분되며, 학생신앙운동지회의 황성수계는 IVF, CCC 운동으로, 남아 있는 'KSCF'는 명동협의회

를 계기로 'KSCC'를 구성하게 된다.[13]

학생운동은 보수주의적인 성격을 지닌 복음주의 계열의 복음주의 학생운동회(IVF)와 김준곤 목사를 중심으로 하는 CCC 등이 있으며, 진보주의 진영을 중심으로 에큐메니칼 운동에 앞장서는 기독 학생 운동(KSCF)으로 양분되었다. 이후 이 기독학생운동(KSCF)은 1955년 KSCF 난지도 총회 후, 그해 10월 세계기독학생(WSCF)의 간사 쬬탄(Kyaw Than)의 주선으로 YMCA, YWCA 대표들과 함께 명동협의회를 가진다. 이후 1957년 7월 '대한기독학생회전국연합회'(KSCM: Korean Student Christian Movement)로 새로운 출발을 한 진보기독학생 진영은 1958년 7월에는 효율적인 운동을 전개하기 위하여 WSCF의 "교회의 생명과 사명"(LMC: Life and Mission of Church)이라는 연구 프로그램에 적극 참여하였다.[14]

그러나 1970년 이전까지만 하여도 한국기독학생은 교파의 분열로 인하여 그 역량을 하나로 묶기 어려운 상황이었다. 그러한 가운데 젊은 학생들은 교파적인 분열을 극복함으로써 보다 효과적이며 정력적인 운동이 가능하다고 보고 통합 운동을 추진하였다.

이리하여 1969년 11월 23일, 서울 YMCA강당에서 전국 69개 대학의 총대 98명이 참석한 가운데 통합 총회가 열려 한국기독학생회(KSCF)가 정식으로 출범하였다. 이 통합회에서 채택된 헌장은 "한국의 학원과 교회와 사회를 새롭게 하기 위해 힘과 정성과 뜻을 모아 그리스도의 이름으로 과감하게 전진할 것을 다짐한다"고 하였다.[15]

이들은 한국 사회의 어려운 곳을 함께 찾아다니며 민중의 아픔과

---

[13] 조병호, "돋보기 근세교회사 12 -SCM 운동의 에큐메니칼 열망,"「한국기독공보」2004년 3월 27일.
[14] 조병호, "돋보기 근세교회사 13 -민주화 운동, 교회의 생명과 사명,"「한국기독공보」2004년 4월 3일.
[15] 송건호, "기독교의 사회참여-70년대를 중심으로," 27.

동참하는 것을 목표로 여기고 있다. 그래서 농촌, 광산촌, 공장 등 구체적인 삶의 현장에 들어가 그곳의 생활을 직접 체험해 보기도 하였으며, 주민들을 만나서 문제를 해결하는 방안이 무엇인지 함께 고민하기도 하였다. 또한 노동자들의 아픔을 이해하기 위해서 직접 노동 운동에 투신하기도 하였다. 특히 이들은 1970년대 전태일 사건을 계기로 직접 노동운동에 투신하기도 하였으며, 민청학련 사건에 개입되어 있기도 하였다.

(2) 도시산업선교회

박정희 정권이 집권한 후 급격한 고도성장 정책의 추진에 따른 사회경제적 변화는 교회로 하여금 노동운동에 대하여 관심을 가지게 하였다. 전통적인 복음전도라는 입장에서 공장전도를 시도했던 교회는 산업전도라는 새로운 선교의 자각을 가지게 되었고, 점차 노동문제에 접근하게 되었다. 한편 도시빈민의 급증에 따른 빈민문제의 해결을 추구하게 됨으로써 '도시선교'라는 새로운 과제가 생겨났다.

이 도시산업선교회가 처음 시작된 것은 1957년 초 H. 존스 목사가 내한하여 산업전도에 대한 강연회를 가진 것이 계기가 되어, 같은 해 4월 예수교장로회가 통합전도부에 산업전도위원회를 설치하고, 성공회(聖公會)의 미국인 주교 J. P. 셀 테일러가 영등포 도시산업선교회를 창립하면서부터이다. 그 후 감리교회에서도 1960년대 초반에 오글(G. Ogle) 선교사가 인천지방에서 산업선교를 시작하였으며, 1961년에 대한성공회, 1963년 기독교장로회, 1965년 구세군 등 각 교단도 잇달아 산업 전도를 위한 활동 기구를 설치하여 서울, 인천, 황지, 부산, 대구, 대전 등지에서 활동을 전개 하였으며, 1966년에는 연합조직인 한국산업전도실무자협의회가 조직되면서 산업전도 활동은 본 궤도에 오르기 시작하였다.[16]

---

16 김명배, 『한국기독교 사회운동사: 민주화와 인권운동을 중심으로 1960-1987』, 104,

처음 '도시산업선교'는 산업전도로부터 시작되었다. '새신자 영입'을 중시하는 산업전도는 교회전도의 연장선상에서 이해되어졌지만, 60년대 후반 들어 이농인구가 가속화되고 노동자들의 수가 급격히 증가하면서 이들의 복지 문제에 교회가 관심을 기울일 필요가 있었다. 즉 전통적인 복음전파 방식으로는 노동자들에게 복음 전파에 한계성을 느끼고 그들의 열악한 환경과 노동조건, 최저생계비에 미치는 못하는 임금 등이 문제가 되면서 새로운 형태의 복음전파 방식이 필요하게 되었다. 그리하여 1968년 EACC 홍콩회의에서 '산업전도'라는 이름이 '도시산업선교'로 바뀌게 된 것이다. 도시산업선교회가 최초로 산업체의 노사문제에 개입한 것은 1969년 9월 제일물산의 해고자 복직을 요구하면서부터였다. 이후 그들은 노동자들의 권익을 위해 싸우고 악덕기업인들과 흑자도산을 일삼는 기업인들을 대상으로 노동자들의 권익과 임금 보전을 위해 투쟁하였다. 이 도시산업선교회는 이후 1976년 개신교와 가톨릭이 연합하여 구성한 한국 교회 사회선교협의회의 산하단체가 되어 조직을 확대해 나갔다.

이와 같이 도시산업선교회는 지금까지의 노동자들을 대상으로 하는 예배, 전도 중심의 모임에서 벗어나 노동문제 자체에 중점을 두는 소그룹 활동을 하였다. 인천산업선교회의 경우는 이러한 모임을 느헤미야와 카프링 모임 등으로 불렀다. 그리고 동일방직의 경우 조화순 목사가 이 모임을 주도하여 누구나 부담 없이 이 모임에 참여하도록 하였고, 이를 바탕으로 노동자들의 관심사인 노조운동으로 가도록 하였다.[17]

도시산업선교회 회원들은 매달 5천 명 가량 노동자들에게 교육을 시켰고, 교육을 받은 노동자들은 산업선교회의 집회장에서 자기 회사의 불합리한 근로조건을 폭로하고, 다른 사업장의 투쟁을 지원하

105.
17 (실록 민주화 운동) 민중신학의 모태 도시산업선교회 중에서 발췌.

는 등 노동운동의 일세대로 자라났다.

한편 도시산업선교회는 노동문제를 사회 여론화하여 해결하려는 노력을 하였으며 민주노조의 결성 및 교육, 단체 행동을 적극 지원하였다. 그리고 노동자들의 8시간 노동제 쟁취에도 큰 역할을 하였다.

이러한 가운데 1971년 3월 18일 한영섬유의 노동자인 김진수가 회사에 매수되어 노조파괴에 앞장섰던 다른 노동자에 의해 드라이버로 머리를 찔려 2개월 동안 사경을 헤매다가 끝내 5월 16일 사망하는 사건이 발생하였다. 이 사건이 발생하자 회사와 노총, 당국은 이 사건을 우발적인 사건으로 적당히 처리하려 하였지만 영등포 산업선교회를 중심으로 즉각 진상조사에 나서 사건화 되었다.

교회도 도시산업문제협의회가 주관이 되어 신구교의 선교단체들과 기독학생들이 가세한 이 장례식에 참석한 250여 명의 목사, 기독학생들은 교회와 행정당국, 언론 등 각계에 보내는 메시지를 발표하고 비참하게 유린당하는 노동자들의 권리보장에 적극적인 자세를 보일 것을 촉구하였다.[18]

박정희 정권은 이러한 교회의 노동운동을 좌시하지 않고 이들을 압박하기 시작하였다. 1972년 7월 28일 인천의 기독교 도시산업선교회 총무인 목사 조승혁이 중앙정보부 인천지부에 연행되어 서울 남산의 중앙정보부에서 조사를 받는 과정에서 고문을 당하는 사건이 발생했다. 조승혁이 동일방직, 인천중공업, 한국 베아링 등의 노사 분규 시 노조를 도왔다는 것과 5명의 노동자들이 중정에 끌려가 고문 받은 사실을 알린 것이 이유가 되었다. 이어 1973년 2월 10일엔 영등포 도시산업선교회 실무자인 조지송과 김경락이 영등포 경찰서에 연행되었다.[19]

---

[18] 김명배, 『한국기독교 사회운동사: 민주화와 인권운동을 중심으로 1960-1987』, 169, 170.

[19] 강준만, 『한국 현대사 산책, 1970년대편 2권, 평화시장에서 궁정동까지』, 188, 189.

위에서 살펴본 도시산업선교회의 활동에서도 나타난 것처럼, 도시산업선교회는 박정희 정권의 폭압적인 노동탄압정책으로 인한 노동자들의 인권을 보호하기 위해 탄생하였다. 그리고 정권의 핍박 가운데서도 도시산업선교회는 더욱 세력을 키워 노동자들의 권익과 인권을 위해 일을 하였다.

이는 노동자들이 도시산업선교회를 노동자들의 인권과 권익을 위해 일하고 있다는 점을 전적으로 신뢰하였기 때문에 가능한 일이었다. 그 결과 1971년에 49만 7천 명에 불과했던 노동조합원 수가 1979년에는 1백만 명을 넘어섰고, 단위노조라 할 수 있는 분회의 수도 같은 기간에 3,061개에서 4,394개로 증가했다.

10. 26 사태로 유신정권이 무너지고 노동운동에 대한 강압적 통제가 상대적으로 약해지자 그동안 저임금과 장시간 노동에 시달려온 노동자들의 저항이 일시에 분출되었다. 많은 사업체에서 쟁의가 발생하여 1980년의 쟁의 건수는 정부의 통계로도 407건으로 예년의 4배가 되었다. 특히 대규모 사업체에서 노동자들의 치열한 파업과 시위농성이 계속되었다.[20]

도시산업선교회를 비롯한 여러 단체들의 노력으로 노동문제가 사회적 관심을 끌었으며 지식인층과 학생들의 관심과 동참을 이끌어 내는데 성공하였던 것이다. 그리고 한걸음 더 나아가 도시빈민선교회를 조직하여 사회의 빈민들을 위한 선교도 병행하여 나갔다.

이들 도시산업선교회의 특징은 소규모로 조합을 형성하고, 교육을 하고 민주노조 등을 지원하였다. 이들은 철저히 노동자 중심으로 노동현실을 깊이 인식하고 노동자들의 근로조건 개선을 위하여 노동부에 탄원서를 제출하며 언론 등에 기업들의 노동 현황을 보고하기도 하였다. 그리고 이들은 철저히 민중지향적으로 노동자들과 동일한 조건에서 함께 노동하며 이들과 애환을 함께 하였다.

---

[20] 강만길, 『고쳐 쓴 한국 현대사』, 496, 497.

(3) 기독교윤리실천연대

1980년대부터 한국 교회의 보수 진영의 일각에서는 비록 제한적인 숫자이지만 학생들과 청년들, 복음주의적인 소장파 학자들을 중심으로 지금까지의 보수적인 교회의 행보를 반성하고, 사회의 구조적인 문제에 대하여 서로 고민하고, 교회의 사회적인 책임을 감당하려는 노력이 있었다. 물론 복음전파가 교회의 최우선 과제이지만 사회참여도 그리스도인의 책무 가운데 하나라는 자성이 일어난 것이다.

주로 소장파 학자들 사이에 나타난 이런 움직임에는 로날드 사이더(Ronald J. Sider)의 빈부격차와 경제정의에 관한 기독교 윤리학의 영향을 받은 손봉호와 상황화와 해방신학에 대한 전향적인 해석을 한 하비 콘(Harvey M. Conn)의 영향을 받은 이만열이 그리스도인 학생, 청년들에게 큰 도전을 주었다.

이에 도전을 받은 최은석, 이승재, 박문재 등이 1986년 기문연을 창립하였고, 10월에는 「대학기독신문」 1987년 11월 대통령 선거를 맞이하여 "공정 감시선거와 민주정부 수립을 위한 복음주의 청년학생협의회"가 결성되었고, 그리고 그 연장선상에서 1988년 3월에 "복음주의 청년연합회" 등이 결성되었다.[21]

그리고 이와는 별도로 아브라함 카이퍼의 영역주권 사상을 근거로 학문적으로 정립된 기독교 세계관을 연구하는 "기독교 학문연구회"가 1984년 8월 15일과 16일 양일간에 걸쳐 역곡 '새 소망 소년의 집'에서 연합집회를 시작으로 결성되었다. 그리고 손봉호, 이만열, 장기려 박사 등이 중심이 된 "기독교윤리실천운동"이 1987년 12월에 조직되었다.

이들은 1974년 로잔 언약 이후 국내에 소개된 새로운 개념의 하나님의 나라와 존 스토트와 프란시스 쉐퍼 등의 사회참여적인 책을 중

---

[21] 류대영, 『한국근현대사와 기독교』, 323, 324 참조.

심으로 몇몇 사람들과 함께 공부를 하다가 1980년대 후반부터 사회 참여적인 단체를 조직하여 사회적인 문제에 대한 예언자적인 목소리를 내기 시작하였다.

이런 움직임과는 별도로 기독교 윤리실천 운동이 조직되어 사회적인 문제들에 대하여 예언자적인 목소리뿐만 아니라 기독교적인 방향제시를 하였다. 이 기독교실천윤리운동(기윤실)은 장기려, 이명수, 이만열, 최창근, 이세중, 김인수, 원호택 씨 등 38명의 기독교 평신도들이 발기인이 되어 1987년 12월 발족되었다. 이 운동은 서울대학교 관악 캠퍼스에 매주 목요일 점심시간에 모여 성경공부를 하던 몇몇 그리스도인 교수들이 1987년 봄에 처음으로 구상했는데, 그리스도인들 자신들의 행동과 삶이 윤리적이 되고, 교회가 윤리적이 되도록 하며, 나아가서 국가와 사회가 윤리적이 되도록 만들어야 한다는 목적을 가지고 있다.

따라서 이 운동은 그 동안 한국 교회 일각에서 제창해 온 바, 사회 구조부터 개혁해야 한다는 생각과는 정반대의 행동 순서를 설정하고 있으며 대체적으로는 개량주의적 입장을 취한다. 그러나 이 운동은 결코 구조의 중요성을 무시하지 않으며 공해문제, 핵무기문제를 심각하게 취급하고 극단적인 경우에는 시민불복종운동까지 전개할 수 있음을 행동 강령에서 밝히고 있다. 이렇듯 이들은 그리스도인의 윤리적인 삶을 강조하면서도 구조 개혁의 중요성을 무시하지 않았다.

이 기독교윤리실천운동의 행동 지침은 세 부분으로 나누어져 있는데, 그 첫째 부분이 개인의 삶에 관한 것이고, 두 번째 부분에서는 교회 내의 모든 사치와 낭비를 없애고 절제 생활을 서로 권면하며, 불우한 이웃에게 사랑을 나타내는 교회를 만들려고 노력하라고 권장한다. 그리고 국가의 정당한 법을 지켜 주위 사회의 본보기가 되며 교회 안에서 권징이 제대로 이루어지도록 하고 비도덕적 수단을 통한 교세 확장을 배격하며 비교육적인 무인가 신학교에 대한 지원

을 거부할 것을 주장한다.[22]

　이와 같이 기독교 윤리실천운동이 '나 자신'의 올바른 삶을 강조하고 교회 자체의 정화를 강조하는 것은 사실이지만 그렇다고 하여 사회와 사회 구조를 개혁하는 데 결코 무관심하지 않다. 그래서 행동 강령의 마지막 부분은 정치, 경제, 사회단체 및 제도의 윤리에 대한 그리스도인들의 의무와 사명에 대하여 언급하고 있다. 기업, 언론, 출판 등 사회단체의 비윤리적 행위에 대해서는 그 시정을 권고하고 그것이 무시될 때는 고발하며 불매운동을 일으킬 것을 주장하고 음란, 퇴폐 업소의 추방에 앞장서며 비도덕적이고 불의한 국가의 법과 시책에 대해서도 시정을 촉구하고 극단적인 경우에는 시민 불복종운동을 전개할 것을 가르친다. 그리고 국내적으로나 국제적으로 경제 정의가 구현되도록 노력하고 감시하며 핵무기 등 인류의 생존을 위협하는 무기의 사용이 억제되도록 힘쓸 것을 내세우고 있다. 따라서 이들은 정치에 대하여서도 무조건 정치의 타락을 개탄하고 윤리의 타락을 한탄하는 것이 아니라 정치가 올바로 설 수 있도록 개인과 교회가 감시할 것을 요청하고 있다.

　기윤실의 취지문과 실천윤리에서도 나타나듯이, 이들은 교회의 대 사회적 책무를 다하려고 하고 있다. 그러면서도 이들은 절대 폭력을 용인하거나 묵인하지 않는다. 좋은 목적을 지니고 있으면 그 실천방법도 선해야 하기 때문이다. 이러한 이들의 예언자적인 목소리는 그동안 많은 결실을 맺었다고 할 수 있다. 비록 1980년대에는 그 세력이 약하고 정권의 구조적인 폭력성 덕분에 큰 성과를 내지는 못하였지만, 이후 정치를 막론하고 사회를 감시한 덕분에 사회의 비도덕적인 현상들이 개선되는 효과를 가져왔다고 할 수 있다.

　지금까지 살펴본 바와 같이 진보주의 교회를 중심으로 한 사회단체들이 민주화와 노동현장에 직접 뛰어들어 가난하고 억눌린 사람

---

[22] 손봉호, "기독교윤리실천운동의 시작" (기윤실 홈페이지에서 발췌).

들을 위하여 일을 하였다면, 이들 보수주의 교회를 중심으로 한 사회단체들은 사회의 어두운 곳들을 비추고 드러내면서 조용하면서도 점진적인 개혁을 추구하고 있으며, 시간이 지날수록 교회와 사회의 어두운 곳을 비추는 빛의 역할을 다하고 할 수 있다.

2. 한국 교회의 사회운동에 대한 평가

1) 진보주의 교회의 사회운동에 대한 평가

(1) 긍정적 의미에서의 평가

칼빈은 세상의 통치권을 영적 관할권과 현세적 관할권으로 구분하고 이를 각각 영적 정부와 세속 정부가 주관하며, 천국 백성인 그리스도인은 세속 정부 뿐 아니라 영적 정부에도 속해 있다고 보았다.

그리고 칼빈은 세속 정부에 해당하는 국가의 의무는 참된 종교를 보호하고 하나님의 의를 증진시키는 일이요, 백성의 안위와 복지를 증진시키는 데 있다[23]고 보고 국가의 통치자들은 인간사회의 규범을 담고 있는 십계명의 두 번째 돌판에 대해서 뿐만 아니라 하나님과 경건에 대한 규범을 담고 있는 십계명의 첫 번째 돌판에 대해서도 책임과 의무가 있다고[24] 하여 국가가 백성을 위해 존재함을 강조했다. 또한 백성들에게는 로마서 13:1,2; 디도서 3:1; 베드로전서 2:13,14에 근거하여 국가의 질서 유지를 위해 비록 불의한 통치자라 할지라도 복종해야 한다고 하였다.

이렇게 칼빈은 통치자에 대한 시민들의 복종을 강조하면서도 한

---

[23] Joannis Calvini, 『라틴어원본 번역판 기독교 강요』, 4. 20.
[24] 김명배, 『한국기독교 사회운동사: 민주화와 인권운동을 중심으로 1960-1987』, 351.

편으로는 불복종 혹은 저항을 주장했다. 칼빈은, 하나님은 왕들의 왕이시기 때문에 세상의 어떤 왕들보다도 우선적으로 순종해야 하므로 하나님의 명령을 거스르는 통치자의 어떠한 명령이라도 순종하지 말 것을 시민들에게 가르쳐 불의한 통치자에 대한 불복종을 주장했다. 그리고 그는 "만일 지금 왕들의 사악함을 억제하기 위해 임명된 관리(magistratus popularis)들이 있다면, 나는 그들의 의무를 따라 왕들의 맹렬한 방종을 금하는 것을 금하지 않으며, 따라서 만일 그들이 비천한 일반 백성들을 난폭하게 억압하고 공격하는 왕에게 눈짓을 보낸다면, 나는 그들의 이러한 위선의 극악스러운 배신행위라고 선포할 것이다"[25]라고 하여 중간관리자에 의한 왕의 견제를 허용하고 그들이 불의한 왕에게 동조하는 것을 죄악시 하였다. 그리고 더 나아가 "만일 그들이 하나님을 거스르는 어떤 것을 명령하면 그 명령을 무시해 버려야 한다. 그리고 이때에는 통치자들이 지니고 있는 모든 위엄에 대해서는 조금도 관심을 가질 필요가 없다"[26]라고 하여 중간관리자가 불의한 통치자에 대해 저항할 것을 주장했다.

이렇듯 칼빈은 불의한 통치자에 대해 중간관리자의 저항권만으로 제한하였는데, 그가 시민들의 직접적인 저항을 허용하지 않는 것은 백성들의 안위를 위해 시민 저항으로 인한 혼란이나 무정부 상태보다는 독재가 차라리 더 유익하다는 생각에서 나온 고육책이지 결코 불의한 통치자를 옹호하려는 것은 결코 아니었다. 불의한 통치자에 대해 직접적인 시민 저항권을 허용하지 않은 칼빈에 비하여, 베자를 비롯한 위그노 정치 사상가들과 존 낙스는 권력 찬탈자나 불의한 통치자에 대한 시민들의 저항권을 인정하였다.

이렇게 칼빈과 칼빈주의 사상가들은 정치는 결국 민중을 위한 것이며 민중에게 어떠한 경우라도 해를 가하는 통치자를 용납하지 말 것을 주장했다.

---

[25] Joannis Calvini, 『라틴어원본 번역판 기독교 강요』, 4. 20. 31.
[26] Joannis Calvini, 『라틴어원본 번역판 기독교 강요』, 4. 20. 32.

1970, 80년대 한국의 통치자들은 백성의 안위와 재산을 보호하기는커녕 오히려 불법적인 권력 탈취와 권력 유지를 위해 백성의 안위를 제한하였다. 이에 한국의 진보주의 교회들은 독재 권력의 부당성을 일찌감치 간파하고 사회적인 문제 해결을 위해 고난을 무릅쓰고 독재 권력에 대항하여 교회의 예언자적인 역할을 다하면서 한국 사회의 공의를 구하는 일에 앞장섰다. 예레미야 5:1, "너희는 예루살렘 거리로 빨리 달리며 그 넓은 거리에서 찾아보고 알라 너희가 만일 정의를 행하며 진리를 구하는 자를 한 사람이라도 찾으면 내가 이 성읍을 용서하리라."를 실천한 것이다.

더불어 진보주의 교회들은 가난하고 억눌린 이 땅의 민중들을 위하여 그리스도의 사명을 다하여 누가복음 4:16-18을 실천하였다. 진보주의 교회들은 1970년대부터 노동운동과 농민운동에 적극적으로 뛰어들어 민주노총과 농민총연합회 등이 탄생시켜 정치적인 핍박을 받으면서도 노동자 농민들의 생존권과 노동환경 개선을 위해 투쟁하였다.

이렇게 진보주의 교회들은 자신의 희생을 감수하면서 불의한 통치자로 인해 고통당하는 민중을 위해 일하여 칼빈의 사상을 본받아 교회의 파수꾼의 사명을 다했을 뿐 아니라 나눔의 삶을 실천하여 교회가 나아갈 바른 길을 제시하였다.

(2) 부정적 의미에서의 평가

불의한 통치자들로 인해 백성의 재산과 안위가 제한적이었던 1970, 80년대에 이 땅에 정의를 실현하는 데 한국의 진보주의 교회들의 사회운동이 큰 역할을 한 것은 부인할 수 없는 사실이다. 그러나 이 과정에서 진보주의 교회들이 보인 과격성 및 폭력성은 문제라고 할 수 있다.

칼빈은 불의한 정권에 대하여 불복종과 저항을 주장했지만, 시민의 안전과 사회 질서 유지를 우선시하여 시민들에게는 복종을 주장하고 중간관리자에게만 제한적으로 저항을 허용했고, 불복종 혹은 저항의 방법 면에서 수동적인 저항을 주장할 뿐 결코 과격한 혁명은 용납하지 않았다. 실례로 칼빈은 레나우디(Renaudie)가 개신교도인 위그노들을 박해하던 가톨릭 세력인 기즈 가문을 전복시키기 위해 앙보아즈 사건(Conspiracy of Amboise)을 계획하고 칼빈에게 승인을 요청했을 때 단호히 거절하였다. 이를 보더라도 칼빈은 체제를 전복시키는 과격한 혁명을 용인하지 않았음을 알 수 있다.

이와 같이 칼빈은 무력적인 형태의 저항은 결코 용납하지 않았으며 칼빈의 후계자들도 극단적인 상황에서만 시민저항을 허용할 뿐 무력 저항에 대해서는 신중하였다.

그런데 1970년대 초반까지는 한국 진보주의 교회들이 대체로 기도회나 성명서 발표 집회 등의 수단으로 입장을 밝혔던 것에 비해, 1970년대 후반부터 한국의 진보주의 교회들은 사회운동, 즉 민주화 운동을 비롯한 노동운동이나 농민운동 과정에서 무력으로 진압하는 군사정권에 맞서 폭력적으로 대응하는 운동권 학생과 연대하면서 자연스럽게 폭력에 의존하게 되었다.

이렇게 무력에 의존한 저항은 오히려 불의한 통치자에 대한 극단적인 저항을 주장한 본 회퍼의 저항신학과 해방신학적인 방법론을 차용한 것으로, 칼빈의 저항권 사상의 한계를 넘어서고 있어 칼빈의 사상을 추중하는 교회의 궤도를 이탈한 것으로 볼 수 있다.

다음으로, 진보주의 교회의 사회참여가 사회구원에 치우쳐 교회의 본질인 영혼 구원을 등한시했다는 점도 간과할 수 없는 문제이다.

한국 사회는 70년대부터의 산업화의 과정에서 소수의 기득권 세력만 혜택을 보고 대다수의 민중들은 산업화의 희생자들이 되어왔다. 따라서 이러한 구조적인 문제가 해결되지 않고는 대다수 민중들의 영혼과 삶은 피폐해질 수밖에 없었다. 진보주의 교회들은 이러한 사회 구조적인 문제 때문에 개인의 삶은 피폐해지고 절망적인 상황에 직면한다고 보고 개인구원보다 사회구원을 우선시하였다.

그리고 1961년 WCC 뉴델리 총회의 보고서에서는 "현대를 혁명의 시대라 칭하면서 사회적, 정치적, 경제적, 과학적 기술에 있어서의 혁명이 그리스도인들과 교회를 향하여 도전해 오고 있으며, 핵무기 경쟁, 문화 등의 갈등 대립은 교회의 역사 참여를 촉구하고 있다"고 보고 이러한 상태에서 "기독교인의 국가참여는 적극적이어야 하고, 이는 하나님에 대한 순종의 표현이다"[27]라고 하였다.

이는 경우에 따라서는 국가에 적극적으로 대항해야 한다는 것으로 기독교인의 사회참여를 정당화하는 것이며, 1970, 80년대 한국의 진보주의 교회들은 이 뉴델리 WCC 총회의 보고서를 적극적으로 따른 것으로 볼 수 있다.

이렇게 1970, 80년대 한국의 진보주의 교회들이 개인구원보다는 사회구원을 우선시한 것은 이러한 신학적 바탕을 가진 것으로 정당한 듯 보이지만, 이는 상대적으로 영혼구원은 등한시하는 결과를 낳게 되어 교회의 본질을 생각할 때 바람직한 모습은 아니라고 볼 수 있다.

2) 보수주의 교회의 사회운동에 대한 평가

(1) 긍정적 의미에서의 평가

불의한 통치자들의 강압적인 통치로 인해 피폐한 삶을 살아야 했던 1970, 80년대 한국민중들을 위해, 보수주의 교회들은 복음전파를 통해 정신적인 힘이 되어 주었을 뿐 아니라 교회의 영혼구원의 사명을 잘 감당하였다.

---

[27] Visser T Hooft, ed. "The New Delhi Report"(N.Y: Association Press, 1961), 99, 김명배, 『한국기독교 사회운동사』, 337에서 재인용.

보수주의 교회들은 1972년 "빌리 그래함 전도집회"를 비롯해서, 1974년 대학생 선교회의 "엑스폴로 74" 그리고 1977년 민족복음화 성회로 이어진 대형집회들을 통해 기독교인들의 숫자가 1979년대 초 200만에서 1987년에 400만으로 크게 늘어났다. 소수 종교로 인식되었던 기독교는 단번에 100만 명 이상의 대형집회를 열면서 거대한 다수의 종교로 재인식되었다.[28]

이렇게 당시 강압적인 통치로 인해 피폐한 삶을 살아야 했던 민중들에게, 보수주의 교회들은 기도하면 살 수 있다는 희망을 안겨주었고, 결국 이러한 희망에서 비롯된 삶의 열정과 노력은 한국 사회를 발전시키는 큰 힘이 되었을 뿐 아니라 교회성장을 이루는 원동력이 되었다.

또한 보수주의 교회의 영혼구원에 대한 특별한 관심은 한국 사회를 복음으로 변화시켰을 뿐 아니라 전 세계에 선교사를 파송하여 선교 1세기 만에 복음을 수출하는 나라가 되는 데 주춧돌이 되었다. 이들은 옛날 한국에 들어왔던 선교사들이 했던 그대로 복음을 들고 해외에 나가 교육과 의료사업, 빈민구제 등을 통해 선교지를 변화시키는 역할을 하였다. 그 결과 불교권 국가와 공산주의 국가들도 점차 복음의 문호를 열게 되었고, 정치적으로 긴장 완화에도 긍정적인 역할을 하였다.

(2) 부정적 의미에서의 평가 - 자성적 평가

1970, 1980년대의 한국의 보수주의 교회들은 당시 강압적인 통치에 억눌려 피폐한 삶을 살아야 했던 민중들의 삶의 문제를 영적인 면에서 해결하려는 노력을 하였다. 즉 복음전파를 통해 민중에게 정신적인 위안과 희망을 주는 등 교회의 영혼구원의 사명에 치중함으로써 민중들의 삶의 문제를 간접적으로 해결하려 하였다. 그러나 그

---

[28] 이은선, "한국 교회와 정치," 230, 231.

러한 보수주의 교회들의 행동 방식에 몇 가지 문제점을 지적할 수 있다.

첫째, 보수주의 교회들이 당시 영혼 구원에만 치중하고 민중들의 고통스런 삶의 직접적인 원인이었던 사회 구조적인 문제해결을 외면한 것은, 사회 도처에서 적극적인 사회운동이 불길같이 일어났던 당시 민중들의 열망을 반영하지 못한 소극적이고 비겁한 태도였다. 불의한 통치자에 대한 저항을 주장한 칼빈의 정치사상에 비추어 보더라도 불의한 통치자로 인해 민중이 고난당하는 상황에서 영혼 구원에만 치중하고 적극적인 사회운동을 외면한 것은 정당성을 얻을 수 없는 일이다.

둘째, 당시 한국의 보수주의 교회들이 자신의 소극적인 사회참여에 정당성을 부여하기 위해 내세운 정교분리 원칙은 칼빈의 이중 정부론에도 어긋날 뿐 아니라 실제로 보인 그들의 행동 내에서도 앞뒤가 맞지 않는다고 볼 수 있다.

당시 강압적인 통치로 인해 민중들이 고통당하는 상황에도 불구하고 사회참여에 소극적이었던 한국의 보수주의 교회들은 자신의 행동을 정당화하는 논거로 정교분리 원칙을 내세웠다. 그러나 칼빈주의를 표방한 그들의 정교분리는 오히려 재세례파의 그것 즉 세속적인 모든 것을 부정한 것으로 여기는 완전한 정교분리에 가까웠고, 교회와 국가 간에 구분되어야 하지만 서로 협력할 것을 강조한 칼빈의 이중 정부론의 본질을 왜곡한 것이며, 한국의 보수주의 교회들이 직접적으로 영향을 받았던 미국의 정교분리의 원칙에도 어긋난 것이다.

심지어 한국 보수주의 교회들은 교회의 권한과 이익을 위해 친정부적인 성향을 노골적으로 드러내면서 통치자에 의해 압제당하는 민중의 고통을 외면하였다. 당시 보수주의 교회들은 조국 근대화를 명분으로 인권을 말살하고 장기집권을 획책한 박정희 정권은 물론, 부정한 방법으로 권력을 찬탈하고 또한 무고한 광주 시민들을 학살한 전두환 정권에게까지 면죄부를 부여했을 뿐 아니라 심지어는 전두환을 한국의 위대한 모세라고 지칭하기까지 하였다. 이러한 행위는 과거 히틀러 정권에게 아부하여 이미 역사적으로 크게 비판받았던 독일 교회의 과오를 답습한 것이며, 보수주의 교회들이 주장하는 정교분리 원칙 즉 교회나 국가는 서로의 영역에 대해 간섭할 수 없다는 것에도 벗어나는 행위였다.

또한 한국의 보수주의 교회들이 자신의 이익만을 위해 불의한 정권에 영합하는 친정부 성향을 보인 것은 사회 참여에 소극적이었던 행동의 정당성의 근거로 사용되었던 재세례파의 정교 분리 사상 즉 교회는 세속적인 모든 것을 삼가야 한다는 것에도 어긋난다. 이렇게 당시 한국의 보수주의 교회들이 보인 행동들은 자가당착적인 모순에 빠져 있었다고 볼 수 있다.

셋째, 당시 한국 교회의 보수주의 교회는 칼빈이 강조한 국가에 대한 교회의 파수꾼의 역할을 제대로 감당하지 못했다.

칼빈은 교회의 기본사명 중 하나로 권세자들이 탈선할 때 그들에게 경고하는 것이라고 했다. 에스겔 3:17, 18에 있는 대로 설교자들은 교회에서 '파수꾼'으로 임명되었다는 것이었다. 모든 목사들은 "하나님에 의해 파수대 위에 세움을 받았는데 그것은 그들이 공동체의 안전을 위한 파수를 보기 위해서"였다.[29] 즉 설교자들은 민중의 안위를 위해 필요하다고 판단할 때 민중은 물론이고 통치자들에게 바른 소리를 할 의무가 있다는 것이다. 그러나 한국의 보수주의 교회들은 이러한 파수꾼의 사명을 잘 감당했다고 할 수 없을 뿐 아니라 오히려 불의한 정권에 영합하여 그들의 안녕을 하나님께 간구하는 어리석음을 보였다.

넷째, 당시 한국의 보수주의 교회들은 로마서 13:1-7, 즉 권세에

---

[29] Calvin, *Commentaries on the first Twenty Chapter of the Book of the Prophets Ezekiel*, trans., Thomas Meyer(Grand Rapids, Eerdmans), 1: 148-9, 양낙흥, 『개혁주의 사회 윤리와 한국 교회』, 35에서 재인용.

굴복하라는 말씀을 오용하는 우를 범했다고 할 수 있다. 한국의 장로교인들은 로마서 13:1-7이 정치적 침묵주의(political quietism)를 가르친다고 생각하는 경향이 있다. 만일 바울이 폭군적인 로마 황제 하에서도 위에 있는 권세에게 복종하라고 말했다면 그리스도인들은 불의한 권력에 대해 이의 없이 순종해야 한다는 것이다. 그리하여 한국의 보수주의 교회들은 불의한 정부에 대하여도 불순종하거나 저항하는 것은 물론 비판하는 것조차도 삼가야 한다고 주장한다.

그러면 로마서 13:1-7에 나타난 "권세에 굴복하라"는 어떠한 의미를 지니고 있는가? 이것은 모든 권세가 하나님으로부터 난 것임을 전제하고 있다. 그러므로 국가의 권력은 하나님으로부터 위임된 것이며 그래서 국가의 권력은 하나님의 법 아래 있다. 따라서 민중에게는 국가에 순종할 의무가 있을 뿐 아니라 국가의 권력도 하나님의 말씀에서 벗어나서는 안 된다는 것을 내포한다. 또한 바울은 서신서에서 "주 안에서 순종하라"는 표현을 많이 쓰고 있는데, 본문의 구절은 '주 안에서'(in Christ)라는 표현이 생략된 형태로 볼 수 있다 그러므로 로마서 13:1-7은 무조건적인 순종을 가르치는 것이 아니다. 다시 말해 그리스도인은 권세가 하나님으로부터 온 것이기 때문에 권세에 순종해야 하지만, 주 안에서 순종하라는 한계를 지어 하나님의 말씀에 어긋나는 권세에까지 순종하라는 것은 아니라고 보는 것이 옳다. 그러므로 로마서 13:1-7의 권세란 하나님이 권력을 주신 본래 목적에 충실한 권력에 한하여 적용되는 것이지 본연의 사명을 저버리고 불의를 일삼는 권력을 지칭한 것은 아니다.

그런데도 당시 한국의 보수주의 교회들은 국가가 하나님의 말씀에 순종할 의무는 간과하고 무조건적으로 국가에 순종해야 한다는 것만 가르쳤다. 그들이 이렇게 권력에 대해 무조건적인 순종을 강조하면서 독재자들의 부당한 권력에 협력한 것은 목회자 개인의 영달을 위한 것이었으며 이는 바람직한 목회자의 모습은 아니라고 볼 수 있다. 이렇게 한국의 보수주의 교회들이 겉으로는 칼빈주의를 표방하면서도 실제 그들이 보인 행동면에서는 칼빈주의에서 이탈했다고 할 수 있다.

6장_
소결론_정리 및 평가

 칼빈의 정치사상은 서구 근대민주주의 형성에 큰 영향을 미쳤을 뿐 아니라, 1970, 1980년대 한국 교회의 사회운동에도 큰 역할을 하였다. 해방 이후 한국 교회는 맹목적으로 기독교인인 이승만 대통령을 지지하였다. 그래서 교회는 이승만과 자유당 정권을 위해 심지어 선거운동도 마다하지 않는 맹목적인 지지를 보냈다. 이러한 형태는 민주당 정권을 지나 박정희 정권 초기에도 이어갔다.

 5.16 쿠데타가 일어났을 때, 아직 친정부적인 모습을 버리지 못하였던 교회는 보수주의 교회와 진보주의 교회에서도 5.16 쿠데타의 정당성을 인정하고, 심지어 장로교 통합교단이나 조용기 목사와 한경직 목사, 김활란 박사 등은 군사정권에 아첨하거나 미국에다 군사정부를 지지해 줄 것을 요청하였다.

 그러한 한국 교회는 1965년 한일국교정상화 문제를 시작으로 박정희 정권에 등을 돌리기 시작하여, 1968년 박정희 정권이 3선 개헌을 추진을 계기로 한국 교회는 친정부적인 입장 아니면 반대 입장을 취하였다. 정치적인 문제에 대하여 한국 교회가 서로의 입장을 달리한 것은 이때부터인데, 진보진주의 교회는 이때부터 사회문제에 관심을 가지고 사회구원을 앞세워 반정부 투쟁에 나선 반면, 보수주의 교회는 구한말부터 선교사들에 의해 견지되어 왔던 정교분리의 원리와 개인구원을 우선시하여 정치적인 문제에 대하여 침묵 혹은 암묵적인 지지를 보냈다.

유신시절 진보주의 교회는 정권을 비판하거나 더 나아가 민청학련 사건과 명동 사건과 같은 반정부 투쟁을 지속하였다. 반면에 보수주의 교회에서는 유신헌법을 한국적 민주주의를 이룩하고 경제성장을 위해서는 필요한 법이라고 노골적으로 박정희 정권을 두둔했고, 심지어 민청학련 사건과 명동 사건은 교회 내의 불순분자나 용공분자에 의해 자행된 사건이라고 노골적으로 친정부적인 입장을 취하면서 진보주의 교회를 비판하였다. 이러한 모습은 교회의 본연의 빛과 소금의 역할을 하는 예언자적인 모습을 요구하는 칼빈주의 신앙의 원리에서 이탈한 행동이라고 할 수 있다.

1980년대의 한국 교회의 민주화 운동은 1980년 광주민주화 운동 참여와 1987년의 6.3 민주화 운동 참여 등 크게 두 가지로 나타났다. 1980년 광주민주화 운동은 정통성과 도덕성을 상실한 전두환 정권이 권력을 잡기 위한 과욕에서 비롯된 학살극에서 발생하였다. 당시 보수와 진보를 막론하고 광주지역의 모든 교회들은 광주시민과 힘을 합하여 비인간적인 만행을 저지른 전두환 군부에 극렬히 저항하였고, 수천 명의 광주 시민들이 신군부에 의해 학살당했다. 이에 광주시민들은 부득이하게 방어권 차원에서 무장을 할 수밖에 없었고, 시민군에 참여한 많은 젊은이들 중에는 상당수의 그리스도인도 있었으며 이들 대부분은 신군부에 의해 희생되었다.

이렇게 신군부의 잔혹한 만행에 기독교인들이 무력을 사용하여 저항한 것은 과연 정당화될 수 있는가 하는 문제를 남긴다. 근대 민주주의에 중대한 영향을 미친 칼빈에 의하면 무력 사용은 물론이고 시민 저항도 금하고 있다. 그리스도인은 아무리 선한 목적일지라도 무력을 사용하는 것은 정당화될 수 없다는 것이다. 그러나 칼빈이 사석에서는 조건부 무력저항을 승인하고 있고, 더 나아가 칼빈의 후계자인 위그노 사상가들과 낙스도 극한 상황에서의 무력의 사용을 승인한 것에 비추어 볼 때, 수많은 사람들이 희생당하는 극단적인 상황에서는 그리스도인이라 할지라도 방어권 차원에서 무력을 사용할 수 있다. 즉 그리스도인이 현 상황을 타개하기 위한 방편으로 적극적으로 무기를 사용한다면 사회는 혼란과 무질서로 치달을 가능성이 크다. 이런 의미에서 1980년대 진보주의 교회 소속 청년들이 민중민주 소속의 운동권들이 남한의 노동자들과 북한의 노동자들이 동시에 혁명을 일으켜 정권을 교체하고 통일을 이루려고 수없는 소요를 이룬 행동은 정당화 될 수 없다.

1987년에 일어난 6.3 민주화 운동은 보수주의 교회들이 현실정치에 눈을 뜨고 사회 참여를 하게 된 동인으로 작용하였다. 한국의 보수주의 교회들은 총신대학교와 고신대학교 학생들의 시국선언과 점증하는 한국민들의 민주화 요구를 반영해 성명서를 통해 한국 교회의 입장을 밝혔고, 이것은 개혁주의 입장에서는 교회의 예언자적 사명의 첫출발이었다고 할 수 있다.

비록 1987년 대선을 통해 또다시 신군부의 일원인 노태우가 대통령직에 올랐다고는 하지만, 한국 교회의 6.3 민주화 운동은 한국의 민주화에 지대한 영향을 미쳐서 이후 문민정부의 탄생에 절대적인 공헌을 하였다고 할 수 있다.

두 번째, 한국 교회는 1970, 1980년대 노동운동과 농민운동에 적극 가담했는데, 이러한 교회의 노동운동은 가난하고 억눌린 자들과 함께하려는 교회의 본질에서 비롯되었다. 한국 교회의 노동운동은 1968년 도시산업선교회가 탄생한 이후 전태일의 분신사건이 발생하면서부터 시작되었다.

이렇게 한국 교회는, 1970년대에는 주로 노동자들의 권익에 국한하여 노동 운동을 하였으나, 1980년대에는 그 방향을 바꾸어 대정부 투쟁에도 가담하였다. 정권의 탄압 때문이었는데, 이들은 군부독재의 퇴진 없이는 진정한 노동 환경의 개선과 노동자들의 권익이 보장될 수 없기 때문이라는 판단에서였다.

한편 한국 교회가 농민운동에 가담한 것은 1970년대 중반부터이고, 교회가 농민운동에 주로 활동한 것은 1968년 가톨릭 농민회가 출범하면서부터이다. 또한 기독교 농민회는 1978년 전남기독교농민회로 출발하여 확대·발전하면서 가톨릭 농민회와 연대하여 1980년대 생존권 투쟁과 민주화 운동에 참여하였다. 기독교 농민회는 1970년대에는 농민의 의식화와 조직화에 힘을 집중하였으나, 1980년대에는 여러 가지 악재로 한국의 농촌이 파탄지경에 이르게 되자 생존권 투쟁으로 가게 되었다. 이들은 교회의 지원 하에 자생적으로 조직된 농민단체들과 연대하여 1982년 농지세 시정투쟁을 시작으로 1983년 농협조합장 직선제 1백만 서명운동, 1985년의 소몰이 시위 투쟁, 1986년 미국 농축산물 수입개방저지투쟁 등 여러 방면에서 그 힘을 드러냈다.

세 번째, 한국 교회의 통일운동은 1970년대까지는 아직도 반공 논리로 인하여 그 활동이 거의 전무했다고 할 수 있는데, 기껏해야 1972년 7.4 남북공동성명에 찬성하거나 혹은 남북대화가 이 땅의 민주화를 방해해서는 안 된다는 성명서를 교회 입장으로 발표하는 정도였다. 한국 교회는 당시 민주화 운동에 힘을 기울였기 때문에 선 민주화 후 통일의 인식을 가지고 있었다.

그러므로 본격적인 한국 교회의 통일운동은 1980년대부터라고 할 수 있다. 1980년대의 통일운동은 두 가지 방향에서 이루어졌는데, 보수주의 교회는 주로 북한선교, 진보주의 교회는 자체적인 통일 세미나를 개최하며 남북한 그리스도인의 만남을 지향하였다. 이러한 1980년대의 통일운동은 한국의 진보주의 교회의 지도자들과 북한의 조선그리스도교 연맹의 지도자들과의 만남을 통해 북한에 교회가 존재한다는 사실이 세상에 알려졌다는 점과 남북한 통일에 대한 논의가 시도되었다는 점에서 주목할 만한 성과를 거두었다고 볼 수 있다.

그러나 남북한 그리스도인의 만남에서 나온 성명서에서 남한의 군사독재의 철폐 및 보안법 폐지 그리고 주한미군 철수 등의 내용이 들어있었다. 이는 북한의 변화 없이 남한의 변화만을 촉구하는 내용으로 지금의 시각으로 보아도 급진적인 내용으로서 우려할 만하다고 할 수 있다.

한국 교회의 사회운동은 주로 진보주의 교회를 중심으로 이루어졌는데, 이는 사회구원을 앞세운 그들의 선교관으로 인한 것이다. 이는 교회의 예언자적이며 선지자적인 사명을 다한 것으로 생각될 수 있다. 그러나 1980년대 민중신학과 남미의 해방신학을 비판 없이 수용한 진보주의 교회들이 1980년대 중후반으로 접어들면서 종종 폭력에 의존하는 오류를 범한 것은 칼빈의 정치사상과는 거리가 먼 것이며 재고의 여지가 있다.

반면에 보수주의 교회들은 개인 구원을 앞세워서 중생한 영혼이 많아지면 이 세상의 악은 상당수 약화될 것이라는 낙관적인 생각으로 사회운동을 등한시하였다. 또한 이들 보수주의 교회들은 선교초기의 선교사들의 정교분리를 그대로 수용하여 정치에 무관심 내지는 침묵 그리고 일부 목회자들은 노골적으로 군사독재 정권을 찬양하기도 하는 과오를 범하기도 하였다.

더군다나 일부 목회자들은 칼빈은 히틀러를 비롯한 몇몇의 독재자들이 로마서 13:1-7 "국가에 순복하라"는 말씀을 근거로 통치자에 대한 백성들의 무조건적인 순종을 강요하는 것은 하나님의 말씀을 오용하는 것이라고 가르치고 있다. 그리고 마태복음 22:21 "가이사의 것은 가이사에게로 하나님의 것은 하나님께 바치라"는 구절을 정교분리의 원칙을 천명하는 것으로 일방적으로 사용한 것은 이원론적인 사상으로 성경을 오용한 대표적인 사례로 이해할 수 있다. 이러한 연유로 잘못된 독재정권에 대해서 침묵하거나 아첨하는 행위는 분명히 칼빈의 정치사상을 오용하는 일그러진 칼빈주의의 모습이다.

이러한 역사적 과오에 대하여 우리 개혁주의 성도들은 지난날의 과오를 하나님과 민족 앞에 회개하며 미래를 향해 나아가야 할 것이다. 그러나 이러한 일부 보수주의 교회들의 오류에도 불구하고, 그들의 민족복음화 운동과 부흥운동은 1970, 1980년대 한국 민중에게 그리스도를 의지하여 미래에 대한 소망을 갖게 하였으며, 한국경제 발전에 내적인 동력으로 작용하였다는 점을 부인할 수 없다. 그러므로 지금까지 보수주의 교회들이 보여 온 다소 소극적인 모습의 사회운동은, 진보주의 학자들에 의해 일방적으로 매도되어 왔으나 재평가되어야 하며, 앞으로 교회들의 본분이 무엇인지를 생각할 때 지향해야 할 부분이라는 점도 간과해서는 안 된다.

7장_
결론

1. 자성적 칼빈주의

　1부에서는 칼빈의 정치사상에 대하여, 2부에서는 칼빈의 정치사상이 프랑스 위그노들과 낙스, 영국의 크롬웰과 아브라함 카이퍼에게 미친 영향, 또 미국과 남아프리카 공화국에서의 변형된 칼빈주의의 모습과 미국과 한국의 정교분리의 형태의 차이점을 살펴보았다. 그리고 3부에서는 1970, 1980년대 한국 교회의 사회운동을 민주화 운동과 노동운동 및 농민운동, 통일운동이라는 세 가지 방향에서 고찰하였고, 칼빈의 정치사상에 근거하여 한국 교회의 사회운동을 평가하였다.

　칼빈의 정치사상의 첫 번째 핵심은, 통치권자에 대한 복종을 강조하고 있다는 점이다. 즉 불의한 통치권자에 대해서만 불복종하는 정도의 소극적인 저항만을 허용할 뿐 통치자가 방종하여 인간의 안위를 무시할 경우에도 질서 유지 차원에서의 복종을 주장할 정도로 시민 저항을 허용하지 않았다. 또한 칼빈은 통치자의 독재로 백성들이 핍박받는 경우도 백성들이 하나님의 말씀에 올바르게 행하지 못하여 하나님이 허락하시는 고난이라고 말하며 어느 정도 인내할 것을 가르치고 있다. 이처럼 칼빈의 정치사상은 대체로 통치권자의 권한을 옹호하고 백성의 권한을 제한하는 듯한 모습을 보여 친정부적인 성향을 띠고 있다고 볼 수 있다. 그러나 칼빈은 통치자가 방자히 행하며 백성들을 핍박할 경우 저항할 수 있는 가능성도 열어두었는데, 저항의 주체가 일반 시민들이 아닌 중간관리자로 제한하고 있다. 이렇게 칼빈의 정치사상이 시민주권론을 허용하고 있지는 않은 점은 현대 민주주의 사회 입장에서는 한계로 지적된다. 그런데 칼빈의 이러한 한계는 칼빈의 사상을 계승한 위그노정치 사상가들과 존 낙스에 의해 시민의 저항을 인정하는 시민주권론으로 발전하면서 극복되었다.

그러나 1970, 80년대 한국의 통치권자의 불의한 모습은 칼빈의 불복종 사상으로 해결될 문제가 아니었다. 이미 광주민주화 운동에서 드러난 것처럼 불의한 정권은 무기를 가지고 시민들을 학살했고, 칼빈의 사상에 의하면 불의한 통치권자에 저항해야 할 중간관료들은 오히려 정권의 편에 서서 자신의 이득을 취하며 국민들을 학대하였다. 그리고 30년이 지난 오늘의 시점에서도 자신들의 행위를 북한 특수부대의 준동때문에 한 어쩔 수 없는 선택이라고 미화하고 있다. 이런 현실에서 칼빈의 불복종 신학으로는 1970, 1980년대 한국 사회를 올바르게 이끌고 갈 동력이 부족하다고 볼 수 있다.

또한 당시 불의한 정치권력과 이익집단화 된 관료들에 의해 장악된 한국 사회에, 시민주권이 허용되지 않는 칼빈의 정치사상은 더 이상 저항할 힘과 희망을 줄 수 없었다는 점에서 칼빈의 정치사상의 한계를 보였다고 볼 수 있다. 나아가 21세기 중동의 여러 국가들이 독재를 벗어나 민주주의로 가는 길목에서 고통당하는 나라들을 볼 때, 칼빈의 불복종 신학과 중간관리자를 통한 저항은 오히려 권력을 가진 자들에게 더없는 안전장치이자 기회로 전락해 버릴 수 있는 위험이 있다는 것도 간과할 수 없다.

그런 이유에서 1970, 1980년대 한국 교회의 사회운동은 주로 시민 중심의 저항 운동의 형태를 보였는데, 이는 칼빈보다는 칼빈주의자들의 정치사상에서 동력을 얻은 것이라고 볼 수 있다.

칼빈의 정치사상의 두 번째 핵심은, 교회라는 영적인 정부와 국가라는 세속적인 정부가 각자의 영역에 있고 그 기능과 역할에 분명한 차이점이 있지만 교회는 하나님의 말씀으로 정부에 충고해야 하는 등 서로 협력하고 보완할 의무가 있다는 이중통치론이다. 그런데 이중통치론 중 교회와 정부가 각자의 영역이 있다는 점을 들어, 한국의 보수주의 교회에서는 교회는 국가의 일에 개입하지 말고 국가도 교회의 일에 개입하지 말 것을 주장하는 정교분리의 이론적 토대로 삼아 자신들의 행동을 정당화하는 수단으로 삼기도 했다. 그런데 문제는 이러한 한국의 정교 분리가 일제강점기에 선교를 용이하게 하기 위해 또 미국의 국익을 위한 방편으로 선교사들이 세운 원칙이었고, 그럼에도 보수주의자들이 무비판적으로 수용하여 1980년대를 거쳐 최근까지 지속되었다는 점이다. 그러나 실상은 한국 교회가 기득권을 유지하기 위해 정교분리를 표방하면서도 이면적으로는 친정부적인 성향을 보이면서 불의한 정권을 비호하기도 하였다.

그런데 1965년 한일국교정상화 문제를 시작으로 한국 교회가 박정희 정권에 등을 돌리기 시작하면서 정권에 반대하기 시작했고, 1968년 박정희 정권이 3선 개헌을 추진하던 중 한국 교회는 친정부파와 그에 반대하는 파로 분열하여 정치적인 문제에 대해 서로 다른 입장을 보였다. 진보주의 교회는 사회구원을 앞세워 반정부 투쟁에 나선 반면, 보수주의 교회는 정교분리의 원리 앞 세워 정치적인 문제에 대하여 침묵하면서 개인구원과 교회 성장에 주력하였다.

이후 한국 교회는 정치적인 문제에 대한 입장 차이로 보수와 진보 간에 개인구원이 우선이냐 아니면 사회구원이 우선이냐는 논쟁을 벌이면서 1970년대부터 30년간 더욱 첨예하게 대립하였다. 즉 진보주의 교회는 영혼구원보다는 예언자적이고 선지자적인 역할로 사회참여를 우선시하면서 세상의 어두운 곳을 비추는 빛과 소금의 역할을 하였다. 그러나 이들의 사회참여 방법은 폭력에 의존하는 듯하여 자칫 폭력이 난무하는 무질서한 사회를 초래할 위험성이 있었는데, 이는 폭력을 제한했던 칼빈의 정치사상을 추종한다는 한국 교회로서는 정당성을 얻을 수 없다고 볼 수 있다. 또한 교회의 존재 목적인 영혼구원에 대해서도 상대적으로 등한시했다는 비판을 받기도 하였다.

한편 정교 분리를 주장하던 보수주의 교회는, 한국에 복음이 확산되면 사회문제는 상당 부분 해소될 것이라는 논리를 앞세워, 영혼구원 사역에 주력하여 교회의 존재 가치를 다하면서 1970, 1980년대 한국 사회의 복음화에 큰 역할을 하여 경제적으로도 어려웠던 당시 한국경제성장의 동인이 되었다. 그러나 실제로 이는 보수주의자들의 자기 합리화의 도구였을 뿐, 복음화률과 사회 문제 해결 간에는 인과관계가 성립되지 않는다. 보수주의 교회가 또한 개인구원을 앞세워 사회의 부조리나 구조악 그리고 사회문제를 외면하여 민중의 아픔에 귀를 기울이지 못했는데, 이렇게 사회 문제에 대하여 무조건적으로 침묵한 사실은 성경이 가르쳐준 교회의 예언자적 사명을 포기한 것이라는 비판을 받기도 했다.

이렇게 칼빈주의를 표방하는 교회들이 가치의 혼돈 속에서 갈등하는 것을 볼 때, 개인구원과 사회구원은 동시에 이루어져야 하며, 이를 위해 교회는 하나님의 주권이 교회는 물론 정치와 사회 전반에서 이루어질 수 있도록 노력을 아끼지 말아야 할 것이다.

심지어 로마서 13장을 근거로 정부에 순종할 것을 강요했던 한국의 보수주의 교회가, 생존권을 위해 투쟁하는 노동자 농민들을 용공 또는 불순 폭력분자라고 매도하는 불의한 정권과 기업들의 편에 섰던 것은 교회의 사명을 망각한 행위이며, 사회의 파수꾼의 역할을 강조했던 칼빈의 정치사상에서 벗어난 행위라고 할 수 있다. 또한 16세기 제네바에서 행했던 칼빈의 구빈원(求貧院) 사역의 정신에 비추어 보더라도 칼빈주의를 표방한 한국 교회의 자가당착적인 모순이라고 할 수 있다.

이러한 한국의 보수주의 교회들의 친정부적인 행동은, 남아프리카 공화국에서 "아파르트헤이트"라는 인종분리를 시행하는 데 토대를 제공한 칼빈주의 개혁파 교회 왜곡된 칼빈주의 이론과 별반 다를 바 없고, 17세기에 칼빈주의 이상 실현을 위해 영국에서 미국으로 건너온 청교도들이 칼빈주의를 건국이념으로 표방하면서도 실제로는 선민사상을 내세워 토착민들을 학살하는 수단으로 사용한 이중적인 모습의 미국 칼빈주의자들이 드러낸 모순과 유사하다고 할 수 있다.

이러한 한국 보수주의 교회가 정권과 결탁한 친정부적인 성향은, 사회질서 유지를 위해 통치자에 대한 순종을 가르친 칼빈주의를 오용한 것으로, 독재자에게 면죄부를 부여한 행위일 뿐 아니라 교회보다는 목회자 개인의 유익을 추구하려는 수단으로, 교회의 본래 목적인 그리스도의 정신에 위배된 것이다. 그리고 이러한 보수주의 교회의 오류는 후일 한국 민중들로 하여금 교회로부터 돌아서도록 한 요인으로도 작용하였는데, 이러한 결과는 애초에 보수주의 교회가 교회 성장에 초점을 맞추었던 것에 비추어 볼 때 철학을 잃고 자기 궤도를 벗어난 위험한 행위였다고 할 수 있다.

실제로 2006년 5월 25일 통계청이 발표한 조사 결과에 따르면, 기독교 인구가 지난 10년 동안 -1.6% 감소한 것으로 드러났다. 반면 가톨릭은 같은 기간 74.4% 늘었고, 불교는 3.9% 증가하였다. 2005년 11월 1일을 기준으로 기독교 인구는 876만 6,000명으로 10년 전에 비하여 14만 4,000명 줄었다. 불교는 1,072만 6,000명으로 증가하고, 가톨릭은 514만 6,000명으로 10년 전 295만 1,000명보다 219만 명 증가했다.[1] 이와 같이 1970, 1980년대를 지나면서 가톨릭은 비약적인 성장을 보인 데 비해 기독교는 오히려 감소세를 보였는데, 여러 가지 이유가 있겠지만 1980년대 이후 한국보수주의 교회가 보여준 부정적인 모습에 대해 한국 사회가 실망했을 가능성을 간과할

---

[1] 임성빈, "1907년 평양대부흥운동에 대한 기독교 윤리학적 반성," 「장신논단 26」 2006, 265.

수 없다. 그 근거로 같은 시기에 사회적 약자들의 편에 서서 적극적으로 사회운동에 참여했던 가톨릭이 비약적인 성장을 보였던 것이나 불교도 약간의 성장이라도 보였던 점과 비교하면, 교회 성장과 교회의 사회적인 태도가 무관하지 않음을 인정할 수밖에 없다.

또한 1970, 1980년대의 민중들이 당시의 정치적 경제적 어려움을 극복할 힘을 교회를 통해 얻음으로써 한국 교회가 많은 성장을 보인 것은 사실이지만, 그 성장이 급속함으로 인해 내실 있는 신앙성장을 위한 교회교육의 부재로 인해 교회의 빠른 세속화를 가져오는 결과도 초래하였다. 이러한 1970, 1980년대 급속한 교회의 성장의 그늘에 숨어있었던 교회 세속화는 오늘날 많은 보수주의 교회에서 볼 수 있는 목회자들의 타락 현상의 원인으로 보는 것은 충분히 타당성이 있다. 그럼에도 불구하고 오늘날의 한국 교회는 여전히 군사정권 당시에 교회가 범했던 오류와 최근에 자주 거론되는 목회자들의 윤리 문제에 대하여 자성하기는커녕 오히려 그 정도가 심화되어 가는 모습을 보이는 것은 매우 안타까운 일이다.

이런 한국 교회 전반을 칼빈의 사상에 비추어 볼 때, 한국 보수주의 교회는, 한국의 경제성장에 내적 동인을 제공하였다는 긍정적인 영향을 끼치기도 했지만, 반면에 칼빈주의를 표방하면서도 오히려 독재정권에 협력하여 사회 약자들을 학대하는 데 동조하여 약한 자를 위해 오신 예수 그리스도의 삶을 따르는 올바른 그리스도인의 모습과 상반된 양상을 보이는 오류를 범했다는 점에서 모순에 빠져 있다고 할 수 있다.

그러면 여기서 한국 교회의 칼빈주의자들의 업적과 과오를 제대로 평가하기 위하여 서구에서는 칼빈주의가 어떤 모습을 보였는지 살펴보고자 한다.

칼빈의 정치사상은 시민주권사상까지 발전하면서 영국의 칼빈주의와 크롬웰의 혁명에 큰 영향을 미쳐 영국이 민주주의로 발전하는 데 큰 공헌을 하였다. 그리고 19세기 아브라함 카이퍼에 이르러서는 영역주권 이론으로 발전하였는데, 이 과정에서 일부 왜곡되어 미국이나 남아프리카 공화국에서처럼 원주민들을 학대하는 도구로 오용되기도 하였다. 즉 남아프리카 공화국의 칼빈주의는 소수 백인의 이익을 보호하는 수단으로 전락하여 토착민들에게 절망과 혐오의 대상이 됨으로써 민중들에게 뿌리를 내리지 못하고 결국 실패할 수밖에 없었다. 마찬가지로 미국에서도 칼빈주의는 청교도들의 사회개혁 사상과 선민의식의 수단으로 작용하여 미국사회를 변화시키는 원동력이 되기도 하였지만, 한편에서는 백인우월주의라는 그릇된 환상으로 토착민 학대하는 이중적인 모습을 보여 토착민과의 갈등의 단초가 되었다.

이렇게 서구에서 칼빈주의는 칼빈사상의 본래의 취지에서 벗어나 다수의 약자를 학대하고 소수 강자의 이익을 창출하는 수단으로 사용됨으로써 민중들에게 뿌리 내리지 못하고 오히려 복음 전파의 장애가 되었다. 이러한 서구의 칼빈주의 역사에 비추어 한국 보수주의 교회들이 보였던 행위는 별반 다를 바 없다고 볼 수 있다. 즉 1970, 80년대 한국 보수주의 교회들이 사회적 약자를 외면하고 정권에 영합하여 소수의 목회자들의 영달을 추구함으로써 이후에 한국 민중들로부터 외면을 받아 한국에서의 복음 전파의 사명을 거스르는 역할을 하였다는 것을 부인할 수 없을 것이다.

그렇다면 과연 한국에서 칼빈주의는 실패하였는가? 결론부터 말하자면, 칼빈주의자들이 미국에서 인디언들을 학대하는 이중적인 모습을 보였음에도 불구하고 현재의 미국 사회 전반이 기독교가 국교처럼 뿌리를 내렸다는 점에서 미국의 칼빈주의가 실패하였다고는 평가하지 않는 것처럼, 우리나라의 칼빈주의도 완전히 실패하였다고 볼 수 없다. 왜냐하면 한국 교회의 절반을 차지하고 있는 진보주의 교회의 사회운동은 칼빈주의 사상의 실현이며, 1987년 복음주의자들의 고백은 보수주의나 진보주의 교회의 행동을 반성하여 나온 칼빈주의자들의 자기성찰이었기 때문이다.

더구나 군사정권이 청산된 1990년대 이후부터 한국 교회들이 정치참여적인 사회운동에서 벗어나 가난한 이웃들과 함께 사랑을 나누는 사회복지에 주력한 것은, 16세기 제네바에서 칼빈이 구빈원을 통해 구현하려던 것과 일치한다고 할 수 있다. 이러한 한국 교회들의 변화는 매우 긍정적으로 평가할 수 있는데, 이로 인해 한국 교회는 지난 역사의 흐름 속에서 범했던 과오들로 민중들로부터 영원히 외면당할 뻔한 위기를 넘길 수 있었다고 볼 수 있기 때문이다.

그러나 실제로는 많은 한국 교회가, 아직도 지난 시절의 과오를 회개하지 못하고 있는 점이나 물신주의에서 떠나지 못하고 있다는 점에서 또다시 교회가 한국 사회에 부정적인 이미지를 심어줌으로써 결국은 실패한 칼빈주의로 끝날 수도 있다는 사실을 명심해야 할 것이다.

그러므로 한국 교회가 나아가야 할 방향은, 칼빈주의에 대한 바른 이해를 바탕으로 하여, 가난한 자와 소외된 자를 보듬고 민중들의 삶에 가까이 뿌리내리는 디아코니아의 삶을 실현하고 정의를 하수처럼 흘러 보내는 것이라고 할 수 있다.

2. 개혁주의 사회운동의 모색

하나님은 하나님의 백성들의 평안한 삶과 안위를 위하여 이 세상에 두 개의 통치 영역을 허락하셨으며, 우리 그리스도인은 이 두 개의 통치영역 가운데 살고 있다. 그러므로 그리스도인은 칼빈이 말한 것처럼 영적인 통치에서 경건과 하나님을 경외하는 일을 배우며, 세속적인 통치에서 이 세상의 시민으로서 살아가야 할 규율과 사람 사이에 유지해야 할 여러 가지 의무들에 대하여 배우게 된다.

그런데 문제는 그리스도인이 세상을 살아가는 규율이다. 하나님은 당신의 백성들이 이 세상에서 평화롭고 질서 있게 살아갈 수 있는 방편으로 정부라는 기관을 허락하셨고 통치자도 주셨다. 통치자는 항상 자신의 권한이 하나님께 위탁받은 권세로서 청지기적인 자세로 통치에 임해야 할 것이다. 이들 통치자들의 의무는 자신의 통치영역에서 질서를 유지하고 악한 자들이 범람하지 못하도록 방지해야 한다. 이들은 자신의 안위보다도 백성들의 안위를 최우선에 두며 교회가 경건하게 하나님께 예배하도록 보호하고 교회의 자율성을 보장해야 한다.

주지하다시피 구속주 하나님이 세우신 교회는 구속질서에 속하고, 창조주와 섭리주 하나님이 세우시고 통치하시는 국가나 정부는 창조질서에 속한다. 국가와 정부는 우연히 생긴 자생적인 기관이 아니다. 심지어 독재국가 조차도 공산주의 국가조차도 하나님께 속하는 국가다. 하나님은 인간이 타락한 이후에도 인간상호 간에 서로 사랑하고 도울 수 있는 마음과 적절한 법과 제도를 마련해 주셨다(양심법, 자연법). 그러나 그 법과 제도는 인간의 죄로 인해서 결점을 가지고 있고, 완전한 것은 아니다(실정법). 이 같은 것들은 성경에 나타난 완전한 제도와 법인 십계명에 의해서 수정되고 보완되어야만 한다.[2]

그리스도인들은 우리 주 하나님이 허락하신 창조질서가 올바로 유지되도록 노력하고 법과 제도가 완전한 법인 십계명에 의해 수정되고 보완되도록 하는 일에 최선을 다하여야 한다. 그리고 그리스도인은 우리들을 위하여 하나님이 허락하신 통치자에게 경의를 표하고 복종하도록 노력해야 한다. 그리스도인은 통치자가 바른 길을 갈 수 있도록 늘 간구해야 하며 국가가 하나님의 뜻에 맞게 다스려지도록 감시하고 조언을 아끼지 말아야 한다. 또한 그리스도인은 직접 정치에 참여하여 나라가 올바로 갈 수 있도록 노력해야 하며 정직하게 자신의 책임을 다하여야 할 것이다.

---

[2] 최윤배, "개혁전통에서 교회와 국가의 관계," 「장신논단」 2006, 243.

그러나 세상의 통치자들은 이와 같은 우리 그리스도인들의 바람대로 행동하지는 않는다는 것이 세상의 현실이다. 어떠한 경우에는 악한 무리들이 일어나 온당하지 못한 방법으로 권력을 탈취하기도 하고 자신의 이익과 권력 유지를 위하여 백성들을 핍박하고 심지어 교회를 핍박하는 경우도 종종 있다. 1930년대부터의 독일의 나치 정권이 그러하였으며 가까이는 1970, 1980년대의 한국의 통치자들이 또한 그러하였다.

이러할 때에 정교분리의 원리를 내세워 통치자들이 악행을 저지르는 것을 방관하는 것은 위선이며, 정부가 하나님의 뜻을 온전히 행하지 아니하고 자신의 권력유지와 이익을 위하여 국민의 기본권을 제한하는 것을 보고서도 침묵하는 것은 칼빈의 정신을 이어받은 현대 기독교의 바람직한 태도라고 볼 수 없을 뿐 아니라 신앙의 경건성이나 윤리적으로도 많은 문제를 가지고 있다.

사실 국가라는 존재가 국민전체의 안전과 질서, 번영과 발전을 책임진 신성한 존재라는 것은 틀림없지만, 오늘과 같은 민주국가에서 최고 권력자나 정부를 국가자체와 동일시한다는 것은 크게 잘못된 생각이다. 국가의 명령은 합법적인 정당성을 가질 때 복종해야 하는 것이다. 민주국가에서 국가적 의지나 명령의 정당성은 주권을 가진 국민들에게 있다. '하나님께로 온 권위에 복종하라'는 바울의 말은, 현대 민주국가의 상황에서 본다면 주권을 가진 국민전체의 의사에 복종하라는 말이 된다.[3]

지금까지 한국의 독재자들은 마치 자신이 국가인양 국가와 통치자를 동일시하는 오류를 범하였다. 이들은 진정 자신의 권한이 하나님께로부터 위탁받은 권한임을 깨닫지 못하고 교회와 국민에게 무조건적인 순종을 강요하였다. 진정 권력이 정당성을 지니려면 그 권한이 하나님의 뜻에 부합하여야 하지만, 한국에 있어서 독재자들은

---

[3] 이삼열, "기독교와 국가," 「기독교 사상, 1984」, 29권 11호, 67.

무소불위의 권력을 휘두르며 국민의 기본권을 제한하며 심지어 노동자들과 농민들의 생존권을 위협하였다.

이에 대하여 많은 한국의 그리스도인들은 저항하였다. 물론, 그리스도인이 교회를 수단으로 하여 정치에 참여하거나 지나치게 간섭하는 것은 문제가 있다. 그러나 하나님의 통치가 교회는 물론이요 가정과 사회 경제 정치 전 영역에 이루어진다는 하나님의 주권을 시인할 때, 그리스도인의 균형 잡힌 사회 참여는 바람직하며 그리스도의 영역주권을 인정하면서 정부나 사회가 올바른 길을 갈 수 있도록 길을 제시하는 것은 그리스도인의 의무라고도 볼 수 있다.

하나님의 말씀에 늘 자신을 쳐서 복종시키고 새롭게 되기를 원하는 개혁주의 한국 교회는 예언자적이고 선지자적인 삶을 살아가야 한다. 이것이 바로 개혁주의 사회운동의 원리이다. 교회는 정부나 사회가 하나님의 뜻에 맞게 올바로 행할 수 있도록 정치와 사회를 감시하고 이들이 올바른 길을 갈 수 있도록 하나님의 뜻과 섭리를 일깨워줘야 하며 때로는 협조하고 충고를 해야 한다. 사회구원과 개인구원은 어느 것이 우선이냐가 아니라 동시에 이루어져야 하는 것이다.

두 번째, 교회는 늘 약자 편에 서서 이들의 고통을 함께 나누어야 한다. 지금까지 한국 교회는 가난한 자와 억눌린 자의 편에 서서 많은 일을 하였다. 과거 1970, 1980년대 진보주의 교회가 사회적 약자인 노동자와 농민들의 권익과 삶의 질 개선을 위하여 각고의 노력을 하였다면, 이후 1990년대부터는 진보나 보수를 막론하고 한국의 모든 교회가 구제하는 일에 앞장섰다. 이는 칼빈이 16세기 제네바 구빈원을 통하여 병든 자와 가난한 자들을 구제하는 일에 전심을 기울인 것과 같은 맥락에서 이해할 수 있다.

세 번째, 교회는 이 땅 이 민족의 통일을 위하여 전력을 다하여야 할 것이다. 통일은 이 민족의 막힌 담을 헐고 둘을 하나로 만드는 참 평화의 사역이다(엡 2:14). 통일을 위하여 한국 교회 모두는 통일에 대한 의식의 저변을 확대하는 일이 계속되어야 한다. 이 같은 방편의 하나로는 종래의 학술세미나와 심포지움을 통하여 관심을 확대하고, 기아로 허덕이는 북한의 주민들에게 인도적 차원에서 지원을 아끼지 말아야 한다. 그리고 북한의 지하교회 혹은 가정교회를 재건할 수 있도록 음으로 양으로 도움을 주어야 한다. 여기서 한 걸음 더 나아가 한국 교회는 북한선교, 탈북자 돕기, 탈북자 지위, 북한 인권 문제에 있어서도 침묵하지 말고 공동 대응할 필요가 있다.

네 번째, 한국 교회는 외국인 노동자 처우, 배아복제 줄기세포 연구, 낙태, 매매춘 등과 같은 사회적인 문제에 대해 좀 더 관심을 가져야 한다. 인간이 하나님 형상으로 창조되었다는 기독교 교리는 모든 인간들을 살리는 일에 매우 중요한 가르침이다. 그런 관점에 입각할 때 인권문제를 비롯하여 사람의 생명 내지는 존엄성과 관련된 많은 사회문제들은 결코 묵과할 수 없는 것이다.

참고문헌

1부_ 칼빈의 정치사상

1. 1차 사료

라틴어 및 영어판

Bonnet Julet, ed. *Letters of John Calvin*. 4 vols, New York, 1972

Calvini Joannis, *Opera ominia quae supersunt*. 59 vols. (vols. 29-87 of Corputorum), ed. Guilielmus Baum, Eduardus Cunitz, and Eduardus Reuss. Brunswick: C.A. Schwetschke & Sons, 1863-1900

_____, *Opera Selecta*, Ediderunt Pertus Barth, Wilhelm Niesel, Volumen Ⅲ, Institutio Christianae Religionis 1559 Libros Ⅰ & Ⅱ continens, Editio Secunda emendata. 1957, Monachii in Aedibus Chr. Kaiser (라틴어 원본)

_____, *Institutes of Christian Religion*, 1536, Translated and Annotated by Ford Lewis Battles, The H. Henry Meeter Center for Calvin Studies, Eerdmans Publishing Company, 1975

_____, *Institutes of Christian Religion*, 1541 French Edition the First English Version Translated by Elsie Anne Mckee, Published 2009 by Wim. B. Eerdmans Publishing Co

_____, *Institutes of Christian Religion*, 1559, edited by, John T. Mcneill, Philadelphia, The Westerminster Press, 1975

_____, *Commentaries on the first Twenty Chapter of the Book of the Prophet Ezekiel*, trans., Thomas Meyer(Grand Rapids, Eerdmans)

_____, *Commentaries on the Book of the Prophet Jeremiah*, trans and ed. John Owen, Grand Rapids, Eerdmans, 1950

한글 번역본

Calvini Joannis, 『라틴어원본 번역판 기독교 강요』, 고영민 역, 서울: 기독교문사, 2008

Calvin John, *Institutes of Christian Religion*, 영어판 원광연 역, 『기독교 강요』, 서울: 크리스찬 다이제스트, 2003.

_____, 『로마서 성경주석』, 서울: 성서원, 1998.

_____, 『베드로전서 성경주석』, 서울: 성서원, 1998.

2. 2차 사료

영문서적

Allen J. W. A. *A History of Political Thought in the Sixteenth Century*, London: Methuen and Co. 1928

Bainton Ronald H, *Christian Attitudes Toward War and Peace-A Historcal Survey and Critical Re-evalution* tr. by Chai Sooil, 1981

_____, *A Church and State in Luther and Calvin: A Comparative Study*, Nashville: Broadman Press, 1954

_____, *Studies on the Reformation*, Boston, 1963

Balke Willem, *Calvin and the Anabaptist Radicals*, Wipf and Stock Publishers, 1981

Baron Hans, "Calvinist Republicanism and Its Historical Roots," *Church History*, 8, 1939.

Bousma William, *John Calvin: A Sixteenth Century Portrait*, Oxford University Press, 1988

Busch Eberhard, "Church and Politics in Reformed Tradition."

in James E. Bradley and Richard A. Muller, eds. *Church, Word, and Spirit*, Grand Rapids, Michigan, 1987.

Graham W. Fred, *The Constructive Revolutionary John Calvin*, Michigan State University Press, 1987.

Höpfl Harro, *The Christian Polity of John Calvin*, Cambridge University Press, 1982.

James H Smylie, "America's Political Covenants, the Bible, and Calvinists," *Journal of Presbyterian History* 75.3, Fall 1997.

Kingdon Robert M, *The Calvinist Reformation in Geneva*, The Cambridge History of Christianity vol. 6. Reform and Expansion 1500-1600, edited by R. Pochia Hsia, Cambridge University Press.

_____, *Calvin's Socio-Political Legacy*.

_____, *Geneva and the Coming of Wars of Religion in France*, 1555-1563, Geneva, 1956

Kik J. Marcellus, *Church and State: The Story of Two Kingdoms*, New York: Thomas Nelson & Sons, 1963.

Lloyd H. A. "Calvin and the Duty of Guardians to Resist," in *Journal of Ecclesiastical History*, vol. 32, No. 1, Jan, 1981.

Mckee Elsie Anne, *Elders And The Plural Ministry*, Librairie Droz S.A, Geneve, 1988

McGrath Alister E, *Christian Theology: An Introduction*, 1994.

McKim Donald K, *Calvin's Institutes*, Abridged Edition, Westminster John Knox Press, 2001.

McNeill John T, "Calvin and Civil Government," in *Readings in Calvin's Theology*, edited by Donald K. McKim, Eugene, OR: Wipf & Stock Publishers, 1998.

_____, "The Democratic Element in Calvin's Thought," *Church*

History 18, 1949.

_____, "John Calvin on Civil Government," in George L. Hunter, ed. *Calvinism and Political Order*. Philadelphia, 1964.

Meldelin Document, *The Problem of violence*, in Charles Villa-Vicencio.

Ramm Bernard, *The Evangelical Heritage*, Grands Rapids: Baker Book House, 1973.

Sanders Thomas G, *Protestant Concept of Church and State*, New York: Holt, Rinehart and Winston Inc.

Shaw Duncan, *Reformation and Revolution*, Edinburgh: Saint Andrew Press, 1967.

Snyder C. Arnold, *Anabaptist History and Theology an Introduction*, Pandora Press, 1995.

Troeltsch Ernst, *The Social Teaching of the Christian Church*, 제2권, O. Wyon, New Yorj: Harper & Brothers, 1960.

번역서 및 한글 서적

곤잘레스, 유스토 L, *The Reformation*, 서영일 역, 『종교개혁사』, 서울: 은성, 1989.

김하진, 『주제별 칼빈주의』, 서울: 한국문서선교회, 1989.

나학진 외, 『교회와 국가』, 도서출판: 엠마오, 1988.

McKim Donald K 편저, 『칼빈신학의 이해』, 이종택 역, 서울: 생명의 말씀사, 1991.

McKim Donald K, 『칼빈에 관한 신학논문』, 한국칼빈주의 연구원 편역, 서울: 기독교문화사, 1986.

McNeill John T. *The History and Character of Calvinism*, 정성구, 양낙홍 공역, 『칼빈주의 역사와 성격』, 서울: 크리스챤 다이제스트, 1990.

Murray John, 『칼빈의 성경관과 주권사상』, 나용화 역. 서울:

CLC, 1985.
링글 월터, 『세계장로교회의 신앙과 역사 이야기』, 이종전 역, 서울: 도서출판 예루살렘, 1992.
박경수, 『교회의 신학자 칼빈』, (서울: 대한기독교서회, 2009)
Bouwsma William J, 『칼빈』, 이양호. 박종숙 역. 서울: 도서출판 나단, 1991.
Wendel François, 방델, 『칼빈-그의 신학사상의 근원과 발전』, 김재성 역, 서울: 크리스찬 다이제스트, 1999.
Weber, Otto, 『칼빈의 교회관』, 김영재 역, 서울: 풍만출판사, 1985.
손병호, 『장로교회의 역사』, 서울: 도서출판 그리심, 1993.
손봉호, "개혁주의 교회와 정치참여," 『칼빈과 사회』, 부산: 개혁주의 학술원, 2009.
Spitz Lewis W, *The Reformation*, 서영일 역, 『종교개혁사』 서울: CLC, 1994.
Schaff Philip, *History of the Christian Church Vol.* VIII, 서영일 역, 『스위스 종교개혁』, 서울: 은성, 1994.
안은찬, 『칼빈의 목회신학』, 서울: 기독교문서선교회, 2007.
양낙홍, 『개혁주의 사회 윤리와 한국 교회』, 서울: 개혁주의 신행협회, 1999.
Estep William R, *Renaissance and reformation*. 라은성 역, 『르네상스와 종교개혁』, 서울: 도서출판 그리심, 2002.
오덕교, 『언덕 위의 도시』, 수원: 합동신학대학출판부, 2004.
Jungen, Christoph, 『칼빈이 말하는 그리스도인의 사회참여』, 김형익, 이승미 공역, 서울: 실로암, 1989.
이상규, 『교회 개혁사』, 서울: 성광문화사, 1997.
이양호, 『칼빈 생애와 사상』, 서울: 한국신학연구소, 2001.
이은선, "목회자로서의 칼빈," 『칼빈과 한국 교회』, 서울: 생명의 말씀사, 2010.

전경연, 『칼빈의 생애와 신학사상』, 서울: 대한기독교서회, 1992.

Tow Timothy 저, 『존 칼빈의 생애와 업적』, 임성호 역, 서울: 도사출판 하나, 1998.

Chadwick Owen, *The Reformation*, 서요한 역, 『종교개혁사』, 서울: 크리스찬 다이제스트, 2001.

Cranston Maurice, Freedom — A New Analysis, 황문수 역, 『자유란 무엇인가』, 서울: 을유문화사, 1995.

한국칼빈학회, 『칼빈 그 후 500년 I』, 서울: 두란노 아카데미, 2009.

_____, 『칼빈 그 후 500년 II』, 서울: 두란노 아카데미, 2009.

한국칼빈학회 엮음, 『칼빈신학해설』, 서울: 대한기독교서회, 2000.

Hall David W, "세속정부와 국가에 대한 칼빈의 견해," Directed by Hall David W, Lillback Peter A, *A Theological guide to Calvin`s Institutes- essays and analysis*, 나용화 외 역, 『칼빈의 기독교 강요신학』, 서울: P&R, 2009.

논문

노데라 히로부미, "16세기 종교개혁자들의 저항권 사상,"「역사신학. 8」, 서울: 학술정보 자료사, 2004

라은성, "세르베투스 비엔나 공판,"「역사신학 9」, 서울: 학술정보 자료사, 2004

박경수, "칼빈의 국가론,"「제4회 종교개혁 기념학술강좌」, 미간행 논문, 장로회신학대학교

신복윤, "칼빈의 국가관,"「신학지남」, 1973 여름호

안인섭, "교회와 정치참여: 칼빈을 통해 조명하는 교회의 정치참여,"「역사신학논총」16집, 서울: 생명의 말씀사. 2008

_____, "로마서 13:1-7 해석에 나타난 어거스틴과 칼빈의 교회와 국가사상,"「신학지남」, 2004년 가을호

_____, "칼빈의 국가론,"「칼빈신학 개요」,한국칼빈학회, 서울: 두란노 아카데미, 2009

_____, "칼빈의 사상으로 조명하는 교회와 국가,"「목회와 신학」, 2008년 3월호, 서울: 두란노, 2008.

_____, "칼빈신학으로 본 '반정부 시위,'" 국민일보 2011년 3월 1.

유태화, "사회참여를 위한 개혁신학의 세계관적 근거모색,"「개혁논총」8집, 2009.

2부_ 칼빈의 정치사상의 제 영향

1. 1차 사료

외국서적

Bèze, Théodore de, *Du droit des magistrats du leurs sujets. Traittétres necessaire en ce temps pour advertir de leur devoir tant les magistrats que les subjets. Publiépar ceux de Magdebourg I'an M.D.I et maintenant revu et augmenté* (S.I. 1575)

_____, Publiée par Henri Aubert, Henri Meylan, Alian Dufour et alli, Genève, Droz, 1960-2000, 22, vol.

_____, *Concerning the Right of Rulers over Their Subjects and the Duty of Subjects towards Their Rulers*. ed. A. H. Murray, tran, Henry Louis Gonin. Cape Town: H.AU.M, 1956.

_____, *The Right of Magistrates over Their Subjects in Julian H, Franklin, Constitutionalism and Resistance in the Sixteenth Century*. New York, 1969.

Brutus, *Vindiciae contra tyrannos: Or, Concerning the Legitimate Power* of a Prince Over the People, and of the People Over a Prince (Paperback), Cambridge University Press, 2003.

Hotman Francois, *Franco Gallia* Directed Salmon, J. H, London, Cambridge Univ Press, 1972.

Kingdon Robert M, "The Political Resistance of the Calvinists in France and the Low Countries," *Church History 27*, 1958.

Knox John, *The History of the Reformation of Religion: within the Realm of Scotland*, Edited by C. J. Guthrie, London: Adam and Charles Black, 1905.

_____, *The Works of John Knox*, ed D. Laing, 6 vols, Ediburgh: James Thin, 1846-64.

Kuyper Abraham, *Lectures on Calvinism*, Grands Rapids, Mich: Eerdmans, 1931.

The KAIROS Document, *Challenge to the Church: A Theological Comment on the Political Crisis in South Africa*.

번역서

Locke, John, 『시민정부론』, 마도경 역, 서울: 다락원, 2009.

Kuyper, Abraham, 『경건의 연습』, 유화자 역, 서울: 생명의 말씀사, 1981.

_____, 『기독교와 사회문제』, 조계광 역, 서울: 생명의 말씀사, 2005.

_____, 『삶의 체계로서의 기독교』, 서문강 역, 서울: 새순출판사, 1987.

_____, 『칼빈주의 강연』, 김기찬 역, 고양: 크리스챤 다이제스트, 1996.

_____, 『칼빈주의』, 박영남 역, 서울: 세종문화사, 1971.

_____, 『하나님께 가까이』, 정성구 역, 고양: 크리스챤 다이제스트, 1986.

2. 2차 사료

영문서적

Berg, Frank Vanden, *Abraham Kuyper*, Eerdmans Publ. Co 1960.

Boesak Allan, *Black and Reformed: Apartheid Liberation and the Calvinst Tradition*, New York: Orbis Books.

Bratt James D. ed. 1998. *Abraham Kuyper: A Centenial Reader*, Grand Rapids, MI: Wm. B. Eerdmans Publishing Co.

Budziszewski J. *Evangelicals in the Public Square*, Grand Rapids, MI: Baker Academic, 2006

Cape John, *South Africa*, New York: Fredrick A. Praeger, 1967.

Cowan, Henry, *John Knox: The Hero of the Scottish Reformation*, New York: The Knickerbocker Press, 1905.

Cowan Ian B, *The Scottish Reformation: Church and Society in Sixteenth-century*, New York: St. Martin's Press, 1982.

Crook Issaac, *John Knox and the Institutes of Calvin: A Few Points of Contact in Their Theology*, Durban: Drakenberg Press Limited. 1968.

Cullmann Oscar, *The State in the New Testament*, London: SCM Press, Ltd, 1957.

De Gruchy John W, *The Church Struggle in South Africa*, Grand Rapid: William B. Eermands, Publishing Company, 1979.

Dickinson William Croft, *The Scottish Reformation and its Influence upon Scottish Life and Character*, Edinburgh: Saint Andrews Press, 1960.

Gray John R. "The Political Theory of John Knox." *Church History* 8, June 1939.

Graves Richard L, *Theology and Revolution in the Sottish Reformation: Studies in the Thought of John Knox*, Grand Rapids: Christian

University Press, 1980.

_____, "John Knox, The Reformed Tradition, and the Development of Resistance Theory," *The Journal of Modern History* 48, 1976

Ellul Jacques, *The Presence of the Kingdom*, Colorado Springs: Helmers & Howard, 1989.

_____, *Evangelical Withness in South Africa: Evangelicals Critiques Their Own Theology and Practice*, Johannesburg, 1986.

Greaves Richard L, "John Knox and Covenant Tradition," *Journal of Ecclesiatical History*, Vol. 24, Janurary 1973.

Hanks Thomas D, *God So Loved the Third World: The Biblical Vocabulary Oppression*, New York University Press, 1981.

Hodern William. *The Case for a New Reformation Theology*, Philadelpia: The Westminster Press, 1989.

Hope Marjorie and James Young, *The South African Churches in a Revolutionary Situation*, New York: Orbis Books, 1981.

Hull Richard W, *Southern Africa Civilization Turmoil*, New York University Press, 1981

Kingdon. Robert M, "The Political Resistance of the Calvinsts in France and Low Countries," *Church History 27*, 1958.

_____, "The first Expression of Theodore Beza's Political Ideas," *Archiv für Reformations-geschichte 46*, 1955.

Kyle. Richard G, *The Mind of John Knox*, Lawrence: Coronado Press, 1984.

_____, "The Church -State Patterns in the Thought of John Knox." *Journal of Church and State 30*, No.1, Winter 1988.

_____, "John Knox: The Main Themes of His Thought." *The Princeton Seminary Bulletin 4*, No. 2, 1983.

Mathieson, William Law, *Politics and Religion: A Study in Scottish*

History From the Reformation to the Revolution, 2 vols, Glasgow: James Maclehose and Sons, 1902.

McRoberts, David, ed. *Essays on the Scottish Reformation, 1513-1625*, Glasgow: John S. Burns and Sons, 1962.

Meeter, H. Henry, *The Basic ideas of Calvinism*, A diversion of Baker Book House Company Grands Rapids, Michigan 49516, U.S.A

Miller, Perry, *The Puritans*, New York: Harper & Row, 1963.

Moodi, T, Dunban, *The Rise of Afrikanerdon*, University of Califonia Press, Ltd, 1975.

Mzimela, Sipo E, *The Bible and the Fallacious Philosophy of Apatheid*, WCC/CCPD, 1985.

Reid, W, Stanford, *Trumpeter of God: A Biography of John Knox*, New york: Charles Scribner's Son, 1974.

_____, "John Knox's Theology of Political Government," *The sixteenth Century Journal* 19, No. 4, 1988.

Richardson, Allen.(Ed), *The Westminster Dictionary of Christian Theology*. Philadelpia: The Westminster Press, 1983.

Rupp, E, C, "The Europe of John Knox," in *John Knox: A Quartercentenary Reformed Journal* 27, May, 1977.

Russel, E, "John Knox as Statesman," *The Princeton Theological Review* 6, No 1, Jan, 1908.

Selderhuis Herman J, *The Calvin Handbook*, Grand Rapids; Michigan/Cambridge; U.K. 2009.

Sipo E. Mzimela, *The Bible and the Fallacious Philosophy of Apartheid*, WCC/ CCPD, 1985.

Snyder, Howard A, *The Community of the King*, Downers Grove: Illinois: Inter-varsity Press, 1977.

Sutherland, N. "Calvinism and the Conspiracy of Amboise,"

History, 47, 1962.

T. Dunban Moodie, *The Rise of Afrikanerdon*, University of Califonia Press, Ltd, 1975.

Trintreud Leonard J, "The Origins of Puritanism," *Church History* 20.

Troup Freda, *South Africa: An Historical Introduction*, London: Eyre Methuen, 1972.

Vessey, W, J, "The Sources of the Idea of Active Resistance in the Political Theory of John Knox," Ph. D. diss, Boston University, 1961.

Walzer, Michael, *The Revolution of the Saints: A Study in the Origins of Radical Politics*, Harvard University Press, 1965.

Wolin, Sheldon. S, *Politics and Vision*, Boston, 1960.

Zagorin Perez, *Rebels and Rulers 1500-1600*, vol, 1, New York: Cambridge University Press, 1982.

번역서 및 한글 서적

김남식, 간하배 저, 『한국장로교 신학사상사 I』, 서울: 도서출판 베다니, 1997.

김민제, 『영국혁명의 꿈과 현실』, 서울: 역민사, 1998.

김홍명, 『정치사상사』, 서울: 박영사, 2008.

나종일, 『영국근대사연구』, 서울대학교출판부, 1988.

나종일, 송규범, 『영국의 역사』, 도서출판: 한울, 2005.

Neve, J. L. A *History of Christian Thought*(II), 서남동 역, 『기독교 신학사』, 서울: 대한기독교서회, 1984.

Niebuhr, Richard. *Christ and Culture*, 김재준 역, 『그리스도와 문화』, 서울: 대한기독교서회, 1983.

Noll, Mark A, "프린스톤 신학," Wells, David F, 편집, 박용규 역,

『프린스톤 신학』, 도서출판 엠마오, 1992.
De Gruchy, John W, Liberating Reformed Theology, 이철호 역, 『자유케 하는 개혁신학』, 서울: 예영 커뮤니케이션, 2008.
Reid, Stanford. W. 『칼빈이 서양에 미친 영향』, 홍치모, 이훈영 역, 서울: 크리스챤 다이제스트, 1997.
리텔. F. H. From State Church to Pluralism, 『미국 역사와 프로테스탄트』, 이성혜 역, 도서출판: 심지, 1983.
Lochman, Jan M, 『화해와 해방』, 주재용 역, 서울: 대한기독교서회, 1986
Martin, Dorothy, 『존 낙스의 생애』, 서울: 생명의 말씀사, 1990.
Moltman, Jürgen, 『오늘의 신학 무엇인가』, 차옥숭 역, 서울: 한국신학연구소, 1989.
Muzorewa, Gwinyai H, 『아프리카의 신학』, 조동호 역, 서울: 한국신학연구소, 1987.
박건택, 『종교개혁 사상 선집』, 서울: 솔로몬, 2003.
Berg, Frank Vanden. 『칼빈주의 개혁자 아브라함 카이퍼』, 김기찬 역, 서울: 총회출판국, 1993.
Boeask Allen, 『아프리카의 교회와 해방』, 김인주 역, 서울: 형상사, 1989
_____, 『우리는 더 이상 순진하지 않다』, 김민수 역, 서울: 한국신학연구소, 1987.
Bonino Jose. M., 『해방의 정치윤리』, 한국신학연구소번역실 역, 서울: 한국신학연구소, 1985.
Burrell, Sidney A., 『서양근대사에서 종교의 역할』, 임희완 역, 서울: 민음사, 1990.
B, Mazlish, J Bronowski 공저, 『서양의 지적 전통』, 차하순 역, 서울: 학연사, 2001.
Sabine George H, Landon Thomas Thorson, (A) *History of political*

theory, 성유보, 차남희 역, 『정치사상사 1』, 서울: 한길사, 1997.

Scott, Willam. *Historical Protestantism*. 김쾌상 역, 『개신교 신학 사상사』, 서울: 대한기독교서회, 1988.

_____, *Potestant Theology*. 이정욱 역, 『프로테스탄트 신학 개요』, 서울: 대한기독교서회, 1980.

Ebenstein William, *Introduction to Political Philosophy*, 김민하 역, 『정치사상사』, 서울: 일신사, 1971.

Watkins Frederick M, The Political tradition of the West: A study in the development of modern liberalism, 조순승 역, 『서양의 정치전통』, 서울: 을유문화사, 1988.

Woodward E. L.『영국사개론』, 홍치모, 임희완 공역, 서울: 총신대학교 출판부, 1988.

오덕교, 『언덕 위의 도시』, 수원: 합동신학대학출판부, 2004.

윤상환, 『아메리카 인디언 투쟁사』, 도서출판 메드라인, 2003.

윤선자, 『이야기 프랑스사』, 서울: 청아출판사. 2006.

이형기, 『종교개혁 신학사상』, 서울: 장로회신학대학교 출판부, 1984.

_____, 『희망의 실험과 정치』, 전경연 역, 복음주의 신학총서, 서울: 대한기독교서회, 1977.

임희완, "영국계약사상의 형성과정," 『유준기 교수 퇴임 기념논저, 기독교와 역사』, 서울: 총신대학교 출판부, 2006.

Jacquin Philippe, 『아메리카 인디언의 땅』, 송숙자 역, 서울: 시공사, 1998.

정성구, 『칼빈주의 사상대계』, 서울: 총신대학교 출판부, 1995.

존 플라메나츠, 『사회계약론 연구』, 한국 사회윤리연구회 편, 서울: 철학과 현실사, 1993.

최선, 『존 낙스의 정치사상』, 서울: 그리심, 2008.

Cullmann Oscar, 『그리스도와 시간』, 김근수 역, 서울: 솔로몬, 1987
한국인문사회과학회 엮음, 『칼빈주의 논쟁 인문사회과학에서』, 서울: 북코리아, 2010.
황봉환, 『스코틀랜드 종교개혁과 존 낙스의 신학』, 서울: 예영 커뮤니케이션, 2001.
홍치모, 『칼빈과 낙스』, 서울: 성광문화사, 1991.

간행물

김용환, "홉스의 자유론을 위한 변명," 한국신학논문은행.
민종기. "아브라함 카이퍼의 교회론과 사회윤리," 「한국개혁신학논문집」, Vol. 8. 2000.
_____, "누가 기독교 정치인인가: 정치선교사 아브라함 카이퍼를 중심으로," 「신앙과 학문」 Vol. 2. No. 4. 1997.
박상식, "남아프리카의 사태분석," 외교안보 연구원, 1980.
심창섭, "인종분리 정책과 교회와의 관계," 「신학지남, 1996년 겨울호」, 총신대 출판부.
이상원. "아브라함 카이퍼의 교회론과 사회윤리," 「한국개혁신학논문집」, Vol. 8. 2000.
이수인. "개신교 보수분파의 정치적 행위: 사회학적 고찰," 「경제와 사회」Vol. 64, 2004. 12월.
이정석, "신 칼빈주의 운동이 사회에 미친 영향," 「총신대보」, 2001. 11월호.
정광덕. "아브라함 카이퍼의 교회론과 사회윤리," 「한국개혁신학논문집」, Vol. 8. 2000.
정성구. "평양 장로회 신학교 교수 약전," 「신학지남, 2001년 여름호」
정일웅, "하나님 나라와 한국 사회," 「신학지남」 222호, 1989.

조승래, "소극적 자유론의 전통,"「영국연구 제6호」, 2001 12월호.
임승휘, "프랑스 신교도 모나르코마크의 정치이론(1572-1584),"
「프랑스사 연구 15호」, 한국 프랑스사학회, 2006.

3부_ 한국 교회의 사회운동 – 1970, 1980을 중심으로

영문서적

Bruce Cumings, *Korea's Place in the sun*, New York: W.W Norton & Company, 1997.

Facker, Gabriel, *The Religious Right and Christian Faith*, Grand Rapids, Eerdmans, 1982.

Fowler, Robert Booth, *A New Engagment: Evangelical Political Thought: 1966-76*, Eerdmans, 1982.

In-Chul Kang, *Korean Christian Church, Nation and Civil Society, 1945-1960*.

In-Sik Yoon, *The National Prayer Breakfast Sermon Book*, Seoul: Sin-Mang-E Publisher, 1971.

Jung Shin Park, *Protestantism and Politics in Korea*, University of Washington, 2003.

Ki-Eun Chae, *A History of Korean Church*, Christian Literature Crusade, 1997.

Kyu-oh Jung, *The Presbyterian Church History in Korea Viewd from the Theological Perspective* vol, 1, Kwang-Ju: Hankuk Bokeum Moonse Hyuphoe, Korean Gospel Literature Association, 1983.

Marshall, Paul. *Thine is the Kingdom: A Biblical Perspective on the Government and Politics Today*. Grand Rapids, Michigan:

William B. Eerdmans Publishing Company, 1984.
Mouw, Richard J. *Political Evangelism*, Grand Rapids, Michigan: William B. Eerdmans Publishing Company, 1973.
_____, *Politics and the Biblical Drama*, Grand Rapids, Michigan: William B. Eerdmans Publishing Company, 1976.
_____, *God Who Commands*, Notre Dame University Press, 1990.
Skinner, Quentin, *The Foundations of Modern Political Thought*, Cambridge University Press, 1978.
Simedes, Lewis B, "The Evangelism and the Social Question," in *Reformed Journal* 16, 2, 1966.

단행본

강만길, 『고쳐 쓴 한국 현대사』, 파주: 창비, 2006.
_____, 『20세기 우리역사』, 서울: 창작과 비평사, 2004.
강준만, 『한국 현대사 산책 1960년대편 1, 2, 3, 4권』, 서울: 인물과 사상사, 2002.
_____, 『한국 현대사 산책, 1970년대편 1, 2, 3, 4권 평화시장에서 궁정동까지』, 서울: 인물과 사상사, 2002.
_____, 『한국 현대사 산책, 1980년대편 1, 2, 3, 4권 광주학살과 서울올림픽』, 서울: 인물과 사상사, 2003.
광주광역시 5.18 사료편찬위원회, 『5.18 광주민주화 운동자료총서, 1-51권』 2010.
경상대 사회 과학 연구원 엮음, 『제국주의와 한국 사회』, 도서출판: 한울, 2002.
고범서, 『교회와 국가』, 서울: 범화사, 1984.
고재식, 『사회선교와 기독교 윤리』, 서울: 대한기독교서회, 1991.
교과서 포럼 편, 『한국 현대사의 허구와 진실』, 서울: 두레시대, 2005.

기독교사회문제연구회 편, 『민중의 진출과 민족민주운동』, 서울: 민중사, 1988.
김기선, 『한일회담반대운동』, 민주화운동기념사업회, 2005.
김녕, 『한국 정치와 교회-국가 갈등』, 서울: 소나무, 1996.
김명배, 『한국기독교 사회운동사: 민주화와 인권운동을 중심으로 1960-1987』, 서울: 북코리아, 2009.
김명용, 『열린 신학 바른 교회 편』, 서울: 장로회신학대학교 출판부, 1997.
김명혁 외 3인, 『현대교회와 국가』, 서울: 도서출판 엠마오, 1988.
김상웅, 『서울의 봄 민주선언』, 서울: 한국학술정보, 2003.
김상웅, 『한국 현대사 바로잡기』, 가람기획, 1998.
김수진, 노남도, 『어둠을 밝힌 한국 교회와 대각성 운동』, 서울: 쿰란출판사, 2007.
김양선, 『한국기독교해방10년사』, 대한예수교장로회총회 종교교육부, 1956.
김인걸 외, 『한국 현대사 강의』, 도서출판 돌베게, 2005
김영철, 『한국기독청년운동사』, 서울: 한국기독학생출판부, 2001
김영택, 『5월 18일, 광주』, 서울: 역사공간, 2010
김용복, 『한국 민중과 기독교』, 서울: 민중사, 1981
김경웅 외 4인 공저, 『통일문제 이해 2000』, 국토통일원, 2000.
김인수, 『한국기독교회사』, 서울: 한국장로회출판사, 1994
_____, 『한국 교회의 역사』, 서울: 한국장로회출판사, 1997
_____, 『간추린 한국 교회의 역사』, 서울: 한국장로회출판사, 1998
김정남, 『진실, 광장에 서다』, 서울: 창작과 비평사, 2005
김진국, 정창현 공저, 『www. 한국 현대사. com』, 도서출판: 민연, 2003
김진배, 『1970년대 민주화 운동: 기독교 인권운동을 중심으로, 제Ⅰ,Ⅱ,Ⅲ권』, 서울: 한국기독교 교회협의회 인권위원회,

1987

김행선, 『4.19와 민주당』, 선인 한국학 연구, 14, 서울: 선언, 2005

김형수, 『문익환 평전』, 서울: 실천문학사, 2004

노정선, 『통일신학을 향하여』, 서울: 한울, 1990

노재성, 『교회, 민주주의, 윤리』, 서울: 도서출판 나눔사, 1989

대한예수교 장로회, 『대한예수교 장로회 총회 제33권』, 제33회 회의록.

류대영, 『한국 근현대사와 기독교』, 서울: 푸른 역사, 2009

리영희, 『반세기의 신화』, 도서출판 삼인, 1999

문익환, 『가슴으로 만난 평양』, 서울: 삼민사, 1990

_____, 『히브리 민중사』, 서울: 삼민사, 1990

_____, 『통일은 어떻게 가능한가?』, 서울: 학민사, 1984

_____, 『하나가 되는 것은 더욱 커지는 일입니다』, 서울: 삼민사, 1991

문장식, 『한국 민주화와 인권운동: 염광회를 중심으로』, 서울: 쿰란출판사, 2001

민경배, 『한국기독교 사회운동사, 1885-1945』, 서울: 대한기독교서회, 1987

민주화운동기념사업회, 『한국기독교 사회참여운동관련 문헌해제』, 서울: 민주화운동기념사업회, 2003

민주화운동기념사업회, 『6월 항쟁을 기록하다 1, 2, 3, 4권』, 민주화운동기념사업회, 2007

민주화운동기념사업회, 『한국민주화 운동사 1-제1공화국부터 제3공화국까지』, 서울: 돌베게, 2008.

민주화운동기념사업회, 『한국민주화 운동사 2-유신체제기』, 서울: 돌베게, 2009.

민주화운동기념사업회, 『한국민주화 운동사 3-서울의 봄부터 문민정부수립까지』, 서울: 돌베게, 2010.

박세길, 『다시 쓰는 한국 현대사 1』, 도서출판: 돌베게, 1989, 중판 2007.

박세길, 『다시 쓰는 한국 현대사 2』, 도서출판: 돌베게, 1989, 중판 2007.

_____, 『다시 쓰는 한국 현대사 3』, 도서출판: 돌베게, 1989, 중판 2008.

박연섭, "80년대 농민운동의 비판적 고찰," 『해방 40년의 재인식 Ⅱ』, 돌베게, 1986.

박정신, 『한국기독교사 인식』, 서울: 혜안, 2004.

_____, 『한국기독교사의 새로운 이해』, 서울: 도서출판 새길, 2008.

박용길, 『한국 교회를 일깨운 복음주의 운동』, 서울: 두란노, 1998.

박현채 엮음, 『청년을 위한 한국 현대사. 1945-1991: 고난과 희망의 민족사』, 도서출판: 소나무, 1993.

백종국, 『한국기독교의 역사적 책임』, 서울: IVP, 1993.

서중석, 『사진과 그림으로 보는 한국 현대사』, 서울: 역사문제연구소, 2005.

서영일, 『교회와 국가』, 서울: CLC, 1984.

선우학원, 『한국의 민주화 운동과 통일운동』, 서울: 일월서각, 2004.

손봉호, 『현대교회와 국가』, 서울: 도서출판 엠마오, 1988.

신성종, "교회와 국가," 『교회와 국가와의 관계』, 한국기독교문화진흥 연구원, 1988.

신홍범, 『박형규 회고록- 나의 믿음은 길 위에 있다』, 파주: 창비, 2010.

심지연, 『남북한 통일방안의 전개와 수렴』, 서울: 돌베개, 2001.

안동일, 『새로운 사일구』, 도서출판 김영사, 1997.

역사학연구소 편, 『함께 보는 한국 근현대사』, 서울: 서해문집,

2004.

유호준, 『역사와 교회』, 서울: 대한기독교서회, 1993.

윤해동 외, 『근대를 다시 읽는다, 1, 2권』, 서울: 역사비평사, 2006.

이덕주, 조이제, 『한국 그리스도인들의 신앙고백』, 도서출판 한들, 1997

이동현, 『이슈로 본 한국 현대사』, 서울, 2002

이만열, "한국 기독교 통일운동의 전개과정," 『남북교회의 만남과 평화통일신학』, 서울: 한국기독교교회협의회 통일위원회 편, 1990

이병천, 『개발독재와 박정희 시대』, 서울: 창작과 비평사, 2003

이상우, 『광주항쟁과 미국의 역할』, 월간 엔터프라이즈, 51, 1998

이승구, 『개혁신학에의 한 탐구』, 서울: 웨스트민스터 출판부, 1995

이영철 엮음, 『시민을 위한 사료 한국 현대사』, 서울: 법영사, 2002

이완봄, 『1980년대 한국사 연구』, 서울: 백산서당, 2005

이재오, 『해방 후 학생운동사』, 서울: 형성사, 1984

이종범, 최원규, 『자료 한국 근현대사 입문』, 혜안, 1995

임영태, 정진화, 박현희 공저, 『거꾸로 읽는 한국 현대사』, 도서출판: 푸른나무, 2002

Wi Jo Kang, *Christ and Caesar in modern Korea: A History of Christianity and Politics*, 서정민 역, 『한국기독교사와 정치』, 서울: 한국기독교역사연구소, 2005

전남 사회운동협의회 편, 황석영 기록, 『죽음을 넘어 시대의 어둠을 넘어 - 광주 5월 민중항쟁의 기록』, 서울: 도서출판 풀빛, 1985년 초판, 2010년 초판 16쇄 발간

정성한, 『한국기독교 통일운동사』, 서울: 그리심, 2003.

정해구, 김혜진, 정상호, 『6월 항쟁과 민주주의』, 민주화 운동 연구

총서 역사편 1, 민주화운동기념사업회, 2004.
정해주 외, 『광주민중 항쟁 연구』, 사계절, 1996.
정해주, 『유신헌법반대운동』 서울: 민주화운동기념사업회, 2006.
조병호, 『한국기독교 청년학생운동 100년사 산책』, 서울: 땅에 쓰인 글씨, 2005.
조승혁, 『도시산업선교의 인식』, 서울: 민중사, 1981.
조동휘, 『한국근대사의 시련과 반성』, 서울: 지식산업사, 1989.
채기은, 『한국 교회사』, 서울: 예수교문서선교회, 1977.
커밍스 브루스, 『브루스 커밍스의 한국 현대사』, 김동노, 이교선, 이전준, 한기욱 역, 서울: 창비, 2006.
통일신학동지회, "제2차 조국통일을 위한 북과 해외동포 기독신자간의 대화," 『통일과 민족교회의 신학』, 한울, 1990.
한국기독교교회협의회, 『기독교연감』, 서울: 한국기독교교회협의회, 1972.
한국기독교교회협의회 70년사 편찬위원회, 『하나 되는 교회 그리고 세계』, 서울: 대한기독교서회, 1994.
한국기독교교회협의회 편, 『1980-2000 한국 교회와 평화통일 운동 자료집』, 서울: 한국기독교교회협의회, 2000.
한국기독교교회협의회 신학연구위원회 편, 『민중과 한국 신학』, 서울: 한국 신학연구소, 1982.
한국기독교교회협의회 인권위원회 편, 『1970년대 민주화 운동, Ⅰ,Ⅱ,Ⅲ,Ⅳ,Ⅴ』, 서울: 한국기독교교회협의회 인권위원회, 1986.
_____, 『1980년대 민주화 운동, Ⅵ,Ⅶ,Ⅷ』, 서울: 한국기독교교회협의회 인권위원회, 1996.
한국 기독교 문화 진흥원 편, 『교회와 국가』, 도서출판: 엠마오, 1988.
한국기독교사회문제연구원, 『기사연리포트』 제1권, 서울: 민중사,

1988.

한국기독교사회문제연구원, 『노동자 운동과 산업민주주의』, 서울: 민중사, 1983.

_____, 『1970년대 민주화 운동 조사연구자료 19』, 서울: 기사연, 1984.

_____, 『개헌과 민주화 운동』, 서울: 민중사, 1986.

_____, 『정의, 평화, 창조질서의 보전 세계대회자료집』, 서울: 민중사, 1990.

_____, 『83 한국 교회사정』, 서울: 민중사, 1984.

_____, 『84 한국 교회사정』, 서울: 민중사, 1985.

_____, 『85 한국 교회사정』, 서울: 민중사, 1986.

_____, 『86 한국 교회사정』, 서울: 민중사, 1987.

_____, 『87 한국 교회사정』, 서울: 민중사, 1988.

한국기독교장로회 총회, 『정의, 평화, 통일 자료집』, 서울: 한국기독교장로회총회출판부, 2003.

한국기독학생총연맹 50주년기념사업회, 『한국기독학생총연맹 50년사』, 서울: 한국기독학생총연맹, 1998.

한국사연구회 편, 『한국사 연구입문』, 서울: 지식산업사, 1987.

한국 신학 연구소 편, 『한국 민중론』, 서울: 한국신학연구소, 1984.

한국정신문화연구회편, 『1960년대 한국 사회와 학생운동』, 서울: 청년사, 1989.

한길사, 『자주, 민주, 통일을 향하여 한국사, 제19권, 20권』, 서울: 한길사, 1995.

한배호, 『자유를 향한 20세기 한국 정치사』, 서울: 일조각, 2008.

한신대학교 학술원 신학연구소, 『한국개신교가 한국근현대의 사회문화적 변동에 끼친 영향연구』, 서울: 한국신학연구소, 2005

한용 외, 『80년대 한국 사회와 학생운동』, 서울: 청년사, 1989

한승헌 외, 『유신체제와 민주화 운동』, 서울: 삼민사, 1985.

간행물

강승삼, "한국기독교의 정치참여 어디까지 할 수 있나?," 「신학지남」, 2005년 여름호.

김경재, "분단시대에 한국 교회의 보수적 반공주의와 진보적 민족주의 간의 대립에 대한 비판적 성찰," 「한국개신교가 한국 근현대의 사회문화적 변동에 끼친 영향」, 서울: 한국신학연구소, 2006.

김동춘, "1960, 70년대의 사회운동," 「자주, 민주, 통일을 향하여」, 한국사 19, 서울: 한길사, 1995.

김명혁, "교회와 국가의 관계에 대한 사적 고찰," 「교회와 국가」, 서울: 한국기독교문화진흥원, 1988.

김병서, "한국 사회의 민주화와 기독교," 「한국 사회 발전과 기독교의 역할」, 서울: 숭실대 기독교 사회연구소, 2000.

김상근, "1970년대의 한국 기독교 운동," 「기독교 사상」, 1984년 11월.

김영순, "유신체제의 수립원인에 관한 연구," 「오늘의 한국 자본주의와 국가」, 서울: 한길사, 1998.

김용복, "해방 후 교회와 국가," 「국가 권력과 기독교」, 서울: 민중사, 1992.

김의환, "한국 교회의 정치참여 문제," 「신학지남」, 1973년 봄호.

김재준, "4.19 이후의 한국 교회," 「기독교 사상」, 1961, 4.

김흥수, "5월 광주항쟁에 대한 기독교인들의 종교적 반응," 「한국기독교와 역사」5호, 한국 기독교 역사연구소, 1996.

_____, "교회와 국가 관계의 역사적 유형," 「신학사상」 59집, 1987.

_____, "한국기독교 현실참여의 유형과 역사," 「신학사상」, 1992년 가을호.

박성준. "1980년대 한국기독교 통일운동에 대한 고찰."「신학사상」71집, 1990년 가을.
박응규. "한국 교회의 정치참여에 대한 역사적 고찰과 평가: 교회와 국가의 관계를 중심으로."「장로교회와 신학, 통권 5」, 2008.
서중석. "서울의 민족운동과 민주화 운동."「향토 서울」60, 2000. 10월호.
_____. "1960년 4월 혁명 개념 소고."「성대사림」, 제12.13집, 1997.
손봉호. "기독교 사회윤리 문제."「신학지남」, 1974년 가을호.
_____. "선교와 사회정의."「신학지남」, 1974년 겨울호.
송건호. "기독교의 사회참여: 70년대를 중심으로."「기독교 사상」, 서울: 대한기독교서회, 1984년 11월호.
안인섭. "칼빈의 사상으로 조명하는 교회와 국가."「목회와 신학」, 2008년 3월호.
연규홍. "1970년대 한국 민주화 운동의 교회사적 근거."「한국개신교가 한국 근현대의 사회, 문화적 변동에 끼친 영향」, 서울: 한국신학연구소, 2005.
오유석. "서울에서의 4월 혁명-3.1절 삐라사건에서 4.26까지."「4월 혁명 50주년 기념 전국학술토론회」, 2010. 04.16, 민주화운동기념사업회.
유기홍. "1980년대의 민족민주운동."「자주, 민주, 통일을 향하여」, 한국사 20, 서울: 한길사, 1995.
유동식. "그리스도교의 토착화에 대한 이해."「기독교 사상 강좌」제 3권, 서울: 대한기독교서회, 1973.
윤상철. "6월 민주항쟁의 전개과정."「6월 민주항쟁과 한국 사회 10년」, 서울: 당대, 1997.
이만열. "해방 50년 한국 교회사 어떻게 볼 것인가?."「한국기독교와 역사」, 제4권, 서울: 기독교역사연구소, 1995.
_____, "한국기독교 사회운동," 「기독교 사상」, 29권 8호(1984. 8월호).
이명숙, "한국 진보적 개신교 지도자들의 사회변동 추진에 대한연구― 1957-1984년을 중심으로," 「기독교 사상」, 서울: 대한기독교서회, 1991.
이삼열, "기독교와 국가," 「기독교 사상」, 1984년 11월호
이상규, "해방 후 한국 교회의 민주화 운동과 통일운동," 「한국 기독교와 역사」 4호, 한국 기독교 역사연구소, 1995
_____, "근대 한국에서의 교회와 국가," 「진리와 학문의 세계」, 19권, 2008
이승구, "한국 정치문화의 발전과 한국 교회의 역할," 「장로교회와 신학, 통권 5」, 2008.
이승균, "기독교 오욕과 굴종의 역사를 본다." 「뉴스앤조이」, 서울: 복음과 상황, 2000.
이영민, "80년대 민주화 운동사의 재조명," 「경대문화」22호, 1989.
이은선, "칼빈의 제네바 개혁활동에서 교회와 국가의 관계: 국가로부터 독립된 교회 치리권 확보를 중심," 「개혁논총, vol, 13」
_____, "한국 교회와 정치," 「장로교회와 신학」 5권, 2008.
이원규, "한국개신교회의 정치참여: 1970년대 기독교 진보주의 종교 이념의 발전과 그 수용 문제를 중심으로," 「한국 교회와 사회」, 서울: 한국신학연구소, 1989.
_____, "도시산업 선교회와 교회," 「한국 교회와 사회」, 서울: 한국신학연구소, 1989
이수원, "우리는 똥을 먹고 살 수 없다!-동일방직 사건," 「희망세상 29호」, 민주화운동기념사업회, 2005년 2월 호.

이정석, "기윤실 10년 평가와 21세기 전망," 「기독교윤리실천운동 10주년 활동 자료집」, 도서출판: 기윤실, 1997
전상봉, "다시 살펴보는 4월 혁명과 청년운동," 「자주통일의 길 조국광복 60년, 4월 혁명 45주년 논집 2005」, 민주화운동기념사업회, 2005.
정관용, "1960년, 70년대의 정치구조와 유신체제," 「자주, 민주, 통일을 향하여」, 한국사 19, 서울: 한길사, 1995
정병호, "4월 혁명의 정치경제적 의미," 「자주통일의 길 조국광복 60년, 4월 혁명 45주년 논집」, 민주화 운동 기념사업회, 2005.
정일용, "1960년, 70년대의 경제 발전과 그 성격," 「자주, 민주, 통일을 향하여」, 한국사 19, 서울: 한길사, 1995.
정일준, "안보와 자유 그리고 민주주의: 한국에서 전쟁과 평화 그리고 통일의 상호관계," 「6월 항쟁 23주년 기념학술대토론회, 탈냉전과 한국의 민주주의」, 2010.
정창현, "4.19, 민주주의 혁명인가?," 「기억과 전망 14호」, 민주화운동기념사업회, 2006.
조태로, "민주화 운동과 한국 교회," 「사목」 194호, 1995년 3월호
조대엽, "1980년대 학생운동의 이념과 민주화 운동의 급진적 확산: 반미주의의 분화와 대중화 전략을 중심으로," 「한국과 국제정치」, 21권 4호, 2005.
조승혁, "민주화와 한국 교회의 역할," 「한국 사회 발전과 민주화 운동」, 서울: 한국기독교산업개발원, 1986.
최윤배, "개혁전통에서 교회와 국가의 관계," 「장신논단」, 2006
최순영, "70년대 말 노동운동의 외침-YH," 「기억과 전망 2003년 여름호」(서울: 민주화운동기념사업회).
한국기독교청년협의회 편, "기독 학생운동의 현황과 과제," 「한국 역사 속의 기독교」, 서울: 기독교교회협의회, 1985.

한규무, "한국기독교민족운동사 연구의 현황과 과제," 「한국기독교와 역사」 제12호, 서울: 한국기독교역사연구소, 2000
홍석률, "5.16 쿠데타는 왜 발생했으며 어떻게 성공하였나?," 「기억과 전망」 14호, 2006년 봄호.
황병주, "4.19와 5.16을 전후한 시기 주요 정치 세력들의 동향과 이념적 지향," 「기억과 전망」 14호, 2006년 봄호.

논문 및 신문, 강연

강인철, "한국 개신교교회의 정치사회적 성격에 관한 연구: 1945-1960," 박사학위논문: 서울대학교 대학원, 1994.
김일주, "한국의 민중적 기독교 세력 등장에 관한 국가론적 연구" 박사학위 논문, 고려대학교 대학원, 1991.
독립신문 1898년 1월 4일자, 『독립신문 3권』 (서울: 갑을출판사, 1981)
박요섭, "한국기독교 북한교회 재건방안-한국기독교 총연합회 북한재건위원회를 중심으로," 2001년 미간행물.
서중석, "유신체제와 민주화 운동"(역사적 접근), 5.18 20주년 기념 강연.
송영대, "한반도 통일에 대한 기독교적 대안," 한기총 교회발전위원회 세미나, 2000. 3. 31일.
오유석, "서울에서의 4월 혁명-3.1절 삐라사건에서 4.26까지," 「4월 혁명 50주년 기념 전국 학술 토론회」, 민주화 운동 기념사업회, 2010년 4월 16일.
이광호, "개혁과 신학의 사회참여 -신비의 침묵을 통한 교훈,"(부흥과 개혁)
이만열, "한국 기독교인의 통일운동," 2005 성서 한국대회 선택특강.
임성빈, "1907년 평양대부흥운동에 대한 기독교 윤리학적 반성," 「장신논단 26」, 2006.

정병호, "4월 혁명의 정치경제적 의미," 「자주통일의 길 조국광복 60년, 4월 혁명 45주년 논집」, 민주화운동기념사업회, 2005.
조성수, "한국에서의 교회와 국가와의 관계에 관한 연구: 교회사적 측면에서 본 연구," 박사학위 논문: 연대대학원, 2009.
조병호, "돋보기 근세 교회사 12 -SCM 운동의 에큐메니칼 열망," 「한국기독공보」, 2004. 3. 27.
_____, "돋보기 근세 교회사 13-민주화 운동, 교회의 생명과 사명," 「한국기독공보」, 2004. 4. 3.
조선 그리스도인 회보, 1897년 2월 10일자 신문.
최형묵, "남북 평화공존과 통일을 위한 종교의 역할-기독교의 통일운동을 중심으로" 5.18 민주항쟁 26주년 기념 강연회, 2006.
추송례, "노동운동 탄압피해자: 동일방직 노동자 탄압사건"(부마민주항쟁 26주년 정신계승대회 "증언대회" 박정희 통치기의 국가폭력 사례, 2005년 10월 16일).
한홍구, "3.1 민주 구국선언사건(명동사건)," 「한겨레신문」, 2009년 8월 24일.

한국 교회 사회운동사 칼빈에게 길을 묻다
A Social Movement of Korean Church

2012년 12월 17일 초판 발행

지은이 | 전준봉

펴낸곳 | 사)기독교문서선교회
등록 | 제16-25호(1980. 1. 18)
주소 | 서울시 서초구 방배동 983-2
전화 | 02)586-8761~3(본사) 031)942-8761(영업부)
팩스 | 02)523-0131(본사) 031)942-8763(영업부)
홈페이지 | www.clcbook.com
이메일 | clckor@gmail.com
온라인 | 기업은행 073-000308-04-020, 국민은행 043-01-0379-646
　　　　　　예금주: 사)기독교문서선교회

ISBN 978-89-341-1241-9 (93230)

* 낙장 · 파본은 교환해 드립니다.